500만 독자 여러분께
감사드립니다!

세상이 아무리 바쁘게 돌아가더라도
책까지 아무렇게나 빨리 만들 수는 없습니다.

길벗은 독자 여러분이
가장 쉽게, 가장 빨리 배울 수 있는 책을
한 권 한 권 정성을 다해 만들겠습니다.

독자의 1초를 아껴주는
정성을 만나보세요.

미리 책을 읽고 따라해 본 2만 베타테스터 여러분과
무따기 체험단, 길벗스쿨 엄마 2% 기획단,
시나공 평가단, 토익 배틀, 대학생 기자단까지!
믿을 수 있는 책을 함께 만들어주신 독자 여러분께 감사드립니다.

최신개정판

직장인을 위한 실무 엑셀

WORKING!!

선양미 지음

길벗

최신개정판

직장인을 위한 실무 엑셀

The Business Practice Series - Excel

초판 발행 · 2022년 12월 12일
초판 4쇄 발행 · 2024년 6월 17일

지은이 · 선양미
발행인 · 이종원
발행처 · (주)도서출판 길벗
출판사 등록일 · 1990년 12월 24일
주소 · 서울시 마포구 월드컵로 10길 56(서교동)
대표 전화 · 02)332-0931 | **팩스** · 02)322-0586
홈페이지 · www.gilbut.co.kr | **이메일** · gilbut@gilbut.co.kr

기획 및 책임 편집 · 박슬기(sul3560@gilbut.co.kr)
표지 디자인 · 장기춘 | **본문 디자인** · 이도경 | **제작** · 이준호, 손일순, 이진혁
영업마케팅 · 전선하, 차명환, 박민영 | **유통혁신** · 한준희 | **영업관리** · 김명자 | **독자지원** · 윤정아

편집 진행 · 안혜희 | **전산편집** · 김정미 | **CTP 출력 및 인쇄** · 교보피앤비 | **제본** · 경문제책

ISBN 979-11-407-0116-2 03000
(길벗 도서번호 007155)

가격 21,000원

독자의 1초를 아껴주는 정성 길벗출판사

(주)도서출판 길벗 | IT교육서, IT단행본, 경제경영서, 어학&실용서, 인문교양서, 자녀교육서 www.gilbut.co.kr
길벗스쿨 | 국어학습, 수학학습, 어린이교양, 주니어 어학학습, 학습단행본 www.gilbutschool.co.kr

페이스북 | www.facebook.com/gilbutzigy
네이버 포스트 | post.naver.com/gilbutzigy

 **작가의 말**

엑셀을 혼자서도 잘 따라할 수 있는
친절한 책입니다!

이 책을 준비하면서 가장 고민했던 부분은 엑셀의 난이도였습니다. 엑셀이 너무 어려워서 혼자서 해결하지 못하고 덮어두는 책이 아니기를 원했고, 좀 더 많은 사람들에게 도움이 되는 책이기를 바랐습니다.

25여 년 동안 다양한 직종에서 근무하는 사람들과 폭넓은 연령층을 대상으로 강의를 했습니다. 그런데 대부분의 엑셀 문제가 업무에 필요한 부분만 단편적으로 알고 있어서 다른 상황이 발생했을 때 제대로 엑셀을 활용하지 못하기 때문에 발생한다는 것을 알게 되었습니다. 그래서 엑셀을 사용하고는 있지만, 전체적인 기능에 대해 엑셀 프로그램의 원리를 제대로 알고 접근하면 좋겠다는 생각을 많이 했습니다.

이 책은 어렵지 않습니다.
이 책은 엑셀의 가장 기본 기능만 알고 있다면 혼자서도 충분히 따라할 수 있을 정도로 매우 친절한 책입니다. 다양한 팁과 수식의 기본 원리부터 하나하나 체계적으로 익히면서 엑셀의 전반적인 기능을 둘러볼 수 있는 책입니다. 또한 작업하다가 갑자기 필요한 기능이 있다면 목차나 색인을 참조해서 사전처럼 원하는 기능을 톡톡 빼서 쓸 수 있는 책입니다.

이 책이 나오기까지 많은 분들의 도움이 있었습니다. 기획 때부터 지금까지 길잡이를 해 주며 항상 따뜻함이 느껴지는 길벗의 박슬기 님과 꼼꼼하고 세심하게 챙겨주셔서 감사한 안혜희 님께 고마움을 전합니다. 마지막으로 항상 듬직하게 옆을 지켜주는 남편 박병철 님께 깊이 감사드립니다.

저자 *선양미 드림*

미리 보기

실무 마스터 1

작업 속도를 빠르게! 업무에 꼭 필요한 필수 팁

엑셀에 담긴 모든 기능을 다 익힐 필요가 없어요. 여기에서는 업무에서 데이터를 빠르게 다룰 수 있는 필수 팁만 쏙쏙 뽑아 알려줍니다.

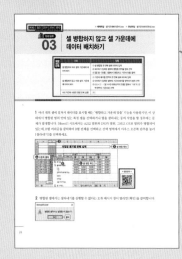

| 모든 버전 대응 |
M365(Microsoft 365), 엑셀 2013~2021 버전까지 사용 가능한 버전을 알려줍니다. 사용할 수 없는 버전은 2013 과 같이 표시했어요.

| 업무 시간 단축 | M365 2021 2019 2016 2013
데이터를 빠르게 다룰 수 있도록 실무에 유용한 팁을 간략하게 정리하여 보여줍니다.

| 온라인 영상 강의 |
실무에 꼭 필요한 핵심 기능만 선별하여 온라인 영상 강의를 무료로 제공합니다.

실무 마스터 2

데이터 분석은 명쾌하고 정확하게! 빅데이터도 단숨에 처리

방대한 양의 데이터 관리와 분석도 문제없어요. 실무에서 가장 많이 사용하는 함수만 완전정복하면 원하는 결과를 정확하게 얻을 수 있습니다.

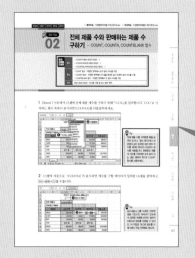

| 함수 이해를 단숨에 & 함수식 설명 |
함수 응용, 더 이상 어렵지 않습니다. 함수의 형식, 용도, 인수만 제대로 알면 실무에 바로 사용할 수 있어요.

| TIP |
실습을 따라하면서 알아두면 좋은 유용한 팁이나 궁금한 점을 정리해 놓았어요.

실제 업무에서 다루는 데이터를 남들보다 빠르고 정확하게 분석할 수 있도록 사용자 맞춤 팁을 제공합니다.
또한 업무 능력을 높여주는 다양한 데이터 관리와 분석에 대한 실무 노하우도 익혀보세요.

실무
마스터
3

설득력을 높여주는 비주얼 보고서 작성 노하우

표와 차트를 활용한 데이터 분석으로, 한눈에 이해할 수 있는 보고서 작성법을 알려줍니다.
또한 양식 컨트롤을 사용한 데이터 활용법과 실무에 유용한 인쇄 팁도 배울 수 있어요.

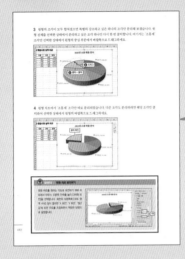

| 보고서 디자인 |
분석 결과를 최적화하여 보여줄 수 있는 다양한 해법을 제시
합니다. 실습을 따라하기만 해도 비주얼 보고서가 뚝딱 만들
어져요.

| 잠깐만요 |
추가로 알아두면 좋을 팁과 주의할 점을 정리해 놓았습니다.
실무 능력 향상에 도움이 되니 꼭 읽어보세요.

실무
마스터
4

현장밀착 100%! 실무 프로젝트

현장 실무에서 직접 다루는 프로젝트 예제를 따라해 보면서 프로 비즈니스맨으로 도약할 수
있는 다양한 문제를 다룹니다. 또한 문제 발생에 따른 상황별 솔루션도 익혀봅니다.

| 스텝별 설명 |
실무 프로젝트를 스텝별로 차근차근 따라해서 완성할 수 있
어요. 현장에 바로 적용해 보세요.

핵심 직장인을 위한 핵심 기능만 모았다!

실제 업무에서 다루는 데이터를 남들보다 빠르고 정확하게 분석할 수 있도록 핵심 기능을 제공합니다.

목차

Chapter 01 작업 속도 향상을 위한 노하우 익히기

Chapter 02 작업 시간을 줄이는 알짜 함수 정복하기

Chapter 03 정확하고 효율적인 분석 데이터 작성하기

Chapter 04   시각적 효과 지정해 보고서의 비주얼 살리기

길벗출판사 홈페이지 소개

길벗출판사에서 운영하는 홈페이지(www.gilbut.co.kr)에서는 출간한 도서에 대한 정보뿐만 아니라 실습 파일 및 동영상 등 학습에 필요한 자료도 제공하고 있습니다. 또한 책을 읽다가 모르는 내용이 있다면 언제든지 홈페이지의 도서 게시판에 문의를 남겨주세요. 독자 A/S 전담팀과 저자가 신속하고 정확하게 질문을 해결해 드립니다.

- 길벗출판사 홈페이지에 접속한 후 검색 창에 『직장인을 위한 실무 엑셀』을 입력해 해당 도서 페이지로 이동하세요. 홈페이지 화면의 오른쪽에 보이는 퀵 메뉴를 이용하면 도서 및 동영상 강좌 문의를 빠르게 할 수 있어요.

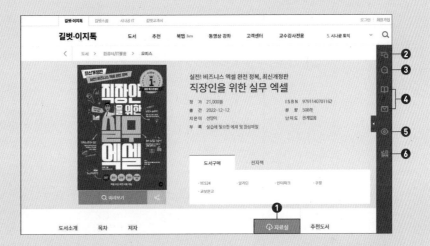

❶ **자료실** : 실습에 필요한 예제 파일 및 완성 파일, 동영상 강좌 등을 제공합니다. 홈페이지 회원으로 가입하지 않아도 누구나 도서 자료를 다운로드할 수 있습니다.

❷ **빠른조회** : 길벗에서 보낸 메시지, 최근 이용 자료, 문의/답변 등 내 계정과 관련된 알림을 빠르게 확인해 볼 수 있어요. 해당 메뉴는 홈페이지에 로그인한 상태에서만 이용할 수 있어요.

❸ **도서문의** : 책을 보다 모르는 내용이 나오거나 오류를 발견한 경우 해당 메뉴를 클릭해 문의 내용을 입력해 주세요. 꼭 로그인한 상태로 문의해 주세요.

❹ **구매 도서 인증, 독자의견** : 구입한 도서의 ISBN 부가 기호를 입력하여 구입을 인증하면 독자 의견을 등록할 수 있어요.

❺ **최근 본 도서** : 홈페이지에서 찾아본 도서를 최근 순서대로 보여줍니다.

❻ **모바일로 열기** : 휴대폰으로 QR 코드를 찍으면 모바일에서도 해당 페이지를 바로 열 수 있어요.

QR 코드로 동영상 강의를 시청해 보세요!

책에 실린 QR 코드를 통해 저자의 동영상 강의를 바로 시청할 수 있습니다.
유튜브에서 『엑셀 꿀팁』을 검색해도 강의를 무료로 볼 수 있어요.

❶ 책 속 QR 코드를 찾으세요.

❷ 스마트폰 카메라를 실행하고 QR 코드를 비춰보세요.

❸ 동영상 강의 링크가 나타나면 화면을 터치해 강의를 시청하세요.

똑같이 엑셀을 이용해서 비슷한 내용의 보고서를 작성해도 어떤 방법을 사용했는지에 따라 작업이 오래 걸릴 수도 있고, 단 몇 분 만에 끝날 수도 있습니다. 따라서 좀 더 빠르고 편리하면서도 정확하게 데이터를 작업하는 방법을 익히면 복잡한 업무를 빨리 끝내고 여유 있는 시간을 가질 수 있어서 좋습니다.

CHAPTER
01

작업 속도 향상을 위한
노하우 익히기

엑셀 필수 작업 팁 익히기

엑셀이 가지고 있는 무궁무진한 기능을 모두 정복할 수 있다면 좋겠지만, 현실적으로는 불가능합니다. 하지만 이번 섹션에서 소개하는 팁만 알고 있어도 문서 작성의 기본인 입력 작업부터 훨씬 빠르게 진행할 수 있습니다.

필수 직업 팁

필수기능 01

셀 포인터를 이동하는 다양한 방법 익히기

	기능	방법
업무 시간 단축	원하는 셀로 한 번에 이동	• 이름 상자에 셀 주소 입력 → Enter • F5 누르기 → [이동] 대화상자에서 이동하려는 셀 주소 입력 후 [확인] 클릭
	A1셀로 한 번에 이동	Ctrl + Home
	워크시트에서 데이터가 입력된 마지막 셀로 이동	Ctrl + End
	워크시트의 마지막 행 또는 열로 이동	빈 셀 클릭 → Ctrl + 방향키(→, ←, ↑, ↓)
	데이터가 입력된 마지막 행 또는 열로 이동	데이터가 입력된 특정 셀 클릭 → Ctrl + 방향키(→, ←, ↑, ↓)
	이전 시트 / 다음 시트로 이동	Ctrl + PgUp / Ctrl + PgDn

1 엑셀에서 대상 셀 또는 범위를 선택하는 다양한 방법을 이용해서 셀 포인터를 이동해 볼게요. [Sheet1] 시트에서 K300셀로 이동하기 위해 이름 상자에 『K300』을 입력하고 Enter 를 누르세요.

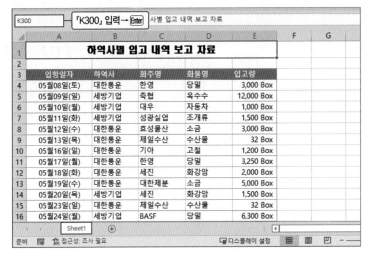

▶영상강의◀

 잠깐만요 :: 특정 셀로 이동하는 또 다른 방법 익히기

F5 를 눌러 [이동] 대화상자를 열고 '참조'에 『K300』을 입력한 후 [확인]을 클릭하면 K300셀로 한 번에 이동할 수 있습니다.

2 셀 포인터가 곧바로 K300셀로 이동하면 A1셀로 이동하기 위해 Ctrl+Home 을 누릅니다.

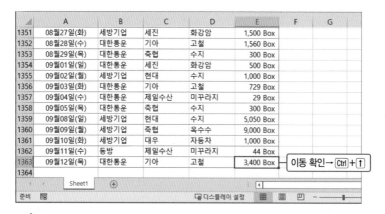

	C	D	E	F	G	H	I	J	K
292	대우	자동차	1,000 Box						
293	대상	원목	1,000 Box						
294	성광실업	조개류	984 Box						
295	기아	고철	2,500 Box						
296	세진	화강암	1,650 Box						
297	대상	원목	15,000 Box						
298	성광실업	조개류	1,145 Box						
299	남덕	당밀	500 Box						
300	대기업	당밀	12,969 Box						
301	제일수산	미꾸라지	50 Box						
302	대한제분	소금	13,809 Box						
303	축협	수지	300 Box						
304	축협	옥수수	13,000 Box						

이동 확인 → Ctrl+Home

3 셀 포인터가 한 번에 A1셀로 이동하면 Ctrl+End 를 누릅니다.

	A	B	C	D	E	F	G
1			하역사별 입고 내역 보고 자료				
2							
3	입항일자	하역사	화주명	화물명	입고량		
4	05월08일(토)	대한통운	한영	당밀	3,000 Box		
5	05월09일(일)	세방기업	축협	옥수수	12,000 Box		
6	05월10일(월)	세방기업	대우	자동차	1,000 Box		
7	05월11일(화)	세방기업	성광실업	조개류	1,500 Box		
8	05월12일(수)	대한통운	효성물산	소금	3,000 Box		
9	05월13일(목)	대한통운	제일수산	수산물	32 Box		
10	05월16일(일)	대한통운	기아	고철	1,200 Box		
11	05월17일(월)	대한통운	한영	당밀	3,250 Box		
12	05월18일(화)	대한통운	세진	화강암	2,000 Box		
13	05월19일(수)	대한통운	대한제분	소금	5,000 Box		

이동 확인 → Ctrl+End

4 워크시트에서 데이터가 입력된 마지막 셀로 셀 포인터가 한 번에 이동합니다. 현재 셀 포인터가 있는 셀을 기준으로 위쪽으로 연속해서 데이터가 입력된 첫 번째 셀로 이동하려면 Ctrl+↑를 누르세요.

	A	B	C	D	E	F	G
1351	08월27일(화)	세방기업	세진	화강암	1,500 Box		
1352	08월28일(수)	대한통운	기아	고철	1,560 Box		
1353	08월29일(목)	대한통운	축협	수지	300 Box		
1354	09월01일(일)	대한통운	세진	화강암	500 Box		
1355	09월02일(월)	세방기업	현대	수지	1,000 Box		
1356	09월03일(화)	대한통운	기아	고철	729 Box		
1357	09월04일(수)	대한통운	제일수산	미꾸라지	29 Box		
1358	09월05일(목)	대한통운	축협	수지	300 Box		
1359	09월08일(일)	세방기업	현대	수지	5,050 Box		
1360	09월09일(월)	세방기업	축협	옥수수	9,000 Box		
1361	09월10일(화)	세방기업	대우	자동차	1,000 Box		
1362	09월11일(수)	동방	제일수산	미꾸라지	44 Box		
1363	09월12일(목)	대한통운	기아	고철	3,400 Box		
1364							

이동 확인 → Ctrl+↑

Tip

Ctrl+End 를 눌렀을 때 데이터가 입력되지 않은 빈 셀로 포인터가 이동할 수 있습니다. 이것은 이전에 그 행이나 열에 데이터를 입력했다가 삭제했거나, 눈에 보이지 않는 특정 값이 있기 때문입니다. 이 경우 데이터를 인쇄하면 필요 없는 빈 페이지가 함께 인쇄될 수 있는데, 이러한 문제를 해결하려면 92쪽 '15. 인쇄할 때 빈 페이지 인쇄하지 않기'를 참고하세요.

5 E1363셀부터 위쪽으로 데이터가 입력된 첫 번째 셀인 E3셀로 셀 포인터가 한 번에 이동한 것을 확인합니다. 이와 같이 Ctrl+방향키(→, ←, ↓, ↑)를 누르면 해당 방향으로 연속해서 데이터가 입력된 마지막 셀로 셀 포인터를 이동할 수 있습니다. 이번에는 데이터가 입력되지 않는 빈 셀인 H2셀을 클릭한 후 Ctrl+↓를 누르세요.

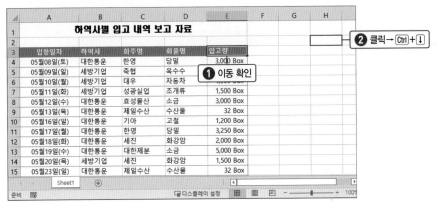

6 H열에서 가장 마지막 셀로 셀 포인트가 이동했는지 확인합니다. 이와 같이 데이터가 없는 빈 셀에 위치한 상태에서 Ctrl+방향키(→, ←, ↓, ↑)를 누르면 워크시트의 마지막 셀로 셀 포인터를 이동할 수 있습니다.

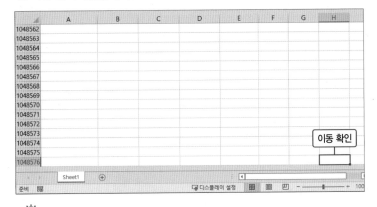

 Tip
데이터가 입력된 영역 안에 있는 특정 셀을 클릭한 후 셀 포인터가 있는 셀의 상하 좌우 경계선의 위에 마우스 포인터를 올려놓은 후 ⊹ 모양으로 바뀔 때 더블클릭합니다. 아래쪽 경계선을 더블클릭하면 Ctrl+↓를 누른 것과 같은 결과를, 오른쪽 경계선을 더블클릭하면 Ctrl+→를 누른 것과 같은 결과를 확인할 수 있습니다.

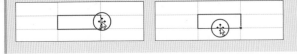

● 예제파일 : 범위선택(준비).xlsx

필수기능 02 | 셀 범위를 쉽게 선택하는 다양한 방법 익히기

기능	방법
떨어진 여러 범위 선택	Ctrl+드래그 또는 Ctrl+클릭
연속된 데이터 영역의 범위 선택	범위를 설정할 시작 셀 클릭 → 마지막 셀에서 Shift+클릭
보이지 않는 특정 셀까지 범위 선택	범위를 설정할 시작 셀 클릭 → 이름 상자에 범위를 설정할 마지막 셀 주소 입력 → Shift+Enter
데이터 영역의 끝까지 범위 선택	범위를 설정할 시작 셀 클릭 → Ctrl+Shift+방향키(→, ←, ↑, ↓)
원하는 만큼 범위 추가 또는 제거	Shift+방향키(→, ←, ↑, ↓)
데이터가 입력된 전체 범위 선택	데이터가 입력된 영역의 특정 셀 선택 → Ctrl+A
시트의 전체 범위 선택	데이터가 입력되지 않는 빈 셀 선택 → Ctrl+A

1 [Sheet1] 시트에서 A3셀부터 화면에 보이지 않는 D500셀까지 범위를 선택해 볼게요. A3셀을 클릭하고 이름 상자에 범위를 선택할 마지막 셀 주소인 『D500』을 입력한 후 Shift+Enter를 누르세요.

▶ 영상강의 ◀

2 셀 포인터가 위치했던 A3셀부터 D500셀까지 한 번에 범위가 선택되었으면 Ctrl+Home을 눌러 A1셀로 빠르게 이동합니다.

3 선택할 범위에서 마지막 셀 주소를 모르면 데이터가 입력된 마지막 셀까지 자동으로 범위를 선택할 수 있는 Ctrl+Shift+방향키(→, ←, ↓, ↑)를 활용해 보세요. 선택할 범위에서 시작 셀인 A3셀을 클릭하고 Ctrl+Shift+↓를 누르세요.

	A	B	C	D	E	F	G
1	하역사별 입고 내역 보고 자료						
2							
3	입항일자	클릭→ Ctrl+Shift+↓		화물명	입고량		
4	05월08일(토)	대한통운	한영	당밀	3,000 Box		
5	05월09일(일)	세방기업	축협	옥수수	12,000 Box		
6	05월10일(월)	세방기업	대우	자동차	1,000 Box		
7	05월11일(화)	세방기업	성광실업	조개류	1,500 Box		
8	05월12일(수)	대한통운	효성물산	소금	3,000 Box		
9	05월13일(목)	대한통운	제일수산	수산물	32 Box		
10	05월16일(일)	대한통운	기아	고철	1,200 Box		
11	05월17일(월)	대한통운	한영	당밀	3,250 Box		
12	05월18일(화)	대한통운	세진	화강암	2,000 Box		

Sheet1 ⊕
준비

4 A3셀부터 연속해서 데이터가 입력된 아래쪽 마지막 셀까지 자동으로 범위가 선택되면 계속 Ctrl+Shift+→를 누릅니다.

	A	B	C	D	E	F	G
1352	08월28일(수)	대한통운	기아	고철	1,560 Box		
1353	08월29일(목)	대한통운	축협	수지	300 Box		
1354	09월01일(일)	대한통운	세진	화강암	500 Box		
1355	09월02일(월)	세방기업	현대	수지	1,000 Box		
1356	09월03일(화)	대한통운	기아	고철	729 Box		
1357	09월04일(수)	대 선택 확인→ Ctrl+Shift+→ 지			29 Box		
1358	09월05일(목)	대한통운	축협	수지	300 Box		
1359	09월08일(일)	세방기업	현대	수지	5,050 Box		
1360	09월09일(월)	세방기업	축협	옥수수	9,000 Box		
1361	09월10일(화)	세방기업	대우	자동차	1,000 Box		
1362	09월11일(수)	동방	제일수산	미꾸라지	44 Box		
1363	09월12일(목)	대한통운	기아	고철	3,400 Box		
1364							

Sheet1 ⊕
준비   평균: 44847.32132   개수: 1361   합계: 60992357   디스플레이 설정

5 이전에 범위 설정된 영역에 추가로 데이터가 입력된 오른쪽 마지막 열까지 자동으로 범위가 선택되었습니다. 범위를 원하는 만큼 추가 설정하거나 해제하려면 Shift+방향키(→, ←, ↓, ↑)를 눌러야 하는데, 여기에서는 Shift+←를 누르고 이어서 Shift+↑를 누르세요.

	A	B	C	D	E	F	G
1352	08월28일(수)	대한통운	기아	고철	1,560 Box		
1353	08월29일(목)	대한통운	축협	수지	300 Box		
1354	09월01일(일)	대한통운	세진	화강암	500 Box		
1355	09월02일(월)	세방기업	현대	수지	1,000 Box		
1356	09월03일(화)	대한통운	기아	고철	729 Box		
1357	09월04일(수)	대한통운	제일수산	미꾸라지	29 Box		❶ 선택 확인
1358	09월05일(목)	대한통운	축협	수지	300 Box		
1359	09월08일(일)	세방기업	현대	수지	5,050 Box		
1360	09월09일(월)	세방기업	축협	옥수수	9,000 Box		
1361	09월10일(화)	세방기업	대우	자동차	1,000 Box		❷ Shift+← → Shift+↑
1362	09월11일(수)	동방	제일수산	미꾸라지	44 Box		
1363	09월12일(목)	대한통운	기아	고철	3,400 Box		
1364							

Sheet1 ⊕
준비   평균: 24353.32059   개수: 6805   합계: 66241032   디스플레이 설정

6 E열과 1363행의 범위 선택이 해제되었습니다.

	A	B	C	D	E	F	G
1352	08월28일(수)	대한통운	기아	고철	1,560 Box		
1353	08월29일(목)	대한통운	축협	수지	300 Box		
1354	09월01일(일)	대한통운	세진	화강암	500 Box		
1355	09월02일(월)	세방기업	현대	수지	1,000 Box		
1356	09월03일(화)	대한통운	기아	고철	729 Box		
1357	09월04일(수)	대한통운	제일수산	미꾸라지	29 Box		선택 해제 확인
1358	09월05일(목)	대한통운	축협	수지	300 Box		
1359	09월08일(일)	세방기업	현대	수지	5,050 Box		
1360	09월09일(월)	세방기업	축협	옥수수	9,000 Box		
1361	09월10일(화)	세방기업	대우	자동차	1,000 Box		
1362	09월11일(수)	동방	제일수산	미꾸라지	44 Box		
1363	09월12일(목)	대한통운	기아	고철	3,400 Box		
1364							

Sheet1

준비 　평균: 44846.80648　개수: 5440　합계: 60946810　디스플레이 설정

7 데이터가 입력된 특정 셀을 클릭하는데, 여기서는 D1354셀을 클릭합니다. 현재 셀 포인터가 위치한 D1354셀을 기준으로 연속해서 데이터가 입력된 전체 영역의 범위를 선택하기 위해 Ctrl + A 를 누르세요.

	A	B	C	D	E	F	G
1352	08월28일(수)	대한통운	기아	고철	1,560 Box		
1353	08월29일(목)	대한통운	축협	수지	300 Box		
1354	09월01일(일)	대한통운	세진	화강암			클릭 → Ctrl + A
1355	09월02일(월)	세방기업	현대	수지	1,000 Box		
1356	09월03일(화)	대한통운	기아	고철	729 Box		
1357	09월04일(수)	대한통운	제일수산	미꾸라지	29 Box		
1358	09월05일(목)	대한통운	축협	수지	300 Box		
1359	09월08일(일)	세방기업	현대	수지	5,050 Box		
1360	09월09일(월)	세방기업	축협	옥수수	9,000 Box		
1361	09월10일(화)	세방기업	대우	자동차	1,000 Box		
1362	09월11일(수)	동방	제일수산	미꾸라지	44 Box		
1363	09월12일(목)	대한통운	기아	고철	3,400 Box		
1364							

Sheet1

준비 　디스플레이 설정

8 전체 데이터의 범위가 한 번에 선택되었습니다.

	A	B	C	D	E	F	G
1352	08월28일(수)	대한통운	기아	고철	1,560 Box		
1353	08월29일(목)	대한통운	축협	수지	300 Box		
1354	09월01일(일)	대한통운	세진	화강암	500 Box		
1355	09월02일(월)	세방기업	현대	수지	1,000 Box		
1356	09월03일(화)	대한통운	기아	고철	729 Box		
1357	09월04일(수)	대한통운	제일수산	미꾸라지	29 Box		선택 확인
1358	09월05일(목)	대한통운	축협	수지	300 Box		
1359	09월08일(일)	세방기업	현대	수지	5,050 Box		
1360	09월09일(월)	세방기업	축협	옥수수	9,000 Box		
1361	09월10일(화)	세방기업	대우	자동차	1,000 Box		
1362	09월11일(수)	동방	제일수산	미꾸라지	44 Box		
1363	09월12일(목)	대한통운	기아	고철	3,400 Box		
1364							

Sheet1

준비 　평균: 24353.32059　개수: 6805　합계: 66241032　디스플레이 설정

9 이번에는 데이터가 입력되지 않은 빈 셀을 클릭하고 Ctrl+A 를 누릅니다. 여기서는 G1358셀을 클릭하고 빈 셀에 셀 포인터가 있는 상태에서 Ctrl+A 를 눌러 시트 전체의 범위가 선택되었는지 확인합니다.

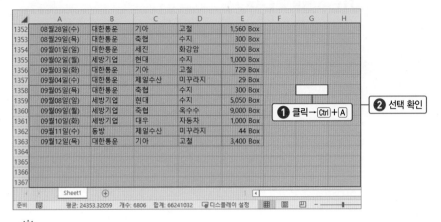

① 클릭→Ctrl+A
② 선택 확인

 Tip

전체 데이터의 범위가 선택된 **8** 과정에서 곧바로 Ctrl+A 를 눌러도 시트 전체가 선택됩니다.

잠깐만요 :: **시트 전체 범위를 선택하는 또 다른 방법 익히기**

행 머리글과 열 머리글이 교차하는 곳에 있는 [시트 전체 선택] 단추(▨)를 클릭하면 시트 전체의 범위를 선택할 수 있습니다.

② 선택 확인

◉ 예제파일 : 셀가운데배치(준비).xlsx　◉ 완성파일 : 셀가운데배치(완성).xlsx

현장실무 03 | 셀 병합하지 않고 셀 가운데에 데이터 배치하기

업무시간단축	기능	방법
	셀 병합하여 여러 셀의 가운데에 데이터 배치	① 셀 병합할 첫 번째 셀에 데이터 입력 ② 데이터가 입력된 셀부터 병합할 영역을 범위 선택 ③ [홈] 탭-[맞춤] 그룹에서 [병합하고 가운데 맞춤] 클릭
	셀 병합하지 않고 여러 셀의 가운데에 데이터 배치	① 가운데 배치할 영역의 첫 번째 셀에 데이터 입력 ② 데이터가 입력된 셀부터 가운데 배치할 영역까지 범위 선택 ③ Ctrl + 1 → [셀 서식] 대화상자의 [맞춤] 탭에서 '가로'의 [선택 영역의 가운데로] 선택
	바로 직전에 사용한 명령 반복 실행	F4

1 여러 개의 셀에 걸쳐서 데이터를 표시할 때는 '병합하고 가운데 맞춤' 기능을 사용하지만, 이 상태에서 병합된 범위 안에 있는 특정 셀을 선택하거나 열을 잘라내는 등의 작업을 할 경우에는 문제가 발생합니다. [Sheet1] 시트에서는 A2:I2 범위와 D5:F5 범위, 그리고 G5:I5 범위가 병합되어 있는데, B열 머리글을 클릭하여 B열 전체를 선택하고 선택 영역에서 마우스 오른쪽 단추를 눌러 [잘라내기]를 선택하세요.

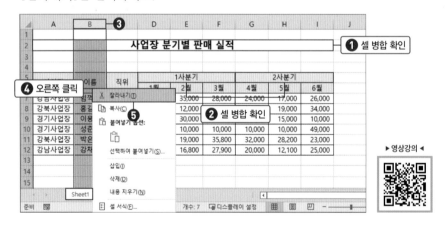

2 병합된 셀에서는 잘라내기를 실행할 수 없다는 오류 메시지 창이 열리면 [확인]을 클릭합니다.

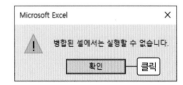

3 E5:E8 범위를 드래그하여 선택하면 D5:F5 범위가 병합된 상태이기 때문에 원하는 범위가 정확하게 선택되지 않는 문제가 발생합니다. 이 경우 병합된 셀을 해제하고 범위를 선택해야 하는데, 이런 문제를 해결하기 위해 셀을 병합하지 않고 여러 개의 셀에 걸쳐 데이터를 표시하는 방법을 사용합니다.

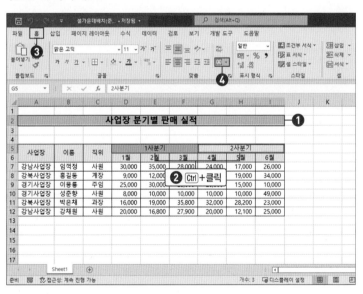

4 A2셀을 클릭하고 Ctrl을 누른 상태에서 D5셀과 G5셀을 차례대로 클릭합니다. 병합된 세 개의 셀을 선택한 상태에서 셀 병합을 해제하기 위해 [홈] 탭-[맞춤] 그룹에서 [병합하고 가운데 맞춤]을 클릭하세요.

5 병합된 셀이 해제되어 각 셀로 분리되었으면 A2:I2 범위를 선택하고 [홈] 탭-[맞춤] 그룹에서 [맞춤 설정] 아이콘(🖼)을 클릭합니다.

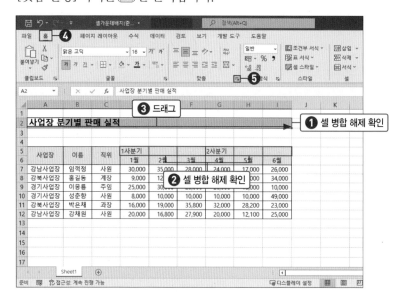

6 [셀 서식] 대화상자의 [맞춤] 탭이 열리면 '텍스트 맞춤'에서 '가로'의 내림 단추(⌄)를 눌러 [선택 영역의 가운데로]를 선택하고 [확인]을 클릭합니다.

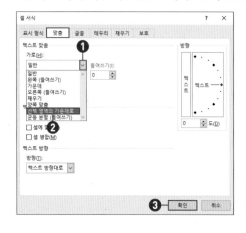

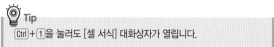

Tip

Ctrl + 1 을 눌러도 [셀 서식] 대화상자가 열립니다.

7 A2:I2 범위에 있는 특정 셀을 클릭하면 각각 따로 선택되지만, 해당 영역의 가운데에 제목 '사업장 분기별 판매 실적'이 배치되었습니다. 이와 같은 방법을 똑같이 적용하기 위해 D5:F5 범위를 선택하고 F4를 누릅니다. 다시 G5:I5 범위를 선택하고 F4를 누르세요.

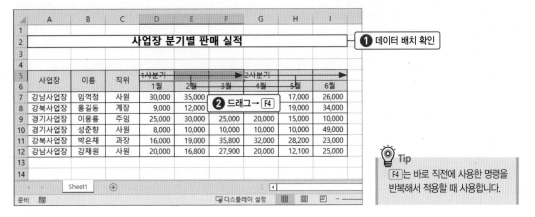

8 E5:F7 범위를 드래그하면 병합되지 않았기 때문에 선택하는 데 문제가 없습니다.

9 B열 머리글에서 마우스 오른쪽 단추를 눌러 [잘라내기]를 선택해도 오류 메시지 없이 작업이 실행됩니다.

필수 작업 팁

데이터 편집 방법

서식 지정

수식 원리

함수

데이터 분석

피벗 테이블

양식 컨트롤

차트

● **예제파일** : 같은값입력(준비).xlsx   ● **완성파일** : 같은값입력(완성).xlsx

필수기능 04

떨어져 있는 여러 셀에 같은 값 입력하기

업무 시간 단축

방법		
① 값을 넣을 모든 셀 선택	② 원하는 값 입력	③ Ctrl + Enter

1 [Sheet1] 시트에서 C열의 '포함여부' 항목에는 값이 입력되지 않은 빈 셀이 있는데, 여기에 『Yes』를 입력해 볼게요. C5:C8 범위를 선택하고 Ctrl 을 누른 상태에서 C15:C17 범위와 C20:C22 범위를 차례대로 모두 선택한 후 『Yes』를 입력하고 Ctrl + Enter 를 누르세요.

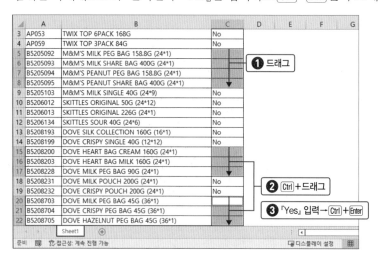

2 범위를 선택한 모든 영역에 한 번에 'Yes'가 입력되었는지 확인합니다.

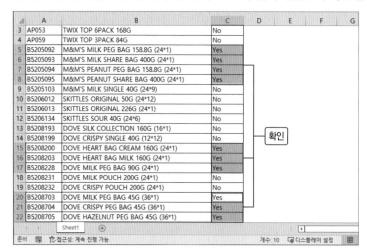

필수기능

05 | 0으로 시작하는 숫자 입력하기

업무 시간 단축	기능	방법
	입력한 값 그대로 셀에 표시	[ⁱ]+데이터 입력 → 이 방법으로 입력한 데이터는 문자 데이터로 인식되어 계산할 수 없 는 값이 됨

1 [Sheet1] 시트에서 A2셀에는 『0001』을 입력하고 [Enter]를, B2셀에는 『5/3』을 입력하고 [Enter]를 누릅니다. 숫자의 경우 앞에 있는 0은 의미 없는 값이어서 표시되지 않으므로 『0001』을 입력한 셀에는 '1'만 표시됩니다. 반면 '5/3'은 자동으로 날짜로 인식되어 '05월 03일'로 표시됩니다. 이때 입력한 값이 자동으로 변환되지 않고 그대로 셀에 표시하려면 A3셀에 『'0001』을 입력하고 [Enter]를 누르세요.

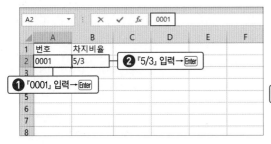

2 입력한 값이 그대로 셀에 표시되었으면 B3셀에 『'5/3』을 입력하고 [Enter]를 누르세요. 어떤 값이든 작은따옴표(')와 함께 지정하면 입력한 값이 그대로 셀에 표시되지만, 이 값은 셀의 왼쪽에 정렬되어 있습니다. 이것은 문자 데이터로 입력되었다는 의미입니다.

◉ **예제파일** : 자동오늘날짜(준비).xlsx ◉ **완성파일** : 자동오늘날짜(완성).xlsx

06 자동으로 오늘 날짜와 시간 입력하기

업무 시간 단축	기능	방법
	셀에 자동으로 오늘 날짜 입력	Ctrl + ;
	셀에 자동으로 현재 시간 입력	Ctrl + Shift + ;
	날짜가 자동으로 바뀌도록 입력	TODAY 함수 또는 NOW 함수

1 [Sheet1] 시트에서 셀에 현재 작업하는 당일 날짜나 시간을 입력할 때 단축키를 사용하면 훨씬 편리합니다. 오늘 날짜를 자동으로 표시하기 위해 C4셀을 클릭하고 Ctrl + ; 을 누르세요.

> 🔔 **Tip**
>
> Ctrl + ; 을 눌러 입력한 날짜는 다른 날 문서를 다시 열었을 때 변하지 않습니다. 문서를 열었을 때 해당 날짜로 자동 변경되게 하려면 TODAY 함수나 NOW 함수를 사용하세요.

2 C4셀에 오늘 날짜가 자동으로 표시되었으면 Enter 를 누릅니다. C4셀의 접수일에 따라 F열의 '배송완료일' 항목에 배송 완료일이 자동으로 계산되어 나타나면 시간을 입력하기 위해 F4셀을 클릭하고 Ctrl + Shift + ; 을 누르세요.

◉ **예제파일** : 윗셀과같은값입력(준비).xlsx　◉ **완성파일** : 윗셀과같은값입력(완성).xlsx

현장실무

07 | 위쪽 셀과 같은 값 입력하기

업무 시간 단축	기능	방법
	위쪽 셀과 같은 값 입력	Ctrl + D 또는 Ctrl + '
	위쪽 셀에 입력된 연속 데이터 목록 표시	Alt + ↓

1 위쪽 셀에 입력된 데이터를 그대로 사용하거나 약간 수정해서 사용할 때는 직접 입력하는 것보다 복사해서 사용하는 것이 편리합니다. [Sheet1] 시트에서 새로운 데이터를 입력할 마지막 셀을 클릭하기 위해 B3셀을 클릭하고 Ctrl + ↓를 누르세요.

	A	B	C	D	E	F	G
1		상품정보					
2							
3	상품코드	상품명		클릭 → Ctrl + ↓			
4	H26407	트윅스 미니어처 450g(16*1)					
5	H66802	스니커즈 미니어처 1021g(12*1)	FC				
6	H91502	스니커즈 미니어처 124g(12*1)	CS				
7	M21111	스니커즈 피넛 싱글 59g(24*8)	BX				
8	M21211	스니커즈 아몬드 50g(24*8)	BX				
9	M22051	스니커즈 스낵사이즈 5팩200g (24*1)	CS				
10	M23361	스니커즈 판사이즈 800g(12*1)	CS				
11	M28303	엠앤드엠즈 플레인 400g(24*1)	FC				
12	M54561	엠앤드엠즈 크리스피 420g(12*1)	CS				
13	M54901	트윅스 55g (24*8)	BX				
14	M71411	트윅스 커피 싱글 55g (24*8)	BX				
15	M73341	트윅스 판사이즈 120g(24*1)	CS				
16	M88303	엠앤드엠즈 피넛 400g(24*1)	CS				
17	T13031	페디그리 쇠고기 2Kg(6*1)	FC				
18	U85270	페디그리 덴타본 35g (9*1)	CS				

Sheet1

준비　접근성: 계속 진행 가능　디스플레이 설정

2 B3셀을 기준으로 마지막 데이터가 입력된 B18셀로 셀 포인터가 이동했으면 Enter를 눌러 다음 셀인 B19셀로 이동합니다.

	A	B	C	D	E	F	G
1		상품정보					
2							
3	상품코드	상품명	규격				
4	H26407	트윅스 미니어처 450g(16*1)	CS				
5	H66802	스니커즈 미니어처 1021g(12*1)	FC				
6	H91502	스니커즈 미니어처 124g(12*1)	CS				
7	M21111	스니커즈 피넛 싱글 59g(24*8)	BX				
8	M21211	스니커즈 아몬드 50g(24*8)	BX				
9	M22051	스니커즈 스낵사이즈 5팩200g (24*1)	CS				
10	M23361	스니커즈 판사이즈 800g(12*1)	CS				
11	M28303	엠앤드엠즈 플레인 400g(24*1)	FC				
12	M54561	엠앤드엠즈 크리스피 420g(12*1)	CS				
13	M54901	트윅스 55g (24*8)	BX				
14	M71411	트윅스 커피 싱글 55g (24*8)	BX				
15	M73341	트윅스 판사이즈 120g(24*1)	CS				
16	M88303	엠앤드엠즈 피넛 400g(24*1)	CS				
17	T13031	페디그리 쇠고기 2Kg(6*1)	FC				
18	U85270	페디그리 덴타본 35g (9*1)		이동 확인 → Enter			

Sheet1

준비　접근성: 계속 진행 가능　디스플레이 설정

3 B19셀에서 Ctrl+D를 눌러 바로 위쪽 셀인 B18셀에 입력된 값과 같은 값이 표시되었는지 확인하고 Enter를 누릅니다.

Tip
한 번에 여러 셀을 복사하려면 복사할 빈 영역(A19:C19 영역처럼)을 드래그한 후 Ctrl+D를 누르세요.

4 C19셀을 클릭하고 Alt+↓를 누르면 위쪽으로 입력된 연속 데이터 중에서 유일한 항목이 추출되어 목록으로 표시됩니다. 목록 중에서 원하는 규격을 선택해서 입력하세요.

● 예제파일 : 숨겨진영역제외하고복사(준비).xlsx   ● 완성파일 : 숨겨진영역제외하고복사(완성).xlsx

현장실무

08 | 숨겨진 영역 제외하고 복사하기

1 제품 타입별로 평균을 구한 데이터에서 중간중간에 있는 평균 행만 제외하고 데이터를 복사해 볼게요. [Sheet1] 시트에서 9행 머리글을 클릭하고 Ctrl 을 누른 상태에서 17행 머리글과 20행 머리글을 차례대로 클릭하세요.

	지역	제품코드	TYPE	색상	입고	출고
			4월 재고 조사 현황			
	지역	제품코드	TYPE	색상	입고	출고
5	수북	A3215	KADF	GREEN	160	95
6	수북	F4526	KADF	BLUE	130	95
7	수북	C2345	KADF	GRAY	250	215
8	수북	B4952	KADF	PINK	210	165
9			KADF 평균		187.50	142.50
10	수북	K3426	SCED	YELLOW	150	58
11	수북	F3321	SCED	YELLOW	150	58
12	수북	C3562	SCED	GRANGE	200	189
13	수북	D4763	SCED	YELLOW	150	58
14	수북	L4274	SCED	YELLOW	150	58
	수북	P6363	SCED	WHITE	180	150
	수북	O4352	SCED	YELLOW	150	58
17			SCED 평균		161.43	89.86
18	수북	B4234	KFRP	GRAY	180	120
19	수북	K45426	KFRP	BLACK	230	150
20			KFRP 평균		205.00	135.00

1

2 Ctrl +클릭

준비   평균: 153.547619   개수: 9   합계: 921.2857143   디스플레이 설정

2 평균이 구해진 세 개의 행이 모두 선택되었으면 선택된 행 머리글에서 마우스 오른쪽 단추를 눌러 [숨기기]를 선택합니다.

	지역	제품코드	TYPE	색상	입고	출고
			4월 재고 조사 현황			
	지역	제품코드	TYPE	색상	입고	출고
5	수북	A3215	KADF	GREEN	160	95
6	수북	F4526	KADF	BLUE	130	95
7	수북	C2345	KADF	GRAY	250	215
8	수북	B4952	KADF	PINK	210	165
9			KADF 평균		187.50	142.50
10	수북	K3426	SCED	YELLOW	150	58
11	수북	F3321	SCED	YELLOW	150	58
12	수북	C3562	SCED	GRANGE	200	189
13	수북	D4763	SCED	YELLOW	150	58
14	수북	L4274	SCED	YELLOW	150	58
15	수북	P6363	SCED	WHITE	180	150
16	수북	O4352	SCED	YELLOW	150	58
17			SCED 평균		161.43	89.86
18	수북	B4234	KFRP	GRAY	180	120
19	수북	K45426	KFRP	BLACK	230	150
20			KFRP 평균		205.00	135.00

1 오른쪽 클릭

✕ 잘라내기(T)
📋 복사(C)
📋 붙여넣기 옵션:
　　📋
　　선택하여 붙여넣기(S)...
　　삽입(I)
　　삭제(D)
　　내용 지우기(N)
📋 셀 서식(F)...
　　행 높이(R)...
　　숨기기(H) ── **2**
　　숨기기 취소(U)

준비   9   개수: 9   합계: 921.2857143   디스플레이 설정

3 선택한 세 개의 행이 숨겨져서 화면에서 보이지 않으면 숨겨진 행을 제외하고 표시된 데이터만 복사해 볼게요. 데이터 영역에 있는 하나의 셀을 클릭하고 Ctrl+A를 눌러 전체 범위를 선택하세요.

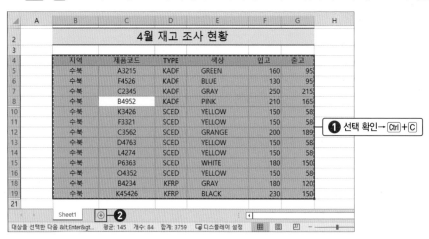

4 Ctrl+C를 눌러 선택한 전체 데이터를 복사하고 시트 탭에서 [새 시트] 단추(⊕)를 클릭합니다.

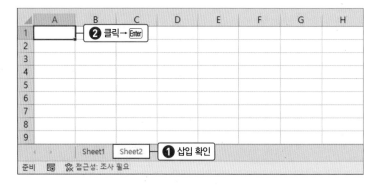

5 새로운 [Sheet2] 시트가 삽입되었으면 A1셀을 클릭하고 Enter를 눌러 복사한 데이터를 붙여넣습니다.

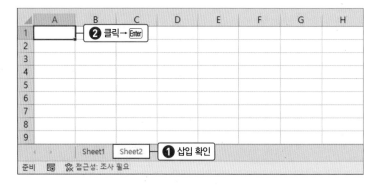

6 결과를 살펴보면 숨겨진 행(6행, 14행, 17행)도 함께 복사되었습니다. 숨겨진 행 또는 열을 제외하고 선택하기 위해 Ctrl+Z를 눌러 방금 실행한 복사 작업을 취소하세요.

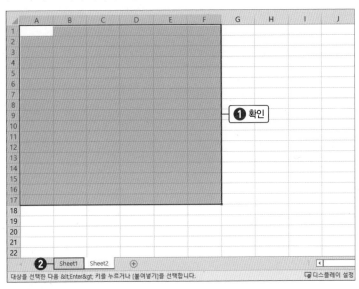

	A	B	C	D	E	F	G	H	I	J
1	지역	제품코드	TYPE	색상	입고	출고				
2	수북	A3215	KADF	GREEI	160	95				
3	수북	F4526	KADF	BLUE	130	95				
4	수북	C2345	KADF	GRAY	250	215				
5	수북	B4952	KADF	PINK	210	165				
6			KADF 평균		187.50	142.50				
7	수북	K3426	SCED	YELLC	150	58				
8	수북	F3321	SCED	YELLC	150	58				
9	수북	C3562	SCED	GRAN	200	189				
10	수북	D4763	SCED	YELLC	150	58				
11	수북	L4274	SCED	YELLC	150	58				
12	수북	P6363	SCED	WHITI	180	150				
13	수북	O4352	SCED	YELLC	150	58				
14			SCED 평균		161.43	89.86				
15	수북	B4234	KFRP	GRAY	180	120				
16	수북	K45426	KFRP	BLACI	230	150				
17			KFRP 평균		205.00	135.00				

복사 확인 → Ctrl+Z

준비 | 접근성: 조사 필요 | 평균: 146.2589286 개수: 93 합계: 4680.285714 | 디스플레이 설정

Sheet1 Sheet2 ⊕

7 복사한 데이터가 없어졌으면 원본 데이터를 다시 선택하기 위해 [Sheet1] 시트를 클릭합니다.

❶ 확인

❷ Sheet1 Sheet2 ⊕

대상을 선택한 다음 <Enter> 키를 누르거나 [붙여넣기]를 선택합니다. | 디스플레이 설정

8 복사할 범위가 그대로 선택되어 있는 상태에서 [홈] 탭-[편집] 그룹의 [찾기 및 선택]을 클릭하고 [이동 옵션]을 선택합니다.

9 [이동 옵션] 대화상자가 열리면 '종류'에서 [화면에 보이는 셀만]을 선택하고 [확인]을 클릭합니다.

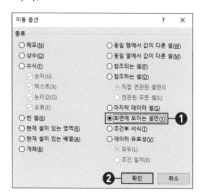

10 숨겨진 행이 제외되면서 화면에 보이는 셀만 선택되었으면 `Ctrl`+`C`를 눌러 선택한 영역을 복사합니다.

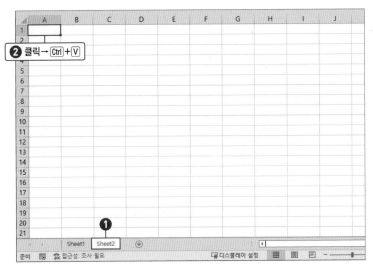

11 다시 [Sheet2] 시트를 클릭하고 A1셀을 클릭한 후 `Ctrl`+`V`나 `Enter`를 눌러 복사한 데이터를 붙여넣습니다.

필수 작업팁

데이터 편집 입력

서식 지정

수식 원리

함수

데이터 분석

피벗 테이블

양식 컨트롤

차트

12 숨겨진 행은 제외하고 화면에 표시된 셀 영역만 복사되었지만, D열의 너비가 좁기 때문에 데이터가 가려져서 표시되었습니다. D열 머리글과 E열 머리글의 사이에 마우스 포인터를 올려놓고 ✛ 모양으로 변경되었을 때 더블클릭하세요.

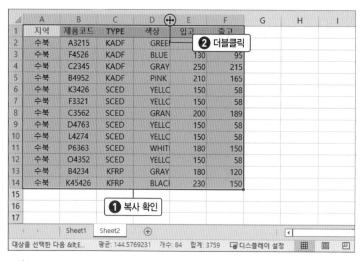

> **Tip**
>
> 열과 열 머리글 사이에 마우스를 올려놓고 ✛ 모양으로 변경되었을 때 더블클릭하면 입력된 데이터의 길이에 맞게 자동으로 셀 너비가 조절됩니다. 그리고 ✛ 모양인 상태에서 원하는 방향으로 마우스를 드래그하면 셀의 너비를 원하는 크기로 조절할 수 있습니다.

13 D열의 너비가 입력된 데이터의 길이에 맞게 자동으로 조절되었는지 확인합니다.

현장실무

09 | 텍스트가 있는 셀만 선택하기

1 [Sheet1] 시트에서 H열에 표시된 '실제 사용 일수' 항목에 일수가 표시된 셀은 제외하고 '미신 청'이나 '보류' 등의 텍스트가 입력된 셀만 선택해 보겠습니다. H4셀을 클릭하고 Ctrl+Shift+↓를 누르세요.

2 '실제 사용 일수' 항목(H4:H22)이 모두 선택되면 [홈] 탭-[편집] 그룹에서 [찾기 및 선택]을 클릭하고 [이동 옵션]을 선택합니다.

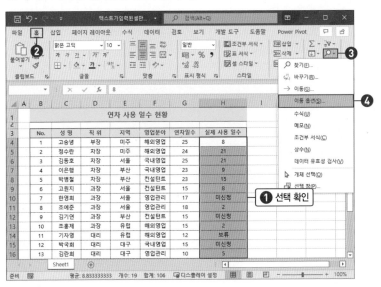

3 [이동 옵션] 대화상자가 열리면 '종류'에서 [상수]를 선택합니다. 선택할 데이터 형식을 지정하기 위해 [숫자], [논리값], [오류]의 체크를 해제하고 [텍스트]에만 체크한 상태에서 [확인]을 클릭하세요.

4 H열의 '실제 사용 일수' 항목에서 숫자나 논리값, 오류, 수식 등이 입력된 셀은 제외하고 텍스트가 입력된 셀만 선택되었습니다. 이곳에 배경색을 지정하기 위해 [홈] 탭-[글꼴] 그룹에서 [채우기 색]의 내림 단추(⊡)를 눌러 원하는 색상을 선택하세요.

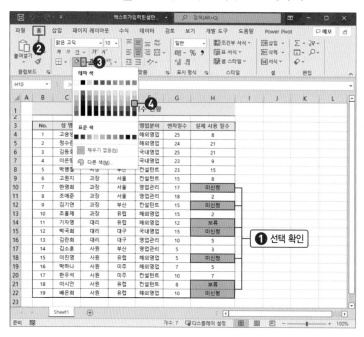

필수기능 **10** | 자주 사용하는 기호 빠르게 입력하기

1 엑셀에는 자주 사용하는 기호를 쉽게 입력할 수 있도록 미리 등록되어 있습니다. [Sheet1] 시트에서 전화기 기호를 표시하기 위해 B3셀에 『(tel)』을 입력하고 Spacebar 나 Enter 를 누르세요.

▶ 영상강의 ◀

2 B3셀에 자동으로 전화기 모양 기호가 표시된 것을 확인할 수 있습니다. 이것은 자주 사용하는 기호를 미리 엑셀 프로그램에 등록해 두었기 때문에 자동으로 바뀌는 것입니다.

잠깐만요 :: 자동 고침 목록 살펴보기

엑셀에 기본으로 등록된 자동 고침 목록은 다음의 표와 같습니다. 표에 표시된 입력 텍스트를 셀에 입력하고 Spacebar 나 Enter 를 누르면 해당하는 기호로 자동으로 바뀝니다.

입력 텍스트	결과 값	입력 텍스트	결과 값	입력 텍스트	결과 값
(c)	©	(tel)	☎	(e)	€
(tm)	™	(ks)	㉿	(주)	㈜
(r)	®				

현장실무

11 | 자동 고침 목록에 원하는 기호 등록하기

1 자동 고침 목록에 기본으로 등록되어 있지 않는 다른 기호를 직접 등록하기 위해 [파일] 탭-[옵션]을 선택합니다.

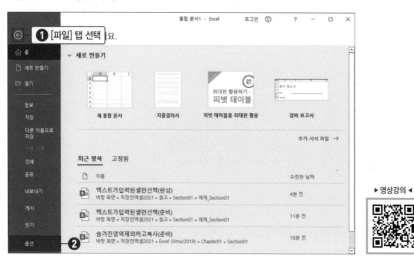

2 [Excel 옵션] 대화상자가 열리면 [언어 교정] 범주를 선택하고 오른쪽 창의 '자동 고침 옵션'에서 [자동 고침 옵션]을 클릭합니다.

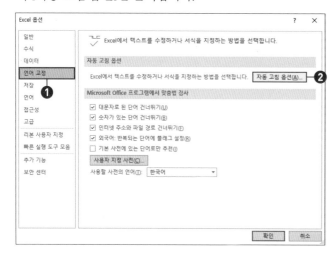

3 [자동 고침] 대화상자의 [자동 고침] 탭이 열리면 '입력'에는『원』을, '결과'에는『ㅁ』을 입력하고 한자를 누릅니다. 한글 자음 ㅁ에 등록된 기호 목록이 표시되면 [보기 변경] 단추(»)를 클릭하여 기호 목록을 펼치고 ◎ 기호를 클릭합니다.

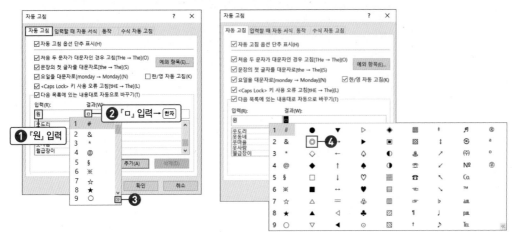

4 '결과'에 표시된 ◎ 기호를 확인하고 [추가]를 클릭해서 자동 고침 목록에 등록합니다.

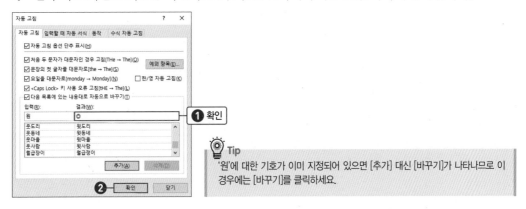

Tip

'원'에 대한 기호가 이미 지정되어 있으면 [추가] 대신 [바꾸기]가 나타나므로 이 경우에는 [바꾸기]를 클릭하세요.

5 이와 같은 방법으로 '입력'에는『삼각』을, '결과'에는『▶』을 입력하고 [추가]를 클릭해서 자동 고침 목록에 등록한 후 [확인]을 클릭합니다.

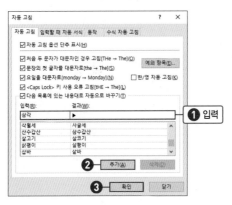

필수 작업팀

데이터 편집 방법

서식 지정

수식 원리

함수

데이터 분석

피벗 테이블

양식 컨트롤

차트

6 [Excel 옵션] 대화상자로 되돌아오면 [확인]을 클릭하세요.

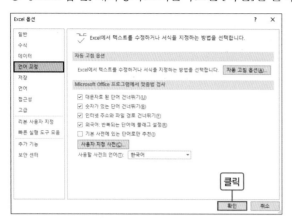

7 새로운 통합 문서를 열고 [Sheet1] 시트에서 B3셀에 『원』을 입력한 후 Spacebar 나 Enter 를 누릅니다.

> **Tip**
> 빠른 실행 도구 모음에 [새로 만들기](📄) 도구가 있으면 클릭하거나 [파일] 탭-[새로 만들기]를 선택하면 새로운 통합 문서를 열수 있습니다.

8 B3셀에 **4** 과정에서 등록했던 ◎ 기호가 자동으로 표시되었습니다. 이와 같은 방법으로 특정셀에 『삼각』을 입력한 후 Spacebar 나 Enter 를 누르면 ▶ 기호가 표시됩니다.

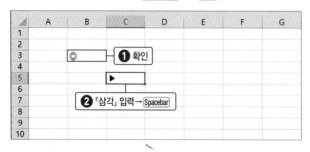

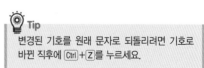

> **Tip**
> 변경된 기호를 원래 문자로 되돌리려면 기호로 바뀐 직후에 Ctrl + Z 를 누르세요.

현장실무

12 | 결재란을 그림으로 복사해 붙여넣기

1 [발주서] 시트에서 오른쪽 위에 있는 E4:Q7 범위에 결재란을 작성할 것입니다. I17:Q31 범위에는 금액이 표시되어 있어서 I열부터 Q열까지는 너비가 같아야 합니다.

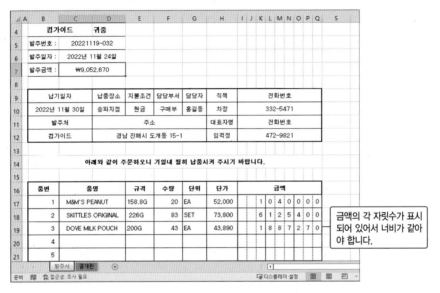

금액의 각 자릿수가 표시되어 있어서 너비가 같아야 합니다.

2 너비가 다른 데이터를 하나의 열에 표시하기 위해 [결재란] 시트에 별도의 양식을 작성했습니다. [결재란] 시트를 선택하고 결재란 영역에 있는 하나의 셀(D2셀)을 클릭한 후 Ctrl+A를 누릅니다. 결재란 양식의 전체 범위가 선택되었으면 Ctrl+C를 눌러 복사하고 [발주서] 시트를 클릭하세요.

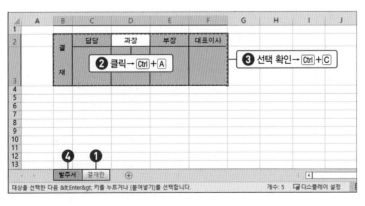

3 [발주서] 시트의 E4:Q7 범위에 복사한 내용을 붙여넣어 볼게요. [홈] 탭-[클립보드] 그룹에서 [붙여넣기]의 붙여넣기를 클릭한 후 '기타 붙여넣기 옵션'에서 [그림](📋)을 클릭하세요.

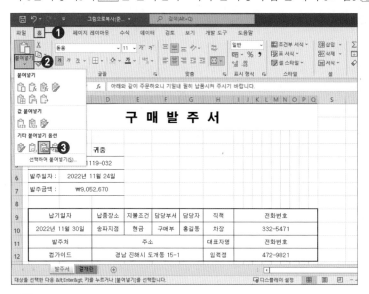

 Tip

[결재란] 시트에서 복사한 결재란 양식을 [발주서] 시트에 그냥 붙여넣으면 붙여넣어진 결재란의 너비를 크게 조정했을 때 I17:Q31 범위에 표시된 '금액' 항목의 너비도 함께 변경되는 문제가 발생합니다. 하지만 결재란을 그림으로 복사해서 붙여넣으면 기존에 입력된 데이터에 아무런 영향을 주지 않고 그대로 복사되기 때문에 편리합니다.

4 복사한 결재란 영역이 그림으로 변환되어 붙여넣어지면 적당한 위치로 드래그합니다. 이 그림은 외부 개체이므로 너비와 높이를 마음대로 조정하거나 원하는 위치에 배치할 수 있지만, 그림 내용을 수정할 수 없어서 매번 다시 붙여넣어야 하므로 불편합니다. 이 문제를 해결하기 위해 결재란 그림을 선택한 상태에서 Delete 를 눌러 삭제하세요.

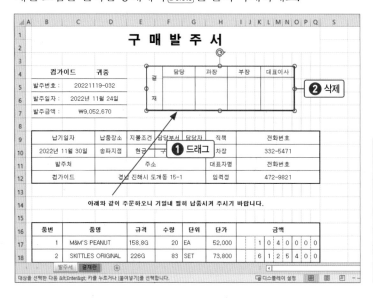

Tip

붙여넣은 그림은 셀이 아닌 그림이어서 내용을 곧바로 수정할 수 없으므로 내용을 수정하려면 원본 데이터에서 수정해서 다시 붙여넣어야 합니다. 하지만 데이터의 내용이 자주 바뀌면 매번 수정해서 붙여넣기가 번거로우므로 원본과 연결해서 붙여넣는 것이 편리합니다.

5 아직 복사한 원본이 그대로 지정되어 있으므로 [홈] 탭-[클립보드] 그룹에서 [붙여넣기]의 붙여넣기를 클릭한 후 '기타 붙여넣기 옵션'에서 [연결된 그림](🖼)을 클릭합니다.

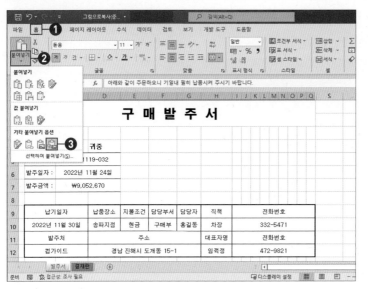

6 연결된 그림으로 붙여넣은 결재란 그림을 오른쪽 위로 드래그하고 E4:Q7 범위의 크기로 적당하게 조절합니다. 붙여넣은 결재란 그림의 내용을 수정하려면 원본 데이터가 저장된 [결재란] 시트를 클릭하세요.

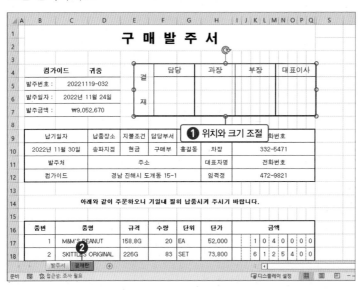

필수 작업 팁

데이터 편집 방법

서식 지정

수식 원리

함수

데이터 분석

피벗 테이블

양식 컨트롤

차트

7 **2** 과정에서 선택한 결재란 양식의 전체 범위가 선택되어 있으면 Esc를 눌러 선택을 해제하고 결제한 양식의 서식을 변경하기 위해 C3:F3 범위를 선택합니다. [홈] 탭-[글꼴] 그룹에서 [채우기 색]의 내림 단추(⋁)를 눌러 '테마 색'에서 [황금색, 강조 4, 60% 더 밝게]를 클릭해서 원본 결재란 영역의 배경색을 변경하세요.

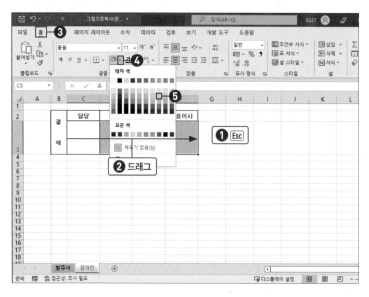

8 [발주서] 시트를 클릭하여 연결된 그림으로 붙여넣은 결재란 영역의 배경색도 변경되었는지 확인합니다.

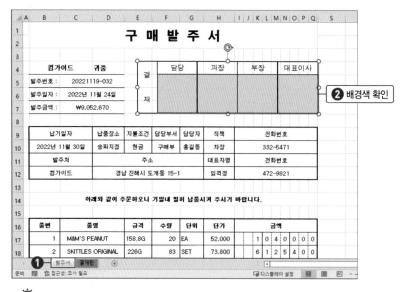

 Tip

연결해서 붙여넣는 그림은 항상 원본 데이터 시트와 함께 있어야 합니다. [발주서] 시트만 있고 [결재란] 시트가 없으면 연결해 붙여넣은 그림 부분에 내용이 표시되지 않는 문제가 발생할 수 있습니다.

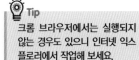

현장실무

13 | 웹페이지 캡처해 엑셀로 가져오기

1 워드나 파워포인트 또는 웹페이지 등에서 작업한 내용을 엑셀로 캡처해서 가져올 경우 스크린 샷 기능을 활용하면 편리합니다. 웹페이지를 캡처하기 위해 네이버 사이트(www.naver.com)에 접속한 후 [지도]를 클릭하세요.

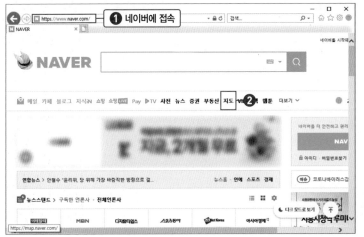

> **Tip**
> 크롬 브라우저에서는 실행되지 않는 경우도 있으니 인터넷 익스 플로러에서 작업해 보세요.

2 네이버 지도에서 캡처할 화면을 찾아서 열고 엑셀 창으로 되돌아갑니다.

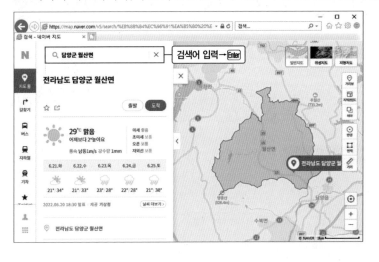

3 [삽입] 탭-[일러스트레이션] 그룹에서 [스크린샷]을 클릭합니다. 현재 열려있는 창이 표시되면 캡처할 네이버 창을 클릭하세요.

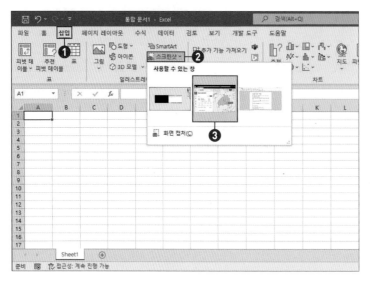

4 캡처된 브라우저 창의 URL로 자동 연결되는 하이퍼링크를 스크린샷에 지정하겠느냐고 묻는 메시지 창이 열리면 [아니요]를 클릭합니다.

5 시트에 선택한 창이 캡처되어 그림으로 표시되면 그림의 크기와 위치를 적당히 조절하고 [그림 서식] 탭-[그림 스타일] 그룹에서 [자세히] 단추(⊡)를 클릭합니다.

6 그림을 편집할 수 있는 다양한 레이아웃 목록이 표시되면 [둥근 대각선 모서리, 흰색]을 클릭하고 그림의 모양을 확인합니다. [그림 서식] 탭-[그림 스타일] 그룹은 그림에 간단히 서식을 지정할 때 사용하면 편리합니다.

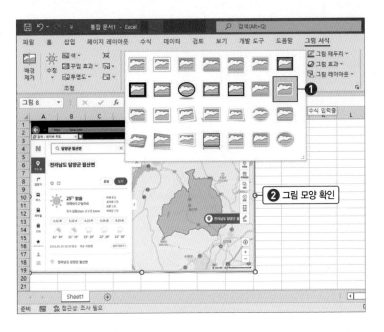

7 이번에는 화면 전체가 아닌 원하는 일부분만 지정해서 캡처해 볼게요. [삽입] 탭-[일러스트레이션] 그룹에서 [스크린샷]을 클릭하고 [화면 캡처]를 선택하세요.

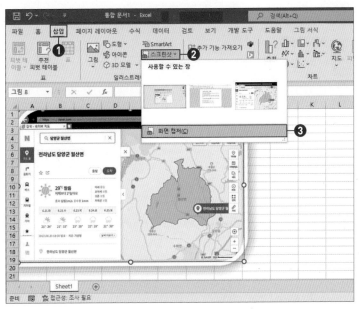

필수 지오티

데이터 편집 방법

서식 지정

수식 관리

함수

데이터 분석

피벗 테이블

양식 컨트롤

차트

8 가장 마지막에 사용했던 창이 활성화됩니다. 잠시 기다리면 화면이 정지되면서 하얀색 불투명 화면으로 바뀌는데, 이때 캡처할 부분을 드래그하여 지정합니다.

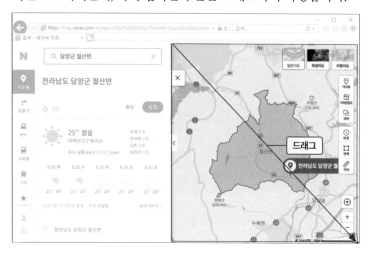

9 8 과정에서 드래그했던 영역만 캡처되어 그림으로 표시되면 원하는 위치로 이동하여 크기를 조절합니다.

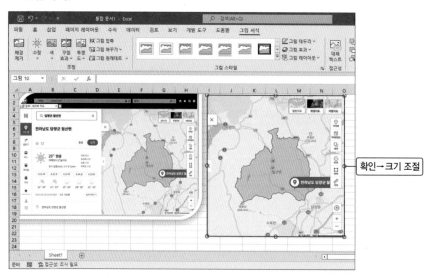

M365 | 2021 | 2019 | 2016 | 2013

현장실무
14

자동 채우기 핸들이 나타나지 않을 때 + 모양 표시하기

1 셀을 클릭한 후 자동 채우기 핸들의 위에 마우스 포인터를 올려놓으면 ✛ 모양에서 ✚ 모양으로 바뀝니다. 이 상태에서 드래그하면 수식이 있는 셀에서는 수식이 복사되고, 날짜가 입력된 셀에서는 하루씩 자동으로 날짜가 증가되어 채워지는 등 다양한 기능이 실행되지만, 마우스 포인터가 ✚ 모양으로 바뀌지 않으면 이런 기능을 사용할 수 없습니다. 이 경우에는 [파일] 탭-[옵션]을 선택하세요.

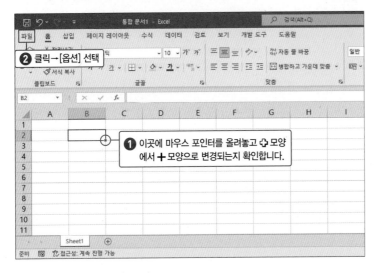

❷ 클릭→[옵션] 선택

❶ 이곳에 마우스 포인터를 올려놓고 ✛ 모양 에서 ✚ 모양으로 변경되는지 확인합니다.

2 [Excel 옵션] 대화상자가 열리면 [고급] 범주를 선택하고 '편집 옵션'에서 [채우기 핸들 및 셀 끌어서 놓기 사용]에 체크한 후 [확인]을 클릭합니다. 이제 선택한 셀에서 자동 채우기 핸들의 위에 마우스 포인터를 올려놓으면 ✚ 모양이 나타납니다.

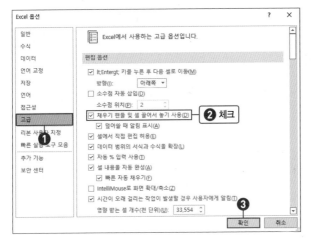

❷ 체크

❸

❹ 모양 확인

55

Step 01 셀 너비에 맞게 텍스트 펼쳐서 배치하기

셀 너비에 맞게 입력된 텍스트의 사이에 자동으로 공백이 지정되면서 텍스트가 펼쳐지는 효과를 설정해 보겠습니다.

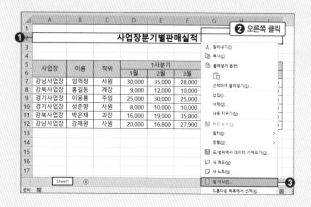

1 [Sheet1] 시트에서 A2셀을 클릭하고 마우스 오른쪽 단추를 눌러 [셀 서식]을 선택하세요.

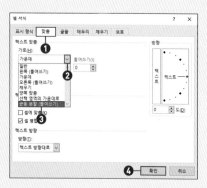

2 [셀 서식] 대화상자가 열리면 [맞춤] 탭의 '텍스트 맞춤'에서 '가로'의 내림 단추(▽)를 눌러 [균등 분할(들여쓰기)]을 선택한 후 [확인]을 클릭하세요.

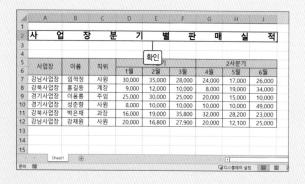

3 A2셀에 입력된 텍스트가 자동으로 셀 너비에 맞게 균등하게 분할되어 펼쳐졌습니다.

Step 02 셀에 좌우 여백 지정하기

A2셀의 텍스트가 셀 너비에 맞게 균등하게 분할되어 펼쳐졌지만 너무 분산되어 있으므로 셀의 좌우에 여백을 지정해 보겠습니다.

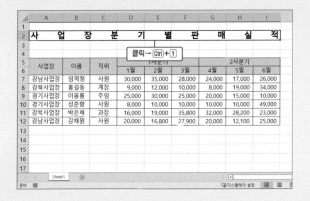

1 A2셀을 클릭하고 Ctrl+1을 누릅니다.

> [홈] 탭-[맞춤] 그룹에서 [맞춤 설정] 아이콘(⬒)을 클릭해도 됩니다.

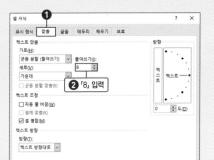

2 [셀 서식] 대화상자의 [맞춤] 탭에서 '들여쓰기'에 『8』을 입력하고 [확인]을 클릭합니다.

3 들여쓰기 값만큼 A2셀의 좌우에 여백이 설정되어 안쪽으로 모아지는 효과를 줄 수 있습니다.

02

빠른 데이터 편집 방법 살펴보기

기초 데이터를 입력하는 데 시간이 많이 걸린다면 좀 더 빠르게 데이터를 입력할 수 있는 기능부터 잘 익혀두어야 합니다. 이번 섹션에서는 빠르고 정확하게 데이터를 입력하고 보기 좋게 표시하기 위해 사용할 수 있는 필수 노하우를 소개합니다.

● 예제파일 : 특정텍스트분리(준비).xlsx   ● 완성파일 : 특정텍스트분리(완성).xlsx

필수기능

01

문자열에서 특정 텍스트만 분리해 입력하기

1 이름에서 성만 또는 이름만 따로 분리하거나 주소에서 도시명만 분리해서 자동으로 표시할 수 있습니다. [Sheet1] 시트에서 F열의 '근무지점' 항목에 입력된 근무 지점 이름에서 앞쪽의 두 글자만 G열에 표시해 볼게요. G5셀에 『안양』을 입력하고 Enter를 누르세요.

A	B	C	D	E	F	G	H	I
			직원 기본 정보					
	사원코드	성명	생년월일	담당업무	근무지점	지역	코드	
	BNCT-2132	한이경	1998-03-29	해외영업	안양지점	안양		
	BNCT-2133	정수란	1999-05-26	해외영업	이천지점			
	BNCT-2134	김동호	1997-08-05	국내영업	서울본사	『안양』입력→Enter		
	BNCT-2135	이은행	1988-03-01	국내영업	서울본사			
	BNCT-2136	박병철	1998-03-29	컨설턴트	이천지점			
	BNCT-2137	고원지	1988-02-28	컨설턴트	이천지점			
	BNCT-2138	한영희	1994-05-28	영업관리	안양지점			
	BNCT-2139	조예준	1998-03-27	영업관리	서울본사			
	BNCT-2140	김기연	1989-06-01	컨설턴트	서울본사			
	BNCT-2141	조홍제	1988-02-26	해외영업	안양지점			
	BNCT-2142	박국희	1995-08-04	해외영업	안양지점			
	BNCT-2143	한재호	1996-04-01	국내영업	안양지점			
	BNCT-2144	김소훈	1994-05-28	영업관리	서울본사			
	BNCT-2145	고숭녕	1991-05-24	영업관리	이천지점			

Sheet1

입력   접근성: 계속 진행 가능

Tip

'빠른 채우기'는 엑셀 2013 버전부터 제공하는 기능이므로 이전 엑셀 버전에서는 사용할 수 없습니다.

2 G6셀에 『이』를 입력하면 '천'이 자동으로 표시되면서 나머지 행에도 완성 목록이 표시되는데, Enter를 눌러 데이터를 완성합니다. 이것은 자동으로 데이터 입력 패턴을 체크해서 자동 채우기가 실행된 것입니다.

A	B	C	D	E	F	G	H	I
			직원 기본 정보					
	사원코드	성명	생년월일	담당업무	근무지점	지역	코드	
	BNCT-2132	한이경	1998-03-29	해외영업	안양지점	안양	❶『이』입력	
	BNCT-2133	정수란	1999-05-26	해외영업	이천지점	이천		
	BNCT-2134	김동호	1997-08-05	국내영업	서울본사	서울		
	BNCT-2135	이은행	1988-03-01	국내영업	서울본사	서울		
	BNCT-2136	박병철	1998-03-29	컨설턴트	이천지점	이천		
	BNCT-2137	고원지	1988-02-28	컨설턴트	이천지점	이천		
	BNCT-2138	한영희	1994-05-28	영업관리	안양지점	안양		
	BNCT-2139	조예준	1998-03-27	영업관리	서울본사	서울	❷ 목록 확인→Enter	
	BNCT-2140	김기연	1989-06-01	컨설턴트	서울본사	서울		
	BNCT-2141	조홍제	1988-02-26	해외영업	안양지점	안양		
	BNCT-2142	박국희	1995-08-04	해외영업	안양지점	안양		
	BNCT-2143	한재호	1996-04-01	국내영업	안양지점	안양		
	BNCT-2144	김소훈	1994-05-28	영업관리	서울본사	서울		
	BNCT-2145	고숭녕	1991-05-24	영업관리	이천지점	이천		

Sheet1

입력   접근성: 계속 진행 가능

3 G7셀에 표시된 [빠른 채우기 옵션] 단추(🔳)를 클릭하고 [빠른 채우기 실행 취소]를 선택하면 빠른 채우기 실행을 취소할 수 있습니다. 여기서는 실행 취소 방법만 알고 데이터는 그대로 두세요.

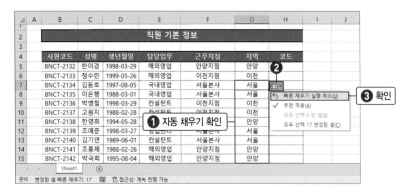

4 이번에는 메뉴를 이용해서 B열에 입력된 '사원코드' 항목에서 뒤에 있는 숫자 네 자리만 H열에 표시해 볼게요. H5셀에 『2132』를 입력하고 Enter 를 누른 후 [데이터] 탭-[데이터 도구] 그룹에서 [빠른 채우기](Ctrl + E)를 클릭하세요.

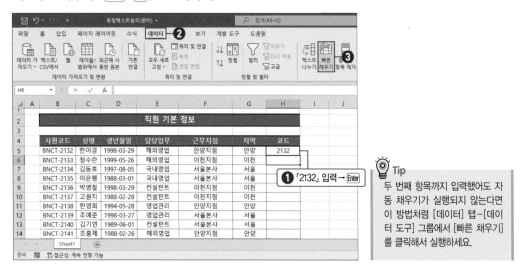

💡 Tip

두 번째 항목까지 입력했어도 자동 채우기가 실행되지 않는다면 이 방법처럼 [데이터] 탭-[데이터 도구] 그룹에서 [빠른 채우기]를 클릭해서 실행하세요.

5 '사원코드' 항목에 있는 코드에서 뒤쪽의 숫자만 H열의 '코드' 항목에 자동으로 채워졌는지 확인합니다.

A	B	C	D	E	F	G	H	I	J
				직원 기본 정보					
	사원코드	성명	생년월일	담당업무	근무지점	지역	코드		
	BNCT-2132	한이경	1998-03-29	해외영업	안양지점	안양	2132		
	BNCT-2133	정수란	1999-05-26	해외영업	이천지점	이천	2133		
	BNCT-2134	김동호	1997-08-05	국내영업	서울본사	서울	2134	🔳	
	BNCT-2135	이은행	1988-03-01	국내영업	서울본사	서울	2135		
	BNCT-2136	박병철	1998-03-29	컨설턴트	이천지점	이천	2136		
	BNCT-2137	고원지	1988-02-28	컨설턴트	이천지점	이천	2137		
	BNCT-2138	한영희	1994-05-28	영업관리	안양지점	안양	2138		
	BNCT-2139	조예준	1998-03-27	영업관리	서울본사	서울	2139		
	BNCT-2140	김기연	1989-06-01	컨설턴트	서울본사	서울	2140		
	BNCT-2141	조홍제	1988-02-26	해외영업	안양지점	안양	2141		
	BNCT-2142	박국회	1995-08-04	해외영업	안양지점	안양	2142		

확인

● 예제파일 : 빈셀찾아0으로교체(준비).xlsx ● 완성파일 : 빈셀찾아0으로교체(완성).xlsx

현장실무

02 | 빈 셀을 찾아 0으로 한 번에 변경하기

1 [Sheet1] 시트에서 6행을 살펴보면 '88'(E6셀), 빈 셀(F6셀), '90'(G6셀)의 점수와 H6셀에 평균 매출 '89'가 표시되어 있습니다. 이때 빈 셀은 평균 대상에서 제외되어 '88'과 '90'을 더해서 2로 나눈 결과 값이 표시된 것인데, 빈 셀까지 포함해서 평균을 구하려면 빈 셀을 모두 '0'으로 수정해 야 합니다.

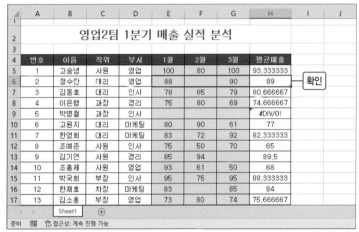

▶영상강의◀

2 범위를 선택할 시작 셀인 E5셀을 클릭하고 Ctrl + Shift + End 를 눌러 E5셀부터 데이터가 입력된 마지막 셀까지 한 번에 선택합니다. [홈] 탭-[편집] 그룹에서 [찾기 및 선택]을 클릭한 후 [이동 옵션]을 선택하세요.

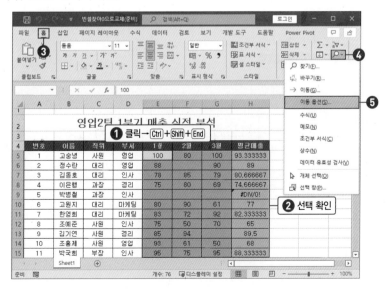

3 [이동 옵션] 대화상자가 열리면 '종류'에서 [빈 셀]을 선택하고 [확인]을 클릭합니다.

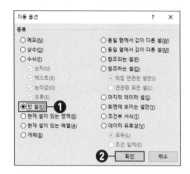

4 선택한 영역에서 빈 셀만 선택되면 이 상태에서 빈 셀 대신 표시할 『0』을 입력하고 Ctrl + Enter 를 누릅니다.

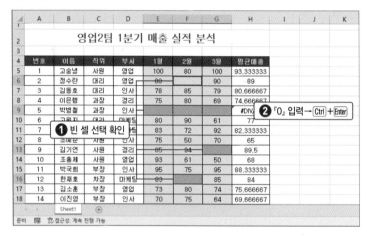

Tip

여러 개의 셀에 일괄적으로 같은 값을 입력하려면 범위를 설정하고 값을 입력한 후 Ctrl + Enter 를 누르세요.

5 선택된 모든 빈 셀에 '0'이 입력되면서 '평균매출' 항목의 값도 3으로 나눈 결과 값으로 재계산되었는지 확인합니다.

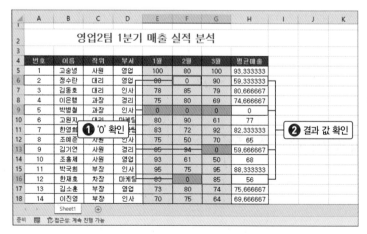

● 예제파일 : 0을찾아없음으로교체(준비).xlsx ● 완성파일 : 0을찾아없음으로교체(완성).xlsx

03 | 매출액이 0인 셀을 '없음'으로 한 번에 변경하기

1 월별 매출액이 0인 셀을 찾아서 모두 '없음'으로 변경해 보겠습니다. [Sheet1] 시트에서 E5셀을 클릭하고 Ctrl + Shift + End 를 누르세요.

▶영상강의◀

2 E5셀부터 데이터가 입력된 마지막 셀까지 자동으로 범위가 선택되면 선택 영역에서 H열을 제외하기 위해 Shift + ← 를 누릅니다.

	A	B	C	D	E	F	G	H	I	J
8	4	이은행	과장	경리	75	80	69	74.666667		
9	5	박병철	과장	인사	0	0	0	0		
10	6	고원지	대리	마케팅	80	90	61	77		
11	7	한영희	대리	마케팅	83	72	92	82.333333		
12	8	고숭녕	사원	인사	75	50	70	65		
13	9	김기연	사원	경리	85	94	0	59.666667		
14	10	조홍제	사원	영업	93	61	50	68		
15	11	박국희	부장	인사	95	75	95	88.333333		
16	12	한재호	차장	마케팅	83	0	85	56		
17	13	김소훈	부장	영업	73	80	74	75.666667		
18	14	이진영	부장	인사	70	75	64	69.666667		
19	15	박하나	사원	마케팅	0	0	0	0		
20	16	한우석	대리	영업	70	80	51	67		
21	17	이시안	과장	인사	73	0	82	51.666667		
22	18	배은희	과장	마케팅	65	40	60	55		
23	19	박남일	대리	경리	75	84	0	53		
24	20	이혜수	대리	경리	83	51	40	58		
25	21	임길호	사원	마케팅	83	0	92	58.333333		
26	22	오혜령	사원	영업	75	50	70	65		
27										

선택 확인 → Shift + ←

Sheet1

준비 ⊞ ☆ 접근성: 계속 진행 가능   평균: 61.712

3 [홈] 탭-[편집] 그룹에서 [찾기 및 선택]을 클릭하고 [바꾸기]를 선택합니다.

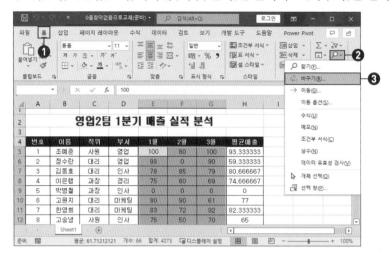

4 [찾기 및 바꾸기] 대화상자의 [바꾸기] 탭이 열리면 '찾을 내용'에는 『0』을, '바꿀 내용'에는 『없음』을 입력하고 [모두 바꾸기]를 클릭합니다. 33개 항목이 바뀌었다는 메시지 창이 열리면 [확인]을 클릭하세요.

5 값이 '0'인 셀만 '없음'으로 바뀐 것이 아니라 값이 '100'인 셀도 '1없음없음'으로 변경되었습니다. 방금 실행한 '바꾸기' 기능을 취소하기 위해 빠른 실행 도구 모음에서 [실행 취소] 도구(ᄃ)를 클릭하세요.

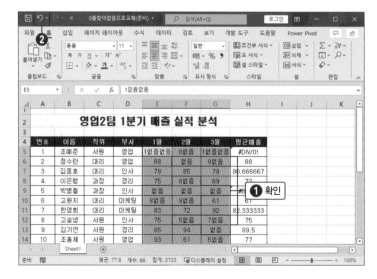

6 원래의 데이터로 되돌아오면 [찾기 및 바꾸기] 대화상자에서 [옵션]을 클릭합니다.

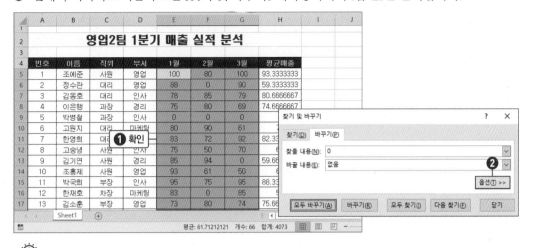

> 💡 **Tip**
>
> [찾기 및 바꾸기] 대화상자의 [옵션]을 클릭할 때마다 대화상자가 확장 또는 축소가 반복됩니다. 현재 [찾기 및 바꾸기] 대화상자가 축소되어 있다면 다시 한 번 [옵션]을 클릭해서 대화상자를 확장한 후 사용하세요.

7 [찾기 및 바꾸기] 대화상자가 확장되면 [전체 셀 내용 일치]에 체크하고 [모두 바꾸기]를 클릭합니다. 12개 항목이 바뀌었다는 메시지 창이 열리면 [확인]을 클릭하고 [찾기 및 바꾸기] 대화상자로 되돌아오면 [닫기]를 클릭하세요.

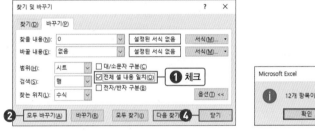

8 '1월' 항목부터 '3월' 항목에서 값이 '0'인 모든 셀이 '없음'으로 변경되었는지 확인합니다.

▲	A	B	C	D	E	F	G	H	I	J
2			영업2팀 1분기 매출 실적 분석							
4	번호	이름	직위	부서	1월	2월	3월	평균매출		
5	1	조예준	사원	영업	100	80	100	93.333333		
6	2	정수란	대리	영업	88	없음	90	89		
7	3	김동호	대리	인사	78	85	79	80.666667		
8	4	이은행	과장	경리	75	80	69	74.666667		
9	5	박병철	과장	인사	없음	없음	없음	#DIV/0!		
10	6	고원지	대리	마케팅	80	90	61	77		
11	7	한영희	대리	마케팅	83	72	92	82.3	확인	
12	8	고숭녕	사원	인사	75	50	70	65		
13	9	김기연	사원	경리	85	94	없음	89.5		
14	10	조흥제	사원	영업	93	61	50	68		
15	11	박국희	부장	인사	95	75	95	88.333333		
16	12	한재호	차장	마케팅	83	없음	85	84		

◉ 예제파일 : 빈셀에윗셀값채우기(준비).xlsx   ◉ 완성파일 : 빈셀에윗셀값채우기(완성).xlsx

현장실무

04 | 병합 해제한 빈 셀에 위쪽 셀 값 채우기

1 [매출자료] 시트에서 H4:H6 범위에는 A열에 입력된 사업부마다 몇 개의 사업장이 있는지 COUNTIF 함수를 이용한 함수식이 작성되어 있습니다. 하지만 A열이 사업부별로 병합되어 있어서 셀의 개수를 세면 1로 인식하므로 이런 문제를 해결하기 위해 병합된 셀의 병합을 해제해 볼게요. A4:A15 범위를 선택하고 [홈] 탭-[맞춤] 그룹에서 [병합하고 가운데 맞춤]을 클릭하세요.

▶ 영상강의 ◀

💡 **Tip**
H4:H6 범위에 사용한 COUNTIF 함수에 대해서는 189쪽을 참고하세요.

2 병합된 셀이 각 셀로 해제되었으면 병합 해제된 빈 셀에 각 사업부의 첫 번째 값과 동일한 값을 채워볼게요. A4:A15 범위가 선택된 상태에서 [홈] 탭-[편집] 그룹의 [찾기 및 선택]을 클릭하고 [이동 옵션]을 선택하세요.

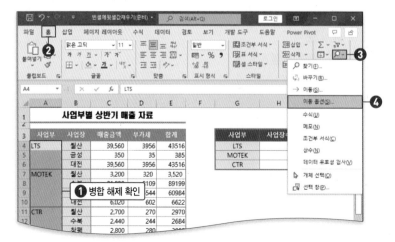

3 [이동 옵션] 대화상자가 열리면 '종류'에서 [빈 셀]을 선택하고 [확인]을 클릭하세요.

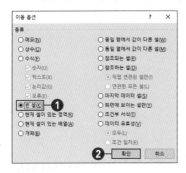

4 범위로 설정한 영역에서 빈 셀만 찾아 선택되었으면 현재 범위가 설정된 상태에서 『=』를 입력하고 첫 번째 사업부가 입력된 A4셀을 클릭한 후 Ctrl + Enter 를 누르세요.

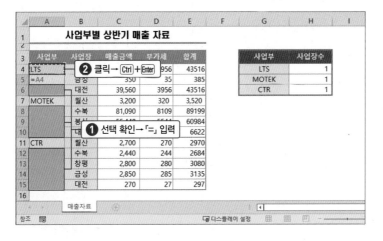

5 병합이 해제된 빈 셀에 사업부마다 첫 번째 값과 같은 값으로 채워지면서 H4:H6 범위에 개수가 정확히 표시되었는지 확인합니다. 하지만 빈 셀에 채워진 수식이 행이 바뀌면 값이 달라질 수 있기 때문에 수식 대신 변하지 않는 값으로 표현하기 위해 A4:A15 범위를 선택하고 Ctrl + C 를 눌러 복사하세요.

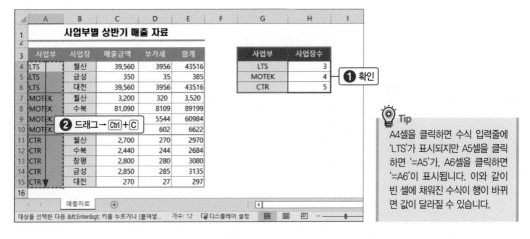

Tip

A4셀을 클릭하면 수식 입력줄에
'LTS'가 표시되지만 A5셀을 클릭
하면 '=A5'가, A6셀을 클릭하면
'=A6'이 표시됩니다. 이와 같이
빈 셀에 채워진 수식이 행이 바뀌
면 값이 달라질 수 있습니다.

핵심

필수 작업팁

데이터 편집방법

서식 지정

수식 원리

함수

데이터 분석

피벗 테이블

양식 컨트롤

차트

6 복사한 값을 동일한 영역에 그대로 붙여넣기 위해 A4셀에서 마우스 오른쪽 단추를 눌러 '붙여넣기 옵션'에서 [값]( )을 클릭하세요.

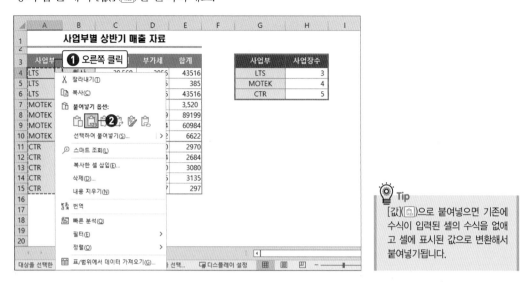

Tip
[값]( )으로 붙여넣으면 기존에 수식이 입력된 셀의 수식을 없애고 셀에 표시된 값으로 변환해서 붙여넣기됩니다.

7 A5셀과 A6셀을 차례대로 클릭하면 이전에 입력했던 '=A5'와 같은 수식이 'LST'라는 값으로 변환되어 입력된 것을 확인할 수 있습니다.

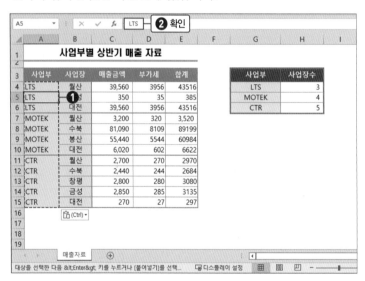

● 예제파일 : 빈셀행삭제(준비).xlsx   ● 완성파일 : 빈셀행삭제(완성).xlsx

필수기능
05 | 빈 셀이 있는 행만 한 번에 삭제하기

1 [Sheet1] 시트에서 '제품코드' 항목이나 '제품명' 항목에 빈 셀이 있으면 행 전체를 삭제해 볼게요. 데이터가 입력된 범위에 있는 하나의 셀을 클릭하고 Ctrl + A를 누르세요.

2 전체 데이터 영역이 선택되었으면 [홈] 탭-[편집] 그룹에서 [찾기 및 선택]을 클릭하고 [이동 옵션]을 선택합니다.

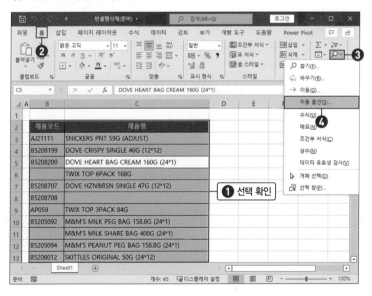

3 [이동 옵션] 대화상자가 열리면 '종류'에서 [빈 셀]을 선택하고 [확인]을 클릭합니다.

4 범위 설정했던 데이터 영역에서 빈 셀만 한 번에 선택되었으면 선택된 빈 셀 중 하나의 셀에서 마우스 오른쪽 단추를 눌러 [삭제]를 선택합니다. [삭제] 대화상자가 열리면 [행 전체]를 선택하고 [확인]을 클릭하세요.

5 빈 셀이 있는 행이 한 번에 삭제되었는지 확인합니다.

● **예제파일** : 숫자서식설정(준비).xlsx ● **완성파일** : 숫자서식설정(완성).xlsx

필수기능

06 | 숫자의 끝에 여백 지정하기

업무 시간 단축	사용자 지정 서식	결과
	#	숫자 앞에 오는 0을 표시하지 않음
	0	숫자 앞에 오는 0을 그대로 표시
	#,##0	세 자리 숫자마다 콤마(,) 표시
	#,##0_-	세 자리 숫자마다 콤마(,) 표시하고 오른쪽 끝에 여백 한 칸 표시
	#,##0_-_-	세 자리 숫자마다 콤마(,) 표시하고 오른쪽 끝에 여백 두 칸 표시

1 숫자 데이터에 서식을 설정하기 위해 표시 형식을 지정해 볼게요. [매출실적] 시트에서 C5셀을 클릭하고 Ctrl+Shift+End를 눌러 숫자 데이터 영역을 모두 선택한 후 Ctrl+1을 누르세요.

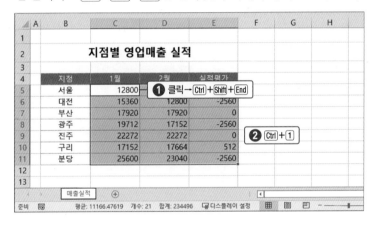

2 [셀 서식] 대화상자의 [표시 형식] 탭이 열리면 '범주'에서 [사용자 지정]을 선택하고 '형식'에 『#,##0_-』을 입력한 후 [확인]을 클릭합니다.

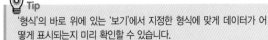
Tip
'형식'의 바로 위에 있는 '보기'에서 지정한 형식에 맞게 데이터가 어떻게 표시되는지 미리 확인할 수 있습니다.

3 숫자 데이터에 세 자리 숫자마다 콤마(,)가 표시되면서 셀의 오른쪽에 한 칸의 여백이 표시되었습니다.

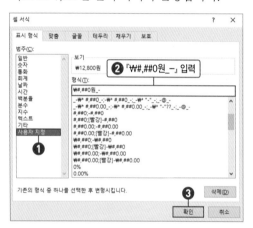

4 2 과정에서 '형식'에 『₩#,##0원_-』을 입력하면 숫자의 앞에는 '₩' 기호가, 뒤에는 '원'이 표시되고 그 뒤로 한 칸의 여백이 설정됩니다.

 잠깐만요 :: 서식을 사용자 지정하는 방법 살펴보기

사용자 지정 서식을 지정할 경우 기본적으로 '양수 서식;음수 서식;0서식;@문자 서식'과 같이 네 가지 서식을 함께 사용합니다. 하지만 필요에 따라 한 개 또는 두 개의 서식만 선택해서 지정할 수도 있습니다.

서식	의미	결과
[노랑]#,###	모든 숫자에 적용하는 서식	모든 숫자에 세 자리마다 콤마를 지정하고 노란색으로 표시
[빨강]#,##0;[파랑]#,##0	양수 서식;음수 서식	• 양수는 세 자리마다 콤마를 지정하고 빨간색으로 표시 • 음수는 세 자리마다 콤마를 지정하고 파란색으로 표시
[빨강]#,##0;[파랑]#,##0;영	양수 서식;음수 서식;0서식	• 양수는 세 자리마다 콤마를 지정하고 빨간색으로 표시 • 음수는 세 자리마다 콤마를 지정하고 파란색으로 표시 • 0에는 한글로 '영'으로 표시
[>=30000][파랑]#,##0_-	모든 숫자에 적용하는 서식	모든 숫자 중 30000 이상인 값이 입력된 셀에만 세 자리마다 콤마와 오른쪽 끝에 한 칸의 여백을 지정하고 파란색으로 표시
@지점	문자 서식	셀에 입력된 문자열에만 뒤에 '지점'을 붙여서 표시

◉ 예제파일 : 숫자를한글로표시(준비).xlsx   ◉ 완성파일 : 숫자를한글로표시(완성).xlsx

현장실무

07 | 숫자를 한글 또는 한자로 표시하기

1 숫자를 한글이나 한자 표기 방식으로 입력하면 문자로 인식되어 계산할 수 없으므로 숫자로 입력하고 화면에만 한글이나 한자로 표시되도록 지정할 수 있습니다. [Sheet1] 시트에서 D6:E18 범위를 선택하고 [홈] 탭-[표시 형식] 그룹에서 [맞춤 설정] 아이콘(⬓)을 클릭하세요.

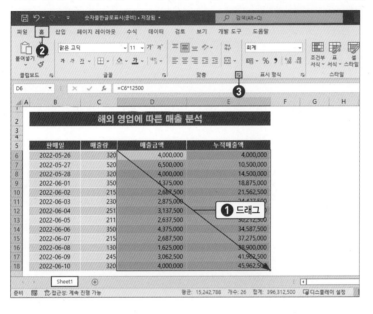

2 [셀 서식] 대화상자의 [표시 형식] 탭이 열리면 '범주'에서 [기타]를 선택하고 '형식'에서 [숫자(한자)]를 선택한 후 [확인]을 클릭합니다.

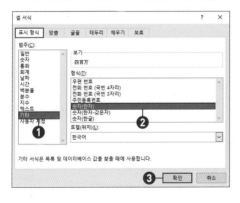

3 D6:E18 범위에 입력된 숫자가 한자로 표시되었지만, 이것은 표시 형식만 변경된 값으로, 실제 값은 숫자입니다. 표시 형식을 다시 한글로 표기하기 위해 [Ctrl]+[1]을 누르세요.

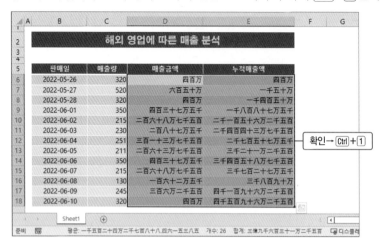

4 [셀 서식] 대화상자의 [표시 형식] 탭이 열리면 '범주'에서 [기타]를 선택하고 '형식'에서 [숫자(한글)]을 선택한 후 [확인]을 클릭합니다.

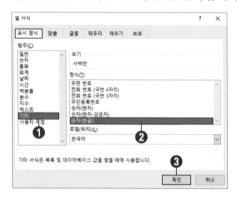

5 범위 선택한 영역의 숫자가 모두 한글로 표시되었으면 표시된 값의 뒤쪽에 '원'을 추가하기 위해 [Ctrl]+[1]을 누르세요.

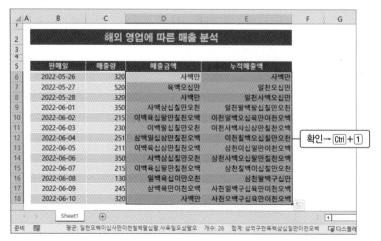

6 [셀 서식] 대화상자의 [표시 형식] 탭이 열리면 '범주'에서 [사용자 지정]을 선택하고 '형식'에서 기존에 표시된 '[DBNum4][$-ko-KR]G/표준'을 '[DBNum4][$-ko-KR]₩G/표준원'으로 수정한 후 [확인]을 클릭합니다.

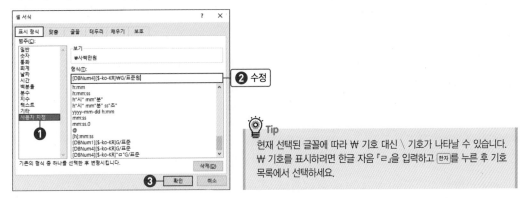

> 💡 **Tip**
> 현재 선택된 글꼴에 따라 ₩ 기호 대신 \ 기호가 나타날 수 있습니다.
> ₩ 기호를 표시하려면 한글 자음 『ㄹ』을 입력하고 [한자]를 누른 후 기호
> 목록에서 선택하세요.

7 D6:E18 범위에 입력된 금액의 앞에는 ₩ 기호가, 뒤에는 '원'이 추가되었는지 확인합니다.

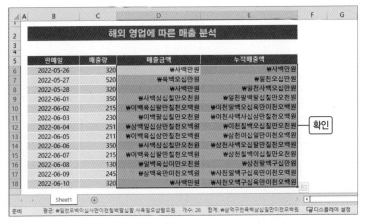

 잠깐만요 :: 설정한 표시 형식 모두 지우고 원래 값으로 되돌리기

방법 1 셀에 설정한 표시 형식을 모두 지우고 처음 입력했던 값으로 되돌리려면 해당 범위를 선택하고 [홈] 탭-[표시 형식] 그룹에서 [표시 형식]의 내림 단추(▽)를 눌러 [일반]을 선택합니다.

방법 2 [셀 서식] 대화상자의 [표시 형식] 탭에서 '범주'의 [일반]을 선택하고 [확인]을 클릭합니다.

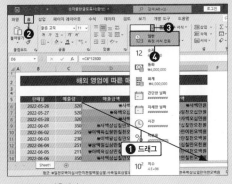

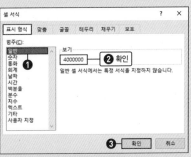

▲ 리본 메뉴 이용하기

▲ [셀 서식] 대화상자 이용하기

● 예제파일 : 천단위숫자생략(준비).xlsx ● 완성파일 : 천단위숫자생략(완성).xlsx

필수기능 08

천 단위 이하 숫자 생략해 간단하게 표시하기

업무 시간 단축	사용자 지정 서식	결과
	#,##0,	세 자리 숫자마다 콤마(,) 표시하고 천 단위 값 생략 예 34,263 → 34로 표시
	#,##0,,	세 자리 숫자마다 콤마(,) 표시하고 백만 단위 값 생략

1 셀에 입력한 숫자가 너무 큰 경우 천 단위 또는 백만 단위를 생략해서 간단하게 표시할 수 있어요. [Sheet1] 시트에서 D6셀을 클릭하고 Ctrl + Shift + End를 눌러 숫자 데이터 영역을 모두 선택한 후 선택 영역에서 마우스 오른쪽 단추를 눌러 [셀 서식]을 선택하세요.

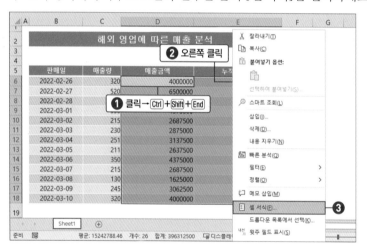

2 [셀 서식] 대화상자의 [표시 형식] 탭이 열리면 [사용자 지정] 범주를 선택하고 '형식'에 『#,##0,』를 입력한 후 [확인]을 클릭합니다.

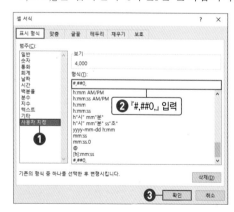

3 D6:E18 범위에 입력된 숫자 값이 천 단위가 생략되어 표시되었습니다.

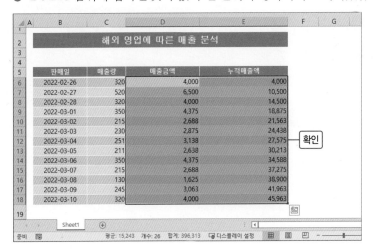

필수 직업 팁

데이터 편집 방법

서식 지정

수식 원리

함수

데이터 분석

피벗 테이블

양식 컨트롤

차트

> **Tip**
> 셀 서식을 적용해도 실제 값은 바뀌지 않고 원래 값이 그대로 저장되어 있습니다. 따라서 단지 보여줄 때만 천 단위를 생략하고 보여 주는 것이므로 실제 값 자체를 바꿔서 계산하려면 수식을 이용해야 합니다.

4 **2** 과정에서 '형식'에 『#,##0,,』를 입력했으면 백만 단위가 생략된 숫자 값이 나타납니다.

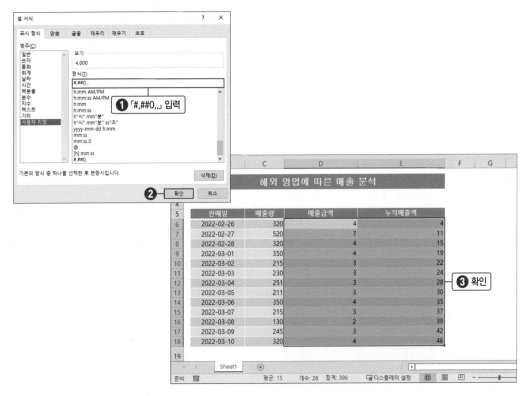

◉ 예제파일 : 문자앞뒤에자동표시(준비).xlsx ◉ 완성파일 : 문자앞뒤에자동표시(완성).xlsx

데이터의 앞 또는 뒤에 특정 문자 표시하기

사용자 지정 서식	결과
@귀하	문자열 뒤에 '귀하'를 붙여서 표시
아름다운@님	문자열 앞에는 '아름다운'을, 뒤에는 '님'을 붙여서 표시
#,##0개	숫자 뒤에 '개'를 붙여서 표시

1 문자 데이터의 앞이나 뒤에 특정 문자열을 일괄적으로 표시하려면 사용자 지정 서식을 이용해야 합니다. [Sheet1] 시트에서 B3:B7 범위를 선택하고 선택 범위에서 마우스 오른쪽 단추를 눌러 [셀 서식]을 선택하세요.

2 [셀 서식] 대화상자의 [표시 형식] 탭이 열리면 '범주'에서 [사용자 지정]을 선택하고 '형식'에 『@귀하』를 입력한 후 [확인]을 클릭합니다.

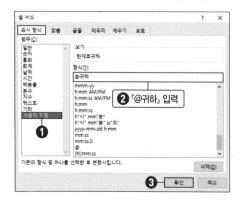

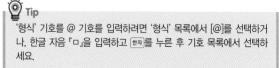

Tip

'형식' 기호를 @ 기호를 입력하려면 '형식' 목록에서 [@]를 선택하거나, 한글 자음 『ㅁ』을 입력하고 [한자]를 누른 후 기호 목록에서 선택하세요.

3 '성명' 항목의 이름 뒤에 '귀하'가 표시되었습니다. 이번에는 C3:C7 범위를 드래그하여 선택하고 [홈] 탭-[표시 형식] 그룹에서 [표시 형식] 아이콘(⑤)을 클릭하세요.

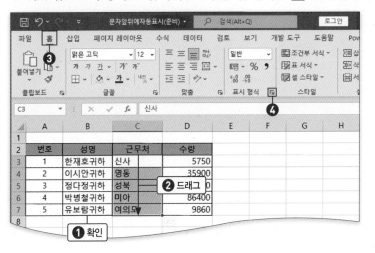

4 [셀 서식] 대화상자의 [표시 형식] 탭이 열리면 '범주'에서 [사용자 지정]을 선택하고 '형식'에서『오프라인@지점』을 입력한 후 [확인]을 클릭합니다.

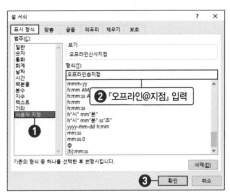

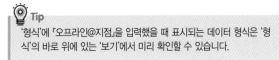

> 💡 **Tip**
> '형식'에『오프라인@지점』을 입력했을 때 표시되는 데이터 형식은 '형식'의 바로 위에 있는 '보기'에서 미리 확인할 수 있습니다.

5 C열의 '근무처' 항목에 입력된 문자열의 앞에는 '오프라인'이, 뒤에는 '지점'이 표시되었습니다. 이때 열 너비가 좁아 데이터가 제대로 표시되지 않으면 C열 머리글과 D열 머리글의 경계선에 마우스 포인터를 올려놓고 ✛ 모양으로 변경되었을 때 더블클릭하세요.

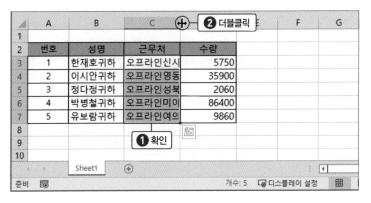

> 💡 **Tip**
> C열 머리글과 D열 머리글의 경계선 위에 마우스 포인터를 올려놓고 ✛ 모양으로 변경되었을 때 좌우로 드래그하면 드래그하는 크기만큼 셀 너비가 조절됩니다. 그리고 더블클릭하면 셀에 입력된 데이터의 크기만큼 자동으로 너비가 조절됩니다.

6 C열에 입력된 데이터의 크기만큼 자동으로 너비가 조절되었으면 D3:D7 범위를 드래그하여 선택하고 Ctrl + 1 을 누르세요.

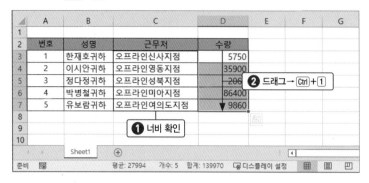

7 [셀 서식] 대화상자의 [표시 형식] 탭이 열리면 '범주'에서 [사용자 지정]을 선택하고 '형식'에 『#,##0개』를 입력한 후 [확인]을 클릭합니다.

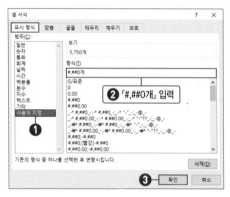

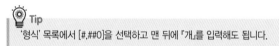

> 💡 **Tip**
> '형식' 목록에서 [#,##0]을 선택하고 맨 뒤에 『개』를 입력해도 됩니다.

8 '수량' 항목의 숫자에 자동으로 세 자리마다 콤마(,)가 표시되면서 숫자의 뒤에 단위 '개'가 표시되었는지 확인합니다.

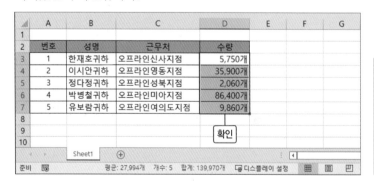

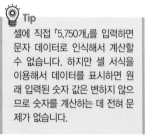

> 💡 **Tip**
> 셀에 직접 『5,750개』를 입력하면 문자 데이터로 인식해서 계산할 수 없습니다. 하지만 셀 서식을 이용해서 데이터를 표시하면 원래 입력된 숫자 값은 변하지 않으므로 숫자를 계산하는 데 전혀 문제가 없습니다.

● **예제파일** : 날짜서식지정(준비).xlsx ● **완성파일** : 날짜서식지정(완성).xlsx

필수기능 10 | 입사일에 직접 만든 날짜 형식 지정하기

1 [Sheet1] 시트에서 D열에 입력된 입사일을 다른 형태로 표시하기 위해 D5셀을 클릭하고 Ctrl + Shift + ↓를 눌러 '입사일' 항목의 데이터 영역을 모두 선택합니다. [홈] 탭-[표시 형식] 그룹에서 [표시 형식]의 내림 단추(⌄)를 눌러 [간단한 날짜]를 선택하세요.

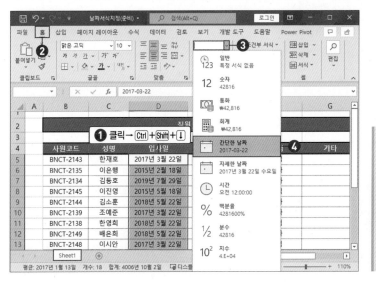

Tip

[표시 형식]의 내림 단추(⌄)를 눌러 표시된 목록은 가장 많이 사용하는 표시 유형만 모아놓은 것입니다. 이 중에서 원하는 유형이 없으면 [기타 표시 형식]을 선택해서 [셀 서식] 대화상자를 열고 [표시 형식] 탭에서 원하는 유형을 선택하거나 직접 지정해서 표현할 수 있습니다.

2 '입사일' 항목의 입사일이 간단한 날짜 서식으로 변경되었으면 원하는 날짜 서식을 직접 만들어서 적용하기 위해 Ctrl + 1을 누르세요.

사원코드	성명	입사일	담당업무	근무지점	기타
BNCT-2143	한재호	2017-03-22	국내영업	안양지점	
BNCT-2135	이은행	2015-02-18	국내영업	서울본사	
BNCT-2134	김동호	2019-07-29	국내영업	서울본사	
BNCT-2145	이진영	2015-05-18	영업관리	이천지점	
BNCT-2144	김소훈	2018-05-22	영업관리	서울본사	
BNCT-2139	조예준	2017-03-22	영업관리	서울본사	
BNCT-2138	한영회	2018-05-22	확인 → Ctrl + 1	지점	
BNCT-2149	배은회	2018-05-22	컨설턴트	서울본사	
BNCT-2148	이시안	2017-03-22	컨설턴트	안양지점	
BNCT-2140	김기면	2013-05-22	컨설턴트	서울본사	
BNCT-2137	고원지	2017-02-18	컨설턴트	이천지점	
BNCT-2136	박병철	2018-03-22	컨설턴트	이천지점	
BNCT-2147	한우석	2019-07-29	해외영업	이천지점	
BNCT-2146	박하나	2012-02-18	해외영업	이천지점	

3 [셀 서식] 대화상자의 [표시 형식] 탭이 열리면 '범주'에서 [사용자 지정]을 선택하고 '형식'에 『yyyy-mmm(dd일)』을 입력한 후 [확인]을 클릭합니다.

4 입사일 날짜가 '2017-May(22일)'과 같은 형식으로 바뀌었는지 확인합니다.

⊿	A	B	C	D	E	F	G	H
2				직원 기본 정보				
3								
4		사원코드	성명	입사일	담당업무	근무지점	기타	
5		BNCT-2143	한재호	2017-Mar(22일)	국내영업	안양지점		
6		BNCT-2135	이온행	2015-Feb(18일)	국내영업	서울본사		
7		BNCT-2134	김동호	2019-Jul(29일)	국내영업	서울본사		
8		BNCT-2145	이진영	2015-May(18일)	영업관리	이천지점		
9		BNCT-2144	김소훈	2018-May(22일)	영업관리	서울본사		
10		BNCT-2139	조예준	2017-Mar(22일)	영업관리	서울본사		
11		BNCT-2138	한영희	2018-May(22일)	영업관리	안양지점		
12		BNCT-2149	배온회	2018-May(22일)	**확인** 영업관리	서울본사		
13		BNCT-2148	이시안	2017-Mar(22일)		안양지점		
14		BNCT-2140	김기면	2013-May(22일)	컨설턴트	서울본사		
15		BNCT-2137	고원지	2017-Feb(18일)	컨설턴트	이천지점		
16		BNCT-2136	박병철	2017-Mar(22일)	컨설턴트	이천지점		
17		BNCT-2147	한우석	2019-Jul(29일)	해외영업	이천지점		
18		BNCT-2146	박하나	2012-Feb(18일)	해외영업	이천지점		

Sheet1

준비   Scroll Lock   평균: 2017-Jan(13일)   개수: 18   합계: 4006-Oct(02일)   디스플레이 설정

Tip

'입사일' 항목의 열 너비가 좁아 데이터가 제대로 표시되지 않으면 D열 머리글과 E열 머리글의 경계선에 마우스 포인터를 올려 놓고 ✛ 모양으로 변경되었을 때 더블클릭하여 열 너비를 넓게 조정하세요.

 잠깐만요 :: **날짜 데이터의 사용자 지정 서식 살펴보기**

날짜 데이터를 원하는 형식으로 표현하려면 다음과 같은 사용자 지정 서식을 이용해야 합니다. 연, 월, 일, 요일을 표시할 수 있는 기호를 적당하게 배치해서 원하는 날짜 서식을 지정할 수 있습니다.

사용자 지정 서식		입력 값	결과 값	사용자 지정 서식		입력 값	결과 값
연도	yy	2022-08-6	22	일	d	2022-08-6	6
	yyyy		2022		dd		06
월	m		8	요일	ddd		Sat
	mm		08		dddd		Saturday
	mmm		Aug		aaa		토
	mmmm		August		aaaa		토요일

현장실무
11 | 입력된 날짜가 무슨 요일인지 표시하기

1 입사일이 입력된 날짜에 해당 요일까지 함께 표시해 볼게요. [Sheet1] 시트에서 D5:D22 범위를 선택하고 [홈] 탭-[표시 형식] 그룹에서 [표시 형식] 아이콘(⊡)을 클릭하세요.

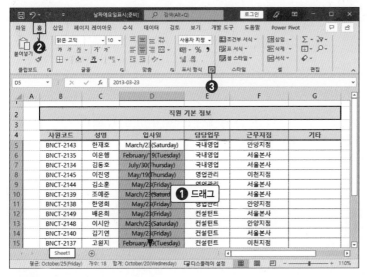

> 💡 **Tip**
> 날짜를 입력할 때는 『90-1-1』 또는 『90/1/1』과 같이 연, 월, 일 사이를 -이나 /로 구분해서 입력합니다. 이때 연도를 생략하고 『월/일』만 입력하면 작업하는 당해 연도로 자동 설정됩니다. 날짜는 날짜끼리 수식이나 함수를 지정해서 계산할 수 있습니다.

2 [셀 서식] 대화상자의 [표시 형식] 탭이 열리면 날짜 서식을 직접 만들기 위해 '범주'에서 [사용자 지정]을 선택하고 '형식'에 『dd일(aaa)』를 입력한 후 [확인]을 클릭합니다.

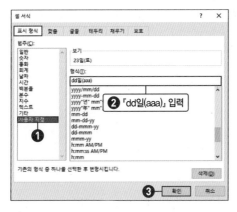

> 💡 **Tip**
> 'dd'는 날짜에서 일을 두 자리로(예 07), 'aaa'는 요일을 한글로 짧게(예 월) 표시하라는 뜻입니다. 이와 같이 날짜 서식에 관련된 사용자 지정 서식에 대해서는 82쪽의 '잠깐만요'를 참고하세요.

3 입사일에 연도와 월은 생략되고 일자와 요일만 표시되었습니다. 범위가 그대로 선택된 상태에서 다른 날짜 유형으로 입사일에 적용하기 위해 Ctrl + 1 을 누르세요.

4 [셀 서식] 대화상자의 [표시 형식] 탭이 열리면 '범주'에서 [사용자 지정]을 선택하고 '형식'에 『mmmm/dd(dddd)』를 입력한 후 [확인]을 클릭합니다.

> 🔆 **Tip**
> 'mmmm'은 날짜에서 월을 영문으로 길게(예 March), 'dd'는 일자를 두 자리(예 02)로, 'dddd'는 요일을 영문으로 길게(예 Monday) 표시하라는 뜻입니다.

5 D열의 입사일이 연도는 생략되고 월과 일자, 요일만 영문으로 표시되었는지 확인합니다.

A	B	C	D	E	F	G
			직원 기본 정보			
	사원코드	성명	입사일	담당업무	근무지점	기타
	BNCT-2143	한재호	March/23(Saturday)	국내영업	안양지점	
	BNCT-2135	이은행	February/19(Tuesday)	국내영업	서울본사	
	BNCT-2134	김동호	July/30(Thursday)	국내영업	서울본사	
	BNCT-2145	이진영	May/19(Thursday)	영업관리	이천지점	
	BNCT-2144	김소훈	May/23(Friday)	영업관리	서울본사	
	BNCT-2139	조예준	March/23(Saturday)	영업관리	서울본사	
	BNCT-2138	한영희	May/23(Friday)	컨설턴트	안양지점	
	BNCT-2149	배은희	May/23(Friday)	컨설턴트	서울본사	
	BNCT-2148	이시안	March/23(Saturday)	컨설턴트	안양지점	
	BNCT-2140	김기연	May/23(Friday)	컨설턴트	서울본사	
	BNCT-2137	고원지	February/19(Tuesday)	컨설턴트	이천지점	
	BNCT-2136	박병철	March/23(Saturday)	컨설턴트	이천지점	
	BNCT-2147	한우석	July/30(Thursday)	해외영업	이천지점	
	BNCT-2146	박하나	February/19(Tuesday)	해외영업	이천지점	

⦿ 예제파일 : 누적근무시간(준비).xlsx　　⦿ 완성파일 : 누적근무시간(완성).xlsx

현장실무
12

24시간 초과된 누적 근무 시간의 합계 구하기

1 출근 시간과 퇴근 시간이 입력된 데이터를 이용해서 근무 시간을 구해볼게요. [비용정산] 시트에서 E5셀에 수식 『=D5-C5』를 입력하고 Enter 를 누르세요.

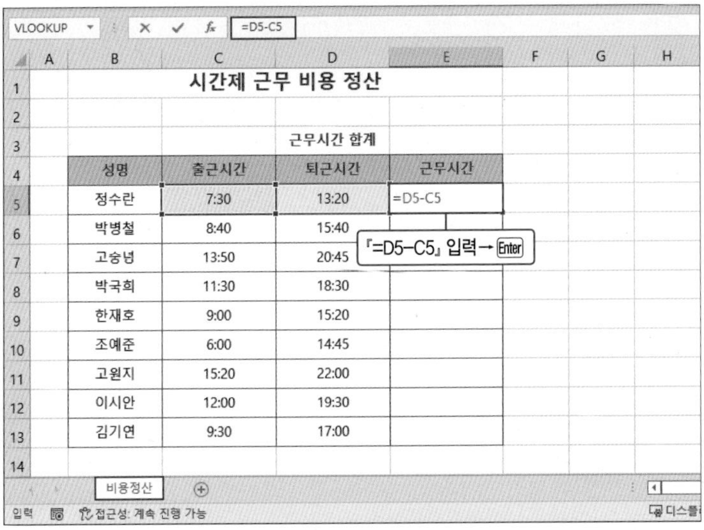

Tip

시간 데이터는 '14:20:40'과 같이 시, 분, 초 사이에 콜론(:)을 지정해서 입력해야 합니다. 12시간제로 입력하려면 '시:분:초 AM' 또는 '시:분:초 PM'과 같이 입력합니다. 이때 시간은 시간끼리 계산할 수 있습니다.

2 E5셀에 퇴근 시간에서 출근 시간을 빼서 근무 시간을 구한 결과 값이 계산되었습니다. E5셀을 클릭하고 자동 채우기 핸들 위에 마우스 포인터를 올려놓은 후 ✚ 모양으로 바뀌면 더블클릭하세요.

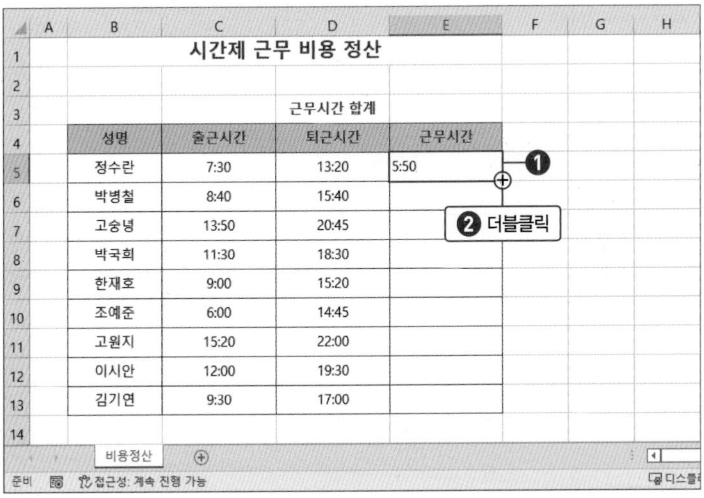

Tip

자동 채우기 핸들을 더블클릭하면 연속해서 데이터가 입력된 범위 끝까지 자동으로 수식이 복사됩니다.

85

3 E열에 입력된 데이터의 끝까지 수식이 복사되면서 다른 사람들의 근무 시간도 한 번에 계산되었습니다. E열에 구한 근무 시간의 합계를 구하기 위해 E3셀에 『=SU』를 입력하고 'SU'로 시작하는 함수 목록이 표시되면 [SUM]을 더블클릭하세요.

4 E3셀에 '=SUM('가 자동으로 표시되면 합을 구할 첫 번째 셀인 E5셀을 클릭하고 Ctrl+Shift+↓를 누르세요.

5 E5셀을 기준으로 데이터가 입력된 아래쪽 끝까지 범위가 자동으로 설정되었으면 Enter를 누르세요.

6 실제 근무 시간의 합계는 60시간이 넘는 값이 표시되어야 하지만, 시간을 표시할 때 24시간 이상의 값을 표시하지 못하기 때문에 E3셀의 '근무시간 합계'에 '15:30'이 나타납니다. 이 값을 누적 시간으로 표시하기 위해 E3셀을 클릭하고 Ctrl + 1 을 누르세요.

A	B	C	D	E	F	G	H	I
1		시간제 근무 비용 정산						
2								
3			근무시간 합계	15:30	클릭→Ctrl+1			
4	성명	출근시간	퇴근시간	근무시간				
5	정수란	7:30	13:20	5:50				
6	박병철	8:40	15:40	7:00				
7	고숭녕	13:50	20:45	6:55				
8	박국희	11:30	18:30	7:00				
9	한재호	9:00	15:20	6:20				
10	조예준	6:00	14:45	8:45				
11	고원지	15:20	22:00	6:40				
12	이시안	12:00	19:30	7:30				
13	김기연	9:30	17:00	7:30				
14								

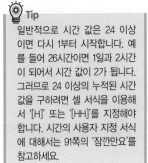

Tip
일반적으로 시간 값은 24 이상이면 다시 1부터 시작합니다. 예를 들어 26시간이면 1일과 2시간이 되어서 시간 값이 2가 됩니다. 그러므로 24 이상의 누적된 시간 값을 구하려면 셀 서식을 이용해서 '[H]' 또는 '[HH]'를 지정해야 합니다. 시간의 사용자 지정 서식에 대해서는 91쪽의 '잠깐만요'를 참고하세요.

7 [셀 서식] 대화상자의 [표시 형식] 탭이 열리면 '범주'에서 [사용자 지정]을 선택하고 '형식'에 『[hh]:mm』을 입력한 후 [확인]을 클릭합니다.

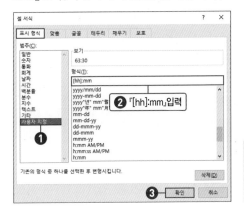

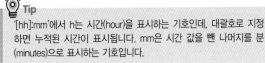

Tip
'[hh]:mm'에서 h는 시간(hour)을 표시하는 기호인데, 대괄호로 지정하면 누적된 시간이 표시됩니다. mm은 시간 값을 뺀 나머지를 분(minutes)으로 표시하는 기호입니다.

8 E3셀에 근무 시간의 합계가 누적되어 표시되었는지 확인합니다.

A	B	C	D	E	F	G	H	I
1		시간제 근무 비용 정산						
2								
3			근무시간 합계	63:30	확인			
4	성명	출근시간	퇴근시간	근무시간				
5	정수란	7:30	13:20	5:50				
6	박병철	8:40	15:40	7:00				
7	고숭녕	13:50	20:45	6:55				
8	박국희	11:30	18:30	7:00				
9	한재호	9:00	15:20	6:20				
10	조예준	6:00	14:45	8:45				
11	고원지	15:20	22:00	6:40				
12	이시안	12:00	19:30	7:30				
13	김기연	9:30	17:00	7:30				
14								

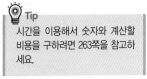

Tip
시간을 이용해서 숫자와 계산할 비용을 구하려면 263쪽을 참고하세요.

필수 작업

데이터 편집 방법

서식 지정

수식 원리

함수

데이터 분석

피벗 테이블

양식 컨트롤

차트

● 예제파일 : 시트전체보호(준비).xlsx   ● 완성파일 : 시트전체보호(완성).xlsx

현장실무

13 | # 암호 지정해 시트 전체의 내용 보호하기

1 다른 사람이 수정하면 안 되는 데이터가 입력되어 있으면 시트 전체에 암호를 지정해서 보호해 볼게요. [Sheet1] 시트에서 [홈] 탭-[셀] 그룹의 [서식]을 클릭하고 '보호'에서 [시트 보호]를 선택하세요.

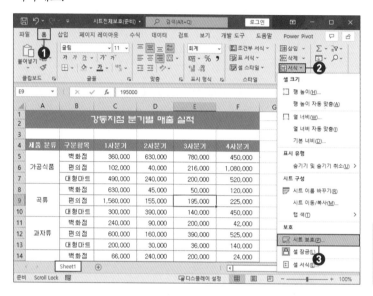

> **Tip**
> '시트 보호' 기능은 [검토] 탭-[보호] 그룹에서 [시트 보호]를 클릭해도 됩니다.

2 [시트 보호] 대화상자가 열리면 '시트 보호 해제 암호'에 암호 『12345』를 입력하고 '이 워크시트의 모든 사용자에게 다음 사항을 허용'에서 [잠긴 셀 선택]과 [잠금 해제된 셀 선택]의 체크를 해제한 후 [확인]을 클릭합니다. [암호 확인] 대화상자가 열리면 앞에서 지정한 암호와 똑같이 『12345』를 입력하고 [확인]을 클릭하세요.

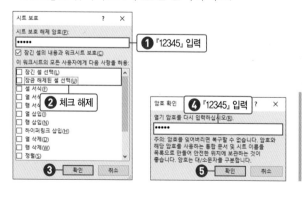

> **Tip**
> 설정한 암호를 잊어버리면 파일을 다시 수정할 수 없으므로 꼭 기억해야 합니다. '이 워크시트의 모든 사용자에게 다음 사항을 허용'에서 해당 항목에 체크하면 시트의 내용이 수정할 수 없게 잠겨있어도 셀을 클릭할 수 있게 설정 가능합니다.

3 워크시트에서 아무 셀이나 클릭해도 셀이 선택되지 않습니다. 키보드로 무엇인가 입력하면 시 트가 보호되어 있다는 경고 메시지 창이 열리는데, [확인]을 클릭하세요.

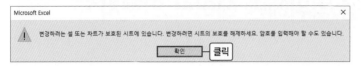

4 시트가 보호되어 아무 셀도 선택할 수 없습니다. 시트 보호를 해제하기 위해 [홈] 탭-[셀] 그 룹에서 [서식]을 클릭하고 '보호'에서 [시트 보호 해제]를 선택하세요. [시트 보호 해제] 대화상자 가 열리면 **2** 과정에서 설정한 암호 『12345』를 입력하고 [확인]을 클릭합니다.

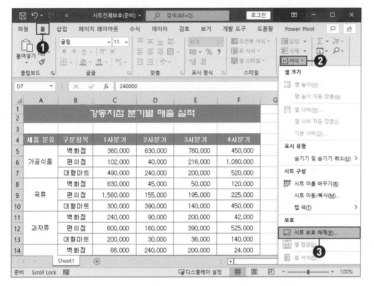

5 시트 보호가 해제되면서 원하는 셀을 클릭해서 선택하거나 내용을 입력할 수 있습니다.

● 예제파일 : 특정부분만입력(준비).xlsx ● 완성파일 : 특정부분만입력(완성).xlsx

현장실무

14 특정 범위에만 데이터 입력하기

1 워크시트에서 일부분만 수정할 수 있고 다른 부분은 수정할 수 없게 보호해 볼게요. 워크시트에 입력된 데이터 중에서 다른 분기는 이미 확정된 금액이므로 수정하면 안 되고 4분기 데이터만 새로 입력해야 합니다. [Sheet1] 시트에서 먼저 수정해야 하는 F5:F22 범위를 선택하고 [홈] 탭-[셀] 그룹에서 [서식]을 클릭한 후 '보호'의 [셀 잠금]을 클릭해서 선택을 해제하고 다시 [시트 보호]를 선택하세요.

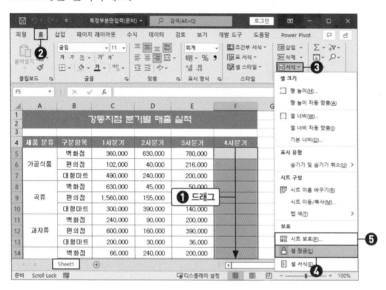

2 [시트 보호] 대화상자가 열리면 '시트 보호 해제 암호'에 『12345』를 입력하고 '이 워크시트의 모든 사용자에게 다음 사항을 허용'에서 [잠금 해제된 셀 선택]에만 체크한 후 [확인]을 클릭합니다. [암호 확인] 대화상자가 열리면 앞에서 지정한 암호와 똑같이 『12345』를 입력하고 [확인]을 클릭하세요.

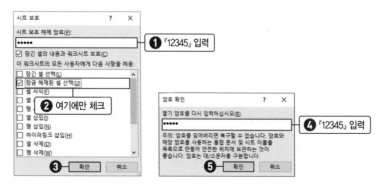

3 다른 셀은 선택할 수 없지만 F5:F22 범위인 '4사분기' 항목에서는 잠금이 해제되어 원하는 셀을 선택하여 값을 입력할 수 있습니다.

	A	B	C	D	E	F	G	H
1			강동지점 분기별 매출 실적					
2								
3								
4	제품 분류	구분항목	1사분기	2사분기	3사분기	4사분기		
5	가공식품	백화점	360,000	630,000	780,000			
6		편의점	102,000	40,000	216,000			
7		대형마트	490,000	240,000	200,000			
8	곡류	백화점	630,000	45,000	50,000			
9		편의점	1,560,000	155,000	195,000			
10		대형마트	300,000	390,000	140,000			
11	과자류	백화점	240,000	90,000	200,000		잠금 해제 확인	
12		편의점	600,000	160,000	390,000			
13		대형마트	200,000	30,000	36,000			
14	유제품	백화점	66,000	240,000	200,000			
15		편의점	715,000	78,000	108,000			
16		대형마트	34,000	378,000	2,480,000			
17	육류	백화점	48,000	108,000	30,000			
18		편의점	36,000	180,000	637,000			

Sheet1

준비 Scroll Lock 🔲디스플레이 설정

Tip
다른 셀도 수정하려면 [홈] 탭-[셀] 그룹에서 [서식]을 클릭하고 '보호'에서 [시트 보호 해제]를 선택합니다. [시트 보호 해제] 대화상자가 열리면 **2** 과정에서 지정한 암호를 입력하여 시트 보호를 해제한 후 사용하세요.

 잠깐만요 :: 시간 데이터의 사용자 지정 서식 살펴보기

시간 데이터를 원하는 형식으로 표현하려면 다음과 같은 사용자 지정 서식을 이용해야 합니다. 기호를 원하는 문자와 조합해서 보기 쉬운 시간 데이터를 표현해 보세요. 사용자 지정 서식 기호에 대괄호를 지정하면 누적된 시간이나 누적된 분 또는 누적된 초를 표시할 수 있습니다.

사용자 지정 서식		입력 값	결과 값	사용자 지정 서식		입력 값	결과 값
시	h	7:20	7	분	m	18:5	5
	hh		07		mm		05
	[hh]	28:30	28		[m]		1085
초	s	18:25:3	3	초	ss	18:25:3	03
사용 예	h시간m분s초	8:25:3	8시간25분3초	사용 예	hh시mm분	28:30	04시30분
	hh:mm:ss		08:25:03		[hh]:mm		28:30

● **예제파일** : 빈페이지인쇄제거(준비).xlsx ● **완성파일** : 빈페이지인쇄제거(완성).xlsx

현장실무

15 | 인쇄할 때 빈 페이지 인쇄하지 않기

1 인쇄할 때 내용이 없는 빈 페이지가 여러 장 함께 인쇄된다면 워크시트의 어딘가에 눈에 보이지 않는 데이터가 입력되어 있기 때문입니다. [Sheet1] 시트에서 필요 없는 범위가 어디인지 확인한 후 지우기 위해 워크시트에 있는 하나의 셀을 클릭하고 Ctrl + End 를 누르세요.

2 워크시트에서 데이터가 입력된 마지막 셀로 셀 포인터가 이동했습니다. 셀 포인터가 위치한 행이나 열의 어딘가에 눈에 보이지 않는 값이 입력되어 있기 때문에 여기까지 데이터 영역으로 인식되는 것인데, 필요 없는 빈 범위를 제거하기 위해 Ctrl + Home 을 누르세요.

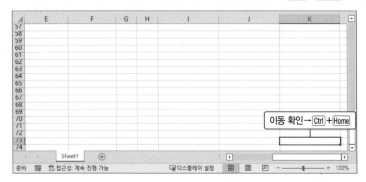

 Tip

원하는 데이터 영역만 정확히 인쇄하려면 해당 범위를 설정하고 [페이지 레이아웃] 탭-[페이지 설정] 그룹에서 [인쇄 영역]을 클릭한 후 [인쇄 영역 설정]을 선택하세요. 이렇게 인쇄 영역을 설정한 후 인쇄하면 범위 설정한 영역만 인쇄할 수 있습니다.

3 A1셀로 이동하면 19행 머리글을 클릭하여 19행 전체를 선택한 후 Ctrl+Shift+↓를 눌러 마지막 행까지 범위를 선택합니다. 선택한 범위에서 마우스 오른쪽 단추를 눌러 [삭제]를 선택하세요.

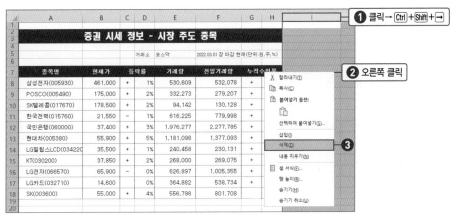

4 I열 머리글을 클릭하여 I열 전체를 선택하고 Ctrl+Shift+→를 눌러 마지막 열까지 범위를 선택합니다. 선택한 범위에서 마우스 오른쪽 단추를 눌러 [삭제]를 선택하세요.

5 빠른 실행 도구 모음에서 [저장] 도구(💾)를 클릭하여 불필요한 행 데이터와 열 데이터를 삭제한 파일을 저장하고 워크시트에서 하나의 셀을 클릭한 후 Ctrl+End를 눌러 H18셀로 정확하게 이동합니다. 이렇게 작업한 파일을 인쇄하면 데이터가 있는 페이지만 정확하게 인쇄할 수 있어요.

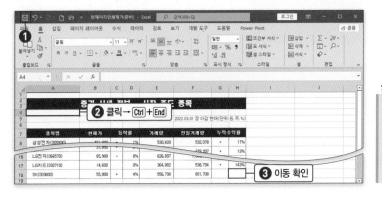

💡 Tip

데이터를 삭제했지만 저장하지 않으면 곧바로 삭제된 범위를 인식하지 못하므로 반드시 저장한 후 삭제 범위를 확인하고 인쇄해야 합니다.

Step 01 [붙여넣기 옵션] 단추 이용하기

[붙여넣기 옵션] 단추(🔖(Ctrl)▾)를 이용해서 B5:F15 범위에 입력된 데이터를 그대로 H열에 복사해 보겠습니다.

1 [Sheet1] 시트에서 B5:F15 범위에 있는 하나의 셀을 클릭하고 Ctrl + A 를 눌러 전체 데이터 영역을 선택합니다. Ctrl + C 를 눌러 선택한 영역을 복사하고 H5셀을 클릭한 후 Ctrl + V 를 눌러 붙여넣습니다.

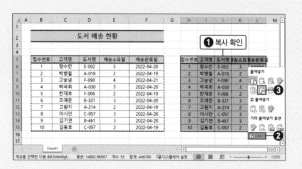

2 H5셀부터 붙여넣어진 데이터를 확인해 보면 셀 너비를 제외하고 데이터와 수식 등만 복사되었습니다. 이 상태에서 데이터 영역의 오른쪽 아래에 있는 [붙여넣기 옵션] 단추(🔖(Ctrl)▾)를 클릭하고 '붙여넣기'에서 [원본 열 너비 유지](🔖)를 클릭하세요.

> 복사할 대상 영역을 열 단위로 설정했으면 자동으로 너비도 함께 복사됩니다. 하지만 셀 영역으로 범위를 선택했으면 데이터만 복사되고 너비는 복사되지 않습니다.

3 H5:L15 범위에 원본 데이터인 B5:F15 범위의 너비까지 똑같이 복사되었는지 확인합니다.

Step 02 [선택하여 붙여넣기] 이용하기

이번에는 [선택하여 붙여넣기]를 이용해 데이터는 그대로 둔 상태에서 다른 셀의 너비만 복사해 보겠습니다.

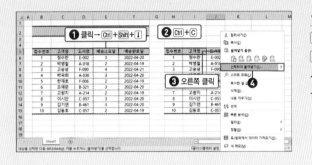

1 복사할 너비가 설정된 E5셀을 클릭하고 Ctrl+Shift+↓를 눌러 '배송소요일' 항목의 범위를 모두 선택한 후 Ctrl+C를 눌러 복사합니다. 붙여넣을 대상인 J5셀에서 마우스 오른쪽 단추를 눌러 [선택하여 붙여넣기]를 선택하세요.

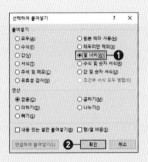

2 [선택하여 붙여넣기] 대화상자가 열리면 '붙여넣기'에서 [열 너비]를 선택하고 [확인]을 클릭합니다.

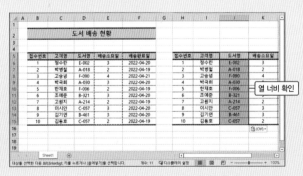

3 J열의 '도서명' 항목의 내용은 그대로 유지한 상태에서 E열의 '배송소요일' 항목의 열 너비만 복사되었는지 확인합니다.

03

값에 따라 자동으로 바뀌는 다양한 서식 이용하기

글꼴이나 맞춤, 표시 형식 그룹을 이용해서 서식을 지정하면 데이터 값이 바뀌어도 항상 같은 형태의 서식만 표시됩니다. 하지만 데이터 값이 변경될 때마다 데이터의 내용에 맞게 서식이 자동으로 바뀌면 엑셀 문서를 쉽게 작성할 수 있을 뿐만 아니라 보기 좋게 꾸밀 수도 있습니다.

● 예제파일 : 표스타일지정(준비).xlsx ● 완성파일 : 표스타일지정(완성).xlsx

필수기능
01 데이터에 표 스타일 지정하기

1 데이터에 표 스타일을 지정하고 숫자 데이터에 쉼표 서식을 지정해서 표를 깔끔하게 정리해 볼 게요. [Sheet1] 시트에서 데이터 영역에 있는 하나의 셀을 클릭하고 [홈] 탭-[스타일] 그룹에서 [표 서식]을 클릭한 후 '밝게'에서 [황금색, 표 스타일 밝게 12]를 클릭하세요.

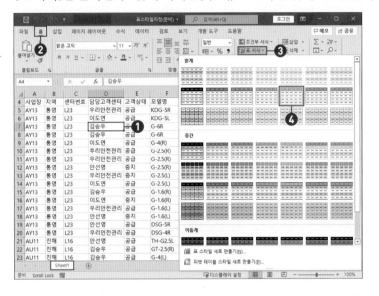

2 [표 만들기] 대화상자가 열리면 '표에 사용할 데이터를 지정하십시오.'에 표 서식을 적용할 데이터 영역이 자동으로 표시되어 있습니다. 데이터 영역에서 첫 번째 줄을 표 서식의 제목으로 사용할 것이므로 [머리글 포함]에 체크되어 있는지 확인하고 [확인]을 클릭하세요.

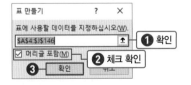

 Tip
표 서식을 적용할 범위를 지정하지 않아도 1 과정에서 선택한 셀을 기준으로 연속된 데이터 영역이 '표에 사용할 데이터를 지정하십시오.'에 자동으로 설정되어 있습니다.

3 전체 데이터 영역에 **1** 과정에서 선택한 디자인 서식이 적용되었으면 다른 디자인으로 변경하기 위해 [테이블 디자인] 탭-[표 스타일] 그룹에서 [자세히] 단추(▽)를 클릭하세요.

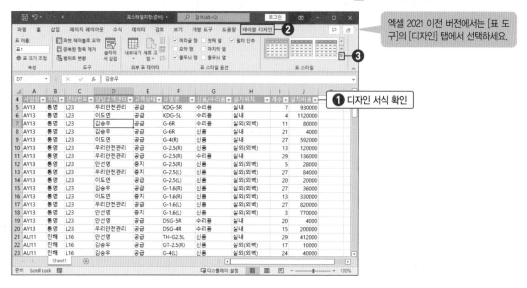

엑셀 2021 이전 버전에서는 [표 도구]의 [디자인] 탭에서 선택하세요.

4 디자인 서식 목록이 표시되면 마우스 포인터를 올려놓으면서 실제 데이터에 적용했을 때의 디자인 서식 상태를 미리 확인할 수 있습니다. 여기서는 '중간'에서 [파랑, 표 스타일 보통 9]를 클릭하여 데이터 전체를 선택한 디자인 서식으로 변경합니다.

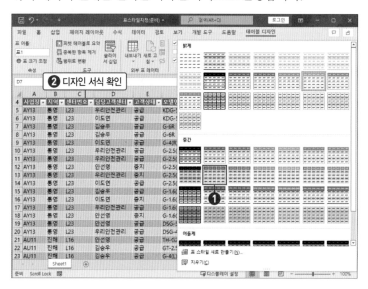

● 예제파일 : 표에슬라이서삽입(준비).xlsx   ● 완성파일 : 표에슬라이서삽입(완성).xlsx

현장실무

02 | 표에 슬라이서 삽입하고 스타일 지정하기

1 표 서식이 적용된 데이터 중에서 원하는 조건에 만족하는 값만 쉽게 추출해 보겠습니다. [Sheet1] 시트에서 표 서식 기능이 적용된 데이터 영역에 있는 하나의 셀을 클릭하고 [테이블 디자인] 탭-[도구] 그룹에서 [슬라이서 삽입]을 클릭하세요.

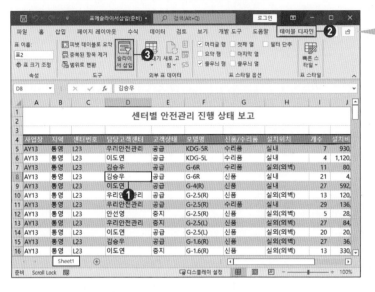

엑셀 2021 이전 버전에서는 [피벗 테이블 도구]의 [디자인] 탭에서 선택하세요.

2 [슬라이서 삽입] 대화상자가 열리면 필터링할 필드에 체크하고 [확인]을 클릭합니다. 여기서는 [지역]과 [모델명]에 체크하세요.

❶ 체크

3 [지역] 슬라이서와 [모델명] 슬라이서가 삽입되면 작업 표시줄의 오른쪽에 있는 [확대/축소] 컨트롤에서 [축소] 단추(─)를 두 번 클릭합니다.

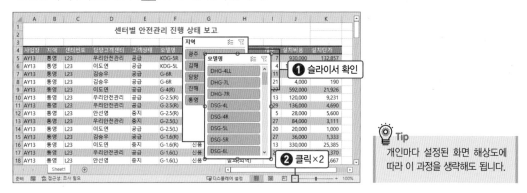

Tip
개인마다 설정된 화면 해상도에 따라 이 과정을 생략해도 됩니다.

4 화면 보기 배율이 80%로 축소되었으면 각 슬라이서의 제목 부분을 클릭한 상태에서 오른쪽으로 드래그해 이동해서 보기 좋게 배치합니다.

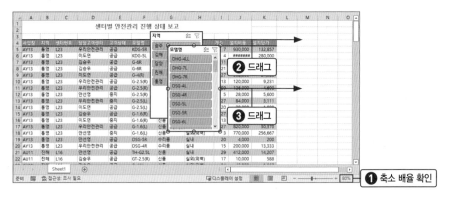

5 [지역] 슬라이서를 클릭하고 [슬라이서] 탭-[슬라이서 스타일] 그룹에서 [자세히] 단추(▼)를 클릭합니다. 슬라이서 스타일 목록이 표시되면 '밝게'에서 [연한 노랑, 슬라이서 스타일 밝게 4] 를 클릭하세요.

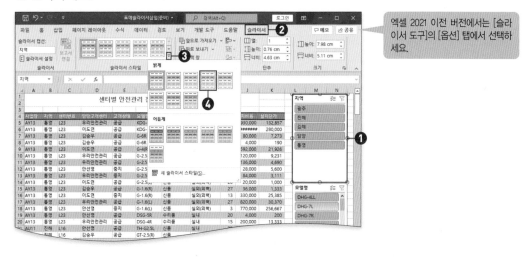

엑셀 2021 이전 버전에서는 [슬라이서 도구]의 [옵션] 탭에서 선택하세요.

6 [지역] 슬라이서에 스타일을 지정했으면 이와 같은 방법으로 '밝게'의 [모델명] 슬라이서에 [연한 녹색, 슬라이서 스타일 밝게 6]을 지정합니다.

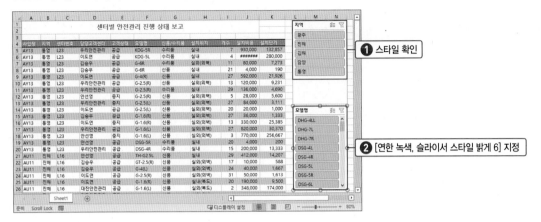

7 [지역] 슬라이서의 전체 데이터 중에서 '통영' 지역의 데이터만 보기 위해 [지역] 슬라이서에서 [통영]을 선택하고 [모델명] 슬라이서에서 [G-1.6(L)]을 선택합니다. '통영' 지역의 'G-1.6(L)' 모델에 해당하는 데이터만 필터링되었으면 [지역] 슬라이서의 오른쪽 위에 있는 [필터 지우기] 단추(⊠)를 클릭하세요.

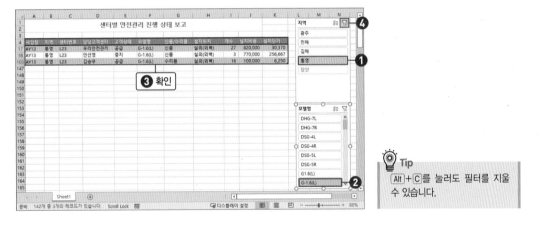

Tip

Alt + C를 눌러도 필터를 지울 수 있습니다.

8 [지역] 슬라이서에 적용된 필터 기능이 해제되었습니다. 필요 없는 슬라이서를 삭제하기 위해 [모델명] 슬라이서의 제목 부분을 클릭한 후 Delete 를 누르세요.

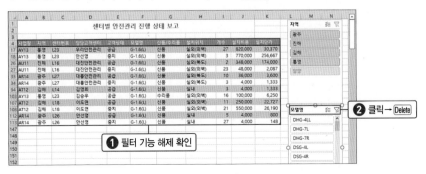

● **예제파일** : 표서식만지우기(준비).xlsx   ● **완성파일** : 표서식만지우기(완성).xlsx

03 표 서식 삭제해 일반 데이터로 변경하기

1 표 서식이 적용된 셀에는 필터나 표 계산 기능이 자동으로 설정되어 있어서 다른 기능을 제외하고 서식만 사용할 경우에는 일반 데이터로 변경해야 편리하게 작업할 수 있습니다. [Sheet1] 시트에서 표 서식이 설정된 데이터 영역에 있는 하나의 셀을 클릭하고 [테이블 디자인] 탭-[도구] 그룹에서 [범위로 변환]을 클릭하세요. 표를 정상 범위로 변환하겠느냐고 묻는 메시지 창이 열리면 [예]를 클릭합니다.

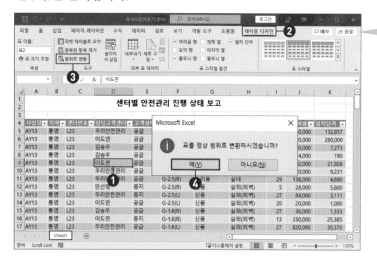

엑셀 2021 이전 버전에서는 [표 도구]의 [디자인] 탭을 이용하세요.

2 표 서식 기능이 해제되면서 데이터 서식만 남았습니다. 이와 같이 데이터에 서식만 적용하려면 표 서식을 적용하고 정상 범위로 변환해야 합니다.

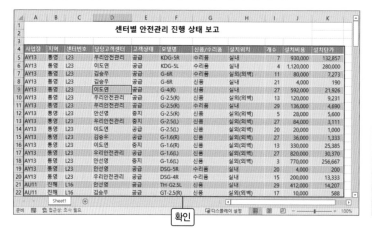

확인

💡 Tip

셀에 설정된 서식까지 깨끗하게 지우려면 전체 데이터를 범위로 선택하고 [홈] 탭-[편집] 그룹에서 [지우기]를 클릭한 후 [서식 지우기]를 선택하세요.

◉ 예제파일 : 매출액에그래프표시(준비).xlsx ◉ 완성파일 : 매출액에그래프표시(완성).xlsx

필수기능 04 | 매출액에 비례한 그래프나 등급 표시하기

1 [매출실적] 시트에서 '신청회원'에 입력된 값의 크기에 비례한 등급을 세 개로 나눠 표시해 볼게요. C4셀을 클릭하고 Ctrl+Shift+↓를 눌러 C3셀부터 연속해서 데이터가 입력된 마지막 행까지 범위를 선택하세요

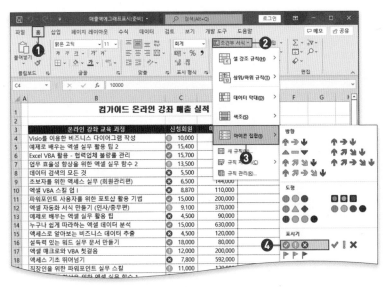

2 [홈] 탭-[스타일] 그룹에서 [조건부 서식]을 클릭하고 [아이콘 집합]을 선택합니다. 아이콘 모양이 표시되면 등급 개수에 맞게 원하는 모양에 마우스 포인터를 올려놓고 선택한 셀에 어떤 모양이 표시되는지 확인해 보세요. 여기서는 '표시기'에서 [3가지 기호(원)]를 선택하세요.

103

3 C열에 입력된 값이 세 개의 등급으로 구분되어 표시되었는지 확인합니다. 이번에는 매출액에 그래프 효과를 지정하기 위해 D4:D20 범위를 선택하고 [홈] 탭-[스타일] 그룹에서 [조건부 서식]을 클릭한 후 [데이터 막대]를 선택하고 '그라데이션 채우기'에서 [주황 데이터 막대]를 클릭하세요.

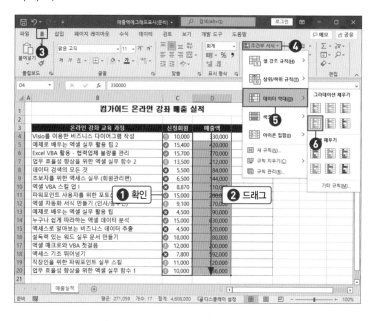

4 셀에 입력된 매출액에 비례하여 자동으로 주황색 데이터 막대 그래프 효과가 표시되었는데, 값과 그래프가 한 셀에 함께 표시되는 것을 서로 다른 열에 나누어서 표시해 볼게요. 기존에 설정한 조건부 서식을 해제하기 위해 D4:D20 범위가 설정된 상태에서 [홈] 탭-[스타일] 그룹의 [조건부 서식]을 클릭하고 [규칙 지우기]-[선택한 셀의 규칙 지우기]를 선택하세요.

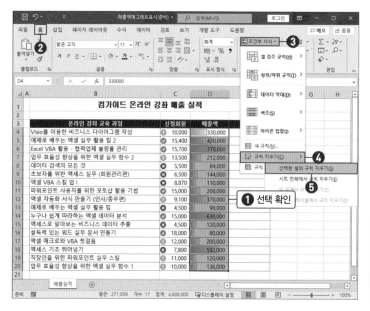

> 💡 **Tip**
>
> [규칙 지우기]에서 [시트 전체에서 규칙 지우기]를 선택하면 현재 선택된 시트에 설정된 모든 조건부 서식을 한 번에 지울 수 있어요.

5 매출액에 설정된 조건부 서식이 지워졌으면 D열에는 매출액을, E열에는 그 값에 맞는 그래프를 따로 표시해 볼게요. E열에도 동일한 매출액을 표시하기 위해 E4셀에 『=』를 입력하고 D4셀을 클릭한 후 Enter 를 누르세요.

6 E4셀에 D4셀의 매출액이 표시되었으면 자동 채우기 핸들을 더블클릭해서 나머지 행에도 동일한 함수식을 복사하세요.

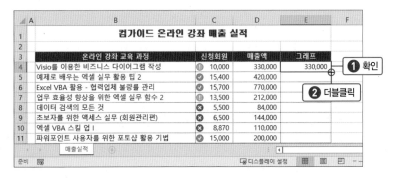

7 이제부터는 D열에 입력된 매출액 값을 수정하면 E열에도 자동 반영됩니다. E열에 그래프를 표시하기 위해 E4:E20 범위를 선택한 상태에서 [홈] 탭-[스타일] 그룹에서 [조건부 서식]을 클릭한 후 [데이터 막대]를 선택하고 '그라데이션 채우기'에서 [주황 데이터 막대]를 클릭하세요.

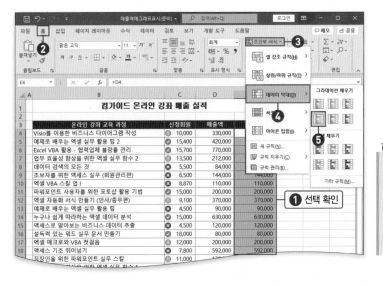

> **Tip**
> **6** 과정에서 E4셀의 자동 채우기 핸들을 더블클릭하면 함수식이 복사되면서 E4:E20 범위가 자동으로 선택됩니다. 만약 선택되지 않았으면 E4:E20 범위를 드래그하여 선택하세요.

8 E4:E20 범위에서 매출액에 해당하는 그래프를 확인했으면 E열에 표시된 매출액 숫자를 없애 볼게요. E열에 표시된 숫자를 Delete 를 눌러 지우면 그래프도 함께 지워지므로 값은 있지만 화면에 보이지 않게 숨기기 위해 E4:E20 범위를 선택한 상태에서 Ctrl + 1 을 누릅니다. [셀 서식] 대화상자의 [표시 형식] 탭이 열리면 '범주'에서 [사용자 지정]을 선택하고 '형식'에 『;;;』을 입력한 후 [확인]을 클릭하세요.

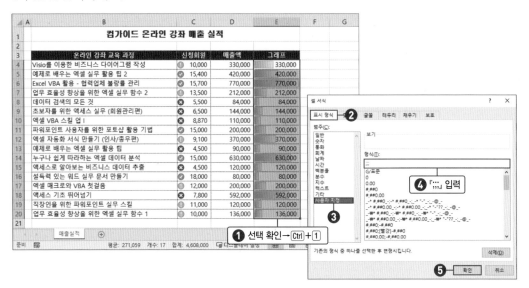

9 E열에 표시되었던 매출액 숫자는 사라지고 그래프만 남았습니다. E4셀을 클릭한 후 수식 입력줄을 확인해 보면 '=D4'라는 수식이 여전히 표시되는 것을 알 수 있어요. ';;;' 표시 형식을 지정해서 셀에 값이 입력되어 있지만, 실제 화면에는 표시되지 않도록 숨겨진 것입니다.

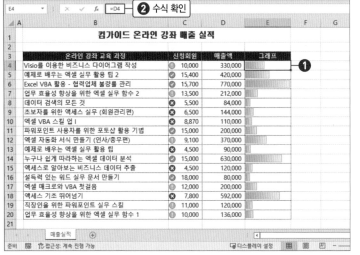

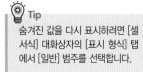

Tip

숨겨진 값을 다시 표시하려면 [셀 서식] 대화상자의 [표시 형식] 탭에서 [일반] 범주를 선택합니다.

● 예제파일 : 엑셀단어포함된셀에서식설정(준비).xlsx　　● 완성파일 : 엑셀단어포함된셀에서식설정(완성).xlsx

필수기능
05 | '엑셀' 단어가 포함된 강좌에 서식 지정하기

1 [Sheet1] 시트에서 B열에 입력된 강좌명에서 '엑셀' 단어가 포함된 셀에 자동으로 서식을 지정해 볼게요. B4셀을 클릭하고 Ctrl + Shift + ↓ 를 눌러 '온라인 강좌 교육 과정' 항목의 데이터 영역을 모두 선택하세요. [홈] 탭-[스타일] 그룹에서 [조건부 서식]을 클릭하고 [셀 강조 규칙]-[텍스트 포함]을 선택하세요.

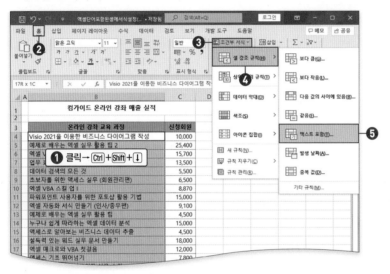

2 [텍스트 포함] 대화상자가 열리면 '다음 텍스트를 포함하는 셀의 서식 지정'에서 기존에 입력된 내용을 지우고 『엑셀』을 입력한 후 '적용할 서식'에서 [진한 노랑 텍스트가 있는 노랑 채우기]를 선택합니다. 지정한 서식이 워크시트에 어떻게 적용되는지 미리 확인하고 [확인]을 클릭하세요.

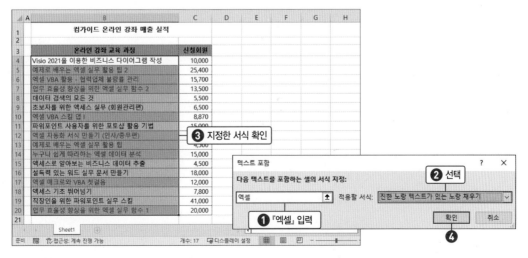

3 단어 '엑셀'이 포함된 셀의 텍스트와 바탕색이 자동으로 노란색으로 표시되었습니다. B4셀의 텍스트에서 'Visio'를 『엑셀』로 수정하고 Enter 를 누르세요.

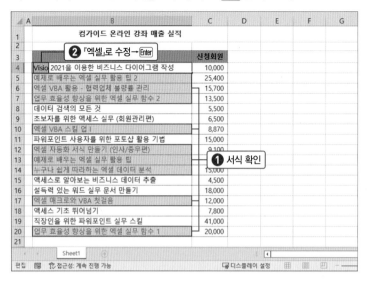

4 B4셀에도 자동으로 '진한 노랑 텍스트가 있는 노랑 채우기' 서식이 지정되었는지 확인합니다. 이와 같이 미리 조건부 서식을 지정하면 중간에 데이터 값이 바뀌어도 조건에 맞게 다시 조건부 서식이 적용됩니다.

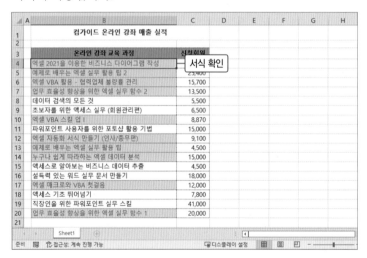

● 예제파일 : 중복된셀에서식설정(준비).xlsx   ● 완성파일 : 중복된셀에서식설정(완성).xlsx

필수기능

06

중복된 데이터에 자동으로 서식 지정하기

1 한 명의 회원이 하나의 교육 강좌만 신청할 수 있기 때문에 C열의 '회원이름' 항목에 같은 이름의 회원이 있는지 자동으로 체크해 보겠습니다. [Sheet1] 시트에서 '회원이름' 항목의 데이터 영역인 C4:C20 범위를 선택하세요.

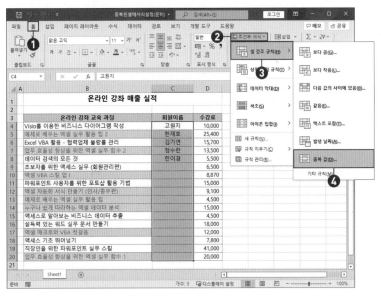

2 [홈] 탭-[스타일] 그룹에서 [조건부 서식]을 클릭하고 [셀 강조 규칙]-[중복 값]을 선택합니다.

3 [중복 값] 대화상자가 열리면 '다음 값을 포함하는 셀의 서식 지정'에서 [중복]을 선택하고 '적용할 서식'에서 [진한 녹색 텍스트가 있는 녹색 채우기]를 선택한 후 [확인]을 클릭합니다.

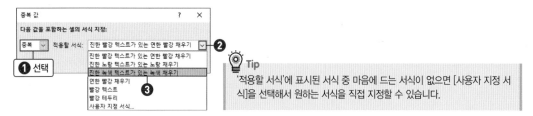

4 현재는 중복된 회원 이름이 없기 때문에 지정한 서식이 나타나지 않았습니다. C9셀에『박병철』을 입력하고 Enter를 누르면 같은 이름이 없으므로 녹색 채우기 서식이 표시되지 않았지만 C10셀에『한재호』를 입력하고 Enter를 누르세요.

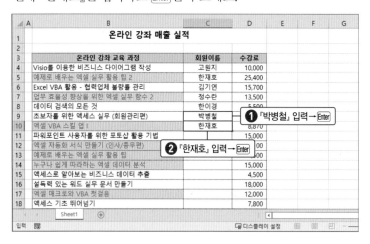

5 C5셀에 이미 같은 이름이 있으므로 조건부 서식이 실행되어 C10셀의 서식이 녹색으로 변경되었습니다. 두 개의 셀 중에서 하나의 셀을 지우거나 이름을 수정하면 자동으로 서식이 사라집니다.

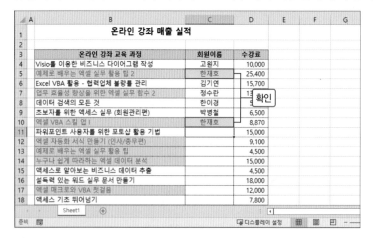

◉ **예제파일** : 상위데이터에서식설정(준비).xlsx   ◉ **완성파일** : 상위데이터에서식설정(완성).xlsx

필수기능

07 신청 회원 수가 상위 30%인 셀에 서식 지정하기

1 전체 데이터 중에서 신청 회원 수가 상위 30%인 데이터에 자동으로 서식을 지정해 볼게요. [Sheet1] 시트에서 C4:C20 범위를 선택하고 [홈] 탭-[스타일] 그룹에서 [조건부 서식]을 클릭한 후 [상위/하위 규칙]-[상위 10%]를 선택하세요.

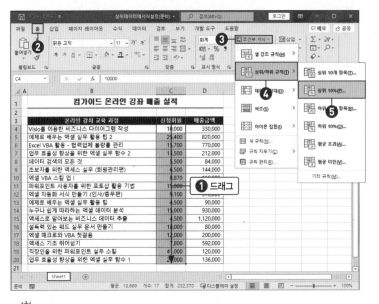

 Tip

[상위/하위 규칙]의 하위 메뉴
- **[상위 10개 항목], [하위 10개 항목]** : 전체 데이터 중에서 가장 큰 값을 가진 또는 가장 작은 값을 가진 열 개의 데이터에 서식 지정
- **[상위 10%], [하위 10%]** : 전체 데이터 중에서 가장 큰 값을 가진 또는 가장 작은 값을 가진 몇 퍼센트(%)의 데이터에 서식 지정
- **[평균 초과], [평균 미만]** : 전체 데이터의 평균에 초과된 셀이나 평균에 미달인 데이터에 서식 지정

2 [상위 10%] 대화상자가 열리면 '다음 상위 순위에 속하는 셀의 서식 지정'에는 [30]을, '적용할 서식'에는 [진한 노랑 텍스트가 있는 노랑 채우기]를 지정하고 [확인]을 클릭합니다.

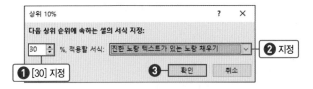

3 C열의 '신청회원' 항목에서 회원 수가 가장 많은 상위 30%에 해당하는 셀에 연한 노란색이 채워지면서 노란색 텍스트가 표시되었습니다. 이번에는 매출 금액이 가장 작은 세 개의 항목을 표시하기 위해 D4:D20 범위를 선택하고 [홈] 탭-[스타일] 그룹에서 [조건부 서식]을 클릭한 후 [상위/하위 규칙]-[하위 10개 항목]을 선택하세요.

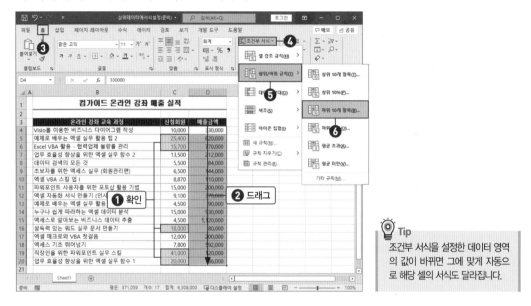

> **Tip**
> 조건부 서식을 설정한 데이터 영역의 값이 바뀌면 그에 맞게 자동으로 해당 셀의 서식도 달라집니다.

4 [하위 10개 항목] 대화상자가 열리면 '다음 하위 순위에 속하는 셀의 서식 지정'에는 [3]을, '적용할 서식'에는 [진한 녹색 텍스트가 있는 녹색 채우기]를 지정하고 [확인]을 클릭합니다.

5 D열의 '매출금액' 항목에서 매출액이 가장 적은 하위 세 개의 항목에 '진한 녹색 텍스트가 있는 녹색 채우기' 서식이 표시되었는지 확인합니다.

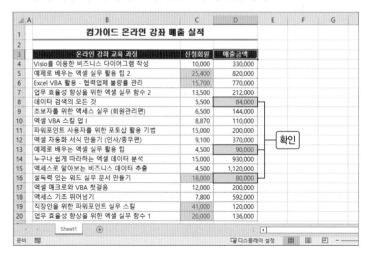

● 예제파일 : 평균초과된셀에서식설정(준비).xlsx ● 완성파일 : 평균초과된셀에서식설정(완성).xlsx

필수기능
08 평균 회원 수가 초과된 셀에 서식 지정하기

1 [Sheet1] 시트에서 '신청회원' 항목의 평균 값을 초과하는 셀에 서식을 지정해 볼게요. C4:C20 범위를 선택하고 [홈] 탭-[스타일] 그룹에서 [조건부 서식]을 클릭한 후 [상위/하위 규칙]-[평균 초과]를 선택하세요.

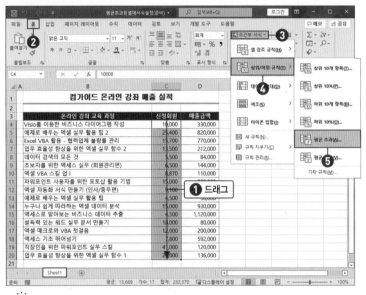

Tip

[평균 미만]을 선택하면 전체 데이터 중에서 평균 값에 미달인 데이터에 서식을 설정할 수 있습니다.

2 [평균 초과] 대화상자가 열리면 '적용할 서식'에서 [사용자 지정 서식]을 선택합니다.

3 [셀 서식] 대화상자의 [글꼴] 탭이 열리면 '글꼴 스타일'은 [굵게]를, '색'은 '테마 색'에서 [파랑, 강조 5]를 클릭합니다. [채우기] 탭을 클릭하고 '배경색'에서 [살구색]을 클릭한 후 [확인]을 클릭하세요.

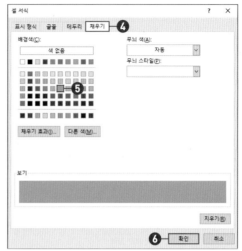

4 [평균 초과] 대화상자로 되돌아오면 지정한 서식을 데이터에 적용하기 위해 [확인]을 클릭합니다.

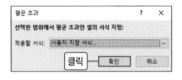

5 C열의 '신청회원' 항목에서 평균이 초과된 데이터에 굵은 파란색 텍스트와 살구색 채우기 색 서식이 적용되었는지 확인합니다.

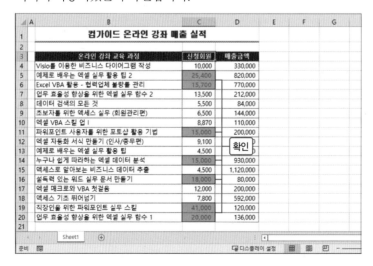

필수기능

09 | 셀과 연동하는 조건부 서식 지정하기

1 조건으로 사용할 값이 자주 바뀔 경우 셀과 연동해서 서식을 설정하면 셀 값만 수정해도 조건부 서식의 조건이 자동으로 적용되어 편리합니다. [Sheet1] 시트에서 2행에 입력된 조건으로 사용할 값을 이용해 조건부 서식을 적용해 볼게요. F5셀을 클릭하고 Ctrl + Shift + ↓를 눌러 '납품수량' 항목의 데이터 영역을 모두 선택한 후 [홈] 탭-[스타일] 그룹에서 [조건부 서식]을 클릭하고 [셀 강조 규칙]-[다음 값의 사이에 있음]을 선택하세요.

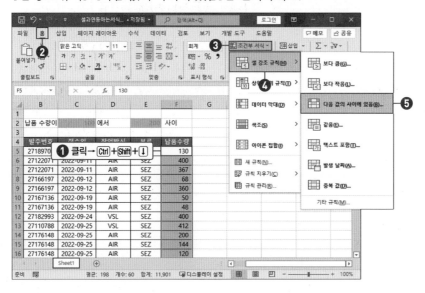

2 [해당 범위] 대화상자가 열리면 첫 번째 입력 상자의 값을 지우고 C2셀을 클릭하여 [=$C$2]를 지정합니다. 이것은 조건의 시작 값으로 C2셀에 입력된 값을 사용하겠다는 의미입니다.

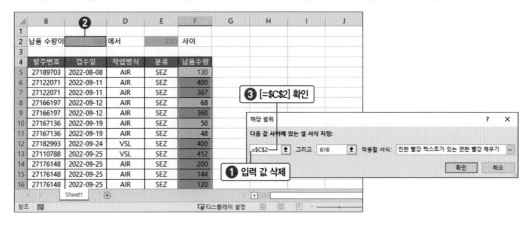

3 이와 같은 방식으로 두 번째 입력 상자의 값을 지우고 E2셀을 클릭하여 [=$E$2]를 지정하세요. 이것은 조건의 시작 값으로 C2셀의 값부터 두 번째로 지정한 E2셀의 값 사이에 해당하는 데이터에만 서식을 지정하겠다는 의미입니다.

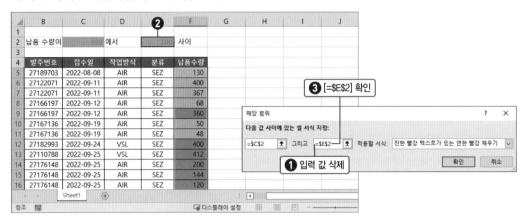

4 조건에 만족하는 데이터에 설정할 서식을 지정하기 위해 '적용할 서식'의 내림 단추(▼)를 눌러 [사용자 지정 서식]을 선택합니다.

5 [셀 서식] 대화상자의 [글꼴] 탭이 열리면 '글꼴 스타일'에서 [굵게]를 선택하고 [색]의 내림 단추(▼)를 눌러 '테마 색'에서 [녹색, 강조 6]을 클릭합니다. [채우기] 탭에서 배경색으로 사용할 [진한 노랑]을 클릭하고 [확인]을 클릭하세요.

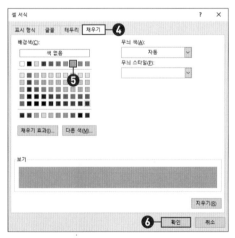

6 [해당 범위] 대화상자로 되돌아오면 지정한 서식을 확인하고 [확인]을 클릭합니다.

7 납품 수량이 100에서 200 사이의 값에 해당하는 셀에 **5** 과정에서 지정한 서식이 자동으로 적용되었습니다. C2셀에 입력된 '100'을 『50』으로 수정하고 [Enter]를 누르세요.

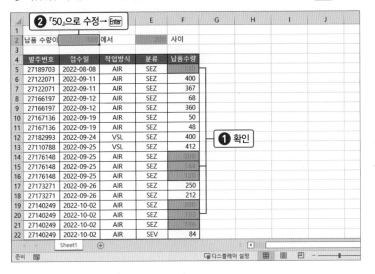

8 납품 수량이 50에서 200 사이의 값에 해당하는 셀에 지정한 서식이 자동으로 적용되었는지 확인합니다.

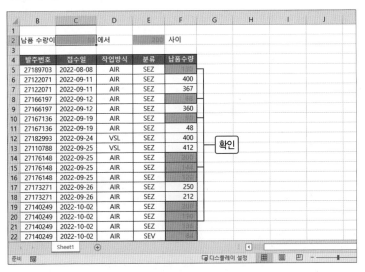

◉ 예제파일 : 특정이름행에서식설정(준비).xlsx   ◉ 완성파일 : 특정이름행에서식설정(완성).xlsx

현장실무
10

특정 이름이 포함된 행에 서식 지정하기

1 특정 조건에 만족하는 행 전체에 서식을 지정하려면 수식을 직접 입력해서 작업해야 합니다. [Sheet1] 시트에서 서식을 지정할 시작 셀인 B5셀을 클릭하고 Ctrl + Shift + End 를 눌러 전체 데이터 영역을 선택한 후 [홈] 탭-[스타일] 그룹에서 [조건부 서식]을 클릭하고 [새 규칙]을 선택하세요.

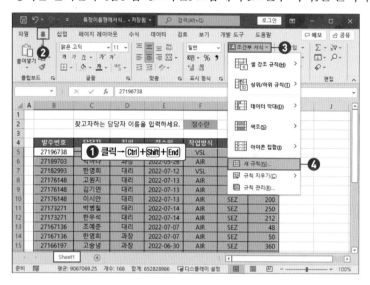

2 [새 서식 규칙] 대화상자가 열리면 '규칙 유형 선택'에서 [수식을 사용하여 서식을 지정할 셀 결정]을 선택합니다. '다음 수식이 참인 값의 서식 지정'의 입력 상자를 클릭하여 커서를 올려놓고 워크시트에서 이름이 입력된 첫 번째 셀인 C5셀을 클릭하세요. '=$C$5'가 표시되면 F4 를 두 번 눌러 '=$C5'로 변경하세요.

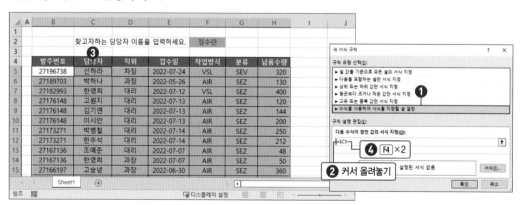

3 '=$C5'의 뒤에 『=』를 입력하고 워크시트에 있는 F2셀을 클릭하여 '=$C5=$F$2'로 지정한 후 [서식]을 클릭합니다.

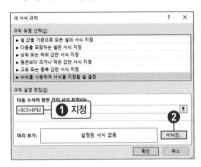

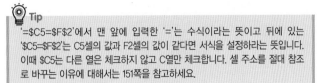
Tip

'=$C5=$F$2'에서 맨 앞에 입력한 '='는 수식이라는 뜻이고 뒤에 있는 '$C5=$F$2'는 C5셀의 값과 F2셀의 값이 같다면 서식을 설정하라는 뜻입니다. 이때 $C5는 다른 열은 체크하지 않고 C열만 체크합니다. 셀 주소를 절대 참조로 바꾸는 이유에 대해서는 151쪽을 참고하세요.

4 [셀 서식] 대화상자의 [글꼴] 탭이 열리면 '글꼴 스타일'에서는 [굵은 기울임꼴]을, '색'에서는 '테마 색'에서 [파랑, 강조 5]를 클릭합니다. [채우기] 탭을 클릭하고 '배경색'에서 [연한 노랑]을 클릭한 후 [확인]을 클릭하세요.

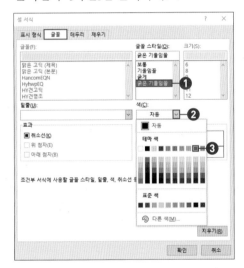

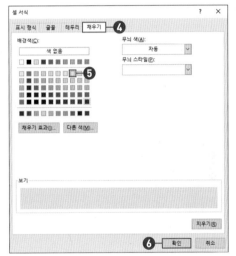

5 [새 서식 규칙] 대화상자로 되돌아오면 '미리 보기'에서 지정한 조건에 설정한 서식을 확인하고 [확인]을 클릭합니다.

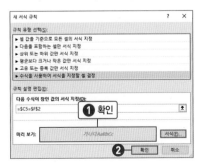

필수 작업법

데이터 편집법

서식 지정

수식 원리

함수

데이터 분석

피벗 테이블

양식 컨트롤

차트

6 F2셀에 입력된 이름과 같은 데이터가 있는 16행에 연한 노란색 바탕에 파란색 굵은 기울임꼴 글씨가 표시되었습니다. F2셀에 『고원지』를 입력하고 Enter를 누르세요.

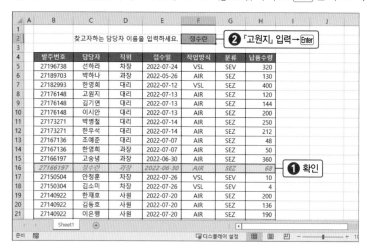

7 데이터 중에서 '고원지'와 같은 이름을 찾아서 **4** 과정에서 지정한 서식이 다시 설정되었는지 확인합니다.

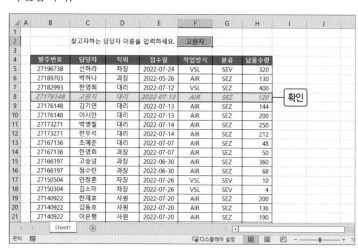

M365 | 2021 | 2019 | 2016 | 2013

현장실무
11 | **특정 범위에 있는 수량에 서식 지정하기**

1 [Sheet1] 시트에서 C2셀에는 납품 수량의 시작 값을, E2셀에는 종료 값을 지정해서 이 범위에 속한 데이터의 행 전체에 서식을 지정해 보겠습니다. B5셀을 클릭하고 Ctrl + Shift + End 를 눌러 전체 항목의 데이터 영역을 선택하세요.

2 [홈] 탭-[스타일] 그룹에서 [조건부 서식]을 클릭하고 조건을 직접 지정하기 위해 [새 규칙]을 선택합니다.

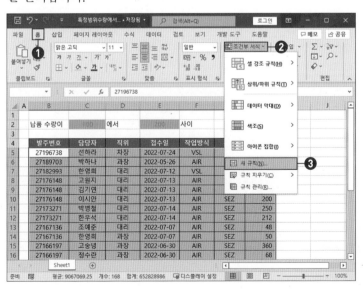

3 [새 서식 규칙] 대화상자가 열리면 '규칙 유형 선택'에서 [수식을 사용하여 서식을 지정할 셀 결정]을 선택합니다. '다음 수식이 참인 값의 서식 지정'에 함수식 『=AND($H5)=$C$2,$H5〈=$E$2)』를 입력하고 [서식]을 클릭하세요.

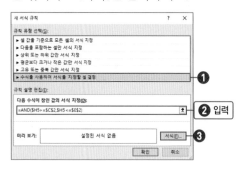

함수식 설명

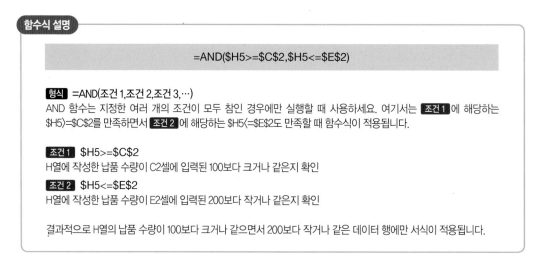

=AND($H5>=$C$2,$H5<=$E$2)

형식 =AND(조건 1,조건 2,조건 3,…)
AND 함수는 지정한 여러 개의 조건이 모두 참인 경우에만 실행할 때 사용하세요. 여기서는 **조건 1**에 해당하는 $H5)=$C$2를 만족하면서 **조건 2**에 해당하는 $H5〈=$E$2도 만족할 때 함수식이 적용됩니다.

조건 1 $H5>=$C$2
H열에 작성한 납품 수량이 C2셀에 입력된 100보다 크거나 같은지 확인
조건 2 $H5<=$E$2
H열에 작성한 납품 수량이 E2셀에 입력된 200보다 작거나 같은지 확인

결과적으로 H열의 납품 수량이 100보다 크거나 같으면서 200보다 작거나 같은 데이터 행에만 서식이 적용됩니다.

4 [셀 서식] 대화상자의 [글꼴] 탭이 열리면 '글꼴 스타일'에서는 [굵게]를, '색'에서는 '테마 색'에서 [녹색, 강조 6]을 클릭합니다. [채우기] 탭을 클릭하고 '배경색'에서 [진한 노랑]을 클릭한 후 [확인]을 클릭하세요.

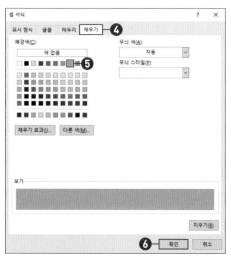

5 [새 서식 규칙] 대화상자로 되돌아오면 '미리 보기'에서 지정한 조건에 설정한 서식을 확인하고 [확인]을 클릭합니다.

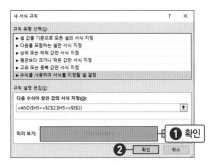

6 납품 수량이 100에서 200 사이의 데이터가 있는 행 전체에 서식이 설정되었으면 C2셀은 『300』으로, E2셀은 『400』으로 사용할 값을 수정합니다.

7 수정된 300에서 400 사이의 수량 데이터로 대상이 바뀌면서 자동으로 서식이 적용되었는지 확인합니다.

	A	B	C	D	E	F	G	H	I	J	K
1											
2		납품 수량이		에서		사이					
3											
4		발주번호	담당자	직위	접수일	작업방식	분류	납품수량			
5											
6		27189703	박하나	과장	2022-05-26	AIR	SEZ	130			
7											
8		27176148	고원지	대리	2022-07-13	AIR	SEZ	120			
9		27176148	김기연	대리	2022-07-13	AIR	SEZ	144			
10		27176148	이시안	대리	2022-07-13	AIR	SEZ	200			
11		27173271	박병철	대리	2022-07-14	AIR	SEZ	250			
12		27173271	한우석	대리	2022-07-14	AIR	SEZ	212			
13		27167136	조예준	대리	2022-07-07	AIR	SEZ	48			
14		27167136	한영희	과장	2022-07-07	AIR	SEZ	50			
15											
16		27166197	정수란	과장	2022-06-30	AIR	SEZ	68			
17		27150504	안정훈	차장	2022-07-26	VSL	SEV	10			
18		27150304	김소미	차장	2022-07-26	VSL	SEV	4			
19		27140922	한재호	사원	2022-07-20	AIR	SEZ	200			
20		27140922	김동호	사원	2022-07-20	AIR	SEZ	136			

● **예제파일** : 특정단어포함된행에서식설정(준비).xlsx ● **완성파일** : 특정단어포함된행에서식설정(완성).xlsx

현장실무

12 | 특정 단어가 포함된 행에 서식 지정하기

1 [Sheet1] 시트에서 B열의 '온라인 강좌 교육 과정' 항목에서 '액세스', '엑셀', '함수'와 같이 C2 셀에 입력한 키워드가 포함된 행에 서식을 지정해 볼게요. B5셀을 클릭하고 Ctrl+Shift+End를 눌러 전체 데이터 영역을 선택한 후 [홈] 탭-[스타일] 그룹에서 [조건부 서식]을 클릭하고 [새 규칙]을 선택하세요.

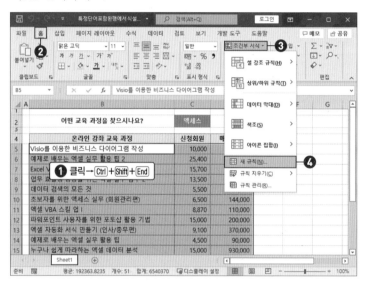

2 [새 서식 규칙] 대화상자가 열리면 직접 수식을 작성하기 위해 '규칙 유형 선택'에서 [수식을 사용하여 서식을 지정할 셀 결정]을 선택합니다. '다음 수식이 참인 값의 서식 지정'에 『=FIND($C$2,$B5)>=1』을 입력하고 [서식]을 클릭하세요.

함수식 설명

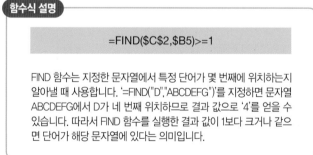

=FIND($C$2,$B5)>=1

FIND 함수는 지정한 문자열에서 특정 단어가 몇 번째에 위치하는지 알아낼 때 사용합니다. '=FIND("D","ABCDEFG")'를 지정하면 문자열 ABCDEFG에서 D가 네 번째 위치하므로 결과 값으로 '4'를 얻을 수 있습니다. 따라서 FIND 함수를 실행한 결과 값이 1보다 크거나 같으면 단어가 해당 문자열에 있다는 의미입니다.

3 [셀 서식] 대화상자의 [글꼴] 탭이 열리면 '글꼴 스타일'에서는 [굵게]를, '색'에서는 '테마 색'에서 [주황, 강조 2, 50% 더 어둡게]를 클릭합니다. [채우기] 탭을 클릭하고 '배경색'에서 [연한 주황]을 클릭한 후 [확인]을 클릭하세요.

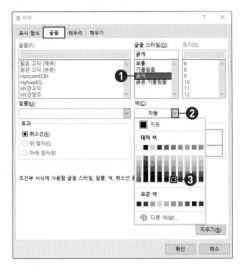
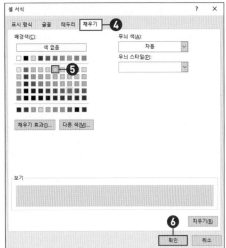

4 [새 서식 규칙] 대화상자로 되돌아오면 '미리 보기'에서 지정한 조건에 설정한 서식을 확인하고 [확인]을 클릭합니다.

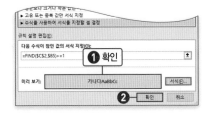

5 데이터 영역에서 C2셀에 입력된 '액세스'가 포함된 교육 과정에 **3** 과정에서 지정한 서식이 설정되었는지 확인합니다.

	A	B	C	D	E	F	G
1							
2		어떤 교육 과정을 찾으시나요?	액세스				
3							
4		온라인 강좌 교육 과정	신청회원	매출금액			
5		Visio를 이용한 비즈니스 다이어그램 작성	10,000	330,000			
6		예제로 배우는 엑셀 실무 활용 팁 2	25,400	820,000			
7		Excel VBA 활용 - 협력업체 불량률 관리	15,700	770,000			
8		업무 효율성 향상을 위한 엑셀 실무 함수 2	13,500	212,000			
9		데이터 검색의 모든 것	5,500	84,000			
10		초보자를 위한 액세스 실무 (회원관리편)	6,500	144,000			
11		엑셀 VBA 스킬 업 I	8,870	110,000			
12		파워포인트 사용자를 위한 포토샵 활용 기법	15,000	200,000			
13		엑셀 자동화 서식 만들기 (인사/총무편)	9,100	370,000			
14		예제로 배우는 엑셀 실무 활용 팁	4,500	90,000			
15		누구나 쉽게 따라하는 엑셀 데이터 분석	15,000	930,000		확인	
16		액세스로 알아보는 비즈니스 데이터 추출	4,500	1,120,000			
17		설득력 있는 워드 실무 문서 만들기	18,000	80,000			
18		엑셀 매크로와 VBA 첫걸음	12,000	200,000			
19		액세스 기초 뛰어넘기	7,800	592,000			
20		직장인을 위한 파워포인트 실무 스킬	41,000	120,000			
21		업무 효율성 향상을 위한 엑셀 실무 함수 1	20,000	136,000			

Sheet1

준비   디스플레이 설정

핵심

필수 작업 팁

데이터 편집 방법

서식 지정

수식 원리

함수

데이터 분석

피벗 테이블

양식 컨트롤

차트

6 C2셀에 『엑셀』을 입력하고 Enter 를 누르면 교육 과정에 '엑셀'이 포함된 경우에는 자동으로 서식이 지정됩니다.

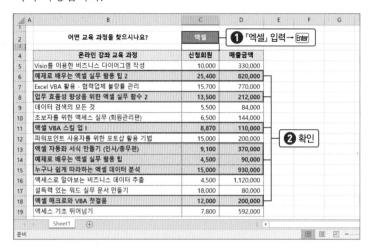

7 적용된 조건부 서식을 수정하거나 확인하려면 B5셀을 클릭하고 Ctrl + Shift + End 를 눌러 전체 데이터 영역을 선택합니다. [홈] 탭-[스타일] 그룹에서 [조건부 서식]을 클릭하고 [규칙 관리]를 선택하세요.

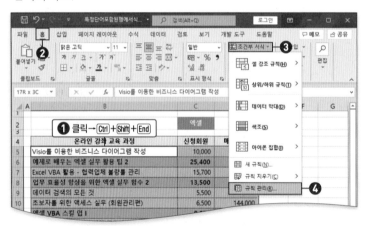

8 [조건부 서식 규칙 관리자] 대화상자가 열리면 원하는 규칙을 선택하고 [규칙 편집]을 클릭합니다. [서식 규칙 편집] 대화상자가 열리면 기존에 설정된 규칙 내용을 확인하거나 수정하고 [확인]을 클릭합니다.

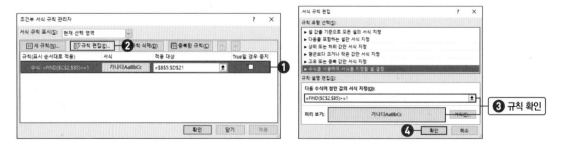

| M365 | 2021 | 2019 | 2016 | 2013 |

현장실무 13 | 새 데이터를 입력하면 자동으로 테두리 표시하기

1 새로운 데이터가 입력되면 자동으로 테두리가 설정되도록 조건부 서식을 지정해 볼게요. [Sheet1] 시트에서 조건부 서식을 설정할 B2:D20 범위를 선택하고 [홈] 탭-[스타일] 그룹에서 [조건부 서식]을 클릭한 후 [새 규칙]을 선택하세요.

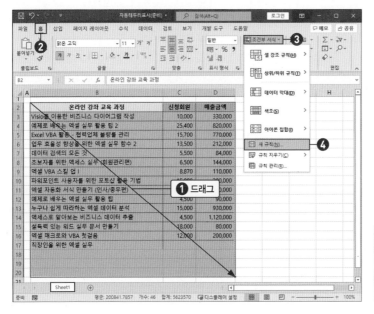

> **Tip**
> 현재 입력되어 있는 데이터 외에 새로운 데이터를 추가로 입력하기 위해 셀 범위를 좀 더 폭넓게 지정하는 것입니다.

2 [새 서식 규칙] 대화상자가 열리면 직접 수식을 작성하기 위해 '규칙 유형 선택'에서 [수식을 사용하여 서식을 지정할 셀 결정]을 선택합니다. '다음 수식이 참인 값의 서식 지정'에『=$B2<>""』를 입력하고 [서식]을 클릭하세요.

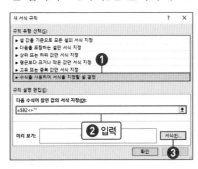

수식 설명

=$B2<>""

'=$B2<>""'는 B2셀이 빈 셀인지 확인하는 수식으로, 다른 열 값은 상관없이 B열에 값이 입력되면 조건부 서식을 실행합니다. 이때 C열이나 D열에 값이 입력될 경우에도 서식을 설정하려면 수식을 '=OR($B2<>"",$C2<>"",$D2<>"")'로 수정합니다.

3 [셀 서식] 대화상자가 열리면 [테두리] 탭을 클릭하고 '선'의 '스타일'에서는 [실선]을, '색'에서는 '표준 색'에서 [진한 빨강]을 클릭합니다. '미리 설정'에서는 '테두리'에서 선택한 선 스타일을 적용할 [윤곽선]을 클릭하고 빨간색 실선이 외곽으로 표시되었는지 확인한 후 [확인]을 클릭하세요. [새 서식 규칙] 대화상자로 되돌아오면 '미리 보기'에서 지정한 조건에 맞게 서식이 설정되었는지 확인하고 [확인]을 클릭합니다.

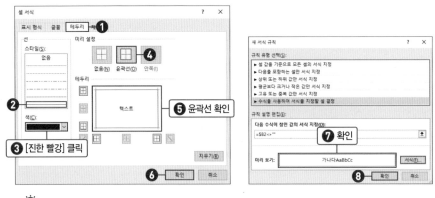

4 기존에 입력된 데이터에 자동으로 빨간색 테두리가 표시되었는지 확인합니다. 새로운 데이터를 입력하기 위해 B18셀에 새로운 교육 과정명을 입력하고 Enter를 누르면 18행에도 테두리가 빨간색 표시됩니다.

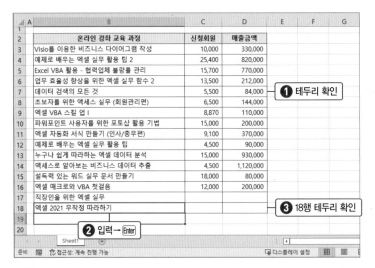

● 예제파일 : 조건부서식적용된셀찾기(준비).xlsx   ● 완성파일 : 조건부서식적용된셀찾기(완성).xlsx

현장실무
14

조건부 서식이 적용된 셀 찾아 수정하기

1 조건부 서식은 지정한 조건에 만족하는 데이터에만 서식이 표시되기 때문에 조건부 서식이 적용되어 있는 셀을 확인하고 서식을 변경해 볼게요. [Sheet1] 시트에서 데이터가 입력되지 않은 빈 셀을 클릭하고 Ctrl+A를 눌러 워크시트에 있는 전체 셀을 선택합니다. [홈] 탭-[편집] 그룹에서 [찾기 및 선택]을 클릭하고 [이동 옵션]을 선택하세요.

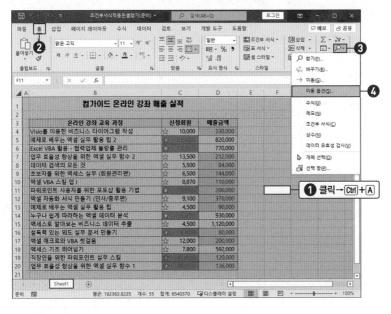

2 [이동 옵션] 대화상자가 열리면 [조건부 서식]을 선택하고 [확인]을 클릭합니다.

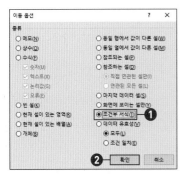

129

3 시트 전체 영역에서 조건부 서식이 설정된 영역에만 범위가 선택되었습니다. 이 부분에 지정된 조건부 서식을 확인하거나 수정하기 위해 [홈] 탭-[스타일] 그룹에서 [조건부 서식]을 클릭하고 [규칙 관리]를 선택하세요.

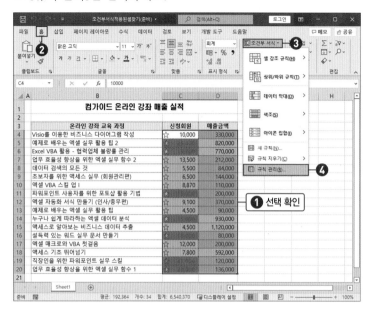

4 [조건부 서식 규칙 관리자] 대화상자가 열리면서 선택한 범위에 있는 모든 조건부 서식이 표시되면 [평균 미만] 조건을 수정하기 위해 [평균 미만]을 선택하고 [규칙 편집]을 클릭하세요.

> **Tip**
> 선택한 조건부 서식을 지우려면 [규칙 삭제]를, 새로운 규칙을 추가하려면 [새 규칙]을 클릭하세요.

5 [서식 규칙 편집] 대화상자가 열리면 기존 규칙에서 지정된 서식을 변경하기 위해 [서식]을 클릭합니다.

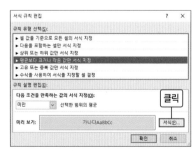

6 [셀 서식] 대화상자가 열리면 [채우기] 탭을 클릭하고 조건에 만족하는 데이터에 설정할 배경색을 선택한 후 [확인]을 클릭합니다. [서식 규칙 편집] 대화상자로 되돌아오면 '미리 보기'에서 지정할 조건에 설정한 서식을 확인하고 [확인]을 클릭하세요.

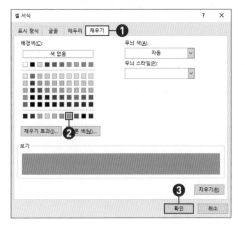

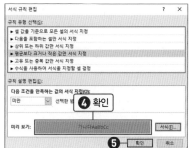

7 [조건부 서식 규칙 관리자] 대화상자로 되돌아오면 수정한 [평균 미만] 조건의 변경된 서식을 확인하고 [확인]을 클릭합니다.

8 D열의 '매출금액' 항목에서 평균 미만인 데이터의 배경색이 변경되었는지 확인합니다.

	A	B	C	D	E	F	G
1		컴가이드 온라인 강좌 매출 실적					
2							
3		온라인 강좌 교육 과정	신청회원	매출금액			
4		Visio를 이용한 비즈니스 다이어그램 작성	☆ 10,000	330,000			
5		예제로 배우는 엑셀 실무 활용 팁 2	★ 25,000	820,000			
6		Excel VBA 활용 - 협력업체 불량률 관리	★ 15,700	770,000			
7		업무 효율성 향상을 위한 엑셀 실무 함수 2	☆ 13,500	212,000			
8		데이터 검색의 모든 것	☆ 5,500	84,000			
9		초보자를 위한 액세스 실무 (회원관리편)	☆ 6,500	144,000			
10		엑셀 VBA 스킬 업 I	☆ 8,870	110,000			
11		파워포인트 사용자를 위한 포토샵 활용 기법	★ 15,000	200,000			
12		엑셀 자동화 서식 만들기 (인사/총무편)	☆ 9,100	370,000		배경색 확인	
13		예제로 배우는 엑셀 실무 활용 팁	☆ 4,500	90,000			
14		누구나 쉽게 따라하는 엑셀 데이터 분석	★ 16,000	930,000			
15		액세스로 알아보는 비즈니스 데이터 추출	☆ 4,500	1,120,000			
16		설득력 있는 워드 실무 문서 만들기	★ 16,000	80,000			
17		엑셀 매크로와 VBA 첫걸음	☆ 12,000	200,000			
18		액세스 기초 뛰어넘기	☆ 7,800	592,000			
19		직장인을 위한 파워포인트 실무 스킬	☆ 41,000	120,000			
20		업무 효율성 향상을 위한 엑셀 실무 함수 1	★ 20,000	136,000			
21							

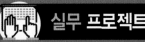

현재 데이터가 직위 순으로 나열되어 있는데, 직위가 달라질 때마다 자동으로 셀의 아래쪽에 테두리를 넣어 데이터를 구분해 보겠습니다.

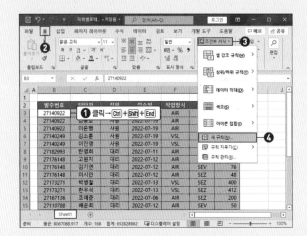

1 [Sheet1] 시트에서 B3셀을 클릭하고 Ctrl + Shift + End를 누릅니다. 전체 데이터 영역이 선택되면 [홈] 탭-[스타일] 그룹에서 [조건부 서식]을 클릭하고 [새 규칙]을 선택하세요.

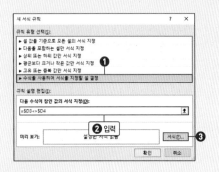

2 [새 서식 규칙] 대화상자가 열리면 직접 수식을 작성하기 위해 '규칙 유형 선택'에서 [수식을 사용하여 서식을 지정할 셀 결정]을 선택합니다. '다음 수식이 참인 값의 서식 지정'에 『=$D3<>$D4』를 입력한 후 [서식]을 클릭하세요.

수식 설명

$$=\$D3<>\$D4$$

조건을 체크할 첫 번째 셀인 D3셀이 아래쪽에 있는 D4셀과 값이 같지 않으면 조건부 서식을 적용하라는 수식입니다. 이러한 방법으로 한 행씩 아래쪽으로 가면서 직위가 같은지 체크한 후 서식을 적용할 것인지 확인합니다.

◉ 예제파일 : 직위별로테두리서식설정(준비).xlsx
◉ 완성파일 : 직위별로테두리서식설정(완성).xlsx

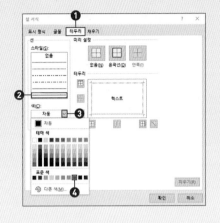

3 [셀 서식] 대화상자가 열리면 [테두리] 탭을 클릭하고 '선'의 '스타일'에서는 [실선]을, '색'에서는 '표준 색'에서 [파랑]을 클릭합니다.

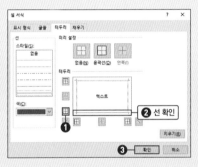

4 '테두리'에서 선택한 선 스타일을 적용할 아래쪽 선 단추(圖)를 클릭하고 파란색 실선이 아래쪽으로 표시되는지 확인한 후 [확인]을 클릭합니다.

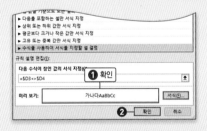

5 [새 서식 규칙] 대화상자로 되돌아오면 '미리 보기'에서 조건에 설정한 서식을 확인하고 [확인]을 클릭합니다.

6 워크시트에서 아무 셀이나 클릭해서 데이터 범위의 선택을 해제하고 직위가 서로 달라질 때마다 셀의 아래쪽에 파란색 실선이 표시되었는지 확인합니다.

필수 작업팁

데이터 편집 방법

서식 지정

수식 원리

함수

데이터 분석

피벗 테이블

양식 컨트롤

차트

엑셀이 지원하는 계산 기능의 핵심은 다양한 유형의 함수입니다. 계산 원리에 맞게 미리 프로그래밍된 함수를 이용하면 복잡한 계산도 쉽게 처리할 수 있어요. 대량으로 쌓여있는 정보를 이용해서 다양한 형태의 보고 자료를 만들려면 반드시 함수를 정복해야 합니다.

CHAPTER

02

작업 시간을 줄이는
알짜 함수 정복하기

04

알면 쉬워지는
수식 원리 이해하기

엑셀에서 계산식을 입력하려면 미리 알아두어야 할 몇 가
지 규칙이 있습니다. 어렵다고만 생각하는 계산식과 함수
도 수식 작성의 기본 원리를 이해하고 작업하면 쉽게 작업
할 수 있습니다.

필수기능
01 | 수식을 입력하는 규칙 살펴보기

필수 작업팁

데이터 편집 방법

서식 지정

수식 원리

함수

데이터 분석

피벗 테이블

양식 컨트롤

차트

1 | 수식 작성 규칙

수식을 작성할 때는 다음과 같은 규칙을 지켜야 정확한 결과 값을 구할 수 있습니다.

❶ 수식은 반드시 등호(=)로 시작해야 합니다.

수식에 등호(=)를 지정하지 않으면 수식이 아닌 문자열로 인식되어 셀에 해당 값이 그대로 표시됩니다.

❷ 수식을 작성할 때는 셀 주소를 이용해야 정확합니다.

수식을 작성할 때 값을 직접 입력하면 중간에 값이 바뀔 경우에는 다시 수정해야 합니다. 하지만 값이 저장된 셀 주소를 지정하면 바뀐 값으로 자동 재계산되므로 데이터의 정확도를 높일 수 있습니다.

❸ 셀 주소는 마우스로 셀을 클릭해서 지정해야 합니다.

셀 주소를 직접 입력하면 시간이 많이 걸리고 오타가 발생할 수 있습니다. 따라서 마우스로 해당 셀을 클릭하는 방법으로 셀 주소를 지정해야 정확하고 편리합니다.

❹ 수식 복사는 자동 채우기 핸들을 이용합니다.

수식을 작성한 상태에서 셀 주소만 달라진다면 자동 채우기 핸들을 드래그해서 수식을 복사할 수 있습니다. 이때 입력된 데이터의 아래쪽 끝까지 자동으로 수식을 복사하려면 자동 채우기 핸들을 더블클릭하세요.

2 | 수식의 구조

구조	설명
100+200+300	현재 셀에 '100+200+300'이라는 문자열을 표시합니다.
=100+200+300	현재 셀에 100, 200, 300, 이렇게 세 개의 값을 더한 결과 값을 표시합니다.
=A2+C3+E4	현재 셀에 A2셀, C3셀, E4셀에 입력된 값을 더한 결과 값을 표시합니다.

3 | 함수 사용 규칙

=함수명(인수)

함수는 자주 사용하는 계산 방식을 계산 원리에 맞게 미리 프로그래밍해서 만들어 놓은 것입니다. 그러므로 작업할 계산식을 어떤 함수로 처리할 수 있는지 함수 이름을 알아내고 해당 함수의 사용법에 맞게 인수(값)를 지정하는 것이 중요합니다.

구조	설명
=SUM(A1,A2,A3)	A1셀, A2셀, A3셀에 입력된 값을 더한 결과 값을 표시합니다.
=SUM(A1:B3)	A1셀부터 B3셀 사이의 모든 셀의 값을 더한 결과 값을 표시합니다.
=SUM(A1:A5,B7)	A1셀부터 A5셀 사이의 모든 셀과 B7셀을 더한 결과 값을 표시합니다.

함수마다 지정할 수 있는 인수의 개수가 다릅니다. 인수에는 문자, 숫자, 셀 주소, 범위 이름과 같이 정해진 유형의 값을 입력할 수 있습니다.

함수식	설명
=TODAY( )	인수가 필요 없는 함수로, 셀에 오늘 날짜를 표시합니다.
=INDEX(데이터,1,3)	'데이터'라는 범위 이름의 영역에서 1행 3열에 위치한 값을 표시합니다.
=IF(A5)=80,"초과","미달")	첫 번째 인수의 조건을 만족하면 두 번째 인수에 지정한 값을 표시하고, 그렇지 않으면 세 번째 인수에 지정한 값을 표시합니다.
=LEFT(D3,2)	첫 번째 인수에 지정한 D3셀의 텍스트에서 왼쪽부터 두 개의 문자만 표시합니다.

02 연산자의 종류 살펴보기

수식을 작성할 때 여러 종류의 연산자를 이용할 경우 어떤 값을 먼저 계산할 것인지에 따라 결과 값이 달라집니다. 이때 연산자마다 우선순위가 있어서 우선순위에 맞게 계산됩니다. 우선순위가 같은 여러 개의 연산자를 사용한 경우에는 왼쪽에 위치한 연산자부터 계산되므로 먼저 계산할 연산자가 있으면 중괄호(( ))로 묶어서 작성하세요.

1 | 산술 연산자

산술 연산자는 더하기, 빼기, 곱하기, 나누기 등의 사칙연산에 사용하는 연산자입니다.

연산자	의미	우선순위	사용 예
%	백분율	1	=100*50% ➡ 50
^	지수	2	=3^2 ➡ 9
*	곱하기	3	=100*50 ➡ 5000
/	나누기	3	=100/50 ➡ 2
+	더하기	4	=100+50 ➡ 150
−	빼기	4	=100−50 ➡ 50

2 | 비교 연산자

비교 연산자는 서로 값이 같은지, 작은지, 큰지 등을 비교하는 연산자로, 결과 값은 TRUE와 FALSE로 표시됩니다.

연산자	의미	우선순위	사용 예
=	같다	6	=100=50 ➡ FALSE
〉	크다	6	=100〉50 ➡ TRUE
〈	작다	6	=100〈50 ➡ FALSE
〉=	크거나 같다	6	=100〉=50 ➡ TRUE
〈=	작거나 같다	6	=100〈=50 ➡ FALSE
〈〉	같지 않다	6	=100〈〉50 ➡ TRUE

3 | 문자열 연결 연산자

문자열 연결 연산자는 두 개의 문자열을 하나로 이어서 표시할 때 사용합니다.

연산자	의미	우선순위	사용 예
&	문자열 연결	5	=100 & "점" ➡ 100점

4 | 참조 연산자

참조 연산자는 함수식에서 사용할 셀 주소를 지정할 때 사용합니다.

연산자	의미	사용 예	결과 값
:	서로 연속된 셀 영역 지정	=SUM(A3:A6)	A3셀에서 A6셀 사이의 모든 셀의 합
,	서로 떨어진 셀 영역 지정	=SUM(A3,A6)	A3셀과 A6셀, 이렇게 두 셀의 합

5 | 연산자 우선순위의 사용 예

$$=10 + 3 \wedge 2 * 4$$

❶ 수식에서 표시된 연산자 중에서 우선순위가 가장 높은 ^를 먼저 실행해서(3^2) '9'를 얻습니다.

❷ 다음 우선순위인 *를 실행하므로 ❶에서 얻은 '9*4'를 실행해서 '36'을 얻습니다.

❸ 다음 우선순위인 +를 실행하므로 ❷에서 얻은 '10+36'을 실행해서 '46'을 얻습니다.

◉ 예제파일 : 수식작성(준비).xlsx   ◉ 완성파일 : 수식작성(완성).xlsx

필수기능

03 | 수식 작성하고 서식 없이 데이터 채우기

1 제품별 수량과 단가를 곱해서 금액을 구하는 수식을 작성해 볼게요. [Sheet1] 시트에서 금액을 구할 G3셀에『=』를 입력하고 수량이 입력된 E3셀을 클릭해서 '=E3'과 같이 수식이 표시되었는지 확인하세요.

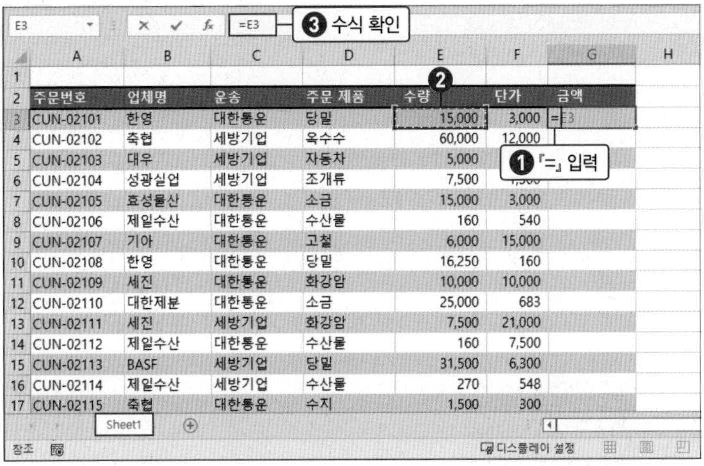

2 '=E3'의 뒤에 계속 이어서『*』를 입력하고 단가가 입력된 F3셀을 클릭합니다. '=E3*F3'으로 수식이 작성되었으면 Enter를 눌러 수식을 완성하세요.

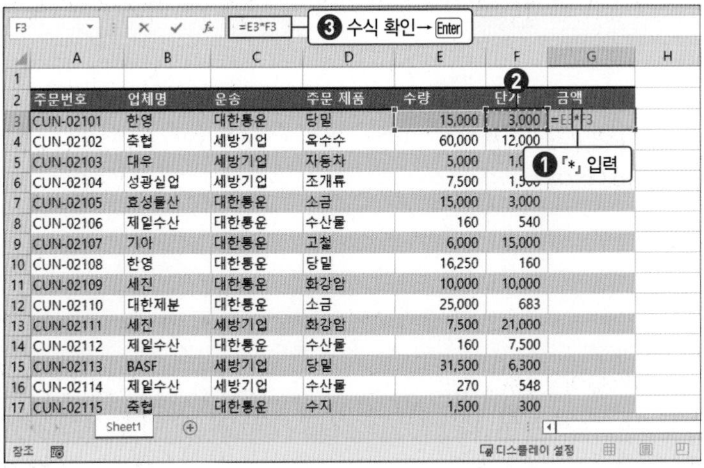

141

3 G3셀에 E3셀(수량)과 F3셀(단가)을 곱한 결과로 '45,000,000'이 표시되었습니다. 이와 같은 계산 방식을 다른 셀에도 적용하기 위해 G3셀을 클릭하고 G3셀의 자동 채우기 핸들 위에 마우스 포인터를 올려놓은 후 ✚으로 변경되면 G15셀까지 드래그하세요.

4 G3셀과 같은 방식의 수식이 G15셀까지 복사되었습니다. 이때 셀에 수식뿐만 아니라 서식도 함께 복사되므로 서식을 제외하기 위해서 [자동 채우기 옵션] 단추(🔳)를 클릭하고 [서식 없이 채우기]를 선택하세요.

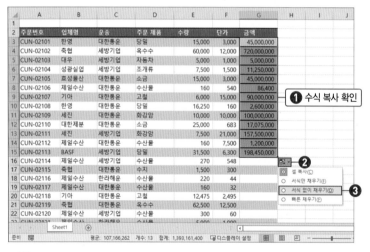

 Tip

자동 채우기 핸들로 수식을 복사하면 수식뿐만 아니라 셀에 설정된 모든 서식(테두리, 글꼴, 맞춤, 표시 형식 등)이 함께 복사됩니다. 그래서 수식을 복사한 나머지 셀에도 G3셀과 같은 회색 배경색과 굵은 테두리가 함께 복사된 것입니다. 이때 [자동 채우기 옵션] 단추(🔳)를 클릭하고 [서식만 채우기]를 선택하면 G3셀에 설정된 수식이나 값은 제외하고 서식만 복사됩니다. 반면 [서식 없이 채우기]를 선택하면 서식을 제외하고 값 또는 수식만 복사됩니다.

5 G3:G15 범위의 데이터에 테두리와 배경 등의 서식은 제외하고 수식만 복사되었습니다. 이번에는 G15셀을 클릭하고 G15셀의 자동 채우기 핸들 위에 마우스 포인터를 올려놓은 후 ➕ 모양으로 변경되면 더블클릭하세요.

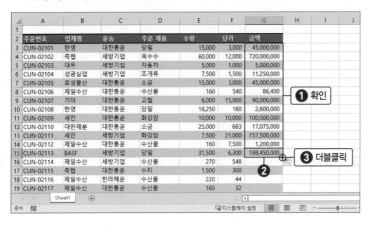

6 G15셀을 기준으로 데이터가 입력된 마지막 셀까지 자동으로 수식이 복사되었습니다. [자동 채우기 옵션] 단추(▦)를 클릭하고 [서식 없이 채우기]를 선택하세요.

💡 **Tip**

수식을 복사할 때 자동 채우기 핸들을 드래그하면 드래그한 셀까지만 수식이 복사됩니다. 하지만 자동 채우기 핸들을 더블클릭하면 선택한 셀을 기준으로 왼쪽 열이나 오른쪽 열에 연속해서 데이터가 입력된 마지막 셀까지 자동으로 복사됩니다. 이때 중간에 빈 셀이 있으면 빈 셀의 바로 이전 셀까지만 복사됩니다.

7 G50셀까지 설정된 서식을 제외하고 수식만 복사되었는지 확인합니다.

	A	B	C	D	E	F	G	H	I	J
33	CUN-02131	대우	세방기업	자동차	10,000	2,000	20,000,000			
34	CUN-02132	제일수산	한라해운	수산물	250	50	12,500			
35	CUN-02133	축협	세방기업	수지	21,000	4,200	88,200,000			
36	CUN-02134	세진	대한통운	화강암	7,500	1,500	11,250,000			
37	CUN-02135	제일수산	세방기업	수산물	250	50	12,500			
38	CUN-02136	대우	세방기업	자동차	5,000	1,000	5,000,000			
39	CUN-02137	삼아	대한통운	고철	11,500	2,300	26,450,000			
40	CUN-02138	한솔	대한통운	종이	55,000	11,000	605,000,000			
41	CUN-02139	제일수산	대한통운	수산물	160	32	5,120	확인		
42	CUN-02140	BASF	세방기업	당밀	30,000	6,000	180,000,000			
43	CUN-02141	제일수산	세방기업	수산물	7,500	1,500	11,250,000			
44	CUN-02142	대우	세방기업	자동차	5,000	1,000	5,000,000			
45	CUN-02143	제일수산	한라해운	수산물	205	41	8,405			
46	CUN-02144	제일수산	세방기업	수산물	250	50	12,500			
47	CUN-02145	남덕	군산항업	당밀	7,500	1,500	11,250,000			
48	CUN-02146	축협	대한통운	수지	1,500	300	450,000			
49	CUN-02147	대우	세방기업	자동차	5,000	1,000	5,000,000			
50	CUN-02148	제일수산	대한통운	수산물	160	32	5,120			
51										

평균: 111,202,213 개수: 36 합계: 4,003,279,650

◉ 예제파일 : 중첩함수(준비).xlsx   ◉ 완성파일 : 중첩함수(완성).xlsx

필수기능
04
함수 마법사 이용해 중첩 함수 작성하기

1 [Sheet1] 시트에서 I4셀을 클릭하고 수식 입력줄을 살펴보면 C4:G4 범위의 평균을 구하는 함수식으로 '=AVERAGE(C4:G4)'가 적용되어 있습니다. 이때 I7셀과 I13셀에 평균을 구할 대상이 모두 '신제품'과 '판매중단'으로, 숫자가 아닌 문자여서 평균을 구할 수 없기 때문에 오류 메시지가 표시되었습니다. 이때 오류 메시지 대신 '0'으로 표시하려면 IFERROR 함수를 추가해 함수식 '=IFERROR(AVERAGE(C4:G4),0)'을 완성해야 합니다. 중첩 함수를 작성하기 위해 I4셀을 클릭하고 주소 표시줄에서 함수식을 확인한 후 Ctrl+Shift+↓를 눌러 데이터가 입력된 마지막 셀까지 자동으로 범위를 선택하고 Delete를 눌러 기존에 입력된 함수식을 지우세요.

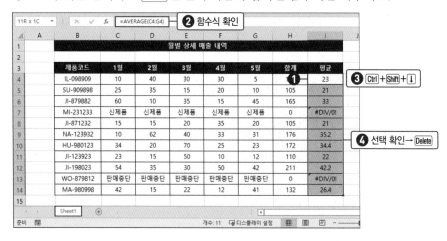

2 I4셀을 클릭하고 [수식] 탭-[함수 라이브러리] 그룹에서 [논리]를 클릭한 후 [IFERROR]를 선택합니다.

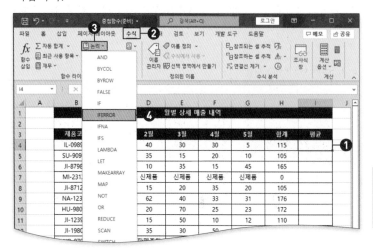

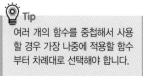

> **Tip**
> 여러 개의 함수를 중첩해서 사용할 경우 가장 나중에 적용할 함수부터 차례대로 선택해야 합니다.

3 IFERROR 함수의 [함수 인수] 대화상자가 열리면 'Value'에 커서가 있는 상태에서 이름 상자의 내림 단추(▼)를 눌러 [AVERAGE]를 선택하세요.

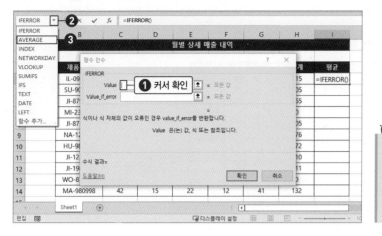

Tip

이름 상자의 목록에 AVERAGE 함수가 없으면 표시된 목록의 가장 아래쪽에 있는 [함수 추가]를 선택해서 AVERAGE 함수를 찾아 선택하세요.

4 AVERAGE 함수의 [함수 인수] 대화상자로 변경되면 'Number1'에 자동으로 표시된 범위를 수정하기 위해 C4:G4 범위를 드래그하여 선택합니다. 평균을 구할 대상 범위를 지정했으면 IFERROR 함수의 [함수 인수] 대화상자로 되돌아가기 위해 수식 입력줄에서 [IFERROR] 부분을 클릭하세요.

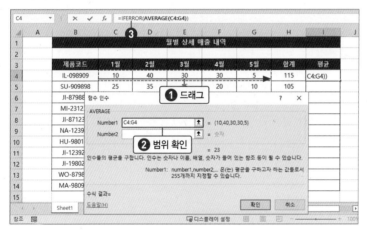

Tip

수식 입력줄에 표시된 함수식에서 함수 이름 부분을 클릭하면 클릭한 함수에 대한 [함수 인수] 대화상자로 변경됩니다. 함수식에서 IFERROR 부분과 AVERAGE 부분을 클릭할 때마다 각각 [함수 인수] 대화상자의 내용이 바뀝니다.

5 IFERROR 함수의 [함수 인수] 대화상자로 변경되면 AVERAGE 함수를 실행한 결과가 오류일 때 표시할 값을 지정해 볼게요. 두 번째 인수인 'Value_if_error'에 『0』을 입력하고 [확인]을 클릭하세요.

6 I4셀에 구한 평균을 다른 나머지 셀에도 똑같이 적용해 볼게요. I4셀의 자동 채우기 핸들을 더블클릭해서 함수식을 복사하세요.

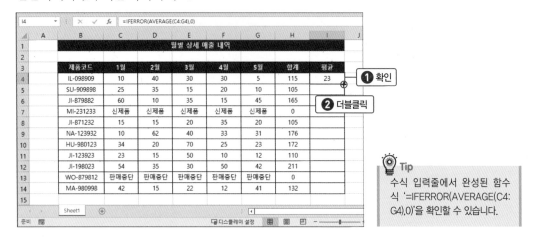

① 확인

② 더블클릭

💡 **Tip**
수식 입력줄에서 완성된 함수식 '=IFERROR(AVERAGE(C4:G4),0)'을 확인할 수 있습니다.

함수식 설명

=IFERROR(AVERAGE(C4:G4),0)

형식 =IFERROR(오류를 체크할 수식,오류 대신 표시할 값)

안쪽에 작성한 AVERAGE(C4:G4) 함수식에 의해서 C4:G4 범위에 대해 평균을 구합니다. 이때 오류가 발생하면 오류 메시지 대신 '0'을 표시하고, 오류가 발생하지 않은 셀에는 평균을 구한 결과 값을 표시합니다.

---

7 I4셀과 같은 방식의 함수식이 데이터가 입력된 마지막 셀인 I14셀까지 자동으로 복사되었습니다. **1** 과정에서 평균을 구할 대상이 모두 '신제품'과 '판매중단'이어서 #DIV/0! 오류가 표시되었던 I7셀과 I13셀이 '0'으로 바뀌었는지 확인하세요.

확인

● 예제파일 : 수식을값으로복사(준비).xlsx   ● 완성파일 : 수식을값으로복사(완성).xlsx

현장실무

05 | 수식을 셀에 표시된 값으로 변경해 복사하기

1 수식이 작성된 셀을 복사하면 수식이 그대로 복사되면서 복사된 셀을 기준으로 수식에 사용된 대상이 바뀌어 재계산되지만, 수식이 아닌 셀에 표시된 결과 값을 그대로 복사해야 하는 경우가 있습니다. 여기서는 H열에 구한 평균을 B열과 C열 사이에 복사해 볼게요. [Sheet1] 시트에서 H열 머리글을 클릭해서 H열 전체를 선택하고 Ctrl+C를 눌러 복사하세요.

클릭→Ctrl+C

	A	B	C	D	E	F	G	H
				월별 상세 매출 내역				
5		제품코드	1월	2월	3월	4월	5월	평균
6		IL-098909	10	40	30	30	5	23
7		SU-909898	25	35	15	20	10	21
8		JI-879882	60	10	35	15	45	33
9		MI-231233	5	40	15	30	40	26
10		JI-871232	15	15	20	35	20	21
11		NA-123932	10	62	40	33	31	35.2
12		HU-980123	34	20	70	25	23	34.4
13		JI-123923	23	15	50	10	12	22
14		JI-198023	54	35	30	50	42	42.2
15		WO-879812	92	10	15	31	33	36.2
16		MA-980998	42	15	22	12	41	26.4

Sheet1

준비   평균: 29.12727273   개수: 12   합계: 320.4   디스플레이 설정

2 C열 머리글에서 마우스 오른쪽 단추를 눌러 [복사한 셀 삽입]을 선택합니다.

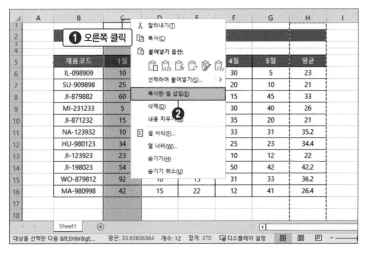

Tip

엑셀에서는 복사하거나 잘라낸 셀을 원하는 행이나 열 사이에 삽입해서 붙여넣을 수 있습니다. 그냥 붙여넣으면 대상 셀에 입력된 내용에 덮어쓰기되어 데이터가 없어지지만, [복사한 셀 삽입]을 선택하면 자동으로 열이나 행이 삽입되어 붙여넣기됩니다.

3 삽입된 C열에서 C6셀을 더블클릭하여 복사할 함수식을 확인해 보면 함수식이 그대로 복사되었기 때문에 함수식에 적용할 영역에 문제가 발생해서 오류가 표시되었습니다. [Esc]를 눌러 원래의 상태로 되돌아오세요.

4 이번에는 함수식을 그대로 복사하지 않고 셀에 표시된 결과 값으로 변환해서 복사해 볼게요. I 열 머리글을 클릭해서 I열 전체를 선택하고 I열에 있는 하나의 셀에서 마우스 오른쪽 단추를 눌러 [복사]를 선택하세요.

5 C열 머리글을 클릭해서 C열 전체를 선택하고 선택 범위에서 마우스 오른쪽 단추를 눌러 '붙여 넣기 옵션'에서 [값]($\square$)을 클릭합니다.

6 C열에 복사된 결과를 살펴보면 이전에 표시되었던 오류 메시지는 없어지고 제대로 값이 표시 되었습니다. C6셀을 더블클릭하여 **3** 과정에서는 함수식이 표시되었지만, 여기서는 함수식 없이 숫자 값만 표시되는지 확인하세요.

🔅 **Tip**

이제부터 월 데이터를 수정하면 I열에 구해진 평균 값은 함수식이기 때문에 자동으로 바뀐 값이 적용됩니다. 하지만 값으로 변환해서 붙여넣은 C열은 값이 바뀌지 않습니다.

필수 작업 팁

데이터 편집 방법

서식 지정

수식 원리

함수

데이터 분석

피벗 테이블

양식 컨트롤

차트

06 | 수식에서 다른 셀 참조하기

수식을 작성할 때 다른 셀의 값을 지정하려면 같은 시트에 있는 셀인지, 다른 시트의 셀인지, 다른 파일에 있는 셀인지를 정확히 알아야 합니다. 왜냐하면 셀의 위치에 따라서 셀 주소를 지정하는 방법이 달라지기 때문입니다.

1 │ 같은 시트에 있는 특정 셀 참조하기

셀 참조 방식	설명
=A3	현재 작업중인 시트에 위치하는 A3셀의 값을 그대로 표시합니다.
=A1+A5	현재 작업중인 시트에 위치한 A1셀과 A5셀의 값을 더해서 표시합니다.
=SUM(A1:A5)	현재 작업중인 시트에 위치한 A1셀부터 A5셀 사이의 모든 셀 값을 더해서 표시합니다.

2 │ 다른 시트의 특정 셀 참조하기

셀 참조 방식	설명
=입고!A3	[입고] 시트에 위치한 A3셀의 값을 그대로 표시합니다.
='3월'!A3	[3월] 시트의 A3셀의 값을 표시합니다. 이때 시트 이름의 첫 글자가 숫자로 시작할 때는 시트 이름을 작은따옴표(' ')로 묶어서 표시해야 합니다.
=입고!A3-출고!A5	[입고] 시트의 A3셀에서 [출고] 시트의 A5셀의 값을 뺀 결과를 표시합니다.
=MAX(출고!A1:A100)	[출고] 시트의 A1셀부터 A100셀 사이의 값 중에서 가장 큰 셀 값을 표시합니다.

3 │ 다른 파일의 특정 셀 참조하기

셀 참조 방식	설명
=[자료.xlsx]입고!A3	'자료.xlsx' 파일에서 [입고] 시트의 A3셀의 값을 그대로 표시합니다.
='[자료.xlsx]3월'!A3	• '자료.xlsx' 파일에서 [3월] 시트에 있는 A3셀의 값을 그대로 표시합니다. • 시트 이름의 첫 번째 글자가 숫자로 시작할 때는 파일 이름과 시트 이름을 작은따옴표(' ')로 묶어서 표시해야 합니다.
=A4+[자료.xlsx]입고!A5	현재 작업중인 시트의 A4셀과 '자료.xlsx' 파일의 [입고] 시트에 위치한 A5셀을 더해서 표시합니다.

필수기능

07 상대 참조와 절대 참조 이해하기

수식을 작성하면서 다른 셀의 값을 참조할 때는 용도에 따라 '상대 참조', '절대 참조', '혼합 참조(행 고정 방식, 열 고정 방식)'로 나뉩니다. 일반적으로 가장 많이 사용하는 'A3'과 같이 셀 주소를 지정하는 방식이 상대 참조입니다. 절대 참조나 혼합 참조 방식으로 수식을 작성할 때는 셀 주소에 '$A$3'이나 'A$3'과 같이 상황에 맞게 $ 기호를 지정해야 합니다.

1 | 셀 참조 방식의 종류

셀 참조 방식은 상대 참조, 절대 참조, 혼합 참조(행 고정 방식, 열 고정 방식)가 있습니다.

❶ 상대 참조

셀에 수식을 작성하고 복사할 때 복사되는 위치에 따라 셀 주소도 함께 바뀝니다. E3셀에 '=C3*D3' 과 같은 수식을 작성하고 E3셀의 자동 채우기 핸들을 E13셀까지 드래그해서 수식을 복사하면 G 열에 표시된 수식처럼 각 행에 맞게 사용된 수식에 셀 주소가 함께 바뀌어서 계산됩니다.

	A	B	C	D	E	F	G	H	I
1					❶ 수식 작성				
2		제품코드	주문수량	단가	금액		사용된 수식		
3		IL-098909	10	40,000	400,000	→	=C3*D3		
4		SU-909898	25	35,000	875,000	→	=C4*D4		
5		JI-879882	60	10,000	600,000	→	=C5*D5		
6		MI-231233	5	40,000	200,000	→	=C6*D6		
7		JI-871232	15	15,000	225,000	→	=C7*D7		
8		NA-123932	10	❷ 드래그	,000	→	=C8*D8	❸ 사용된 수식 확인	
9		HU-980123	34	20,000	680,000	→	=C9*D9		
10		JI-123923	23	15,000	345,000	→	=C10*D10		
11		JI-198023	54	35,000	1,890,000	→	=C11*D11		
12		WO-879812	92	10,000	920,000	→	=C12*D12		
13		MA-980998	42	15,000	630,000 ▼	→	=C13*D13		
14									
15									

❷ 절대 참조

셀에 수식을 작성하고 복사할 때 복사한 위치가 달라져도 수식에 사용된 셀 주소는 변하지 않고 항상 고정됩니다. 절대 참조로 수식을 설정하려면 셀 주소에 '$A$3'과 같이 $ 기호를 함께 지정해야 합니다. F5셀에 '=E5*$F$2'와 같은 수식을 H13셀까지 복사하면 H열에 표시된 수식처럼 셀 주소가 바뀌면서 계산됩니다. 사용된 수식에서 E5셀은 상대 참조 방식이어서 E6셀, E7셀로 바뀌지만, $F$2로 표시된 절대 참조는 수식을 복사해도 그대로 변하지 않고 $F$2셀을 참조합니다.

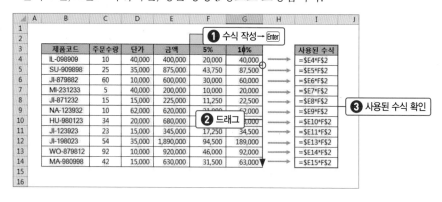

❸ 혼합 참조

혼합 참조는 상대 참조와 절대 참조를 혼합한 형태로, 절대 참조를 설정하면 행과 열이 모두 고정되어 특정 셀 하나만 참조합니다. 따라서 행만 고정되고 열이 바뀌거나(A$3), 열만 고정되고 행이 바뀌도록 설정($A3)할 때 혼합 참조를 사용하세요. 수식이 =$E4*F$3인 경우 $E4는 수식을 복사하면 열은 항상 E열로 고정되지만, 행은 4행에서 5행, 6행으로 바뀝니다. 그리고 F$3의 경우 열은 F열이 G열, H열로 바뀌지만, 행은 항상 3행으로 고정됩니다.

2 | 셀 참조 방식 지정하기

셀 주소에 참조 방식을 바꾸려면 $ 기호를 직접 입력해도 되지만, F4 를 이용하면 편리하게 지정할 수 있습니다. 예를 들어 수식에 셀 주소를 지정하고 F4 를 한 번씩 누를 때마다 A3 → $A$3 → A$3 → $A3의 순서대로 바뀝니다.

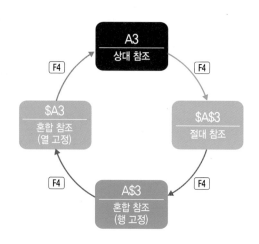

● 예제파일 : 절대참조로일일근무비용계산(준비).xlsx   ● 완성파일 : 절대참조로일일근무비용계산(완성).xlsx

현장실무
08 | 절대 참조로 일일 근무 비용 계산하기

1 [Sheet1] 시트에서 C3셀에 입력된 시급을 참조해서 사원별 일일 근무 시간에 따른 비용을 계산해 볼게요. D6셀에 『=』를 입력하고 C6셀을 클릭하세요. '=C6'의 뒤에 『*』를 입력하고 C3셀을 클릭하여 수식 '=C6*C3'이 작성되었으면 F4 를 누르세요.

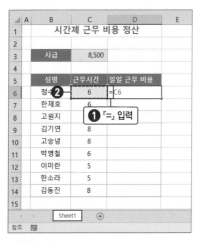
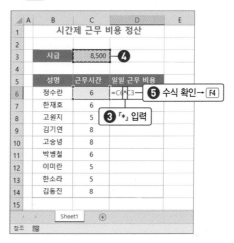

 Tip

'=C6*C3'과 같이 상대 참조 방식으로 작성된 수식을 아래쪽으로 복사하면 한 행씩 내려가면서 'C6'이 'C7', 'C8'로 셀 주소가 바뀝니다. 이에 따라 근무 시간의 대상이 바뀌어야 하므로 상대 참조 방식을 사용해야 합니다. 하지만 시급이 입력된 'C3'은 아래쪽으로 수식을 복사했을 때 'C4', 'C5'로 셀 주소가 바뀌면서 시급이 달라져서 계산에 오류가 발생합니다. 이 경우 수식을 복사해도 변하지 않고 항상 C3셀만 참조하도록 절대 참조 방식인 '$C$3'으로 바꿔야 합니다.

2 수식에 사용된 'C3'이 절대 참조 형식인 '$C$3'으로 변경되었으면 Enter 를 눌러 수식 '=C6*$C$3'을 완성합니다.

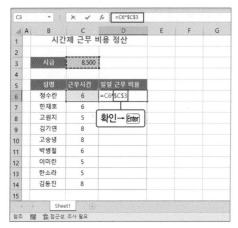

Tip

F4 는 한 번씩 누를 때마다 '절대 참조' → '행 고정 혼합 참조' → '열 고정 혼합 참조' → '상대 참조' 형식으로 바뀌므로 원하는 참조 방식으로 표시될 때까지 반복해서 F4 를 누릅니다. F4 를 누르지 않고 수식에 직접 $ 기호를 입력해도 됩니다.

3 D6셀에 '정수란'의 일일 근무 비용을 구했으면 D6셀을 클릭하고 D6셀의 자동 채우기 핸들을 더블클릭하여 나머지 사원들의 일일 근무 비용을 계산합니다. 셀에 표시된 결과 값이 어떻게 구해졌는지 수식을 확인하기 위해 [수식] 탭-[수식 분석] 그룹에서 [수식 표시]를 클릭하세요.

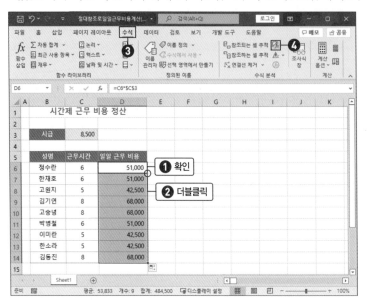

4 시트에 작성된 수식이 셀에 그대로 표시되면 근무 시간(C6셀)의 셀 주소는 바뀌었지만, 절대참조로 표시한 시급(C3셀)의 주소는 똑같이 '$C$3'으로 표시되어 있습니다. [수식] 탭-[수식 분석] 그룹에서 [수식 표시]를 다시 한 번 클릭하여 표시된 수식을 다시 일일 근무 비용으로 되돌리세요.

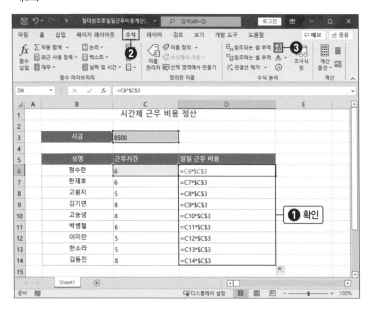

● 예제파일 : 혼합참조로인센티브계산(준비).xlsx   ● 완성파일 : 혼합참조로인센티브계산(완성).xlsx

현장실무

09 | 혼합 참조로 매출 금액 비율별 인센티브 계산하기

1 매출 금액의 5%, 8%, 10%를 인센티브 비율로 적용했을 때 각 영업사원별 인센티브 금액이 얼마인지 계산해 볼게요. [Sheet1] 시트에서 D6셀을 클릭하고 『=』를 입력한 후 매출 금액이 입력된 C6셀을 클릭합니다. D6셀에 '=C6'이 표시된 상태에서 F4를 세 번 눌러 열 고정 혼합 참조인 '=$C6'으로 변경하세요.

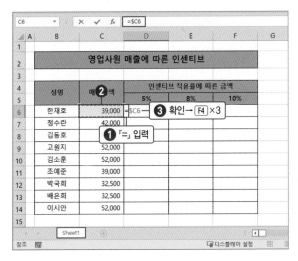

Tip

C6셀의 매출 금액은 아래쪽으로 수식을 복사할 경우에는 셀 주소가 'C7', 'C8'로 바뀌지만, 오른쪽으로 복사하면 D열, E열로 바뀌지 않고 항상 C열로 고정되어야 합니다. 따라서 F4를 세 번 눌러 열 고정 방식($C6)으로 셀 참조 방식을 바꾼 것입니다.

2 '=$C6'의 뒤에 『*』를 입력하고 D5셀을 클릭합니다. 계속 이어서 F4를 두 번 눌러 'D5'를 'D$5'로 변경하고 Enter를 눌러 수식을 완성하세요.

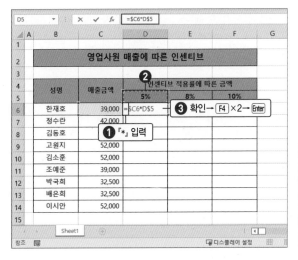

Tip

D5셀의 5%를 아래쪽으로 수식을 복사할 경우 셀 주소가 'D6', 'D7'로 바뀌면 안 되므로 행은 항상 5행으로 고정하고, 오른쪽으로 복사할 때는 D열이 E열, F열로 바뀌어서 8%, 10%로 적용되어야 합니다. 따라서 이 셀은 행 고정 혼합 참조 방식(D$5)으로 바꾼 것입니다.

3 D6셀에 수식 '=$C6*D$5'가 완성되면서 결과 값이 구해졌으면 D6셀을 클릭하고 D6셀의 자동 채우기 핸들을 더블클릭합니다. D14셀까지 수식이 복사되면 D14셀의 자동 채우기 핸들을 F14셀까지 드래그하세요.

4 F열까지 수식이 복사되면서 인센티브 적용률에 따른 금액이 5%, 8%, 10%별로 구해졌습니다.

5 수식이 작성된 특정 셀을 더블클릭하면 수식에서 사용한 셀 주소가 서로 다른 색으로 표시되어 어떤 셀이 결과 값에 사용되었는지 쉽게 확인할 수 있습니다. 수식 확인을 끝내려면 Esc 를 누르세요.

● **예제파일** : 이름정의해수식작성(준비).xlsx ● **완성파일** : 이름정의해수식작성(완성).xlsx

필수기능

10 | 셀 주소 대신 이름 정의해 수식 작성하기

1 자주 사용하는 범위는 매번 지정하는 것보다 범위에 이름을 정의하고 사용하는 것이 편리합니다. [Sheet1] 시트에서 D7:D12 범위를 자주 사용한다면 이 범위를 선택하고 [수식] 탭-[정의된 이름] 그룹에서 [이름 정의]를 클릭하세요.

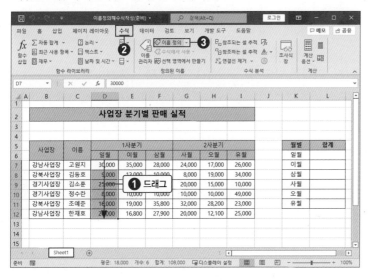

2 [새 이름] 대화상자가 열리면 '참조 대상'에 **1** 과정에서 범위 설정했던 영역이 자동으로 표시되었는지 확인합니다. '이름'에 『jan』을 입력하고 [확인]을 선택하세요.

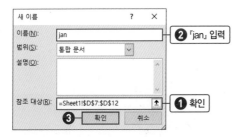

 Tip

이름을 지정할 경우 이름의 첫 글자는 문자나 밑줄(_)로 시작해야 하고 공백이나 특수 문자를 포함할 수 없습니다. 이름은 지정할 범위에 의미가 있는 이름으로 입력하는 것이 좋고 한글로 설정할 수 있습니다.

3 L6셀에 D7:D12 범위의 합을 구하기 위해 L6셀을 클릭하고 『=SUM(jan)』을 입력한 후 [Enter]를 누릅니다.

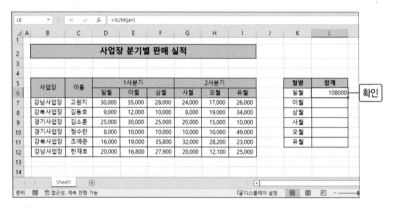

4 L6셀에 D7:D12 범위의 합계가 구해지면 함수식 '=SUM(D7:D12)'와 '=SUM(jan)'의 결과 값이 같은지 확인합니다.

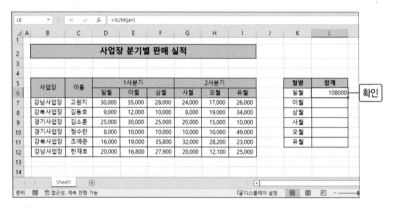

> **Tip**
>
> 『=SUM(D7:D12)』로 입력한 함수식을 복사하면 해당 행이나 열에 맞게 상대 참조되어 셀 주소가 바뀝니다. 하지만 『=SUM(jan)』으로 입력한 함수식은 함수식을 복사해도 '=SUM($D$7:$D$12)'와 같이 절대 참조를 지정한 것과 같은 효과로 셀 주소가 바뀌지 않고 항상 같은 셀을 참조합니다.

잠깐만요 :: 이름 상자에 직접 이름 정의하기

범위를 지정하고 이름 상자에 이름을 입력한 후 [Enter]를 눌러서 이름을 정의할 수 있지만, 간혹 범위를 잘못 인식하는 문제가 발생할 수 있습니다. 그러므로 [수식] 탭-[정의된 이름] 그룹에서 [이름 관리자]를 클릭하여 정의한 이름의 영역이 제대로 설정되었는지 확인해야 합니다.

현장실무
11

행/열 제목 이용해 이름 정의하기

1 자주 사용하는 범위에 이름을 정의해서 사용할 때 대상 영역의 첫 번째 행이나 왼쪽 열 등을 그대로 범위 이름으로 자동 지정해 보겠습니다. [Sheet1] 시트에서 D7:D12 범위는 D6셀과 같은 '일월'로, E7:E12 범위는 E6셀과 같은 '이월'로 이름을 정의해 볼게요. D6:I12 범위를 드래그하여 선택하고 [수식] 탭-[정의된 이름] 그룹에서 [선택 영역에서 만들기]를 클릭하세요.

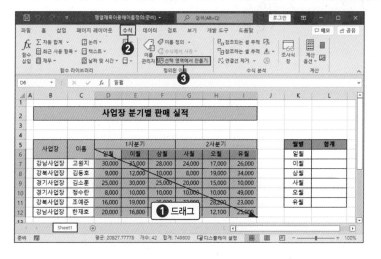

2 [선택 영역에서 이름 만들기] 대화상자가 열리면 '이름 만들기'의 [첫 행]에 체크되었는지 확인하고 [확인]을 클릭합니다. 이름이 정확하게 정의되었는지 확인하기 위해 [수식] 탭-[정의된 이름] 그룹에서 [이름 관리자]를 클릭합니다.

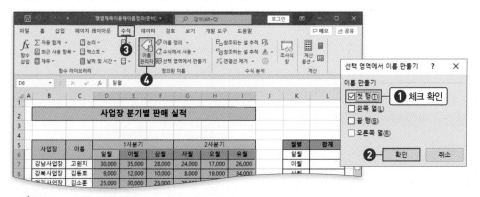

 Tip

[첫 행]에 체크하면 D6:I12 범위에서 첫 행에 해당하는 6행을 이름으로 사용하고 나머지 D7:D12 범위를 대상 영역으로 설정합니다. 이와 같은 방법으로 E7:E12 범위와 F7:F12 범위 등에서도 이 기능이 자동으로 정의됩니다. C7:I12 범위를 선택하고 [왼쪽 열]에 체크하면 C열이 이름으로 사용되고 나머지 D7:I7 범위를 대상 영역으로 설정하므로 이름을 한 번에 일괄적으로 정의할 때 사용하면 편리합니다.

3 [이름 관리자] 대화상자가 열리면 앞에서 정의한 '일월', '이월', '삼월' 등의 이름이 표시되었는지 확인합니다. 이름 목록에서 [일월]을 선택하고 '참조 대상'의 입력 상자를 클릭하여 워크시트에 '일월'에 해당하는 범위가 표시되는지 확인한 후 [닫기]를 클릭하세요.

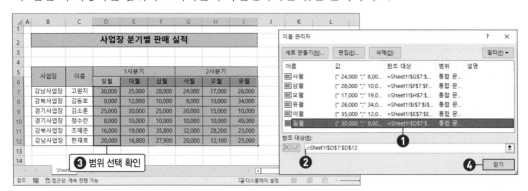

Tip

[일월] 이외에도 표시된 이름 중에서 특정 이름을 선택하고 '참조 대상'에 지정된 범위를 확인합니다. 정의된 이름에 해당하는 범위를 수정하려면 '참조 대상'에 표시된 내용을 지우고 워크시트에서 원하는 범위를 다시 드래그해서 지정하면 됩니다. 필요 없는 이름은 해당 이름을 클릭한 후 [삭제]를 클릭해서 지우세요.

4 월별 합계를 구하기 위해서 L6셀을 클릭하고 『=SUM(일월)』을 입력한 후 Enter를 누릅니다.

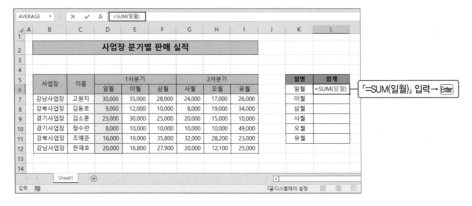

5 L6셀에 사업장의 '일월'에 해당하는 판매 실적의 합계가 구해졌으면 L7셀에 『=SUM(이월)』을 입력한 후 Enter를 누릅니다. 이와 같은 방식으로 L8셀부터 L11셀까지 차례대로 함수식을 작성하세요.

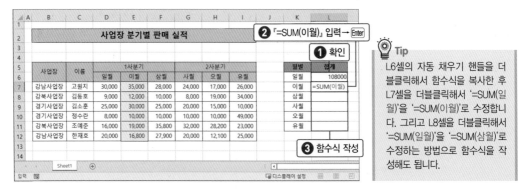

Tip

L6셀의 자동 채우기 핸들을 더블클릭해서 함수식을 복사한 후 L7셀을 더블클릭해서 '=SUM(일월)'을 '=SUM(이월)'로 수정합니다. 그리고 L8셀을 더블클릭해서 '=SUM(일월)'을 '=SUM(삼월)'로 수정하는 방법으로 함수식을 작성해도 됩니다.

6 좀 더 편리하게 함수식을 작업하기 위해 L6:L11 범위를 선택하고 `Delete`를 눌러 기존에 작성한 함수식을 지웁니다. L6셀에『=SUM(INDIRECT(K6))』을 입력하고 `Enter`를 누르세요.

❷ 함수식 입력→`Enter`

❶ 기존 함수식 삭제

함수식 설명

=SUM(INDIRECT(K6))

'=SUM(K6)'은 K6셀에 입력된 값인 '일월'이 적용되어 '=SUM(일월)'의 결과 값이 나타나는데, '일월'이 문자이므로 결과 값 '0'이 표시됩니다. 이때 '일월'이 단순한 문자가 아니라 범위 이름으로 인식시키려면 INDIRECT 함수를 이용하세요. 함수식 '=INDIRECT(일월)'은 '일월'이라는 범위 이름 영역을 의미하므로 '=SUM(INDIRECT(K6))'은 '=SUM('일월' 범위 영역)'으로 실행되어 D7:D12 범위의 합계를 구할 수 있습니다.

---

7 L6셀에 '일월' 범위의 합계를 구했으면 L6셀의 자동 채우기 핸들을 더블클릭해서 '이월'부터 '유월'까지의 합계를 구합니다. L7셀부터 L11셀까지 각 셀을 더블클릭하면 L6셀의 함수식인 '=SUM(INDIRECT(K6))'에서 'K6'이 'K7'부터 'K11'까지 상대 참조되어 변경된 결과를 확인할 수 있어요.

❶ 확인

❷ 더블클릭

❸ 함수식 확인

Step 01 순수익 금액 구하기

매출 금액과 지출 금액을 이용해서 순수익이 어느 정도인지 구해보겠습니다.

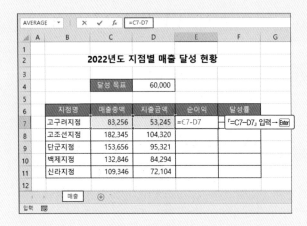

1 [매출] 시트에서 E7셀에 수식 『=C7-D7』을 입력하고 Enter를 누릅니다.

2 E7셀에 순수익이 계산되었습니다.

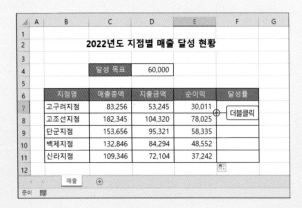

3 E7셀의 자동 채우기 핸들을 더블클릭해서 나머지 행에도 수식을 복사합니다.

Step 02 목표에 따른 달성률 구하기

E열에 구한 순수익이 D4셀에 입력된 목표 금액의 몇 퍼센트나 달성했는지 구해보겠습니다.

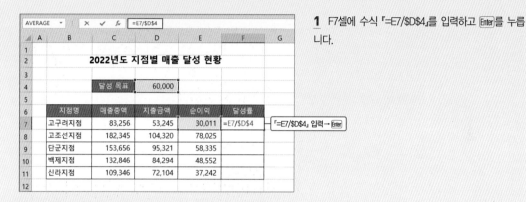

1 F7셀에 수식 『=E7/$D$4』를 입력하고 Enter를 누릅니다.

2 F7셀에 '고구려지점'의 달성률을 구했으면 F7셀의 자동 채우기 핸들을 더블클릭해서 마지막 행까지 수식을 복사합니다. F7:F11 범위가 선택된 상태에서 [홈]탭-[표시 형식] 그룹의 [백분율 스타일]을 클릭하세요.

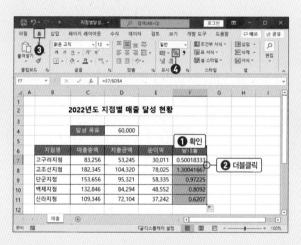

3 소수점으로 표시되었던 달성률이 백분율로 변환되었는지 확인합니다.

지점명	매출총액	지출금액	순이익	달성률
고구려지점	83,256	53,245	30,011	50%
고조선지점	182,345	104,320	78,025	130%
단군지점	153,656	95,321	58,335	97%
백제지점	132,846	84,294	48,552	81%
신라지점	109,346	72,104	37,242	62%

2022년도 지점별 매출 달성 현황
달성 목표 60,000

05

복잡한 계산이 간단해지는
기본 함수 익히기

함수는 여러 가지 유형의 계산 방식을 미리 프로그래밍해
서 제공하는 것입니다. 엑셀에서 수식을 작성할 때 함수를
다양하게 알고 있으면 복잡한 계산을 쉽게 해결할 수 있어
요. 이번 섹션에서는 업무 도중에 가장 많이 사용하는 함수
의 종류와 활용법을 살펴보겠습니다.

● 예제파일 : 지점별매출평균계산(준비).xlsx ● 완성파일 : 지점별매출평균계산(완성).xlsx

지점별 각 제품의 매출 실적 평균 구하기 – AVERAGE, AVERAGEA 함수

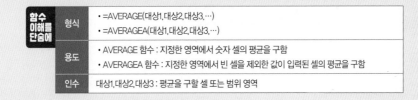

함수 이해를 단숨에	형식	• =AVERAGE(대상1,대상2,대상3,…) • =AVERAGEA(대상1,대상2,대상3,…)
	용도	• AVERAGE 함수 : 지정한 영역에서 숫자 셀의 평균을 구함 • AVERAGEA 함수 : 지정한 영역에서 빈 셀을 제외한 값이 입력된 셀의 평균을 구함
	인수	대상1,대상2,대상3 : 평균을 구할 셀 또는 범위 영역

1 [Sheet1] 시트에서 평균을 구할 G4셀을 클릭하고 [수식] 탭-[함수 라이브러리] 그룹에서 [자동 합계]의 내림 단추(⊡)를 눌러 [평균]을 선택합니다.

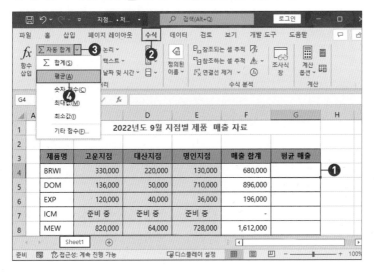

2 G4셀에 자동으로 '=AVERAGE(C4:F4)'가 표시되면 F열의 매출 합계는 평균 대상에서 제외해야 하므로 새롭게 C4:E4 범위를 선택하고 Enter를 눌러 함수식을 완성하세요.

3 G4셀에 지점별 평균 매출을 구했으면 G4셀을 클릭한 후 G4셀의 자동 채우기 핸들을 더블클릭해서 나머지 제품에도 평균을 구하는 함수식을 복사합니다. AVERAGE 함수는 대상 범위 영역에서 숫자 셀만 더해서 해당 개수로 나누는데, 7행의 'ICM' 제품과 13행의 'SIEL' 제품은 세 지점이 모두 '준비 중'이어서 숫자 값이 없으므로 0으로 나누어 #DIV/0! 오류가 발생했습니다.

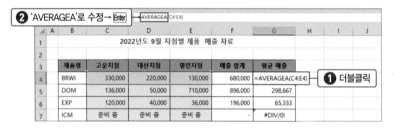

4 매출 금액에 '준비 중'이 입력된 셀도 평균 대상에 포함해서 계산하기 위해 G4셀을 더블클릭합니다. 함수식이 표시되면 'AVERAGE'를 'AVERAGEA'로 수정하고 [Enter]를 누르세요.

5 G4셀을 클릭하고 G4셀의 자동 채우기 핸들을 더블클릭해서 나머지 항목에도 함수식을 복사합니다. 7행, 13행, 15행, 16행의 '준비 중'인 데이터도 평균 대상에 포함되어 평균 매출이 수정되었는지 확인하세요.

필수기능

02 | 전체 제품 수와 판매하는 제품 수 구하기 – COUNT, COUNTA, COUNTBLANK 함수

함수 이해를 단숨에	형식	• =COUNT(대상1,대상2,대상3,…) • =COUNTA(대상1,대상2,대상3,…) • =COUNTBLANK(대상1,대상2,대상3,…)
	용도	• COUNT 함수 : 지정한 영역에서 숫자 셀의 개수를 구함 • COUNTA 함수 : 지정한 영역에서 빈 셀을 제외한 값이 입력된 셀의 개수를 구함 • COUNTBLANK 함수 : 지정한 영역에서 빈 셀의 개수를 구함
	인수	대상1,대상2,대상3 : 개수를 구할 셀 또는 범위 영역

1 [Sheet1] 시트에서 C3셀에 전체 제품 개수를 구하기 위해 『=COU』를 입력합니다. 'COU'로 시작하는 함수 목록이 표시되면 [COUNTA]를 더블클릭하세요.

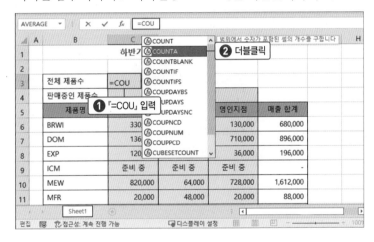

Tip

전체 제품 수를 구하려면 매출 금액이 있거나, '준비 중'이거나 상관없이 값이 입력된 모든 셀의 개수를 세어야 하므로 COUNTA 함수를 사용합니다. 판매중인 제품의 개수를 구하려면 숫자 값이 있는 셀만 세어야 하므로 COUNT 함수를 사용하세요.

2 C3셀에 자동으로 '=COUNTA('가 표시되면 개수를 구할 데이터가 입력된 C6셀을 클릭하고 Ctrl + Shift + ↓를 누릅니다.

	A	B	C	D	E	F	G	H
1			하반기 지점별 제품 매출 자료					
2			❶ 함수식 확인					
3		전체 제품수	=COUNTA(C6					
4		판매중인 제품수						
5		제품명	고운지점	대산지점	명인지점	매출 합계		
6		BRWI	330,000	❷ 클릭→ Ctrl + Shift + ↓		680,000		
7		DOM	136,000	50,000	710,000	896,000		
8		EXP	120,000	40,000	36,000	196,000		
9		ICM	준비 중	준비 중	준비 중	-		
10		MEW	820,000	64,000	728,000	1,612,000		
11		MFR	20,000	48,000	20,000	88,000		

Tip

Ctrl + Shift + ↓를 누르면 선택한 셀을 기준으로 데이터가 연속해서 입력된 아래쪽 마지막 셀까지 자동으로 범위를 지정할 수 있어요. 이 작업은 C6:C18 범위를 드래그해서 직접 선택해도 됩니다.

3 데이터가 입력된 아래쪽 마지막 셀까지 범위가 자동으로 지정되면서 '=COUNTA(C6:C18'이 표시되면『)』를 입력하고 Enter를 누릅니다.

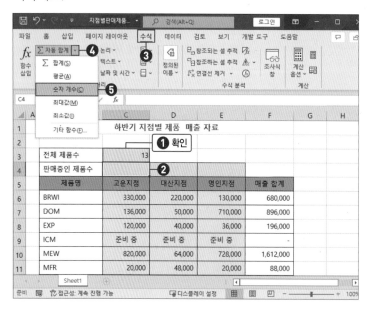

C3 셀 fx =COUNTA(C6:C18) ❷『)』 입력 → Enter

	A	B	C	D	E	F	G	H
1			하반기 지점별 제품 매출 자료					
2								
3		전체 제품수	=COUNTA(C6:C18)	❶ 확인				
4		판매중인 제품수						
5		제품명	고운지점	대산지점	명인지점	매출 합계		
6		BRWI	330,000	220,000	130,000	680,000		
7		DOM	136,000	50,000	710,000	896,000		
8		EXP	120,000	40,000	36,000	196,000		
9		ICM	준비 중	준비 중	준비 중	-		
10		MEW	820,000	64,000	728,000	1,612,000		
11		MFR	20,000	48,000	20,000	88,000		
12		PTOR	84,000	348,000	4,000	436,000		
13		SEHZ	930,000	770,000	8,000	1,708,000		
14		SEV	112,000	4,000	172,000	288,000		
15		SIEL	준비 중	준비 중	준비 중	-		

Tip

개수를 셀 대상 영역으로 '=COUNTA(B6:B18)'과 같이 '제품명' 부분의 범위를 직접 지정해도 결과 값은 같습니다.

4 C3셀에 전체 제품 수량을 구했으면 C4셀에 판매중인 제품 수량을 구해볼게요. C4셀을 클릭하고 [수식] 탭-[함수 라이브러리] 그룹에서 [자동 합계]의 내림 단추(▾)를 눌러 [숫자 개수]를 선택하세요.

5 C4셀에 자동으로 '=COUNT(C3)'이 표시되면 개수를 구할 데이터가 입력된 C6:C18 범위를 선택합니다. '=COUNT(C6:C18)'이 표시되면 Enter를 눌러 함수식을 완성하세요.

6 C4셀에 '준비 중'인 제품을 제외하고 매출 금액이 있는 셀의 개수를 구했으면 C4셀의 자동 채우기 핸들을 E4셀까지 드래그해서 나머지 셀에도 함수식을 복사합니다.

● 예제파일 : 지점별최고판매금액(준비).xlsx   ● 완성파일 : 지점별최고판매금액(완성).xlsx

03 최고 매출과 최소 매출 금액 구하기
– MAX, MIN, MEDIAN 함수

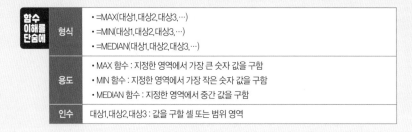

함수 이해를 단숨에	형식	• =MAX(대상1,대상2,대상3,…) • =MIN(대상1,대상2,대상3,…) • =MEDIAN(대상1,대상2,대상3,…)
	용도	• MAX 함수 : 지정한 영역에서 가장 큰 숫자 값을 구함 • MIN 함수 : 지정한 영역에서 가장 작은 숫자 값을 구함 • MEDIAN 함수 : 지정한 영역에서 중간 값을 구함
	인수	대상1,대상2,대상3 : 값을 구할 셀 또는 범위 영역

1 [Sheet1] 시트에서 지점별로 최고 매출 금액을 구하기 위해 C3셀을 클릭합니다. [수식] 탭-[함수 라이브러리] 그룹에서 [자동 합계]의 내림 단추(▾)를 눌러 [최대값]을 선택하세요.

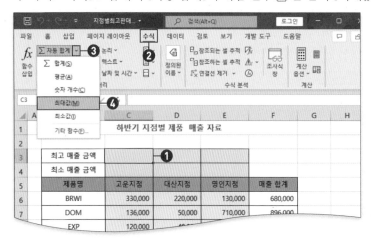

💡 **Tip**

특정 범위에서 n번째로 큰 값 또는 작은 값을 찾으려면 LARGE 함수와 SMALL 함수를 사용하세요. '=LARGE(A1:C20,3)'을 지정하면 A1:C20 범위에서 세 번째로 큰 값을, '=SMALL(A1:C20,3)'을 지정하면 A1:C20 범위에서 세 번째로 작은 값을 구할 수 있습니다.

2 C3셀에 자동으로 '=MAX()'가 표시되면 최대값을 구할 대상으로 C6셀을 클릭하고 Ctrl + Shift + ↓를 누릅니다. C3셀에 자동으로 '=MAX(C6:C18)' 범위가 지정되면 Enter를 누르세요.

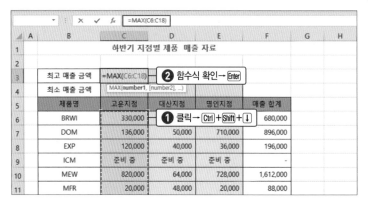

3 C3셀에 C6:C18 범위에 입력된 매출 금액 중에서 가장 큰 값이 표시되었습니다. 이번에는 최소 매출 금액을 구하기 위해 C4셀을 클릭하고 [수식] 탭-[함수 라이브러리] 그룹에서 [함수 더 보기]를 선택한 후 [통계]-[MIN]을 선택하세요.

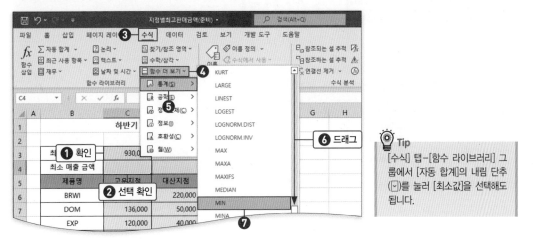

필수 작업팁
데이터 편집/채우기
서식 지정
수식 원리
함수

> **Tip**
> [수식] 탭-[함수 라이브러리] 그룹에서 [자동 합계]의 내림 단추(⌄)를 눌러 [최소값]을 선택해도 됩니다.

4 MIN 함수의 [함수 인수] 대화상자가 열리면 'Number1'의 입력 상자에 커서를 올려놓고 C6:C18 범위를 선택한 후 [확인]을 클릭합니다.

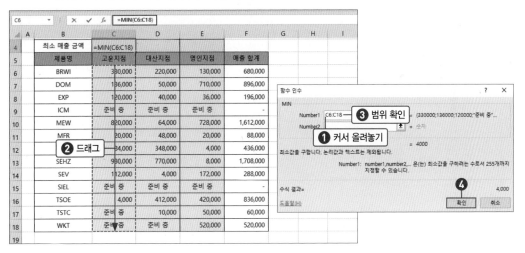

데이터 분석
피벗 테이블
양식 컨트롤

5 C4셀에 C6:C18 범위에서 가장 작은 숫자가 표시되었습니다. C3:C4 범위를 선택하고 C4셀의 자동 채우기 핸들을 E4셀까지 드래그해서 다른 지점에도 같은 함수식을 복사하세요.

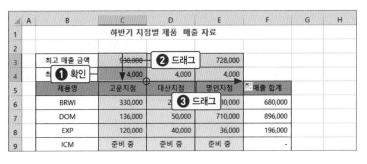

차트

● **예제파일** : 세번째큰수와작은수(준비).xlsx ● **완성파일** : 세번째큰수와작은수(완성).xlsx

세 번째 큰 출고 값과 두 번째 작은 출고 값 구하기 – LARGE, SMALL 함수

함수 이해를 단숨에	형식	• =LARGE(비교 대상,순위) • =SMALL(비교 대상,순위)
	용도	• LARGE 함수 : 지정한 영역에서 원하는 순위 번째로 큰 숫자 값을 구함 • SMALL 함수 : 지정한 영역에서 원하는 순위 번째로 작은 숫자 값을 구함
	인수	• 비교 대상 : 조건을 비교할 대상 범위 • 순위 : 몇 번째로 큰(또는 작은) 숫자를 표시할 것인지 순위 지정

1 재고 조사 데이터에서 세 번째로 큰 출고 값을 알아볼게요. [Sheet1] 시트에서 F4셀을 클릭하고 [수식] 탭-[함수 라이브러리] 그룹에서 [함수 더 보기]를 클릭한 후 [통계]-[LARGE]를 선택하세요.

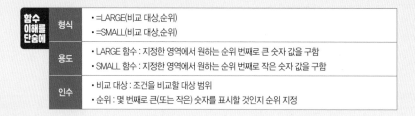

2 LARGE 함수의 [함수 인수] 대화상자가 열리면 'Array'의 입력 상자에 커서를 올려놓고 F8:F20 범위를 지정합니다. 'K'에 『3』을 입력하고 [확인]을 클릭하세요.

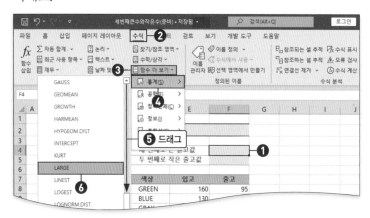

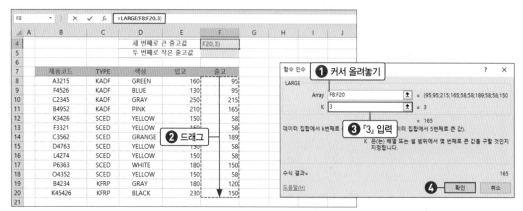

3 F4셀에 전체 출고 값 중에서 세 번째로 큰 값인 '165'가 표시되었습니다. 이번에는 두 번째로 작은 출고 값을 찾기 위해 F5셀을 클릭하고 『=S』를 입력한 후 함수 목록이 표시되면 [SMALL]을 더블클릭하세요.

Tip

[수식] 탭-[함수 라이브러리] 그룹에서 [함수 더 보기]를 클릭하고 [통계]-[SMALL]을 선택해도 됩니다.

4 F5셀에 '=SMALL('이 자동으로 표시되었으면 F8:F20 범위를 지정하고 계속 이어서 『,2)』를 입력합니다. 함수식 '=SMALL(F8:F20,2)'가 완성되면 Enter 를 누르세요.

F5			fx	=SMALL(F8:F20,2)

	A	B	C	D	E	F	G	H	I	J
1										
2			상반기 재고 조사 현황							
3										
4				세 번째로 큰 출고값		165				
5				두 번째로 작은	=SMALL(F8:F20,2)		❷ 함수식 완성→Enter			
6										
7		제품코드	TYPE	색상	입고	출고				
8		A3215	KADF	GREEN	160	95				
9		F4526	KADF	BLUE	130	95				
10		C2345	KADF	GRAY	250	215				
11		B4952	KADF	PINK	210	165				
12		K3426	SCED	YELLOW	150	58				
13		F3321	SCED	YELLOW	150	58				
14		C3562	SCED	GRANGE	200		❶ 드래그			
15		D4763	SCED	YELLOW	150					
16		L4274	SCED	YELLOW	150	58				
17		P6363	SCED	WHITE	180	150				
18		O4352	SCED	YELLOW	150	58				
19		B4234	KFRP	GRAY	180	120				
20		K45426	KFRP	BLACK	230	150				
21										

5 F5셀에 전체 출고 값 중에서 두 번째로 작은 출고 값인 '58'이 표시되었는지 확인합니다.

	A	B	C	D	E	F	G	H	I
1									
2			상반기 재고 조사 현황						
3									
4				세 번째로 큰 출고값		165			
5				두 번째로 작은 출고값		58	확인		
6									
7		제품코드	TYPE	색상	입고	출고			
8		A3215	KADF	GREEN	160	95			
9		F4526	KADF	BLUE	130	95			
10		C2345	KADF	GRAY	250	215			
11		B4952	KADF	PINK	210	165			
12		K3426	SCED	YELLOW	150	58			
13		F3321	SCED	YELLOW	150	58			
14		C3562	SCED	GRANGE	200	189			
15		D4763	SCED	YELLOW	150	58			
16		L4274	SCED	YELLOW	150	58			

● **예제파일** : 합격불합격표시(준비).xlsx ● **완성파일** : 합격불합격표시(완성).xlsx

점수별로 '합격', '불합격' 표시하기
– IF 함수

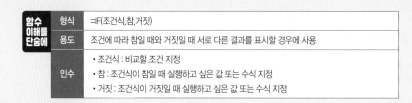

함수 이해를 단숨에	형식	=IF(조건식,참,거짓)
	용도	조건에 따라 참일 때와 거짓일 때 서로 다른 결과를 표시할 경우에 사용
	인수	• 조건식 : 비교할 조건 지정 • 참 : 조건식이 참일 때 실행하고 싶은 값 또는 수식 지정 • 거짓 : 조건식이 거짓일 때 실행하고 싶은 값 또는 수식 지정

1 점수가 80 이상이면 '합격'을, 그렇지 않으면 '불합격'을 표시해 볼게요. [Sheet1] 시트에서 D3 셀을 클릭하고 [수식] 탭-[함수 라이브러리] 그룹에서 [논리]를 클릭한 후 [IF]를 선택하세요.

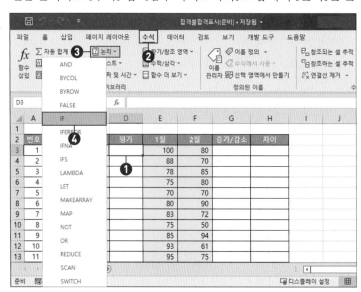

▶영상강의◀

2 IF 함수의 [함수 인수] 대화상자가 열리면 'Logical_test'에는 『C3>=80』을, 'Value_if_true'에는 『"합격"』을, 'Value_if_false'에는 『"불합격"』을 입력하고 [확인]을 클릭합니다.

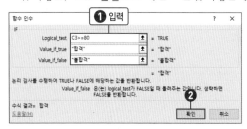

💡 **Tip**

'Value_if_true'와 'Value_if_false' 인수에 큰따옴표 없이 『합격』과 『불합격』을 입력해도 자동으로 큰따옴표 안에 '합격'과 '불합격'이 표시됩니다. 하지만 직접 수식을 입력할 때는 반드시 큰따옴표를 지정해야 하므로 항상 큰따옴표를 입력하는 습관을 가져야 합니다.

3 D3셀을 클릭한 상태에서 수식 입력줄에서 '=IF(C3)=80,"합격","불합격")'과 같이 함수식이 작성되었는지 확인합니다. C3셀 값이 80보다 큰 93점이어서 D3셀에 '합격'이 표시되었는지 확인하고 D3셀의 자동 채우기 핸들을 더블클릭해서 다른 사람들의 '합격', '불합격' 여부도 구하세요.

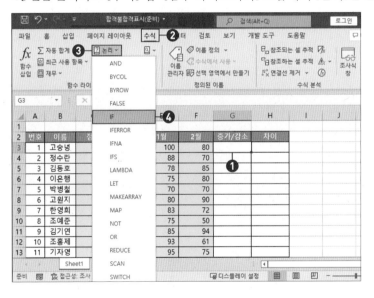

4 이번에는 1월 점수 대비 2월 점수가 높으면 '증가'를, 그렇지 않으면 '감소'를 표시해 볼게요. G3셀을 클릭하고 [수식] 탭-[함수 라이브러리] 그룹에서 [논리]를 클릭한 후 [IF]를 선택하세요.

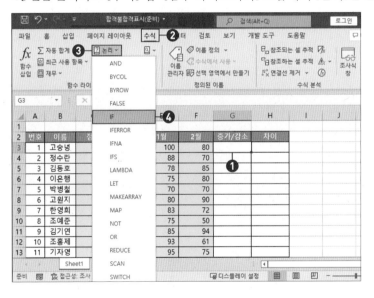

5 IF 함수의 [함수 인수] 대화상자가 열리면 'Logical_test'에는 『E3〈=F3』을, 'Value_if_true'에는 『ㅁ』을 입력하고 [한자]를 누른 후 기호 목록에서 [보기 변경] 단추(》)를 클릭합니다.

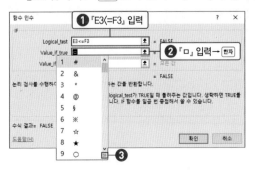

함수 작업팁

데이터 편집 방법

서식 지정

수식 원리

함수

데이터 분석

피벗 테이블

양식 컨트롤

차트

6 기호 목록이 확장되어 표시되면 [▲]을 클릭합니다.

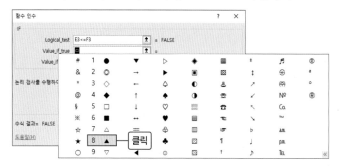

7 이와 같은 방법으로 'Value_if_false'에는 『▽』을 입력하고 [확인]을 클릭합니다.

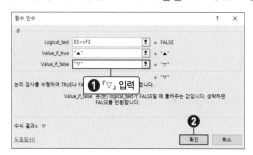

8 G3셀에 함수식 '=IF(E3<=F3,"▲","▽")'이 완성되면서 증감 여부가 표시되었습니다. G3셀의 자동 채우기 핸들을 더블클릭해서 나머지 행에도 함수식을 복사하세요.

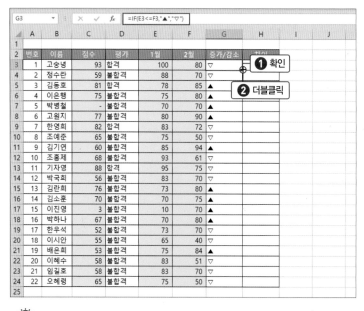

 Tip

함수 마법사를 사용하지 않고 G3셀에 직접 『=IF(E3<=F3,"▲","▽")』을 입력해서 함수식을 완성해도 됩니다.

◉ 예제파일 : 우수보통노력표시1(준비).xlsx　　◉ 완성파일 : 우수보통노력표시1(완성).xlsx

현장실무

06 '우수', '보통', '노력'으로 평가 결과 표시하기 1 – 다중 IF 함수

함수 이해를 단숨에		
형식	• 조건이 두 개인 경우 : =IF(조건식,참,거짓) • 조건이 세 개인 경우 : =IF(조건식,참,IF(조건식,참,거짓)) • 조건이 네 개인 경우 : =IF(조건식,참,IF(조건식,참, IF(조건식,참,거짓)))	
용도	• 조건에 따라 실행할 작업이 다른 경우에 사용하는 함수이며, 경우의 수가 n개이면 n−1만큼의 IF 함수를 중첩해서 사용 • 경우의 수가 네 개이면 IF 함수를 세 번, 경우의 수가 다섯 개이면 IF 함수를 네 번 중첩해서 사용. 이때 수식 끝에 닫는 괄호(1))의 개수는 IF 함수의 개수만큼 표시	
인수	• 조건식 : 비교할 조건 지정 • 참 : 조건식이 참일 때 실행하고 싶은 값 또는 수식 지정 • 거짓 : 조건식이 거짓일 때 실행하고 싶은 값 또는 수식 지정	

1 평균이 80 이상이면 '우수'를, 80~60 사이이면 '보통'을, 60 미만이면 '노력'을 평가 결과로 표시해 볼게요. 조건이 세 개이므로 IF 함수를 두 번 중첩해서 사용해야 합니다. [Sheet1] 시트에서 G4셀에 함수식 『=IF(F4>=80,"우수",IF(F4>=60,"보통","노력"))』을 입력하고 Enter를 누르세요.

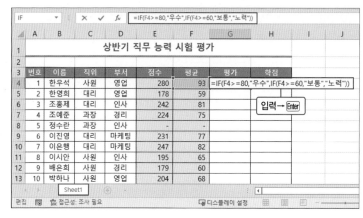

▶영상강의◀

함수식 설명

=IF(F4>=80,"우수",IF(F4>=60,"보통","노력"))

IF 함수를 여러 번 중첩해서 조건을 비교할 때는 가장 큰 값(또는 가장 작은 값)부터 차례대로 비교하면서 조건을 지정해야 합니다. 첫 번째 IF 함수의 조건이 거짓일 때 다시 IF 함수를 이용해서 다음 조건을 체크하는 방식으로, IF 함수 안에 IF를 지정하는 중첩 IF 함수입니다.

위의 함수식의 경우 우선 첫 번째 IF 함수에 의해서 F4셀이 80 이상인 조건에 만족하면 '우수'를 표시하고 끝납니다. 그렇지 않으면 다시 두 번째 IF 함수에 의해서 F4셀이 60 이상인지 체크하고 이 조건에 만족하면 '보통'을, 그렇지 않으면 '노력'을 표시합니다.

2 G4셀에 '한우석'의 평가 결과를 구했으면 G4셀의 자동 채우기 핸들을 더블클릭해서 데이터가 입력된 마지막 셀까지 함수식을 자동으로 복사합니다.

	A	B	C	D	E	F	G	H	I	J
1				상반기 직무 능력 시험 평가						
2										
3	번호	이름	직위	부서	점수	평균	평가	학점		
4	1	한우석	사원	영업	280	93	우수			
5	2	한영희	대리	영업	178	59	노력			
6	3	조홍제	대리	인사	242	81	우수			
7	4	조예준	과장	경리	224	75	보통			
8	5	정수란	과장	인사	-	-	노력			
9	6	이진영	대리	마케팅	231	77	보통			
10	7	이은행	대리	마케팅	247	82	우수			
11	8	이시안	사원	인사	195	65	보통			
12	9	배은희	사원	경리	179	60	노력			
13	10	박하나	사원	영업	204	68	보통			
14	11	박병철	부장	인사	265	88	우수			
15	12	박국희	차장	마케팅	168	56	노력			
16	13	김소훈	부장	영업	227	76	보통			
17	14	김란희	부장	인사	209	70	보통			

❶ 확인
❷ 더블클릭

3 H열의 '학점' 항목에 평균이 90 이상이면 'A'를, 80 이상이면 'B'를, 70 이상이면 'C'를, 60 이상이면 'D'를, 60 미만이면 'F'를 표시해 볼게요. 조건이 다섯 개이므로 IF 함수를 네 번 사용해야 합니다. H4셀에 함수식 『=IF(F4>=90,"A",IF(F4>=80,"B",IF(F4>=70,"C",IF(F4>=60,"D","F"))))』를 입력하고 Enter를 누르세요.

IF				fx	=IF(F4>=90,"A",IF(F4>=80,"B",IF(F4>=70,"C",IF(F4>=60,"D","F"))))					
	A	B	C	D	E	F	G	H	I	J	K
1				상반기 직무 능력 시험 평가							
2											
3	번호	이름	직위	부서	점수	평균	평가	학점			
4	1	한우석	사원	영업	280	93	우수	=IF(F4>=90,"A",IF(F4>=80,"B",IF(F4>=70,			
5	2	한영희	대리	영업	178	59	노력	"C",IF(F4>=60,"D","F"))))			
6	3	조홍제	대리	인사	242	81	우수				
7	4	조예준	과장	경리	224	75	보통				
8	5	정수란	과장	인사	-	-	노력				
9	6	이진영	대리	마케팅	231	77	보통				
10	7	이은행	대리	마케팅	247	82	우수				
11	8	이시안	사원	인사	195	65	보통				
12	9	배은희	사원	경리	179	60	노력				
13	10	박하나	사원	영업	204	68	보통				
14	11	박병철	부장	인사	265	88	우수				
15	12	박국희	차장	마케팅	168	56	노력				
16	13	김소훈	부장	영업	227	76	보통				

입력 → Enter

함수식 설명

=IF(F4>=90,"A",IF(F4>=80,"B",IF(F4>=70,"C",IF(F4>=60,"D","F"))))

첫 번째 IF 함수로 90 이상이면 'A'를, 그렇지 않으면 두 번째 IF 함수로 80 이상인지 체크해서 'B'를 표시합니다. 조건에 만족하지 않으면 다시 세 번째 IF 함수로 70 이상인지 체크해서 'C'를 표시하고, 네 번째 IF 함수로 60 이상이면 'D'를 표시합니다. 그렇지 않으면 나머지 모두 'F'를 표시하는 함수식입니다.

작은 값부터 비교해서 처리하려면 다음의 함수식과 같이 지정하세요.

=IF(F4<60,"F",IF(F4<70,"D",IF(F4<80,"C",IF(F4<90,"B","A"))))

4 H4셀에 '한우석'의 학점을 구했으면 H4셀의 자동 채우기 핸들을 더블클릭해서 나머지 행에도 함수식을 복사합니다.

	A	B	C	D	E	F	G	H	I	J
1		상반기 직무 능력 시험 평가								
2										
3	번호	이름	직위	부서	점수	평균	평가	학점		
4	1	한우석	사원	영업	280	93	우수	A		
5	2	한영희	대리	영업	178	59	노력	F		
6	3	조홍제	대리	인사	242	81	우수	B		
7	4	조예준	과장	경리	224	75	보통	C		
8	5	정수란	과장	인사	-	-	노력	F		
9	6	이진영	대리	마케팅	231	77	보통	C		
10	7	이은행	대리	마케팅	247	82	우수	B		
11	8	이시안	사원	인사	195	65	보통	D		
12	9	배은희	사원	경리	179	60	노력	F		
13	10	박하나	사원	영업	204	68	보통	D		
14	11	박병철	부장	인사	265	88	우수	B		
15	12	박국회	차장	마케팅	168	56	노력	F		
16	13	김소훈	부장	영업	227	76	보통	C		
17	14	김란회	부장	인사	209	70	보통	D		
18	15	김동호	사원	마케팅	10	3	노력	F		
19	16	김기연	대리	영업	201	67	보통	D		
20	17	기자영	과장	인사	155	52	노력	F		
21	18	고원지	과장	마케팅	165	55	노력	F		
22	19	고숭녕	대리	경리	159	53	노력	F		
23	20	이혜수	대리	경리	174	58	노력	F		

① 확인
② 더블클릭

 잠깐만요 :: 셀의 왼쪽에 여백 지정해 들여쓰기하기

셀에 입력된 데이터를 왼쪽 맞춤으로 정렬한 상태에서 왼쪽에 여백을 지정하기 위해 셀마다 Spacebar 를 눌러 공백을 직접 입력하면 작업이 번거롭습니다. 이 경우에는 해당 열 머리글을 클릭하여 열 전체를 선택하고 [홈] 탭-[맞춤] 그룹에서 [들여쓰기]를 클릭하여 셀의 왼쪽 여백을 일괄적으로 지정할 수 있습니다.

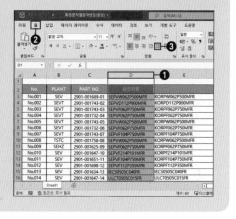

필수 작업팁
데이터 편집 방법
서식 지정
수식 원리
함수
데이터 분석
피벗 테이블
양식 컨트롤
차트

● 예제파일 : 우수보통노력표시2(준비).xlsx ● 완성파일 : 우수보통노력표시2(완성).xlsx

현장실무

07 | '우수', '보통', '노력'으로 평가 결과 표시하기 2 – IFS 함수

함수 이해를 단숨에	형식	=IFS(조건1,참,조건2,참,…,1,참)
	용도	조건에 따라 실행할 일이 다른 경우에 사용하는데, 조건이 두 개 이상일 때 IF 함수를 중첩해서 사용하는 것보다 IFS 함수를 이용해야 편리함
	인수	• 조건 : 비교할 조건 지정 • 참 : 조건식이 참일 때 실행하고 싶은 값 또는 수식 지정 • 1 : 앞쪽에 지정한 조건에 만족하지 않는 나머지 모든 경우에 실행(1 대신 TRUE 입력 가능)

1 [Sheet1] 시트에서 평균이 80 이상이면 '우수'를, 80~60 사이이면 '보통'을, 60 미만이면 '노력'을 평가 결과로 표시해 보겠습니다. 조건이 세 개이므로 IF 함수를 두 번 중첩해서 사용하는 대신 IFS 함수를 적용해 볼게요. G4셀에 함수식 『=IFS(F4)=80,"우수",F4)=60,"보통",1,"노력")』을 입력하고 Enter를 누르세요.

함수식 설명

=IFS(F4>=80,"우수",F4>=60,"보통",1,"노력")
　　　　❶　　　　❷　　　　❸

❶ F4>=80,"우수"
F4셀 값이 80 이상이면 '우수'를 표시합니다.

❷ F4>=60,"보통"
첫 번째 조건에 만족하지 않으면서(F4셀 값이 80보다 크지 않으면서) F4셀 값이 60 이상이면 '보통'을 표시합니다.

❸ 1, "노력"
앞에 지정한 모든 조건에 만족하지 않는 값(그 외의 모든 값)에 '노력'을 표시합니다.

2 G4셀에 '한우석'의 평가 결과를 구했으면 G4셀의 자동 채우기 핸들을 더블클릭해서 나머지 셀에도 함수식을 복사합니다.

	A	B	C	D	E	F	G	H	I	J
1				상반기 직무 능력 시험 평가						
2										
3	번호	이름	직위	부서	점수	평균	평가	학점		
4	1	한우석	사원	영업	280	93	우수	① 확인		
5	2	한영희	대리	영업	178	59	노력			
6	3	조홍제	대리	인사	242	81	우수	② 더블클릭		
7	4	조예준	과장	경리	224	75	보통			
8	5	정수란	과장	인사	-	-	노력			
9	6	이진영	대리	마케팅	231	77	보통			
10	7	이은행	대리	마케팅	247	82	우수			
11	8	이시안	사원	인사	195	65	보통			
12	9	배은희	사원	경리	179	60	노력			
13	10	박하나	사원	영업	204	68	보통			
14	11	박병철	부장	인사	265	88	우수			
15	12	박국희	차장	마케팅	168	56	노력			
16	13	김소훈	부장	영업	227	76	보통			
17	14	김란희	부장	인사	209	70	보통			
18	15	김동호	사원	마케팅	10	3	노력			

Tip

IFS 함수는 M365(Microsoft 365)와 엑셀 2019 버전부터 지원하는 함수입니다. 하위 버전에서는 다중 IF 함수를 이용해 '=IF(F4)=80, "우수",IF(F4)=60,"보통","노력"))'과 같이 작성할 수 있습니다.

3 H열에 '학점' 항목에 값을 구하기 위해서 H4셀에 함수식 『=IFS(F4)=90,"A",F4)=80,"B",F4)=70, "C",F4)=60,"D",TRUE,"F")』를 입력하고 Enter를 누릅니다. H4셀에 학점을 구했으면 H4셀의 자동 채우기 핸들을 더블클릭해서 나머지 셀에도 함수식을 복사합니다.

H4   *fx*   =IFS(F4)=90,"A",F4)=80,"B",F4)=70,"C",F4)=60,"D",TRUE,"F") → ② 입력 → Enter

	A	B	C	D	E	F	G	H	I	J
1				상반기 직무 능력 시험 평가						
2										
3	번호	이름	직위	부서	점수	평균	평가	학점		
4	1	한우석	사원	영업	280	93	우수 ①	A	③ 확인	
5	2	한영희	대리	영업	178	59	노력			
6	3	조홍제	대리	인사	242	81	우수		④ 더블클릭	
7	4	조예준	과장	경리	224	75	보통			
8	5	정수란	과장	인사	-	-	노력			
9	6	이진영	대리	마케팅	231	77	보통			
10	7	이은행	대리	마케팅	247	82	우수			
11	8	이시안	사원	인사	195	65	보통			
12	9	배은희	사원	경리	179	60	노력			
13	10	박하나	사원	영업	204	68	보통			
14	11	박병철	부장	인사	265	88	우수			
15	12	박국희	차장	마케팅	168	56	노력			
16	13	김소훈	부장	영업	227	76	보통			
17	14	김란희	부장	인사	209	70	보통			

함수식 설명

=IFS(F4>=90,"A",F4>=80,"B",F4>=70,"C",F4>=60,"D",TRUE,"F")

또는

=IFS(F4>=90,"A",F4>=80,"B",F4>=70,"C",F4>=60,"D",1,"F")

두 함수식은 결과 값이 같습니다. 마지막 조건에 TRUE 또는 1을 지정한 것은 앞에 지정한 조건 중에서 만족하는 값이 없는 나머지 모든 값을 처리할 때 사용합니다. 이 부분을 생략하면 조건에 만족하지 않는 값일 때 #N/A 오류 메시지가 표시됩니다.

현장실무 08 | 여러 조건을 모두 만족할 때 '합격' 표시하기 – AND, OR 함수

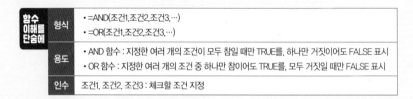

함수 이해를 단숨에	형식	• =AND(조건1,조건2,조건3,…) • =OR(조건1,조건2,조건3,…)
	용도	• AND 함수 : 지정한 여러 개의 조건이 모두 참일 때만 TRUE를, 하나만 거짓이어도 FALSE 표시 • OR 함수 : 지정한 여러 개의 조건 중 하나만 참이어도 TRUE를, 모두 거짓일 때만 FALSE 표시
	인수	조건1, 조건2, 조건3 : 체크할 조건 지정

1 워드, 엑셀, 파워포인트의 각 과정이 모두 80 이상일 때만 '합격'을, 그렇지 않으면 '불합격'을 표시해 볼게요. [Sheet1] 시트에서 세 가지 조건을 모두 만족하는지 체크하기 위해 H4셀을 클릭하고 [수식] 탭-[함수 라이브러리] 그룹에서 [논리]를 클릭한 후 [IF]를 선택하세요.

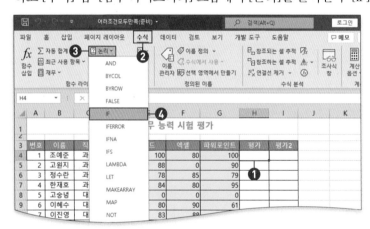

2 IF 함수의 [함수 인수] 대화상자가 열리면 'Logical_test'의 입력 상자에 커서가 있는 상태에서 이름 상자의 내림 단추(▾)를 눌러 [AND]를 선택합니다.

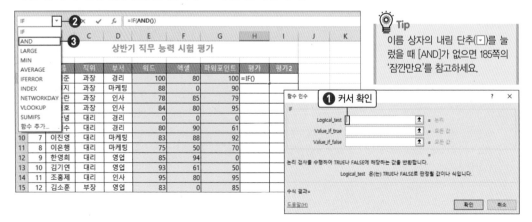

> **Tip**
>
> 이름 상자의 내림 단추(▾)를 눌렀을 때 [AND]가 없으면 185쪽의 '잠깐만요'를 참고하세요.

3 AND 함수의 [함수 인수] 대화상자로 바뀌면 'Logical1'에는 『E4〉=80』을, 'Logical2'에는 『F4〉=80』을, 'Logical3'에는 『G4〉=80』을 입력하고 수식 입력줄에서 'IF' 부분을 클릭합니다.

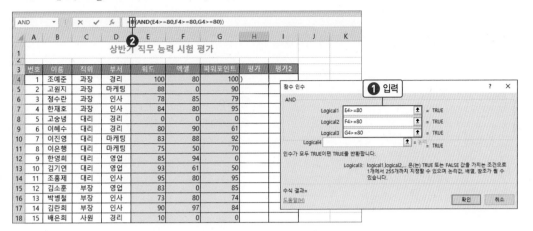

> 💡 **Tip**
>
> AND 함수의 [함수 인수] 대화상자에서 곧바로 [확인]을 클릭하면 수식 작성이 완료되면서 IF 함수 지정이 완성되지 않아 문제가 발생합니다. 여러 개의 함수를 중첩해서 적용하는 함수식인 경우 수식 입력줄에 표시되어 있는 특정 함수의 이름 부분을 클릭하면 해당 함수의 [함수 인수] 대화상자로 바뀝니다.

4 IF 함수의 [함수 인수] 대화상자로 변경되면서 'Logical_test'에 **3** 과정에서 작업한 AND 함수가 표시됩니다. IF 함수의 나머지 인수를 지정하기 위해 'Value_if_true'에는 『"합격"』을, 'Value_if_false'에는 『"불합격"』을 입력하고 [확인]을 클릭하세요.

> 💡 **Tip**
>
> [함수 인수] 대화상자를 닫기 전에 수식 입력줄에 표시된 함수식을 확인하면 '=IF(AND(E4)=80,F4)=80,G4)=80),"합격","불합격")'입니다. 1~4 과정 대신 H4셀에 이 함수식을 직접 입력해도 됩니다.

5 '조예준' 과장의 '워드', '엑셀', '파워포인트', 이렇게 세 과목의 점수가 모두 80 이상이어서 H4 셀에 '합격'이 표시되었습니다. H4셀의 자동 채우기 핸들을 더블클릭해서 나머지 셀에도 함수식을 복사하세요.

	A	B	C	D	E	F	G	H	I	J	K
						fx	=IF(AND(E4>=80,F4>=80,G4>=80),"합격","불합격")			
1					상반기 직무 능력 시험 평가						
3	번호	이름	직위	부서	워드	엑셀	파워포인트	평가	평가2		
4	1	조예준	과장	경리	100	80	100	합격			
5	2	고원지	과장	마케팅	88	0	90	불합격			
6	3	정수란	과장	인사	78	85	79	불합격			
7	4	한재호	과장	인사	84	80	95	합격			
8	5	고숭녕	대리	경리	0	0	0	불합격			
9	6	이혜수	대리	경리	80	90	61	불합격			
10	7	이진영	대리	마케팅	83	88	92	합격			
11	8	이은행	대리	마케팅	75	50	70	불합격			
12	9	한영희	대리	영업	85	94	0	불합격			
13	10	김기연	대리	영업	93	61	50	불합격			
14	11	조홍제	대리	인사	95	80	95	합격			
15	12	김소훈	부장	영업	83	0	85	불합격			
16	13	박병철	부장	인사	73	80	74	불합격			
17	14	김란희	부장	인사	90	97	84	합격			

❶ 확인

❷ 더블클릭

함수식 설명

❷
=IF(AND(E4>=80,F4>=80,G4>=80),"합격","불합격")
❶

여러 개의 함수가 중첩된 함수식에서는 안쪽에 지정된 함수부터 실행합니다.

❶ AND(E4>=80,F4>=80,G4>=80)
AND 함수 안에 지정한 조건이 모두 참이면 TRUE를, 하나라도 거짓이면 FALSE를 얻습니다. 만약 세 가지 조건이 모두 참이면 AND 함수의 결과 값은 TRUE를 얻습니다.

❷ =IF(TRUE,"합격","불합격")
AND 함수를 실행한 결과 값이 IF 함수의 조건으로 사용되어 조건이 TRUE이므로 결과 값으로 '합격'을 얻습니다. 만약 AND 함수를 실행한 결과가 FALSE이면 IF 함수의 조건이 거짓이 되어서 '불합격'을 표시합니다.

---

6 I열의 '평가2' 항목에 OR 함수를 이용해 세 과목 중 하나라도 80 미만이면 '불합격'을, 모두 80 이상이면 '합격'을 표시해 볼게요. I4셀에 함수식 『=IF(OR(E4<80,F4<80,G4<80),"불합격","합격")』을 입력하고 Enter를 누르세요.

	A	B	C	D	E	F	G	H	I	J	K
AND						fx	=IF(OR(E4<80,F4<80,G4<80),"불합격","합격")			
1					상반기 직무 능력 시험 평가						
3	번호	이름	직위	부서	워드	엑셀	파워포인트	평가	평가2		
4	1	조예준	과장	경리	100	80	100	합격	=IF(OR(E4<80,F4<80,G4<80),"불합격","합격")		
5	2	고원지	과장	마케팅	88	0	90	불합격			
6	3	정수란	과장	인사	78	85	79	불합격			
7	4	한재호	과장	인사	84	80	95	합격			
8	5	고숭녕	대리	경리	0	0	0	불합격			
9	6	이혜수	대리	경리	80	90	61	불합격			
10	7	이진영	대리	마케팅	83	88	92	합격			
11	8	이은행	대리	마케팅	75	50	70	불합격			
12	9	한영희	대리	영업	85	94	0	불합격			
13	10	김기연	대리	영업	93	61	50	불합격			
14	11	조홍제	대리	인사	95	80	95	합격			
15	12	김소훈	부장	영업	83	0	85	불합격			
16	13	박병철	부장	인사	73	80	74	불합격			
17	14	김란희	부장	인사	90	97	84	합격			

입력 → Enter

함수 작업팁

데이터 편집 방법

서식 지정

수식 원리

함수

데이터 분석

피벗 테이블

양식 컨트롤

차트

=IF(OR(E4<80,F4<80,G4<80),"불합격","합격")

E4셀, F4셀, G4셀 중 하나라도 80 미만이면 '불합격'을, 그렇지 않으면(모두 80 이상이면) '합격'을 표시합니다.

7 I4셀에 '합격'이 표시되었으면 I4셀의 자동 채우기 핸들을 더블클릭합니다. 나머지 셀에도 함수식이 복사되면 H열의 '평가' 항목과 결과 값이 같은지 확인하세요.

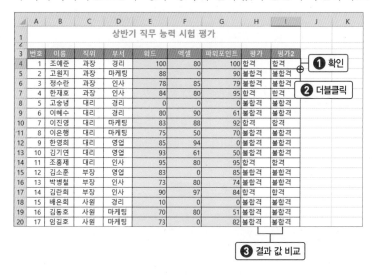

❸ 결과 값 비교

잠깐만요 :: AND 함수가 보이지 않아요!

이름 상자의 내림 단추(▾)를 눌렀을 때 AND 함수가 보이지 않으면 [함수 추가]를 선택합니다. [함수 마법사] 대화상자가 열리면 '범주 선택'에서는 [논리]를, '함수 선택'에서는 [AND]를 선택하고 [확인]을 클릭하세요.

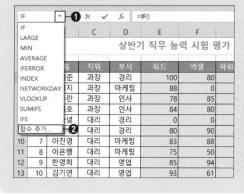

◉ 예제파일 : 오류대신0표시(준비).xlsx ◉ 완성파일 : 오류대신0표시(완성).xlsx

현장실무

09 | 오류 메시지 대신 0 표시하기
– IFERROR 함수

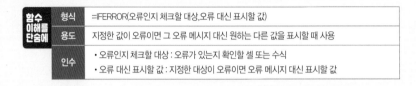

함수 이해를 단숨에	형식	=IFERROR(오류인지 체크할 대상,오류 대신 표시할 값)
	용도	지정한 값이 오류이면 그 오류 메시지 대신 원하는 다른 값을 표시할 때 사용
	인수	• 오류인지 체크할 대상 : 오류가 있는지 확인할 셀 또는 수식 • 오류 대신 표시할 값 : 지정한 대상이 오류이면 오류 메시지 대신 표시할 값

1 세 지점이 모두 '준비 중'인 상품은 평균을 구할 대상이 없어서 #DIV/0! 오류가 표시되는데, 이 오류 메시지가 있는 셀을 참조하는 다른 수식도 계속 오류가 발생하므로 오류 메시지 대신 0을 표시하려고 합니다. [Sheet1] 시트에서 H4셀을 클릭하고 [수식] 탭-[함수 라이브러리] 그룹에서 [논리]를 선택한 후 [IFERROR]를 선택하세요.

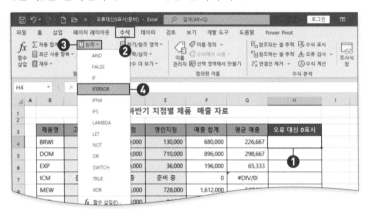

Tip

IFERROR 함수는 오류의 종류에 상관없이 모든 오류를 체크합니다. #N/A 오류인 경우에만 실행하려면 IFNA 함수를 이용하세요. IFNA 함수는 엑셀 2013 버전부터 지원합니다.

2 IFERROR 함수의 [함수 인수] 대화상자가 열리면 'Value'의 입력 상자에 커서가 있는 상태에서 오류 여부를 체크할 대상으로 G4셀을 클릭합니다. 'Value_if_error'에 오류 메시지 대신 표시할 값인 『0』을 입력하고 [확인]을 클릭하여 함수식 '=IFERROR(G4,0)'을 완성하세요.

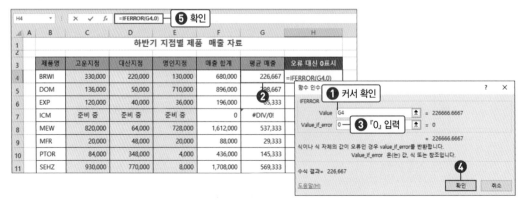

3 H4셀에 결과 값이 구해지면 H4셀의 자동 채우기 핸들을 더블클릭해서 다른 제품에도 함수식을 복사합니다. G7셀과 G13셀에 #DIV/0! 오류 메시지가 표시되었던 평균 매출 결과 값이 H7셀과 H13셀에서는 '0'으로 바뀌었는지 확인하세요.

4 G열은 숨기고 최종 결과인 H열만 화면에 표시하기 위해 G열 머리글에서 마우스 오른쪽 단추를 눌러 [숨기기]를 선택합니다.

5 화면에서 G열을 숨겼지만 H열은 항상 G열의 평균 값을 참조하므로 G열을 삭제하면 문제가 발생합니다. G열을 다시 표시하기 위해 숨겨진 G열이 포함되도록 F열 머리글에서 H열 머리글까지 드래그해서 선택하고 선택 영역에서 마우스 오른쪽 단추를 눌러 [숨기기 취소]를 선택하세요.

6 G열이 다시 나타나면 G열과 H열의 함수식을 하나의 셀에 중첩해서 표시하고 H열을 삭제해 볼게요. G4셀을 더블클릭해서 함수식을 나타내고 기존의 함수식을 '=IFERROR(AVERAGE(C4:E4),0)' 으로 수정한 후 [Enter]를 누르세요.

함수식 설명

> =IFERROR(AVERAGE(C4:E4),0)

두 개의 함수식을 하나로 중첩해서 사용한 함수식입니다. 'AVERAGE(C4:E4)'를 실행한 결과 값에 오류가 발생했으면 IFERROR 함수에 지정한 '0'으로 표시합니다.

위의 함수식과 같은 결과 값을 얻을 수 있는 함수식은 다음과 같습니다.

> =IF(ISERROR(AVERAGE(C4:E4)),0,AVERAGE(C4:E4))

ISERROR 함수는 지정한 함수식 AVERAGE(C4:E4)가 오류인지 체크한 후 오류이면 TRUE를, 그렇지 않으면 FALSE를 구합니다. 이 ISERROR 함수의 결과 값이 TRUE이면 IF 함수로 '0'을 지정하고, FALSE이면 함수식 AVERAGE(C4:E4) 를 실행한 결과 값을 표시합니다.

---

7 G4셀에 결과 값이 구해지면 G4셀의 자동 채우기 핸들을 더블클릭해서 다른 제품에도 함수식 을 복사합니다. 두 개의 함수식을 하나의 셀에 중첩해서 표시했기 때문에 H열은 필요 없으므로 H 열 머리글에서 마우스 오른쪽 단추를 눌러 [삭제]를 선택하세요.

● 예제파일 : 직위별인원수(준비).xlsx   ● 완성파일 : 직위별인원수(완성).xlsx

필수기능 10

직위별 인원수와 주문 건수 구하기
– COUNTIF, COUNTIFS 함수

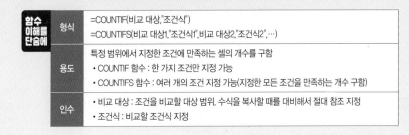

함수 이해를 단숨에	형식	=COUNTIF(비교 대상,"조건식") =COUNTIFS(비교 대상1,"조건식1",비교 대상2,"조건식2",…)
	용도	특정 범위에서 지정한 조건에 만족하는 셀의 개수를 구함 • COUNTIF 함수 : 한 가지 조건만 지정 가능 • COUNTIFS 함수 : 여러 개의 조건 지정 가능(지정한 모든 조건을 만족하는 개수 구함)
	인수	• 비교 대상 : 조건을 비교할 대상 범위. 수식을 복사할 때를 대비해서 절대 참조 지정 • 조건식 : 비교할 조건식 지정

1 직위별 인원수를 구하기 위해 먼저 직위 목록을 만들어 볼게요. [Sheet1] 시트에서 직위 목록이 입력된 D열 머리글을 클릭하고 Ctrl+C를 눌러 D열 전체를 복사한 후 J열 머리글을 클릭하고 Enter를 눌러 붙여넣습니다. 복사한 직위 중에서 중복된 데이터를 지우고 유일한 항목만 남기기 위해 J열을 선택한 상태에서 [데이터] 탭-[데이터 도구] 그룹에서 [중복된 항목 제거]를 클릭하세요.

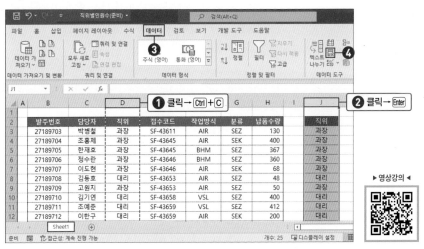

▶영상강의◀

2 [중복된 항목 제거] 대화상자가 열리면 [열 J]에 체크되었는지 확인하고 [확인]을 클릭합니다. 19개의 중복된 데이터가 삭제되었다는 메시지 창이 열리면 [확인]을 클릭하세요.

189

3 J열에 입력된 데이터 중에서 중복된 데이터가 지워지면서 유일한 직위 목록이 표시되었으면 K2셀에는『인원수』를, L2셀에는『100개 이상』을 입력하고 [Enter]를 누릅니다. J열 머리글을 클릭하여 J열 전체를 선택하고 [홈] 탭-[클립보드] 그룹에서 [서식 복사]를 클릭한 후 마우스 포인터가 ✛♣모양으로 변경되면 K열 머리글에서 L열 머리글까지 드래그하여 선택하세요.

4 J열의 서식이 K열과 L열에 복사되었으면 각 직위별로 인원수가 몇 명인지 알아볼게요. K3셀을 클릭하고 [수식] 탭-[함수 라이브러리] 그룹에서 [함수 더 보기]를 클릭한 후 [통계]-[COUNTIF]를 선택하세요.

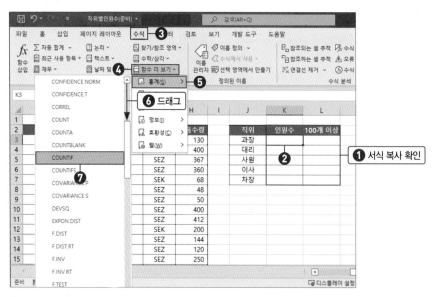

5 COUNTIF 함수의 [함수 인수] 대화상자가 열리면 'Range'의 입력 상자에 커서가 있는 상태에서 D3셀을 클릭하고 Ctrl+Shift+↓를 눌러 '직위' 항목의 데이터 영역인 'D3:D26'을 자동으로 지정하세요.

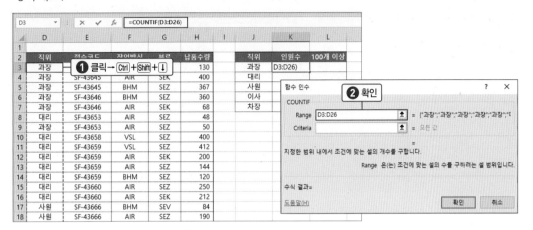

6 F4를 눌러 셀 주소를 절대 참조 방식($D$3:$D$26)으로 변경합니다. 'Criteria'의 입력 상자에 커서를 올려놓고 J3셀을 클릭하여 'J3'을 지정한 후 [확인]을 클릭하세요.

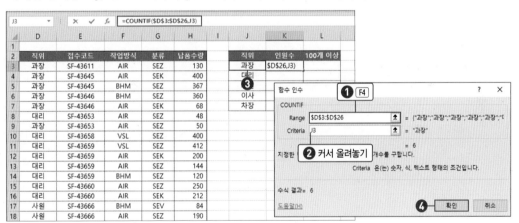

함수식 설명

=COUNTIF($D$3:$D$26,J3)

첫 번째 인수로 지정한 비교 대상인 $D$3:$D$26 범위는 절대 참조이므로 어떤 직위를 찾든지 항상 같은 범위에서 데이터를 찾겠다는 의미입니다. 두 번째 인수는 찾을 값이 무엇인지 조건을 지정하는데, J3을 설정했기 때문에 J3셀에 입력된 '과장'을 찾는 조건이 실행됩니다. 이 함수식을 아래쪽으로 복사하면 J3셀은 J4셀, J5셀, J6셀로, 찾을 조건은 '과장', '대리', '사원'으로 바뀝니다.

7 K3셀에 J3셀에 입력된 '과장'과 같은 직위를 가진 인원수를 구했으면 K3셀의 자동 채우기 핸들을 더블클릭해서 다른 직위에도 인원수를 구하세요.

	D	E	F	G	H	I	J	K	L
1									
2	직위	접수코드	작업방식	분류	납품수량		직위	인원수	100개 이상
3	과장	SF-43611	AIR	SEZ	130		과장	6	
4	과장	SF-43645	AIR	SEK	400		대리	8	
5	과장	SF-43645	BHM	SEZ	367		사원	5	
6	과장	SF-43646	BHM	SEZ	360		이사	2	
7	과장	SF-43646	AIR	SEK	68		차장	3	
8	대리	SF-43653	AIR	SEZ	48				
9	대리	SF-43653	AIR	SEZ	50				
10	대리	SF-43658	VSL	SEZ	400				
11	대리	SF-43659	VSL	SEZ	412				
12	대리	SF-43659	AIR	SEK	200				
13	대리	SF-43659	AIR	SEZ	144				
14	대리	SF-43659	BHM	SEZ	120				
15	대리	SF-43660	AIR	SEZ	250				
16	대리	SF-43660	AIR	SEK	212				
17	사원	SF-43666	BHM	SEV	84				
18	사원	SF-43666	AIR	SEZ	190				

❶ 확인
❷ 더블클릭

8 각 직위별로 H열의 납품 수량이 100개 이상인 주문 건수를 알아볼게요. L3셀을 클릭하고 [수식] 탭-[함수 라이브러리] 그룹에서 [함수 더 보기]를 클릭한 후 [통계]-[COUNTIFS]를 선택하세요.

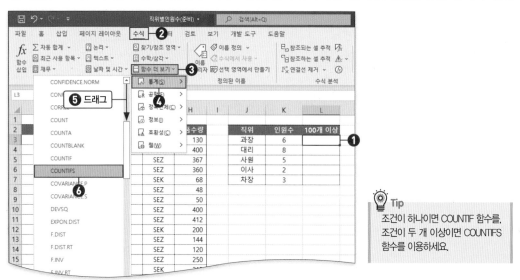

💡 **Tip**
조건이 하나이면 COUNTIF 함수를, 조건이 두 개 이상이면 COUNTIFS 함수를 이용하세요.

9 COUNTIFS 함수의 [함수 인수] 대화상자가 열리면 'Criteria_range1'에는 직위를 비교할 대상 영역으로 '$D$3:$D$26'을, 'Criteria1'에는 J3셀을 클릭하여 'J3'을 지정합니다.

10 'Criteria_range2'에는 납품 수량을 비교할 대상 영역으로 '$H$3:$H$26'을 지정합니다. 'Criteria2'에는 납품 수량이 100개 이상인 조건을 지정하기 위해 『">=100"』을 입력하고 [확인]을 클릭하세요.

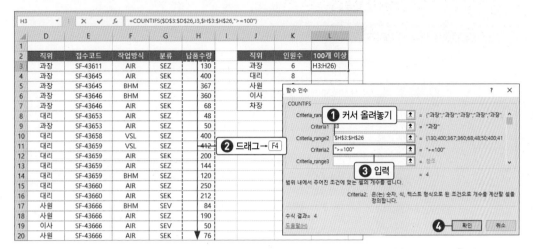

=COUNTIFS($D$3:$D$26,J3,$H$3:$H$26,">=100")

첫 번째 조건은 $D$3:$D$26 범위가 J3셀의 값과 같은지 체크하고, 두 번째 조건은 $H$3:$H$26 범위가 100보다 큰 값인지 체크해서 두 개의 조건을 모두 만족하는 셀의 개수를 구하는 함수식입니다.

11 L3셀에 직위가 과장이면서 납품 수량이 100개 이상인 셀의 개수가 '4'로 표시되었습니다. L3셀의 자동 채우기 핸들을 더블클릭해서 나머지 셀에도 함수식을 복사하세요.

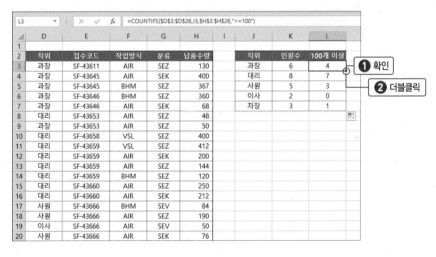

● 예제파일 : 작업방식별납품수량합(준비).xlsx　　● 완성파일 : 작업방식별납품수량합(완성).xlsx

필수기능
11

작업 방식별로 납품 수량의 합 구하기 – SUMIF, SUMIFS 함수

함수 이해를 단숨에	형식	• =SUMIF(비교 대상,"조건식",합을 구할 대상) • =SUMIFS(합을 구할 대상,비교 대상1,"조건식1",비교 대상2,"조건식2",…)
	용도	특정 범위에서 지정한 조건에 만족하는 셀의 합계를 구함 • SUMIF 함수 : 한 가지 조건만 지정 가능 • SUMIFS 함수 : 여러 개의 조건 지정 가능(지정한 모든 조건에 만족하는 합계 구함)
	인수	• 비교 대상 : 조건을 비교할 대상 범위. 수식을 복사할 때를 대비해서 절대 참조 지정 • 조건식 : 비교할 조건식 지정 • 합을 구할 대상 : 조건에 만족하는 셀의 합을 구할 대상. 수식을 복사할 때를 대비해서 절대 참조 지정

1 [Sheet1] 시트에서 K3셀을 클릭하고 [수식] 탭-[함수 라이브러리] 그룹에서 [수학/삼각]을 클릭한 후 [SUMIF]를 선택합니다.

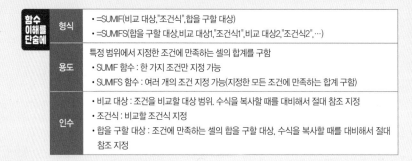

2 SUMIF 함수의 [함수 인수] 대화상자가 열리면 'Range'에는 '$F$3:$F$26'을, 'Criteria'에는 'J3'을, 'Sum_range'에는 '$H$3:$H$26'을 지정하고 [확인]을 클릭합니다.

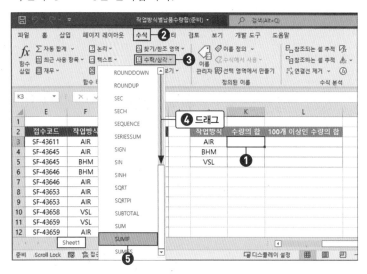

💡 **Tip**

인수에 값을 지정할 때 'Range' 인수의 입력 상자에 F3셀을 클릭하고 Ctrl+Shift+↓를 눌러 '작업방식' 항목의 전체 범위인 'F3:F26'을 표시한 후 F4를 눌러 절대 참조($F$3:$F$26)로 범위를 지정하세요. 이와 같은 방법으로 'Sum_range'에도 '$H$3:$H$26'을 지정하세요.

3 K3셀에 'AIR' 작업 방식에 대한 수량의 합을 구했으면 K3셀의 자동 채우기 핸들을 더블클릭해서 다른 작업 방식에 대한 수량의 합계도 구하세요.

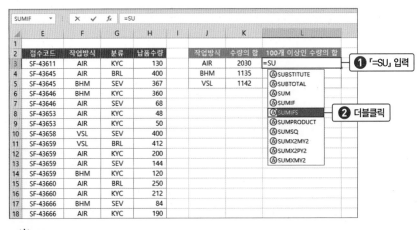

함수식 설명

=SUMIF($F$3:$F$26,J3,$H$3:$H$26)

$F$3:$F$26 범위의 값이 J3셀에 입력된 'AIR'와 같은 데이터를 찾아 $H$3:$H$26 범위에 입력된 수량의 합계를 구하는 함수식입니다. 어떤 작업 방식을 찾든지 비교 대상이나 합을 구할 대상 영역은 함수식을 복사해도 항상 같은 영역에서 찾아야 하므로 절대 참조로 설정해야 합니다.

---

4 이번에는 각 작업 방식별로 100개 이상 납품한 데이터만의 합계를 함수 마법사를 사용하지 않고 직접 함수식을 입력하는 방식으로 구해볼게요. L3셀에 『=SU』를 입력하고 'SU'로 시작하는 함수 목록이 표시되면 [SUMIFS]를 더블클릭하세요.

 Tip

조건이 하나이면 SUMIF 함수를, 조건이 두 개 이상이면 SUMIFS 함수를 사용하세요.

5 '=SUMIFS('가 표시되면 합을 구할 대상 영역인 H3셀을 클릭하고 Ctrl + Shift + ↓를 눌러 'H3:H26'을 표시합니다. F4 를 눌러 '$H$3:$H$26'과 같이 절대 참조로 변경하고 그 뒤에 『,』를 입력하세요.

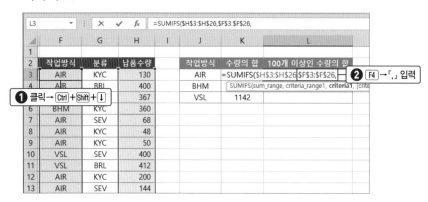

6 계속 이어서 첫 번째 조건을 지정할 비교 영역으로 F3셀을 클릭하고 Ctrl + Shift + ↓를 눌러 'F3:F26'을 표시합니다. F4 를 눌러 '$F$3:$F$26'과 같이 절대 참조로 변경하고 그 뒤에 『,』를 입력하세요.

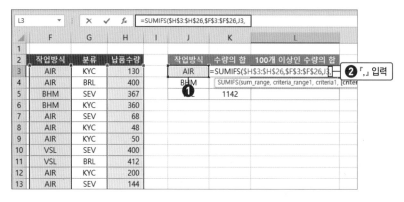

7 계속 이어서 첫 번째 조건으로 사용할 J3셀을 클릭하고 『,』를 입력합니다.

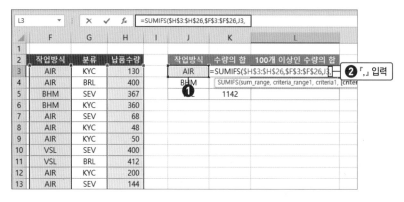

8 계속 이어서 두 번째 조건을 비교할 대상 영역으로 H3셀을 클릭하고 Ctrl + Shift + ↓를 눌러 'H3:H26'을 표시합니다. F4 를 눌러 '$H$3:$H$26'과 같이 절대 참조로 변경하고 그 뒤에 『,』를 입력하세요.

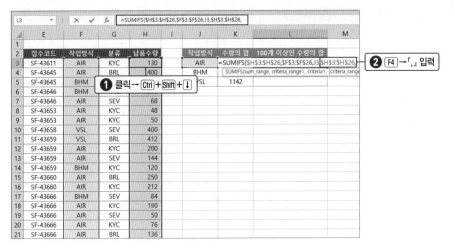

9 계속 이어서 마지막 조건으로 사용할 『">=100")』을 입력하고 Enter 를 누릅니다.

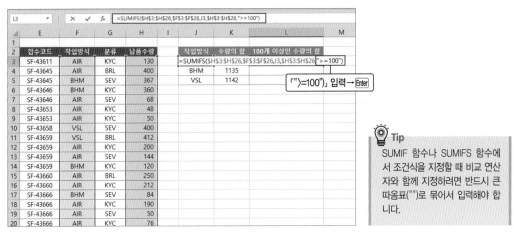

> **Tip**
> SUMIF 함수나 SUMIFS 함수에서 조건식을 지정할 때 비교 연산자와 함께 지정하려면 반드시 큰따옴표("")로 묶어서 입력해야 합니다.

함수식 설명

=SUMIFS($H$3:$H$26,$F$3:$F$26,J3,$H$3:$H$26,">=100")

$H$3:$H$26 영역의 합을 구하는데, 첫 번째 조건은 $F$3:$F$26 범위가 J3셀에 입력된 'AIR'와 같고, 두 번째 조건은 $H$3:$H$26 범위가 100보다 크거나 같은 조건으로, 두 가지 조건을 모두 만족하는 값만의 합을 구합니다.

10 L3셀에 'AIR' 작업 방식 중에서 납품 수량이 100개 이상인 수량의 합을 구했습니다. L3셀의 자동 채우기 핸들을 더블클릭해서 나머지 작업 방식에도 함수식을 복사하세요.

	E	F	G	H	I	J	K	L
1								
2	접수코드	작업방식	분류	납품수량		작업방식	수량의 합	100개 이상인 수량의 합
3	SF-43611	AIR	KYC	130		AIR	2030	1662
4	SF-43645	AIR	BRL	400		BHM	1135	1047
5	SF-43645	BHM	SEV	367		VSL	1142	1132
6	SF-43646	BHM	KYC	360				
7	SF-43646	AIR	SEV	68				
8	SF-43653	AIR	KYC	48				
9	SF-43653	AIR	KYC	50				
10	SF-43658	VSL	SEV	400				
11	SF-43659	VSL	BRL	412				
12	SF-43659	AIR	KYC	200				
13	SF-43659	AIR	SEV	144				
14	SF-43659	BHM	KYC	120				
15	SF-43660	AIR	BRL	250				
16	SF-43660	AIR	KYC	212				
17	SF-43666	BHM	SEV	84				
18	SF-43666	AIR	KYC	190				
19	SF-43666	AIR	SEV	50				
20	SF-43666	AIR	KYC	76				
21	SF-43666	AIR	BRL	136				

① 확인

② 더블클릭

● 예제파일 : 분류별납품수량평균(준비).xlsx ● 완성파일 : 분류별납품수량평균(완성).xlsx

필수기능

12 | 작업 방식에 따른 납품 수량의 평균 구하기 – AVERAGEIF, AVERAGEIFS 함수

함수 이해를 단숨에	형식	=AVERAGEIF(비교 대상,"조건식",평균을 구할 대상) =AVERAGEIFS(평균을 구할 대상,비교 대상,"조건식1",비교 대상2,"조건식2",…)
	용도	특정 범위에서 지정한 조건에 만족하는 셀의 평균을 구함 • AVERAGEIF 함수 : 한 가지 조건만 지정 가능 • AVERAGEIFS 함수 : 여러 개의 조건 지정 가능(지정한 모든 조건을 만족하는 평균 구함)
	인수	• 비교 대상 : 조건을 비교할 대상 범위. 수식을 복사할 때를 대비해서 절대 참조 지정 • 조건식 : 비교할 조건식 지정 • 평균을 구할 대상 : 조건에 만족하는 셀의 평균을 구할 대상, 수식을 복사할 때를 대비해서 절대 참조 지정

1 [Sheet1] 시트에서 K3셀을 클릭하고 [수식] 탭-[함수 라이브러리] 그룹에서 [함수 더 보기]를 클릭한 후 [통계]-[AVERAGEIF]를 선택합니다.

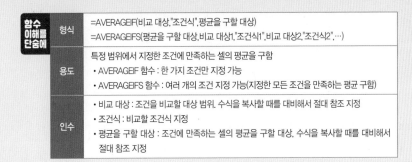

2 AVERAGEIF 함수의 [함수 인수] 대화상자가 열리면 'Range'에는 조건을 비교할 영역으로 '$G$3:$G$26'을, 'Criteria'에는 조건 값으로 'J3'을, 'Average_Range'에는 평균을 구할 대상 영역으로 '$H$3:$H$26'을 지정하고 [확인]을 클릭합니다.

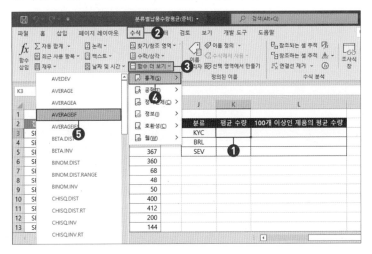

💡 **Tip**

조건이 하나이면 AVERAGEIF 함수를, 조건이 두 개 이상이면 AVERAGEIFS 함수를 사용하세요.

3 K3셀에 '분류'가 'KYC'인 납품 수량의 평균을 구했으면 K3셀의 자동 채우기 핸들을 더블클릭해서 나머지 셀에도 함수식을 복사합니다.

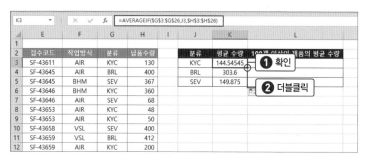

4 각 분류 방식에 따라 납품 수량이 100개 이상인 발주의 평균을 구해볼게요. L3셀을 클릭하고 함수식 『=AVERAGEIFS($H$3:$H$26,$G$3:$G$26,J3,$H$3:$H$26,">=100")』을 입력한 후 [Enter]를 누르세요.

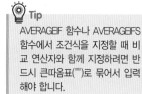

💡 **Tip**

AVERAGEIF 함수나 AVERAGEIFS 함수에서 조건식을 지정할 때 비교 연산자와 함께 지정하려면 반드시 큰따옴표("")로 묶어서 입력해야 합니다.

함수식 설명

=AVERAGEIFS($H$3:$H$26,$G$3:$G$26,J3,$H$3:$H$26,">=100")

$H$3:$H$26 영역의 평균을 구하는데, 첫 번째 조건은 $G$3:$G$26 범위의 '분류'가 J3셀에 입력된 'KYC'와 같습니다. 그리고 두 번째 조건은 $H$3:$H$26 범위가 100보다 크거나 같은 조건으로, 두 가지 조건을 모두 만족하는 값만의 평균을 구합니다.

---

5 L3셀에 '분류'가 'KYC'이면서 납품 수량이 100개 이상인 제품의 평균 수량을 구했으면 L3셀의 자동 채우기 핸들을 더블클릭해서 나머지 셀에도 함수식을 복사합니다.

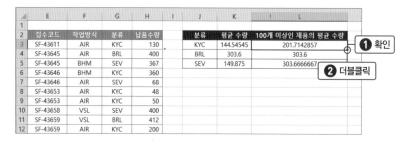

200

◉ **예제파일** : 화면에보이는셀만계산(준비).xlsx ◉ **완성파일** : 화면에보이는셀만계산(완성).xlsx

현장실무

13 | 화면에 보이는 셀만으로 전체 개수와 합계 구하기 – SUBTOTAL 함수

함수 이해를 단숨에	형식	=SUBTOTAL(함수 번호,참조 대상1,참조 대상2,…)
	용도	숨겨진 셀은 제외하고 화면에 보이는 셀만으로 평균, 개수, 합계 등의 계산식을 구함
	인수	• 함수 번호 : 지정한 데이터를 이용해서 구할 함수 번호 • 참조 대상1, 참조 대상2 : 값을 구할 셀 또는 범위 영역

1 [Sheet1] 시트에서 4행과 5행에는 제품의 입고와 출고에 대한 전체 개수(COUNT 함수)와 전체 합계(SUM 함수)가 구해져 있는데, 전체 데이터 중 색상이 'BLUE'인 데이터만 추출해 볼게요. '색상' 필드의 내림 단추(▼)를 눌러 [(모두 선택)]의 체크를 해제하고 [BLUE]에 체크한 후 [확인]을 클릭하세요.

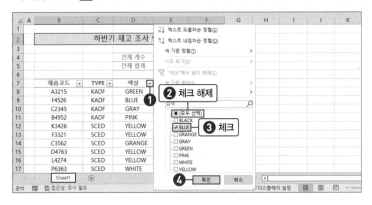

2 색상이 'BLUE'인 데이터만 추출되면서 나머지 행은 숨겨졌지만, 4행과 5행에 구해진 전체 개수와 전체 합계는 그대로이므로 SUBTOTAL 함수를 이용해서 숨겨진 데이터를 대상에서 제외하고 계산해 볼게요. 먼저 데이터에 설정된 필터 기능을 해제하기 위해 필터가 적용된 하나의 셀(여기서는 D9셀)을 클릭하고 [데이터] 탭-[정렬 및 필터] 그룹에서 [필터]를 클릭하세요.

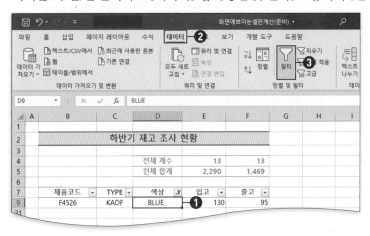

3 필터 기능이 해제되면 새롭게 SUBTOTAL 함수를 적용해 볼게요. 기존에 COUNT 함수와 SUM 함수로 구한 E4:F5 범위를 선택하고 [Delete]를 눌러 함수식을 삭제합니다.

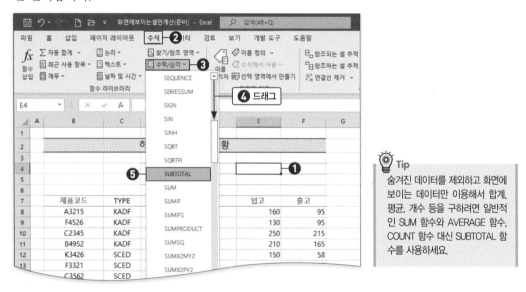

4 E4셀을 클릭하고 [수식] 탭-[함수 라이브러리] 그룹에서 [수학/삼각]을 클릭한 후 [SUBTOTAL]을 선택합니다.

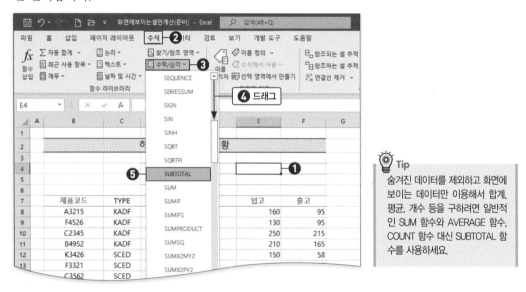

> **Tip**
> 숨겨진 데이터를 제외하고 화면에 보이는 데이터만 이용해서 합계, 평균, 개수 등을 구하려면 일반적인 SUM 함수와 AVERAGE 함수, COUNT 함수 대신 SUBTOTAL 함수를 사용하세요.

5 SUBTOTAL 함수의 [함수 인수] 대화상자가 열리면 'Function_num'에는『2』를 입력하고 'Ref1'에는 E8:E20 범위를 선택하여 지정한 후 [확인]을 클릭합니다.

> **Tip**
> 자동 필터에 적용할 데이터이면 함수 번호(Function_num)에 지정하는 '2' 또는 '102' 모두 필터링된 데이터만 이용해서 개수를 구합니다. 하지만 단순히 행 숨김으로 숨겨진 데이터를 제외하고 계산하려면 '102'를 지정해야 합니다. 함수 번호에 대해서는 205쪽의 '잠깐만요'를 참고하세요.

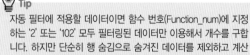

6 E4셀에 입고된 제품의 전체 개수 '13'을 구했으면 E4셀의 자동 채우기 핸들을 F4셀까지 드래 그해서 출고된 제품의 전체 개수를 구합니다. E5셀에 합계를 구하기 위해 『=SU』를 입력하고 함수 목록이 표시되면 [SUBTOTAL]을 더블클릭하세요.

7 E5셀에 '=SUBTOTAL('이 표시되면서 함수 번호 목록이 나타나면 [9 – SUM]을 더블클릭합니다.

8 계속해서 '9'의 뒤에 『,』를 입력합니다. E8셀을 클릭하고 Ctrl + Shift + ↓를 눌러 'E8:E20'이 표 시되면 Enter를 누르세요.

9 E5셀에 함수식 '=SUBTOTAL(9,E8:E20)'이 완성되면서 입고 데이터의 전체 합계인 '2,290'이 구해졌으면 E5셀의 자동 채우기 핸들을 F5셀까지 드래그해서 함수식을 복사하세요. 사용할 데 이터가 입력된 B7:F20 범위에 있는 하나의 셀을 클릭하고 [데이터] 탭-[정렬 및 필터] 그룹에서 [필터]를 클릭하세요.

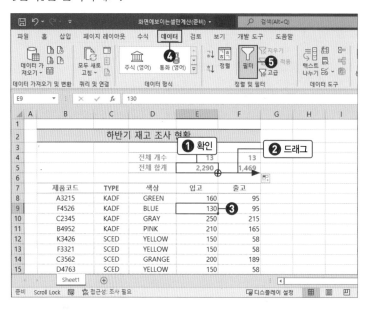

10 데이터에 자동 필터가 적용되었으면 C7셀에 있는 'TYPE' 항목의 필터 단추(▼)를 눌러 [(모 두 선택)]의 체크를 해제하고 [SCED]에 체크한 후 [확인]을 클릭합니다.

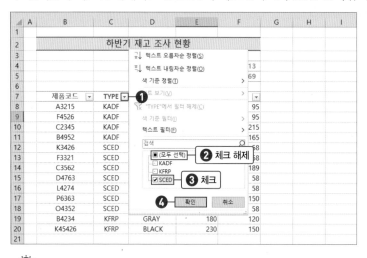

💡 **Tip**

데이터에 자동 필터가 적용되면 제목 행(7행)에 있는 필터 단추(▼)를 클릭해서 원하는 조건에 해당하는 데이터만 필터링할 수 있습니 다. 데이터가 필터링되면 필터 단추(▼)의 모양이 ▼으로 변경됩니다.

11 전체 데이터 중에서 'SCED' 타입의 제품만 추출되었습니다. 이때 4행과 5행에 표시된 전체 개수와 전체 합계도 화면에 표시된 데이터만으로 계산된 결과입니다.

	A	B	C	D	E	F	G	H	I
1									
2			하반기 재고 조사 현황						
3									
4				전체 개수	7	7	**②** 확인		
5				전체 합계	1,130	629			
6									
7		제품코드	TYPE	색상	입고	출고			
12		K3426	SCED	YELLOW	150	58			
13		F3321	SCED	YELLOW	150	58			
14		C3562	SCED	GRANGE	200	189			
15		D4763	SCED	YELLOW	150	58			
16		L4274	SCED	YELLOW	150	58			
17		P6363	SCED	WHITE	180	150			
18		O4352	SCED	YELLOW	150	58			
21		**①** 확인							
22									
23									
24									
25									
26									
27									

 잠깐만요 :: 함수 번호 살펴보기

[함수 인수] 대화상자에서 'Function_num'은 미리 정의되어 있는 함수 번호입니다. SUBTOTAL 함수를 이용해서 합계를 구하려면 [함수 인수] 대화상자의 'Function_num'에 '9' 또는 '109'를 지정하고, 최대값을 구하려면 '4' 또는 '104'를 지정해야 합니다. 이때 자동 필터를 이용해서 필터링한 데이터에는 1~11이나 101~111을 지정해도 숨겨진 행을 모두 무시하고 계산합니다. 하지만 데이터를 행 숨기기로 숨긴 경우 숨겨진 값을 포함해서 계산하려면 1~11 사이의 함수 번호를 지정하고, 숨겨진 셀을 제외하고 계산하려면 101~111 사이의 함수 번호를 사용해야 합니다.

함수	Function_num		함수	Function_num	
	숨겨진 값 포함	숨겨진 값 무시		숨겨진 값 포함	숨겨진 값 무시
AVERAGE	1	101	COUNT	2	102
COUNTA	3	103	MAX	4	104
MIN	5	105	PRODUCT	6	106
STDEV	7	107	STDEVP	8	108
SUM	9	109	VAR	10	110
VARP	11	111			

함수 직접 팁

데이터 편집 방법

서식 지정

수식 원리

함수

데이터 분석

피벗 테이블

양식 컨트롤

차트

● 예제파일 : 텍스트에서일부분추출(준비).xlsx ● 완성파일 : 텍스트에서일부분추출(완성).xlsx

필수기능
14

텍스트에서 몇 개의 문자만 추출하기
– LEFT, RIGHT, MID 함수

함수 이해를 단숨에	형식	• =LEFT(대상 텍스트,필요 문자 개수) • =RIGHT(대상 텍스트,필요 문자 개수) • =MID(대상 텍스트,시작 위치,필요 문자 개수)
	용도	• LEFT 함수 : 특정 문자열에서 원하는 개수만큼 왼쪽에서 문자 추출 • RIGHT 함수 : 특정 문자열에서 원하는 개수만큼 오른쪽에서 문자 추출 • MID 함수 : 특정 문자열에서 원하는 위치에서 몇 개의 문자 추출
	인수	• 대상 텍스트 : 사용할 문자열이 입력된 셀 또는 값 • 필요 문자 개수 : 필요한 문자의 개수 • 시작 위치 : 문자를 추출할 시작 위치

1 '성명' 항목에서 첫 글자에 해당하는 성만 표시해 볼게요. [Sheet1] 시트에서 G5셀을 클릭하고 [수식] 탭-[함수 라이브러리] 그룹에서 [텍스트]를 클릭한 후 [LEFT]를 선택하세요.

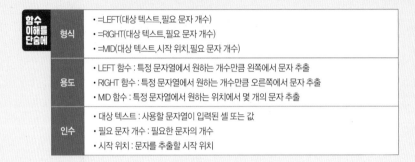

2 LEFT 함수의 [함수 인수] 대화상자가 열리면 'Text' 입력 상자에 커서를 올려놓고 C5셀을 클릭하여 지정한 후 'Num_Chars'에 『1』을 입력하고 [확인]을 클릭하세요.

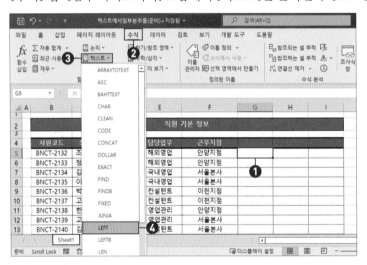

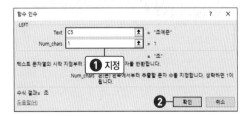

3 G5셀에 함수식 '=LEFT(C5,1)'이 완성되면 C5셀에 입력된 텍스트에서 왼쪽부터 한 개의 문자열을 가져와서 '조'가 표시되었습니다. G5셀의 자동 채우기 핸들을 더블클릭하여 다른 셀에도 함수식을 복사하세요.

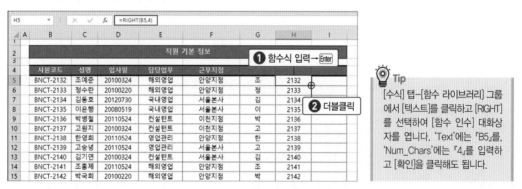

4 H5셀에 함수식 『=RIGHT(B5,4)』를 입력하고 Enter를 누릅니다. B5셀에 '사원코드' 항목의 코드값에서 오른쪽 끝에서부터 네 개의 문자만 추출되어 '2132'만 표시되면 H5셀의 자동 채우기 핸들을 더블클릭해서 나머지 셀에도 함수식을 복사하세요.

Tip

[수식] 탭-[함수 라이브러리] 그룹에서 [텍스트]를 클릭하고 [RIGHT]를 선택하여 [함수 인수] 대화상자를 엽니다. 'Text'에는 『B5』를, 'Num_Chars'에는 『4』를 입력하고 [확인]을 클릭해도 됩니다.

5 I5셀에 함수식 『=MID(D5,5,2)』를 입력하고 Enter를 누릅니다. D5셀에 '입사일' 항목에서 다섯 번째 위치한 값부터 두 글자를 뽑아내어 월에 해당하는 '03'이 표시되면 I5셀의 자동 채우기 핸들을 더블클릭해서 나머지 셀에도 함수식을 복사하세요.

현장실무

15

문자열에서 특정 문자의 위치
표시하기 – FIND, SEARCH 함수

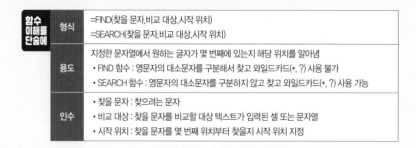

함수 이해를 단숨에	형식	=FIND(찾을 문자,비교 대상,시작 위치)
		=SEARCH(찾을 문자,비교 대상,시작 위치)
	용도	지정한 문자열에서 원하는 글자가 몇 번째에 있는지 해당 위치를 알아냄
		• FIND 함수 : 영문자의 대소문자를 구분해서 찾고 와일드카드(*, ?) 사용 불가
		• SEARCH 함수 : 영문자의 대소문자를 구분하지 않고 찾고 와일드카드(*, ?) 사용 가능
	인수	• 찾을 문자 : 찾으려는 문자
		• 비교 대상 : 찾을 문자를 비교할 대상 텍스트가 입력된 셀 또는 문자열
		• 시작 위치 : 찾을 문자를 몇 번째 위치부터 찾을지 시작 위치 지정

1 제품명에서 '('가 입력된 위치를 찾아볼게요. [Sheet1] 시트에서 C2셀을 클릭하고 [수식] 탭-[함수 라이브러리] 그룹에서 [텍스트]를 클릭한 후 [FIND]를 선택하세요. FIND 함수의 [함수 인수] 대화상 자가 열리면 다음과 같이 지정하고 [확인]을 클릭하세요.

• Find_text : 찾을 문자로 『"("』 입력
• Within_text : 비교해서 찾을 데이터로 'B2' 지정
• Start_num : 찾을 시작 위치로 『1』을 입력하여 맨 앞에서부터 찾도록 지정

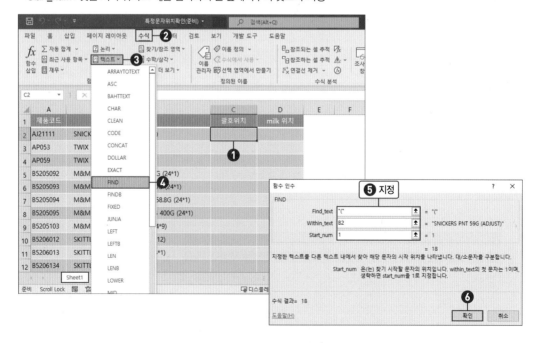

2 C2셀에 함수식 '=FIND("(",B2,1)'이 완성되면서 B2셀에 입력된 제품 이름에 '('가 있는 위치인 '18'이 표시되었으면 C2셀의 자동 채우기 핸들을 더블클릭해서 나머지 제품에도 함수식을 복사합니다. 제품명에 '('가 없으면 찾는 문자가 없다는 의미로 #VALUE! 오류가 표시됩니다.

> **Tip**
> #VALUE! 오류가 발생하는 셀에 오류 메시지 대신 '괄호없음'을 표시하려면 IFERROR 함수를 이용해 '=IFERROR(FIND("(",B2,1),"괄호없음")'을 작성하세요.

3 D열의 'milk 위치' 항목에 제품명에서 단어 'milk'가 포함된 위치를 표시해 볼게요. D2셀에 『=FI』를 입력하고 함수 목록이 표시되면 [FIND]를 더블클릭하세요.

4 자동으로 '=FIND('가 표시되면 계속 이어서 『"milk",B2,1)』을 입력하고 Enter를 누릅니다.

5 D2셀에 함수식 '=FIND("milk",B2,1)'이 완성되었지만 B2셀에 'milk' 단어가 없어서 #VALUE! 오류가 발생했어요. D2셀의 자동 채우기 핸들을 더블클릭해서 함수식을 복사하는데, '제품명' 항목에 'Milk'나 'MILK' 단어가 있어도 오류가 발생합니다. 왜냐하면 FIND 함수는 영문자의 대소문자를 구분하므로 소문자 'milk'만 찾기 때문입니다.

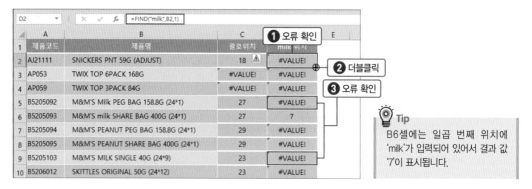

> **Tip**
> B6셀에는 일곱 번째 위치에 'milk'가 입력되어 있어서 결과 값 '7'이 표시됩니다.

6 영문자의 대소문자를 구분하지 않고 모든 'milk'를 찾아볼게요. D2셀을 더블클릭하여 함수식을 표시하고 'FIND' 대신 'SEARCH'로 함수 이름을 변경한 후 [Enter]를 누르세요.

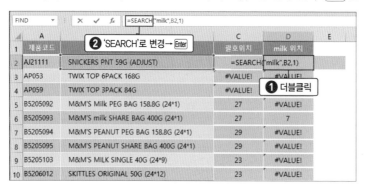

7 D2셀의 함수식을 수정했으면 D2셀의 자동 채우기 핸들을 더블클릭해서 나머지 셀에도 함수식을 복사합니다. '제품명' 항목에서 'Milk'나 'MILK'가 있는 셀에도 위치 값이 표시되었는지 확인합니다.

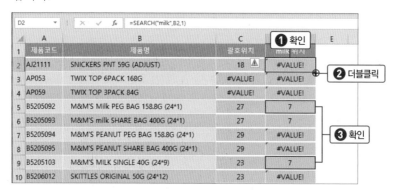

● 예제파일 : 문자열의일부분만교체(준비).xlsx ● 완성파일 : 문자열의일부분만교체(완성).xlsx

현장실무 16

번호의 여덟 번째 자리부터 *** 표시하기 – REPLACE 함수

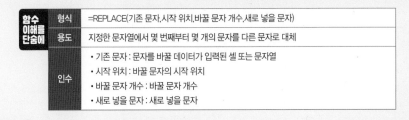

함수 이해를 단숨에	형식	=REPLACE(기존 문자,시작 위치,바꿀 문자 개수,새로 넣을 문자)
	용도	지정한 문자열에서 몇 번째부터 몇 개의 문자를 다른 문자로 대체
	인수	• 기존 문자 : 문자를 바꿀 데이터가 입력된 셀 또는 문자열 • 시작 위치 : 바꿀 문자의 시작 위치 • 바꿀 문자 개수 : 바꿀 문자 개수 • 새로 넣을 문자 : 새로 넣을 문자

1 데이터를 인쇄할 때 C열에 입력된 파트 번호에서 뒷번호를 숨기고 인쇄해 볼게요. [Sheet1] 시트에서 D3셀을 클릭하고 [수식] 탭-[함수 라이브러리] 그룹에서 [텍스트]를 클릭한 후 [REPLACE]를 클릭합니다. REPLACE 함수의 [함수 인수] 대화상자가 열리면 다음과 같이 지정하고 [확인]을 클릭하세요.

- Old_text : 현재 데이터가 입력된 셀인 C3셀 클릭
- Start_num : 바꿀 데이터가 몇 번째 위치하고 있는지 시작 위치로 『8』 입력
- Num_chars : 여덟 번째부터 네 개의 문자를 바꿀 것이므로 『4』 입력
- New_text : 여덟 번째부터 네 개의 문자 대신 표시할 텍스트로 『"****"』 입력

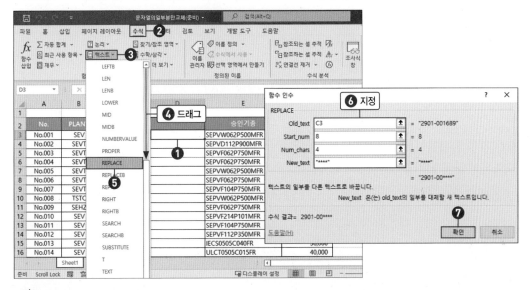

 Tip

셀에 입력된 텍스트에서 특정 위치를 다른 문자로 대체하려면 REPLACE 함수를, 특정 문자를 찾아서 다른 문자로 대체하려면 SUBSTITUTE 함수를 사용하세요.

2 D3셀에 함수식 '=REPLACE(C3,8,4,"****")'가 완성되면서 C열의 파트 번호에서 여덟 번째 자리부터 네 개의 문자가 '****'로 표시되었습니다. D3셀의 자동 채우기 핸들을 더블클릭하여 나머지 셀에도 함수식을 복사하세요.

3 D2셀에는 『=C2』를 입력하고 Enter를 누릅니다. C2셀과 같은 필드 제목이 표시되었으면 C열 머리글을 클릭하여 C열 전체를 선택하고 선택 영역에서 마우스 오른쪽 단추를 눌러 [숨기기]를 선택하세요.

4 C열이 화면에서 숨겨졌습니다. 이 상태에서 인쇄하면 파트 번호의 뒷자리가 '****'와 같이 암호화되어 인쇄됩니다.

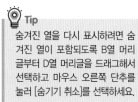

Tip

숨겨진 열을 다시 표시하려면 숨겨진 열이 포함되도록 B열 머리글부터 D열 머리글을 드래그해서 선택하고 마우스 오른쪽 단추를 눌러 [숨기기 취소]를 선택하세요.

● 예제파일 : 특정문자열찾아변경(준비).xlsx ● 완성파일 : 특정문자열찾아변경(완성).xlsx

현장실무

17 | 문자열에서 특정 문자열을 다른 문자로 대체하기 – SUBSTITUTE 함수

함수 이해를 단숨에	형식	=SUBSTITUTE(기존 문자,찾을 문자,새로 넣을 문자,시작 위치)
	용도	• 지정한 문자열에 포함된 특정 문자를 다른 문자로 바꿀 때 사용 • REPLACE 함수는 몇 번째부터 몇 개의 문자를 다른 문자로 바꾸지만, 이 함수는 원하는 문자를 찾아서 다른 문자로 대체
	인수	• 기존 문자 : 문자를 바꿀 데이터가 입력된 셀 또는 문자열 • 찾을 문자 : 찾을 문자 • 새로 넣을 문자 : 찾을 문자 대신 새로 넣을 문자 • 시작 위치 : 기존 문자에서 몇 번째에 위치한 찾을 문자를 바꿀 것인지 지정

1 [Sheet1] 시트에서 D열의 '승인기종' 항목에 있는 단어 'SEPV'를 'KORP'로 변경해 볼게요. E3 셀을 클릭하고 [수식] 탭-[함수 라이브러리] 그룹에서 [텍스트]를 클릭한 후 [SUBSTITUTE]를 선택합니다. SUBSTITUTE 함수의 [함수 인수] 대화상자가 열리면 다음과 같이 지정하고 [확인]을 클릭하세요.

• Text : 작업할 대상 셀인 D3셀 클릭
• Old_text : 찾을 문자열로 『"SEPV"』 입력
• New_text : 찾은 문자 대신 표시할 문자열로 『"KORP"』 입력
• Instance_num : 생략

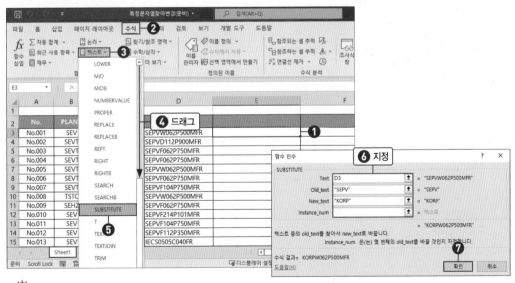

Tip

'Instance_num'에는 대상 셀에 입력된 문자열에서 찾는 문자가 여러 개 있을 경우 몇 번째 위치한 문자를 바꿀 것인지 지정합니다. 생략하면 '1'을 지정한 것처럼 첫 번째에 찾은 문자를 바꿉니다.

2 E3셀에 함수식 '=SUBSTITUTE(D3,"SEPV","KORP")'가 완성되면서 'SEPV'가 위치한 부분이 'KORP'로 바뀌었습니다. E3셀의 자동 채우기 핸들을 더블클릭하여 나머지 셀에도 함수식을 복사하세요.

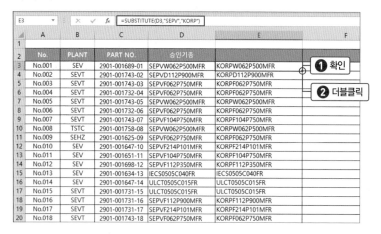

3 C열에 입력된 파트 번호에서 두 번째 위치한 - 기호를 ＊＊ 기호로 바꿔볼게요. F3셀을 클릭하고 함수식『=SUBSTITUTE(C3,"-","＊＊",2)』를 입력한 후 Enter를 누릅니다. F3셀에 함수식이 완성되었으면 F3셀의 자동 채우기 핸들을 더블클릭하여 다른 셀에도 함수식을 복사하세요.

함수식 설명

=SUBSTITUTE(C3,"-","＊＊",2)

C3셀에 입력된 텍스트에서 - 기호를 찾아 ＊＊ 기호로 바꾸는데, 첫 번째 위치한 - 기호가 아니라 두 번째 위치한 - 기호를 바꿉니다.

● 예제파일 : 특정기호반복해서표시(준비).xlsx　　● 완성파일 : 특정기호반복해서표시(완성).xlsx

현장실무

18

실기 점수만큼 ★ 기호 반복해서 표시하기 – REPT 함수

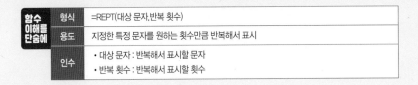

함수 이해를 단숨에	형식	=REPT(대상 문자,반복 횟수)
	용도	지정한 특정 문자를 원하는 횟수만큼 반복해서 표시
	인수	• 대상 문자 : 반복해서 표시할 문자 • 반복 횟수 : 반복해서 표시할 횟수

1 실기 점수만큼 ★ 기호를 20점대는 두 개, 30점대는 세 개, 100점은 열 개를 반복해서 표시해 볼 게요. [Sheet1] 시트에서 C2셀을 클릭하고 [수식] 탭-[함수 라이브러리] 그룹에서 [텍스트]를 클릭한 후 [REPT]를 선택하세요.

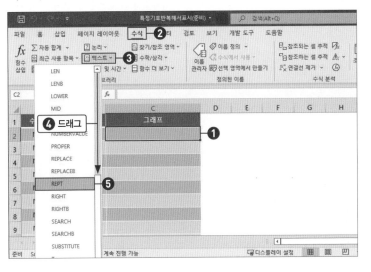

2 REPT 함수의 [함수 인수] 대화상자가 열리면 'Text'에 『ㅁ』을 입력하고 한자를 누릅니다. ㅁ에 대한 기호 목록이 표시되면 [★]를 선택하세요.

3 'Number_times'에 『B2/10』을 입력하고 [확인]을 클릭합니다.

Tip

반복 횟수를 지정할 'Number_times'에 'B2/10'을 지정하면 A1셀의 값이 85일 경우에는 85를 10으로 나눠서 8을 지정한 효과를 줍니다.

4 C2셀에 B2셀에 입력된 점수를 10으로 나눈 값만큼 반복해서 ★ 기호가 표시되었습니다. C2셀의 자동 채우기 핸들을 더블클릭하여 나머지 셀에도 함수식을 복사하세요.

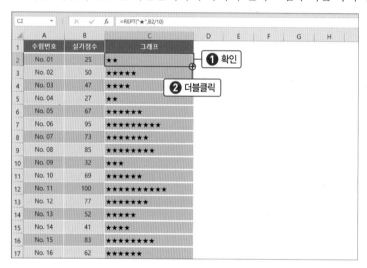

● 예제파일 : 문자열앞뒤공백삭제(준비).xlsx ● 완성파일 : 문자열앞뒤공백삭제(완성).xlsx

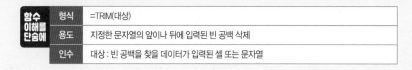

현장실무

19

문자열의 앞뒤에 있는 공백 삭제하기
– TRIM 함수

함수 이해를 단숨에	형식	=TRIM(대상)
	용도	지정한 문자열의 앞이나 뒤에 입력된 빈 공백 삭제
	인수	대상 : 빈 공백을 찾을 데이터가 입력된 셀 또는 문자열

1 웹이나 서버에서 다운로드한 데이터에 공백 문자가 있으면 함수를 적용했을 때 결과 값에 문제가 발생할 수 있습니다. E열에 입력된 출하 지역은 같은 길이의 문자가 입력되어 있는데, 이것을 확인하기 위해 [Sheet1] 시트에서 F3셀에 함수식 『=LEN(E3)』을 입력하고 Enter 를 누르세요.

▲	A	B	C	D	E	F	G
1							
2	No.	PLANT	PART NO.	출하요청수량	출하 지역		
3	No.001	SEV	2901-001689	80,000	경북 문경시 송악읍	=LEN(E3)	
4	No.002	SEVT	2901-001743	220,000	경북 문경시 읍내동		
5	No.003	SEVT	2901-001743	268,000	경북 문경시 송악읍		
6	No.004	SEVT	2901-001732	200,000	경북 문경시 읍내동		
7	No.005	SEVT	2901-001743	230,000	경북 문경시 송악읍		
8	No.006	SEVT	2901-001732	200,000	경북 문경시 읍내동		
9	No.007	SEVT	2901-001743	216,000	경북 문경시 석문면		
10	No.008	TSTC	2901-001758	550,000	경북 문경시 석문면		
11	No.009	SEHZ	2901-001625	20,000	경북 문경시 석문면		
12	No.010	SEV	2901-001647	48,000	경북 문경시 우둔동		
13	No.011	SEV	2901-001651	64,000	경북 문경시 석문면		
14	No.012	SEV	2901-001698	90,000	경북 문경시 석문면		

『=LEN(E3)』 입력→ Enter

Tip

수식을 사용할 때 화면에서는 같은 길이의 문자로 보이지만, 문자열의 앞이나 뒤에 공백이 있을 경우에는 문자열의 길이가 서로 다르다고 인식해서 정확한 결과가 나오지 않기도 합니다.

2 E3셀에 입력된 문자열의 개수가 F3셀에 표시되면 F3셀의 자동 채우기 핸들을 더블클릭하여 다른 셀에도 함수식을 복사합니다. E3셀과 E5셀에는 '경북 문경시 송악읍'이라고 같은 텍스트가 입력되어 있지만, 문자열에 공백이 포함되어 있어서 F3셀과 F5셀의 결과 값이 서로 다르게 나타난 것을 확인하세요.

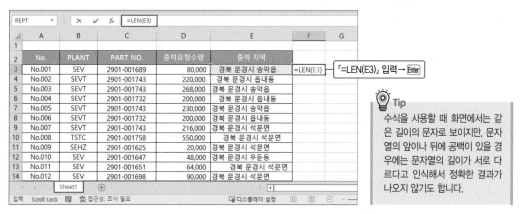

▲	A	B	C	D	E	F	G
1						❶ 확인	
2	No.	PLANT	PART NO.	출하요청수량	출하 지역		
3	No.001	SEV	2901-001689	80,000	경북 문경시 송악읍	13	❷ 더블클릭
4	No.002	SEVT	2901-001743	220,000	경북 문경시 읍내동	12	
5	No.003	SEVT	2901-001743	268,000	경북 문경시 송악읍	10	
6	No.004	SEVT	2901-001732	200,000	경북 문경시 읍내동		
7	No.005	SEVT	2901-001743	230,000	경북 문경시 송악읍	❸ 결과 값 비교	
8	No.006	SEVT	2901-001732	200,000	경북 문경시 읍내동	10	
9	No.007	SEVT	2901-001743	216,000	경북 문경시 석문면	10	
10	No.008	TSTC	2901-001758	550,000	경북 문경시 석문면	15	
11	No.009	SEHZ	2901-001625	20,000	경북 문경시 석문면	10	
12	No.010	SEV	2901-001647	48,000	경북 문경시 우둔동	10	
13	No.011	SEV	2901-001651	64,000	경북 문경시 석문면	18	
14	No.012	SEV	2901-001698	90,000	경북 문경시 석문면	10	
15	No.013	SEV	2901-001634	36,000	경북 문경시 석문면	10	
16	No.014	SEV	2901-001647	40,000	경북 문경시 석문면	11	

3 셀에 입력된 문자열에서 앞이나 뒤에 입력된 공백 문자를 없애볼게요. G3셀을 클릭하고 [수식] 탭-[함수 라이브러리] 그룹에서 [텍스트]를 클릭한 후 [TRIM]을 선택하세요.

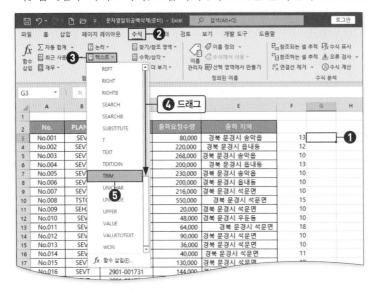

4 TRIM 함수의 [함수 인수] 대화상자가 열리면 'Text'에 E3셀을 지정하고 [확인]을 클릭합니다.

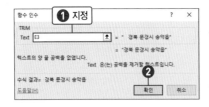

5 G3셀에 공백이 제거된 문자열이 나타나면 G3셀의 자동 채우기 핸들을 더블클릭하여 나머지 셀에도 함수식을 복사합니다. G열의 너비가 좁아서 데이터가 제대로 표시되지 않으므로 G열 머리글과 H열 머리글의 사이에 마우스 포인터를 올려놓고 ✛ 모양으로 바뀌었을 때 더블클릭하여 G열의 너비를 자동으로 조절하세요.

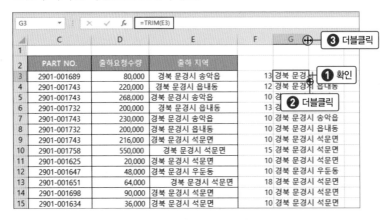

6 G열에 표시된 문자열의 앞뒤에 공백이 제거되었는지 확인하기 위해 H3셀에 함수식『=LEN(G3)』
을 입력하고 [Enter]를 누릅니다.

7 H3셀에 글자 수가 '10'으로 표시되었으면 H3셀의 자동 채우기 핸들을 더블클릭하여 나머지
셀에도 똑같이 '10'으로 표시되었는지 확인합니다. 공백이 포함된 E열에 '출하 지역' 항목의 문
자열 대신 G열의 문자열을 덮어쓰기 위해 G열 머리글을 클릭하여 G열 전체를 선택한 상태에서
[Ctrl]+[C]를 눌러 복사하세요.

8 E열에 G열의 문자열을 붙여넣으면 함수식이 그대로 복사되어 문제가 발생합니다. 그러므로 E
열 머리글에서 마우스 오른쪽 단추를 눌러 '붙여넣기 옵션'에서 [값]( )을 클릭하세요.

9 E열에 G열의 데이터를 값으로 변환해서 붙여넣었습니다. F열 머리글부터 H열 머리글을 드래그해서 선택하고 선택 영역에서 마우스 오른쪽 단추를 눌러 [삭제]를 선택합니다.

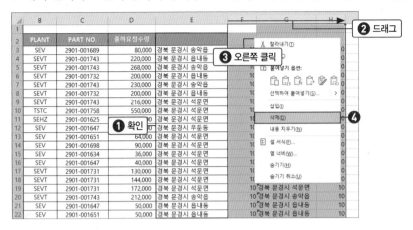

10 E열에 깔끔하게 정리된 주소를 확인하고 E2셀에 필드 제목으로 『출하 지역』을 입력하여 문서를 완성합니다.

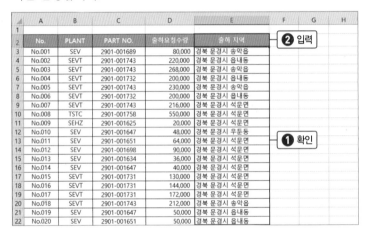

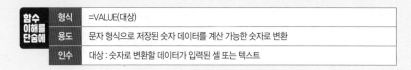

현장실무

20

문자를 숫자로 변환해 계산하기
– VALUE 함수

함수 이해를 단숨에	형식	=VALUE(대상)
	용도	문자 형식으로 저장된 숫자 데이터를 계산 가능한 숫자로 변환
	인수	대상 : 숫자로 변환할 데이터가 입력된 셀 또는 텍스트

1 숫자와 문자가 조합되어 입력된 값에서 숫자만 빼서 계산해 볼게요. E열의 '출하요청수량' 항목에서 '수량:'이라는 세 글자를 뺀 나머지 숫자만 필요한데, 숫자의 자릿수가 일정하지 않으므로 전체 문자의 길이에서 세 개를 뺀 개수만큼 추출하려고 합니다. [Sheet1] 시트에서 F3셀에 『=RIGHT(E3,LEN(E3)-3)』을 입력하고 Enter 를 누르세요.

	A	B	C	D	E	F	G	H
2	No.	PLANT	PART NO.	승인기종	출하요청수량			
3	No.001	SEV	2901-001689	SEPVW062P500MFR	수량:80000	=RIGHT(E3,LEN(E3)-3)		
4	No.002	SEVT	2901-001743	SEPVD112P900MFR	수량:220000			
5	No.003	SEVT	2901-001743	SEPVF062P750MFR	수량:268000		입력→ Enter	
6	No.004	SEVT	2901-001732	SEPVF062P750MFR	수량:200000			
7	No.005	SEVT	2901-001743	SEPVW062P500MFR	수량:230000			
8	No.006	SEVT	2901-001732	SEPVF062P750MFR	수량:200000			
9	No.007	SEVT	2901-001743	SEPVF104P750MFR	수량:216000			
10	No.008	TSTC	2901-001758	SEPVW062P500MFR	수량:550000			
11	No.009	SEHZ	2901-001625	SEPVF062P750MFR	수량:20000			
12	No.010	SEV	2901-001647	SEPVF214P101MFR	수량:48000			
13	No.011	SEV	2901-001651	SEPVF104P750MFR	수량:64000			
14	No.012	SEV	2901-001698	SEPVF112P350MFR	수량:90000			
15	No.013	SEV	2901-001634	IECS0505C040FR	수량:36000			
16	No.014	SEV	2901-001647	ULCT0505C015FR	수량:40000			
17	No.015	SEVT	2901-001731	ULCT0505C015FR	수량:130000			
18	No.016	SEVT	2901-001731	SEPVF112P900MFR	수량:144000			
19	No.017	SEVT	2901-001731	SEPVF214P101MFR	수량:172000			

TRIM ··· × ✓ ƒx =RIGHT(E3,LEN(E3)-3)

Sheet1 ⊕

입력 Scroll Lock 🖾 🗭 접근성: 조사 필요 🖵 디스플레이 설정

함수식 설명

❷
=RIGHT(E3,LEN(E3)-3)
❶

❶ LEN(E3)
안쪽에 지정한 LEN(E3)을 먼저 실행합니다. 이 함수식은 E3셀에 입력된 문자열이 몇 개의 문자로 구성되어 있는지 길이를 세어 '8'이라는 결과 값을 얻습니다.

❷ =RIGHT(E3,8-3)
해당 결과 값을 반영해서 RIGHT(E3,8–3)이 되므로 E3셀에 입력된 문자에서 오른쪽 끝에서 '수량:'의 글자 수인 3만큼 뺀 문자를 표시합니다.

핵심

필수 직업팁

데이터 편집 방법

서식 지정

수식 원리

함수

데이터 분석

피벗 테이블

양식 컨트롤

차트

2 F3셀에 E3셀의 '수량:80000'에서 숫자인 '80000'만 추출되었으면 F3셀의 자동 채우기 핸들을 더블클릭하여 나머지 셀에도 함수식을 복사합니다. 이번에는 F3셀에 입력된 값이 숫자인지 체크하기 위해 G3셀에 『=ISNUMBER(F3)』을 입력하고 Enter를 누르세요.

3 G3셀에 'FALSE'가 표시되었는데, 이것은 F3셀에 데이터가 숫자가 아니라는 의미입니다. 왜냐하면 텍스트 함수를 이용해서 나온 결과 값은 텍스트이기 때문입니다. G4셀에 『=SUM(F3:F47)』을 입력하고 Enter를 누르세요.

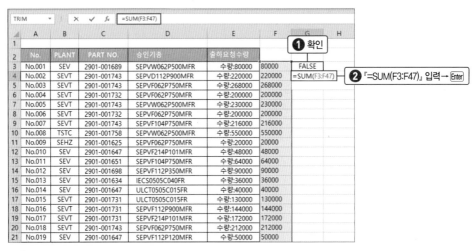

 Tip

ISNUMBER 함수는 지정한 값이 숫자인지 체크하는 함수입니다. 문자인지 알아보려면 ISTEXT 함수를 사용해야 하고, ISBLANK 함수는 빈 셀인지, ISERROR 함수는 오류인지 체크할 수 있습니다. 이와 같은 IS로 시작하는 함수에 대해서는 [수식] 탭-[함수 라이브러리] 그룹에서 [함수 더 보기]를 클릭하고 [정보]를 살펴보세요.

4 F열에 표시된 값이 숫자인 것처럼 보이지만 실제 저장된 값은 문자로 인식되어 계산할 수 없으므로 합계를 구한 G4셀에 '0'이 표시되었습니다. G3:G4 범위를 선택하고 Delete 를 눌러 값을 지우세요.

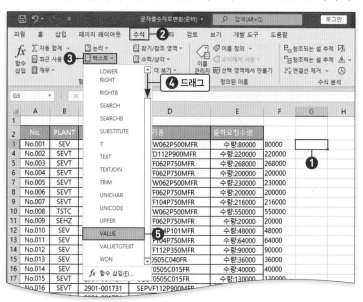

5 F열에 표시된 값을 계산하려면 숫자로 변환해야 합니다. G3셀을 클릭하고 [수식] 탭-[함수 라이브러리] 그룹에서 [텍스트]를 클릭한 후 [VALUE]를 선택하세요.

6 VALUE 함수의 [함수 인수] 대화상자가 열리면 'Text'에 숫자로 변환할 값이 저장된 F3셀을 지정하고 [확인]을 클릭합니다.

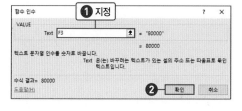

7 G3셀에 F3셀의 데이터가 숫자로 변경되었으면 G3셀의 자동 채우기 핸들을 더블클릭하여 나머지 셀에도 함수식을 복사합니다. F열에 입력된 값과 G열에 입력된 값이 같아 보이지만 실제 엑셀에서 F열은 문자 데이터로, G열은 숫자 데이터로 저장됩니다. G열의 결과 값을 E열에 덮어쓰기 위해 G3:G47 범위가 선택된 상태에서 [Ctrl]+[C]를 눌러 복사합니다.

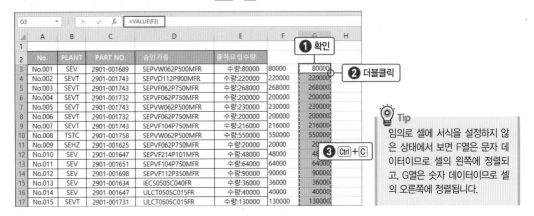

> **Tip**
> 임의로 셀에 서식을 설정하지 않은 상태에서 보면 F열은 문자 데이터이므로 셀의 왼쪽에 정렬되고, G열은 숫자 데이터이므로 셀의 오른쪽에 정렬됩니다.

8 E3셀에서 마우스 오른쪽 단추를 눌러 '붙여넣기 옵션'에서 [값](圖)을 클릭합니다.

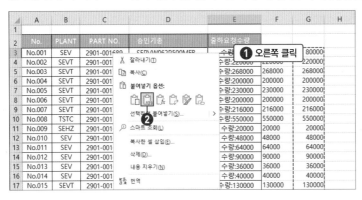

9 함수식이 작성된 G열이 결과 값으로 변환되어 E열에 복사되었습니다. F열 머리글부터 G열 머리글까지 드래그해서 선택하고 선택 영역에서 마우스 오른쪽 단추를 눌러 [삭제]를 선택하세요.

현장실무

21 숫자나 날짜, 시간을 문자로 변환하기 – TEXT 함수

함수 이해를 단숨에	형식	=TEXT(대상,"표시할 셀 서식")
	용도	특정 숫자나 문자/날짜 형식의 데이터를 원하는 셀 서식을 지정해서 문자로 변환
	인수	• 대상 : 작업할 데이터가 저장된 셀 또는 수식 • 표시할 셀 서식 : 텍스트로 변환할 때 적용할 셀 서식

1 '승인기종' 항목에서 앞에 있는 세 개의 글자를 출하 수량과 함께 별도로 표시해 볼게요. [Sheet1] 시트에서 F4셀을 클릭하고 함수식 『=LEFT(D4,3)&":"&E4』를 입력한 후 Enter를 누르세요.

	A	B	C	D	E	F	G	H
3	No.	PLANT	PART NO.	승인기종	출하 수량			
4	No.001	SEHZ	2901-001625	SEPVF062P750MFR	20,000	=LEFT(D4,3)&":"&E4		
5	No.002	SEHZ	2901-001634	ICLE10104E500FR	28,000			
6	No.003	SEHZ	1405-001346	SEPVF112P900MFR	4,000			
7	No.004	SEHZ	1405-001346	SEPVF214P101MFR	4,000	입력→Enter		
8	No.005	SEHZ	2901-001470	ICAE10184E070R101FR	8,000			
9	No.006	SEHZ	2901-001625	ICAE10184E070R101FR	8,000			
10	No.007	SEHZ	2901-001625	SEPVW062P500MFR	20,000			
11	No.008	SEHZ	2901-001625	SEPVF112P350MFR	24,000			
12	No.009	SEV	2901-001689	SEPVW062P500MFR	80,000			
13	No.010	SEV	2901-001647	SEPVF214P101MFR	48,000			
14	No.011	SEV	2901-001651	SEPVF104P750MFR	64,000			
15	No.012	SEV	2901-001698	SEPVF112P350MFR	90,000			
16	No.013	SEV	2901-001613	IECS0505C040FR	36,000			
17	No.014	SEV	2901-001647	ULCT0505C015FR	40,000			
18	No.015	SEV	2901-001647	SEPVF112P120MFR	50,000			
19	No.016	SEV	2901-001651	SEPVF062P750MFR	50,000			
20	No.017	SEV	2901-001698	SEPVF062P750MFR	100,000			
21	No.018	SEV	2901-001651	SEPVD112P900MFR	68,000			
22	No.019	SEV	2901-001689	SEPVD112P900MFR	76,000			
23	No.020	SEV	2901-001689	SEPVD112P900MFR	70,000			

함수식 설명

=LEFT(D4,3)&":"&E4

&는 문자열과 문자열을 붙여서 표시할 때 사용합니다. LEFT(D4,3)은 D4셀에 입력된 텍스트를 왼쪽에서 세 글자만 분리해서 콜론(:)을 붙인 후 E4셀의 값을 나란히 붙여서 표시하라는 의미입니다.

2 D열의 '승인기종' 항목에 입력된 문자열에서 앞에 있는 세 개의 글자와 출하 수량이 나란히 붙어서 F4셀에 표시되었습니다. F4셀의 자동 채우기 핸들을 더블클릭하여 나머지 셀에도 함수식을 복사하세요.

Tip

출하 수량은 E3셀에 설정된 콤마 스타일 서식이 없어지고 숫자만 표시되는데, 숫자 서식도 함께 지정하려면 TEXT 함수를 이용하세요.

3 '출하 수량' 항목에 숫자 서식도 함께 지정해서 표시해 볼게요. F4셀을 더블클릭해서 함수식을 나타내고 '=LEFT(D4,3)&":"&TEXT(E4,"#,##0개")'로 수정한 후 Enter를 누르세요.

함수식 설명

=TEXT(E4,"#,##0개")

E4셀에 입력된 값을 문자로 변환하는데, '#,##0개' 스타일로 서식을 지정해서 변환하라는 의미입니다. '#,##0개'는 세 자리 숫자마다 콤마를 지정하고 값의 뒤에 '개'를 표시합니다.

4 F4셀의 '출하 수량' 항목이 서식이 설정된 값으로 수정되었으면 F4셀의 자동 채우기 핸들을 더블클릭하여 나머지 셀에도 함수식을 복사합니다. D2셀에 작업일을 표시하기 위해 함수식 『="작업일:"&TODAY()』를 입력하고 Enter를 누르세요.

VALUE	▼	:	× ✓ fx	="작업일:"&TODAY()		

▲	B	C	D	E	F	G
1				❸ 입력→ Enter		
2			="작업일:"&TODAY()			
3	PLANT	PART NO.			출하 수량	
4	SEHZ	2901-001625	SEPVF062P750MFR	20,000	SEP:20,000개 ❶ 확인	
5	SEHZ	2901-001634	ICLE10104E500FR	28,000	ICL:28,000개	
6	SEHZ	1405-001346	SEPVF112P900MFR	4,000	SEP:4,000개 ❷ 더블클릭	
7	SEHZ	1405-001346	SEPVF214P101MFR	4,000	SEP:4,000개	
8	SEHZ	2901-001470	ICAE10184E070R101FR	8,000	ICA:8,000개	
9	SEHZ	2901-001625	ICAE10184E070R101FR	8,000	ICA:8,000개	
10	SEHZ	2901-001625	SEPVW062P500MFR	20,000	SEP:20,000개	
11	SEHZ	2901-001625	SEPVF112P350MFR	24,000	SEP:24,000개	
12	SEV	2901-001689	SEPVW062P500MFR	80,000	SEP:80,000개	
13	SEV	2901-001647	SEPVF214P101MFR	48,000	SEP:48,000개	
14	SEV	2901-001651	SEPVF104P750MFR	64,000	SEP:64,000개	
15	SEV	2901-001698	SEPVF112P350MFR	90,000	SEP:90,000개	
16	SEV	2901-001634	IECS0505C040FR	36,000	IEC:36,000개	
17	SEV	2901-001647	ULCT0505C015FR	40,000	ULC:40,000개	
18	SEV	2901-001647	SEPVF112P120MFR	50,000	SEP:50,000개	
19	SEV	2901-001651	SEPVF062P750MFR	50,000	SEP:50,000개	
20	SEV	2901-001698	SEPVF062P750MFR	100,000	SEP:100,000개	

함수식 설명

=TODAY()

셀에 작업하는 당일 날짜를 자동으로 표시합니다. NOW 함수를 이용하면 당일 날짜와 시간을 함께 표시할 수 있습니다.

5 D2셀에 날짜가 아니라 숫자 '44737'이 나타나는데, 날짜 형식으로 변환해서 표시하려면 TEXT 함수를 이용해야 합니다. TODAY 함수는 작업 당일 날짜를 표시하므로 D2셀에 표시된 숫자가 '44737'이 아니라 다른 숫자가 나타날 수 있습니다.

▲	B	C	D	E	F	G
1						
2			작업일:44737	확인		
3	PLANT	PART NO.	승인기종	출하 수량		
4	SEHZ	2901-001625	SEPVF062P750MFR	20,000	SEP:20,000개	
5	SEHZ	2901-001634	ICLE10104E500FR	28,000	ICL:28,000개	
6	SEHZ	1405-001346	SEPVF112P900MFR	4,000	SEP:4,000개	
7	SEHZ	1405-001346	SEPVF214P101MFR	4,000	SEP:4,000개	
8	SEHZ	2901-001470	ICAE10184E070R101FR	8,000	ICA:8,000개	
9	SEHZ	2901-001625	ICAE10184E070R101FR	8,000	ICA:8,000개	
10	SEHZ	2901-001625	SEPVW062P500MFR	20,000	SEP:20,000개	
11	SEHZ	2901-001625	SEPVF112P350MFR	24,000	SEP:24,000개	
12	SEV	2901-001689	SEPVW062P500MFR	80,000	SEP:80,000개	
13	SEV	2901-001647	SEPVF214P101MFR	48,000	SEP:48,000개	
14	SEV	2901-001651	SEPVF104P750MFR	64,000	SEP:64,000개	
15	SEV	2901-001698	SEPVF112P350MFR	90,000	SEP:90,000개	
16	SEV	2901-001634	IECS0505C040FR	36,000	IEC:36,000개	
17	SEV	2901-001647	ULCT0505C015FR	40,000	ULC:40,000개	
18	SEV	2901-001647	SEPVF112P120MFR	50,000	SEP:50,000개	
19	SEV	2901-001651	SEPVF062P750MFR	50,000	SEP:50,000개	
20	SEV	2901-001698	SEPVF062P750MFR	100,000	SEP:100,000개	

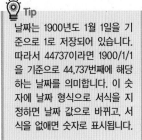

Tip

날짜는 1900년도 1월 1일을 기준으로 1로 저장되어 있습니다. 따라서 44737이라면 1900/1/1을 기준으로 44,737번째에 해당하는 날짜를 의미합니다. 이 숫자에 날짜 형식으로 서식을 지정하면 날짜 값으로 바뀌고, 서식을 없애면 숫자로 표시됩니다.

필수 작업 팁

데이터 편집 방법

서식 지정

수식 원리

함수

데이터 분석

피벗 테이블

양식 컨트롤

차트

227

6 D2셀의 함수식을 '="작업일:"&TEXT(TODAY(),"YY년MM월DD일(AAA)")'로 수정하고 Enter 를 누릅니다.

| VALUE | ▼ | × | ✓ | fx | ="작업일:"&TEXT(TODAY(),"YY년MM월DD일(AAA)") |

	B	C	D	E	F	G
1						
2			="작업일:"&TEXT(TODAY(),"YY년MM월DD일(AAA)")		함수식 수정→ Enter	
3	**PLANT**	**PART NO.**				
4	SEHZ	2901-001625	SEPVF062P750MFR	20,000	SEP:20,000개	
5	SEHZ	2901-001634	ICLE10104E500FR	28,000	ICL:28,000개	
6	SEHZ	1405-001346	SEPVF112P900MFR	4,000	SEP:4,000개	
7	SEHZ	1405-001346	SEPVF214P101MFR	4,000	SEP:4,000개	
8	SEHZ	2901-001470	ICAE10184E070R101FR	8,000	ICA:8,000개	
9	SEHZ	2901-001625	ICAE10184E070R101FR	8,000	ICA:8,000개	
10	SEHZ	2901-001625	SEPVW062P500MFR	20,000	SEP:20,000개	
11	SEHZ	2901-001625	SEPVF112P350MFR	24,000	SEP:24,000개	
12	SEV	2901-001689	SEPVW062P500MFR	80,000	SEP:80,000개	
13	SEV	2901-001647	SEPVF214P101MFR	48,000	SEP:48,000개	
14	SEV	2901-001651	SEPVF104P750MFR	64,000	SEP:64,000개	
15	SEV	2901-001698	SEPVF112P350MFR	90,000	SEP:90,000개	
16	SEV	2901-001634	IECS0505C040FR	36,000	IEC:36,000개	
17	SEV	2901-001647	ULCT0505C015FR	40,000	ULC:40,000개	
18	SEV	2901-001647	SEPVF112P120MFR	50,000	SEP:50,000개	
19	SEV	2901-001651	SEPVF062P750MFR	50,000	SEP:50,000개	
20	SEV	2901-001698	SEPVF062P750MFR	100,000	SEP:100,000개	
21	SEV	2901-001651	SEPVD112P900MFR	68,000	SEP:68,000개	

 Tip

날짜 서식을 지정할 때 YY는 연도를, MM은 월을, DD는 일을, AAA는 요일을 표시합니다. 날짜 서식에 대해서는 82쪽의 '잠깐만요'를 참고하세요.

7 D2셀에 지정한 날짜 서식에 맞게 텍스트가 표시되었는지 확인합니다.

	B	C	D	E	F	G
1						
2			작업일:22년06월25일(토)	확인		
3	**PLANT**	**PART NO.**	**승인기종**	**출하 수량**		
4	SEHZ	2901-001625	SEPVF062P750MFR	20,000	SEP:20,000개	
5	SEHZ	2901-001634	ICLE10104E500FR	28,000	ICL:28,000개	
6	SEHZ	1405-001346	SEPVF112P900MFR	4,000	SEP:4,000개	
7	SEHZ	1405-001346	SEPVF214P101MFR	4,000	SEP:4,000개	
8	SEHZ	2901-001470	ICAE10184E070R101FR	8,000	ICA:8,000개	
9	SEHZ	2901-001625	ICAE10184E070R101FR	8,000	ICA:8,000개	
10	SEHZ	2901-001625	SEPVW062P500MFR	20,000	SEP:20,000개	
11	SEHZ	2901-001625	SEPVF112P350MFR	24,000	SEP:24,000개	
12	SEV	2901-001689	SEPVW062P500MFR	80,000	SEP:80,000개	
13	SEV	2901-001647	SEPVF214P101MFR	48,000	SEP:48,000개	
14	SEV	2901-001651	SEPVF104P750MFR	64,000	SEP:64,000개	
15	SEV	2901-001698	SEPVF112P350MFR	90,000	SEP:90,000개	
16	SEV	2901-001634	IECS0505C040FR	36,000	IEC:36,000개	
17	SEV	2901-001647	ULCT0505C015FR	40,000	ULC:40,000개	
18	SEV	2901-001647	SEPVF112P120MFR	50,000	SEP:50,000개	
19	SEV	2901-001651	SEPVF062P750MFR	50,000	SEP:50,000개	
20	SEV	2901-001698	SEPVF062P750MFR	100,000	SEP:100,000개	
21	SEV	2901-001651	SEPVD112P900MFR	68,000	SEP:68,000개	

● 예제파일 : 목록참조해정보표시(준비).xlsx   ● 완성파일 : 목록참조해정보표시(완성).xlsx

현장실무

22 | 목록 참조해 각 코드에 맞는 정보 표시하기 – VLOOKUP 함수

핵심

함수 이해를 단숨에	형식	=VLOOKUP(찾을 값,비교 대상,가져올 열 번호,[찾을 방식])
	용도	• 특정 데이터 영역에서 같은 값을 찾아 원하는 열에 입력된 값을 가져옴 • '비교 대상' 영역에서 찾을 데이터가 세로 방향으로 입력되어 있는 경우에 사용 • '비교 대상' 영역에서 찾을 데이터가 가로 방향으로 입력되어 있으면 HLOOKUP 함수 사용
	인수	• 찾을 값 : 찾으려고 하는 값 또는 그 값이 저장된 셀 • 비교 대상 : '찾을 값' 인수에 지정한 데이터와 같은 값이 있는지 찾아볼 비교 대상의 범위 • 가져올 열 번호 : 원하는 값을 찾았으면 '비교 대상' 인수에 지정한 영역에서 몇 번째 열에 입력된 값을 가져올 것인지 위치 지정 • 찾을 방식 : 찾을 방법에 따라 TRUE 또는 FALSE 지정 　– 생략하거나 TRUE를 지정하면 비슷한 값을 찾아옴(반드시 '비교 대상' 영역에서 첫 번째 열이 오름차순으로 정렬되어야 함) 　– FALSE를 지정하면 정확히 일치하는 값만 가져오고 찾지 못하면 오류 표시

LOOKUP 함수 기본 사용법

▶ 영상강의 ◀

1 제품 주문 내역을 작성할 때 지역만 입력하면 CODE, PLANT, SHIPCODE 등의 정보를 자동으로 찾아서 표시할 수 있습니다. 지역을 I3:L13 범위에서 비교해서 자동으로 찾아 표시하려면 LOOKUP 함수를 이용하는데, 비교 데이터의 지역명이 세로 방향으로 입력되어 있으므로 VLOOKUP 함수를 사용해야 합니다.

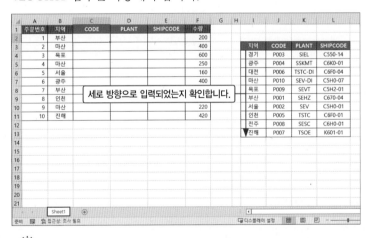

세로 방향으로 입력되었는지 확인합니다.

▶ 영상강의 ◀

Tip

I4:I13 범위의 지역명이 가로 방향으로 입력되어 있으면 HLOOKUP 함수를 사용하세요.

2 부산 지역에 해당하는 CODE를 찾아오기 위해 [Sheet1] 시트에서 C2셀을 클릭하고 [수식] 탭-[함수 라이브러리] 그룹에서 [찾기/참조 영역]을 클릭한 후 [VLOOKUP]을 선택하세요. VLOOKUP 함수의 [함수 인수] 대화상자가 열리면 다음과 같이 지정하고 [확인]을 클릭하세요.

- Lookup_value : 찾을 데이터가 입력된 셀인 B2셀 클릭
- Table_array : 비교 대상을 지정하는 I4:L13 범위를 선택하고 F4 를 눌러 '$I$4:$L$13'으로 지정
- Col_index_num : I4:L13 범위에서 해당 지역을 찾았으면 몇 번째 열에 위치한 값을 가져올 것인지 지정하는데, 여기서는 『2』입력
- Range_lookup : 지역이 '부산'과 일치하는 경우에만 찾아오도록 『FALSE』 입력

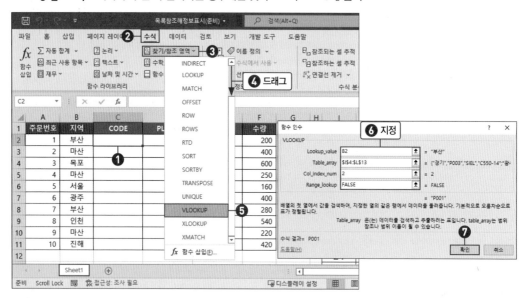

> 💡 **Tip**
>
> 찾을 데이터가 '지역'이면 비교 대상(I4:L13 범위)의 첫 번째 열에 반드시 지역이 있어야 합니다. 만약 'CODE'로 데이터를 찾는다면 비교 대상(I4:L13)의 첫 번째 열에 CODE 값을 위치시켜야 합니다.

3 I4:I13 범위에서 '부산'과 같은 지역을 찾고 I4:L13 범위에서 두 번째 위치한 열인 CODE 값에서 결과 값을 가져와 C2셀에 표시됩니다. C2셀의 자동 채우기 핸들을 더블클릭해서 나머지 셀에도 함수식을 복사하세요.

	A	B	C	D	E	F	G	H	I	J
1	주문번호	지역	CODE	PLANT	SHIPCODE	수량			지역	CODE
2	1	부산	P001			200				
3	2	마산	P010			400				
4	3	목포	P009			600			경기	P003
5	4	마산	P010			250			광주	P004
6	5	서울	P002			160			대전	P006
7	6	광주	P004			400			마산	P010
8	7	부산	P001			280			목포	P009
9	8	인천	P005			540			부산	P001
10	9	마산	P010			220			서울	P002
11	10	진해	P007			420			인천	P005
12									전주	P008
13									진해	P007
14										
15										

4 D열의 'PLANT' 항목과 E열의 'SHIPCODE' 항목의 함수식은 'CODE' 항목의 함수식과 같고, 가져올 열 번호만 '2'에서 '3'으로 변경하면 되므로 함수식을 복사해서 사용하면 편리합니다. C2 셀을 클릭하고 수식 입력줄에 표시된 함수식을 드래그해서 선택한 후 [Ctrl]+[C]를 눌러 복사하고 [Esc]를 눌러 함수식의 편집을 취소하세요.

> **Tip**
> 이 방법을 이용하지 않고 C2셀의 자동 채우기 핸들을 드래그해서 함수식을 복사하면 함수식에 사용된 셀 주소가 바뀌어서 오류가 발생합니다.

5 D2셀을 더블클릭하여 셀 편집 상태로 바꾸고 [Ctrl]+[V]를 누릅니다. 함수식이 붙여넣기되면 세 번째 인수의 가져올 열 번호를 '2'에서 '3'으로 수정해서 함수식 '=VLOOKUP(B2,$I$4:$L$13,3,FALSE)'를 완성하고 [Enter]를 누르세요.

> **Tip**
> 아래 수식과 같이 엑셀 2021 버전에 추가된 XLOOKUP 함수를 이용해도 같은 결과를 얻을 수 있습니다.
> • C2셀 : =XLOOKUP(B2,$I$4:$I$13,$J$4:$J$13)
> • D2셀 : =XLOOKUP(B2,$I$4:$I$13,$K$4:$K$13)
> • E2셀 : =XLOOKUP(B2,$I$4:$I$13,$L$4:$L$13)
>
> ▶영상강의 ◀

6 이와 같은 방법으로 E2셀을 더블클릭해서 수식 입력 상태로 바꾸고 Ctrl+V를 누릅니다. 함수식이 붙여넣기되면 세 번째 인수의 가져올 열 번호를 '2'에서 '4'로 수정해서 함수식 '=VLOOKUP(B2,$I$4:$L$13,4,FALSE)'를 완성하고 Enter를 누르세요.

7 D2:E2 범위를 선택하고 E2셀의 자동 채우기 핸들을 더블클릭해서 나머지 셀에도 함수식을 복사한 후 각 코드에 맞는 정보가 제대로 표시되었는지 확인합니다.

 Tip

일치하는 코드가 없으면 오류 메시지가 표시됩니다. 2 과정에서처럼 VLOOKUP 함수의 마지막 인수에 FALSE를 지정하면 정확히 일치하는 데이터가 있을 때만 표시되고, 그렇지 않으면 오류 메시지가 나타납니다. 하지만 마지막 인수를 생략하거나 TRUE를 지정하면 값이 정확히 일치하지 않아도 비슷한 데이터 값을 가져옵니다.

● 예제파일 : 코드없을때비슷한값가져옴(준비).xlsx   ● 완성파일 : 코드없을때비슷한값가져옴(완성).xlsx

현장실무

23 | 해당 코드가 없을 때 비슷한 값 가져오기 – VLOOKUP 함수

1 VLOOKUP 함수나 HLOOKUP 함수를 사용할 때 정확히 일치하는 데이터를 가져올 것인지, 비슷한 값을 가져올 것인지를 가장 먼저 결정해야 합니다. 마지막 인수에 FALSE를 지정하면 찾는 코드가 없을 때 #N/A 오류가 발생합니다. 데이터에 따라 없는 코드일 때 오류가 표시되는 게 맞을 수도 있고, 찾는 값이 없을 때 비슷한 값으로 대신 가져와야 할 수도 있습니다. 여기서는 [Sheet1] 시트에서 P015, P017과 같은 코드가 없어서 오류가 발생했는데, P015, P017과 같이 코드가 없을 때 찾는 코드값보다 작은(비슷한) P010 코드의 정보를 가져오기 위해 C2:C11 범위를 선택하고 Delete를 눌러 입력된 수식을 삭제하세요.

▶ LOOKUP 강의 ◀   ▶ 영상강의 ◀

💡 **Tip**

'비교 대상' 영역에서 찾을 코드값이 I4:I13 범위와 같이 세로 방향으로 입력되어 있으면 VLOOKUP 함수를 사용합니다. 반면 찾을 코드값이 I4:R4 범위와 같이 가로로 입력되어 있으면 HLOOKUP 함수를 사용하세요.

2 찾는 코드가 없을 때 비슷한 근사값을 가져오려면 비교 대상의 첫 번째 열인 I4:I13 범위의 데이터가 오름차순으로 정렬되어 있는지 확인해야 합니다. C2셀을 클릭하고 [수식] 탭-[함수 라이브러리] 그룹에서 [찾기/참조 영역]을 클릭한 후 [VLOOKUP]을 선택하세요.

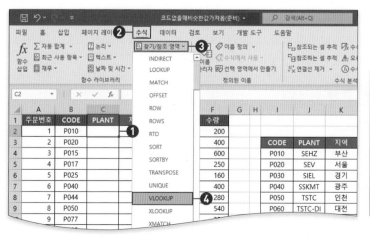

💡 **Tip**

근사값을 가져오려면(VLOOKUP 함수의 마지막 인수를 생략하거나 TRUE 지정) I4:I13 범위의 데이터를 오름차순으로 정렬하고 작업해야 합니다. 하지만 정확히 일치하는 데이터를 가져올 때는 (VLOOKUP 함수의 마지막 인수에 'FALSE' 지정) 데이터가 정렬되지 않아도 됩니다.

233

3 VLOOKUP 함수의 [함수 인수] 대화상자가 열리면 다음과 같이 지정하고 [확인]을 클릭합니다.

- **Lookup_value** : 찾을 데이터가 입력된 셀인 B2셀 클릭
- **Table_array** : 비교 대상을 지정하는 I4:L13 범위를 선택하고 F4 를 눌러 '$I$4:$L$13'으로 지정
- **Col_index_num** : I4:L13 범위에서 해당 코드를 찾았으면 몇 번째 열에 위치한 값을 가져올 것인지 지정하는데, 여기서는 'PLANT' 항목을 가져오기 위해 『2』 입력
- **Range_lookup** : 'P010'인 코드를 찾는데 코드가 없으면 해당 코드보다 작은 코드의 값을 가져오도록 생략하거나 『TRUE』 입력

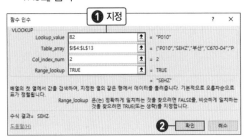

4 C2셀에 함수식 '=VLOOKUP(B2,$I$4:$L$13,2,TRUE)'가 완성되면서 결과 값이 나타나면 C2셀의 자동 채우기 핸들을 더블클릭해서 나머지 셀에도 함수식을 복사합니다. **1** 과정과 달리 I3셀에 P010보다 크거나 같으면서 P020보다 작으면 I4:I13 범위에서 P010 값을, P020보다 크거나 같으면서 P030보다 작으면 P020 값을 가져옵니다.

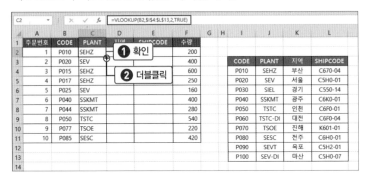

5 D2셀에는 함수식 『=VLOOKUP(B2,$I$4:$L$13,3,TRUE)』를, E2셀에는 함수식 『=VLOOKUP(B2,$I$4:$L$13,4,TRUE)』를 입력하고 나머지 셀에도 함수식을 복사하여 지역별 코드를 완성합니다.

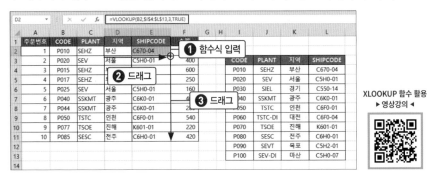

XLOOKUP 함수 활용
▶ 영상강의 ◀

현장실무
24 | 가로로 표시된 목록 비교해서 값 가져오기 – HLOOKUP 함수

함수 이해를 단숨에	형식	=HLOOKUP(찾을 값,비교 대상,가져올 행 번호[,찾을 방식])
	용도	• 특정 데이터 영역에서 같은 값을 찾아 원하는 행에 입력된 값을 가져옴 • '비교 대상' 영역에서 찾을 데이터가 가로 방향으로 입력되어 있는 경우에 사용 • '비교 대상' 영역에서 찾을 데이터가 세로 방향으로 입력되어 있으면 VLOOKUP 함수 사용

	인수	• 찾을 값 : 찾으려는 값 또는 그 값이 저장된 셀
		• 비교 대상 : '찾을 값' 인수에 지정한 데이터와 같은 값이 있는지 찾아볼 비교 대상의 범위
		• 가져올 행 번호 : 원하는 값을 찾았으면 '비교 대상' 인수에 지정한 영역에서 몇 번째 행에 입력된 값을 가져올 것인지 위치 지정
		• 찾을 방식 : 찾을 방법에 따라 TRUE 또는 FALSE 지정
		  – 생략하거나 TRUE를 지정하면 비슷한 값을 찾아옴(반드시 '비교 대상' 영역에서 첫 번째 행이 오름차순으로 정렬되어야 함)
		  – FALSE를 지정하면 정확히 일치하는 값만 가져오고 찾지 못하면 오류 표시

1 [Sheet1] 시트에서 2~4행에 입력된 데이터를 참조해서 아래쪽에 있는 주문 내역의 'PLANT'와 '지역'을 자동으로 찾아 표시해 볼게요. B2:K2 범위에 찾을 코드가 있으므로 가로 방향으로 데이터를 찾기 위해 HLOOKUP 함수를 이용하세요. 여기서는 정확히 일치하는 코드만 표시하고, 그렇지 않으면 오류 메시지를 표시할 것이므로 B2:K2 범위의 코드가 정렬되어 있지 않아도 됩니다.

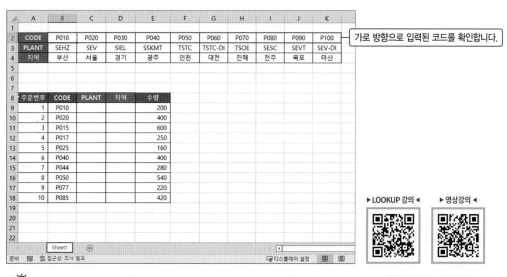

가로 방향으로 입력된 코드를 확인합니다.

▶ LOOKUP 강의 ◀   ▶ 영상강의 ◀

 Tip

LOOKUP 함수는 실무 중요도가 굉장히 높은 함수로, VLOOKUP, HLOOKUP, XLOOKUP 함수를 제대로 다루기 위해서는 꼭 숙지해 두어야 합니다. 따라서 이 책에서는 LOOKUP 함수 기본 사용법 영상을 229쪽, 233쪽, 235쪽에서 반복하여 다룹니다.

2 C9셀을 클릭하고 [수식] 탭-[함수 라이브러리] 그룹에서 [찾기/참조 영역]을 클릭한 후 [HLOOKUP]을 선택합니다. HLOOKUP 함수의 [함수 인수] 대화상자가 열리면 다음과 같이 지정하고 [확인]을 클릭하세요.

- Lookup_value : 찾을 데이터가 입력된 셀인 B9셀 클릭
- Table_array : 비교 대상을 지정하는 B2:K4 범위를 선택하고 F4 를 눌러 '$B$2:$K$4'로 지정
- Col_index_num : B2:K4 범위에서 해당 코드를 찾았으면 몇 번째 행에 위치한 값을 가져올 것인지 지정하는데, 여기서는 『2』입력
- Range_lookup : 'P010'인 코드를 찾는데, 코드가 없으면 오류 메시지를 표시하고 정확히 일치하는 데이터만 가져오도록 『FALSE』입력

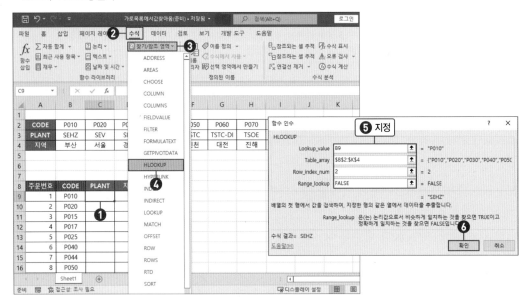

3 C9셀에 함수식 '=HLOOKUP(B9,$B$2:$K$4,2,FALSE)'가 완성되면서 결과 값이 나타나면 C9셀의 자동 채우기 핸들을 더블클릭해서 나머지 셀에도 함수식을 복사합니다. 원하는 코드값이 없으면 #N/A 오류 메시지가 표시됩니다.

4 이와 같은 방법으로 D9셀에 『=HLOOKUP(B9,$B$2:$K$4,3,FALSE)』를 입력하고 Enter를 눌러 함수식을 완성합니다.

	A	B	C	D	E	F	G	H	I	J	K
1											
2	CODE	P010	P020	P030	P040	P050	P060	P070	P080	P090	P100
3	PLANT	SEHZ	SEV	SIEL	SSKMT	TSTC	TSTC-DI	TSOE	SESC	SEVT	SEV-DI
4	지역	부산	서울	경기	광주	인천	대전	진해	전주	목포	마산
5											
6											
7											
8	주문번호	CODE	PLANT	지역	수량						
9	1	P010	SEHZ	=HLOOKUP(B9,$B$2:$K$4,3,FALSE)			입력 → Enter				
10	2	P020	SEV		400						
11	3	P015	#N/A		600						
12	4	P017	#N/A		250						
13	5	P025	#N/A		160						
14	6	P040	SSKMT		400						
15	7	P044	#N/A		280						
16	8	P050	TSTC		540						
17	9	P077	#N/A		220						
18	10	P085	#N/A		420						

5 D9셀에 'P010' 코드에 해당하는 지역으로 '부산'이 표시되었습니다. D9셀의 자동 채우기 핸들을 더블클릭해서 나머지 셀에도 함수식을 복사하세요.

	A	B	C	D	E	F	G	H	I	J	K
1											
2	CODE	P010	P020	P030	P040	P050	P060	P070	P080	P090	P100
3	PLANT	SEHZ	SEV	SIEL	SSKMT	TSTC	TSTC-DI	TSOE	SESC	SEVT	SEV-DI
4	지역	부산	서울	경기	광주	인천	대전	진해	전주	목포	마산
5											
6											
7											
8	주문번호	CODE	PLANT	지역	수량						
9	1	P010	SEHZ	부산	❶ 확인						
10	2	P020	SEV	서울	400						
11	3	P015	#N/A	#N/A	600	❷ 더블클릭					
12	4	P017	#N/A	#N/A	250						
13	5	P025	#N/A	#N/A	160						
14	6	P040	SSKMT	광주	400						
15	7	P044	#N/A	#N/A	280						
16	8	P050	TSTC	인천	540						
17	9	P077	#N/A	#N/A	220						
18	10	P085	#N/A	#N/A	420						

Tip

아래 수식과 같이 엑셀 2021 버전에 추가된 XLOOKUP 함수를 이용해도 같은 결과를 얻을 수 있습니다.

- C9셀 : =XLOOKUP(B9,$B$2:$K$2,$B$3:$K$3)
- D9셀 : =XLOOKUP(B9,$B$2:$K$2,$B$4:$K$4)

▶ 영상강의 ◀

● 예제파일 : 원하는위치에있는값찾아옴(준비).xlsx   ● 완성파일 : 원하는위치에있는값찾아옴(완성).xlsx

현장실무

25

목록에서 원하는 위치에 있는 값 가져오기 – INDEX 함수

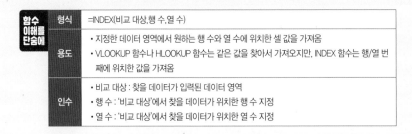

함수 이해를 단숨에	형식	=INDEX(비교 대상,행 수,열 수)
	용도	• 지정한 데이터 영역에서 원하는 행 수와 열 수에 위치한 셀 값을 가져옴 • VLOOKUP 함수나 HLOOKUP 함수는 같은 값을 찾아서 가져오지만, INDEX 함수는 행/열 번째에 위치한 값을 가져옴
	인수	• 비교 대상 : 찾을 데이터가 입력된 데이터 영역 • 행 수 : '비교 대상'에서 찾을 데이터가 위치한 행 수 지정 • 열 수 : '비교 대상'에서 찾을 데이터가 위치한 열 수 지정

1 LOOKUP 함수는 같은 값이 있는지 비교해서 찾아올 때, INDEX 함수는 찾을 데이터가 범위 안에서 몇 번째에 위치하고 있는지 행과 열의 위치를 지정해서 값을 찾아올 때 사용합니다. [Sheet1] 시트의 G3:H12 범위에서 '경기'는 3행 1열에, 'TSOE'는 7행 2열에 위치합니다. 이러한 방법으로 B열에 지정한 행 위치에 있는 지역과 PLANT를 찾아오기 위해 C3셀을 클릭하고 [수식] 탭-[함수 라이브러리] 그룹에서 [찾기/참조 영역]을 클릭한 후 [INDEX]를 선택합니다. [인수 선택] 대화상자가 열리면 첫 번째 항목을 선택하고 [확인]을 클릭하세요.

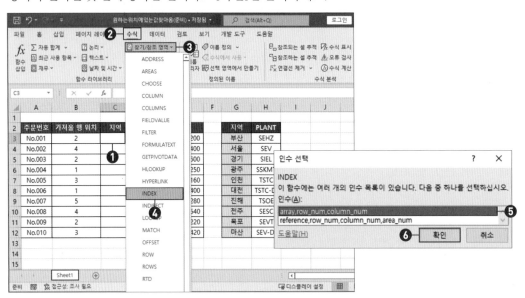

2 INDEX 함수의 [함수 인수] 대화상자가 열리면 다음과 같이 지정하고 [확인]을 클릭합니다.

- Array : 참조할 대상이 입력된 영역으로 G3:H12를 드래그해서 선택하고 F4 를 눌러 절대 참조 '\$G\$3:\$H\$12'로 지정
- Row_num : G3:H12 범위에서 가져올 값이 위치한 행 수를 지정하므로 B3셀 클릭
- Column_num : 가져올 데이터가 위치한 열 수를 지정하므로 『1』입력

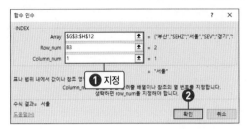

3 C3셀에 함수식 '=INDEX(\$G\$3:\$H\$12,B3,1)'이 완성되면서 B3셀에 입력된 2행 1열에 위치한 값인 '서울'을 가져오면 C3셀의 자동 채우기 핸들을 더블클릭해서 나머지 셀에도 함수식을 복사합니다.

	A	B	C	D	E	F	G	H	I
2	주문번호	가져올 행 위치	지역	PLANT	수량		지역	PLANT	
3	No.001	2	서울	❶ 확인	200		부산	SEHZ	
4	No.002	4	광주		400		서울	SEV	
5	No.003	2	서울	❷ 더블클릭	600		경기	SIEL	
6	No.004	1	부산		250		광주	SSKMT	
7	No.005	3	경기		160		인천	TSTC	
8	No.006	1	부산		400		대전	TSTC-DI	
9	No.007	5	인천		280		진해	TSOE	
10	No.008	4	광주		540		전주	SESC	
11	No.009	2	서울		220		목포	SEVT	
12	No.010	3	경기		420		마산	SEV-DI	

C3 | =INDEX(\$G\$3:\$H\$12,B3,1)

4 G3:H12 범위에 있는 데이터에서 B열에 입력된 행 위치에 있는 'PLANT' 값을 찾아오기 위해 D3셀에 함수식 『=INDEX(\$G\$3:\$H\$12,B3,2)』를 입력하고 Enter 를 누릅니다. B3셀에 2가 입력되어 있으므로 G3:H12 범위에서 2행 2열에 위치한 'SEV'가 D3셀에 표시되면 D3셀의 자동 채우기 핸들을 더블클릭해서 나머지 셀에도 함수식을 복사하세요.

	A	B	C	D	E	F	G	H	I
2	주문번호	가져올 행 위치	지역	PLANT	수량		지역	PLANT	
3	No.001	2	서울	SEV	❶ 함수식 입력→Enter			SEHZ	
4	No.002	4	광주	SSKMT	400		서울	SEV	
5	No.003	2	서울	SEV	❷ 더블클릭		경기	SIEL	
6	No.004	1	부산	SEHZ			광주	SSKMT	
7	No.005	3	경기	SIEL	160		인천	TSTC	
8	No.006	1	부산	SEHZ	400		대전	TSTC-DI	
9	No.007	5	인천	TSTC	280		진해	TSOE	
10	No.008	4	광주	SSKMT	540		전주	SESC	
11	No.009	2	서울	SEV	220		목포	SEVT	
12	No.010	3	경기	SIEL	420		마산	SEV-DI	

D3 | =INDEX(\$G\$3:\$H\$12,B3,2)

◉ **예제파일** : 문자열로지정된셀주소참조(준비).xlsx ◉ **완성파일** : 문자열로지정된셀주소참조(완성).xlsx

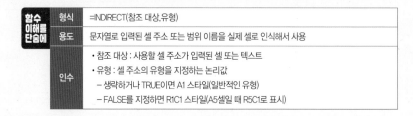

현장실무

26

문자열로 지정된 셀 주소 참조하기
– INDIRECT 함수

함수 이해를 단숨에	형식	=INDIRECT(참조 대상,유형)
	용도	문자열로 입력된 셀 주소 또는 범위 이름을 실제 셀로 인식해서 사용
	인수	• 참조 대상 : 사용할 셀 주소가 입력된 셀 또는 텍스트 • 유형 : 셀 주소의 유형을 지정하는 논리값 　– 생략하거나 TRUE이면 A1 스타일(일반적인 유형) 　– FALSE를 지정하면 R1C1 스타일(A5셀일 때 R5C1로 표시)

1 사용할 셀 주소가 입력된 셀을 참조하기 위해 [Sheet1] 시트에서 C2셀에 『=B2』를 입력하고 Enter 를 누릅니다.

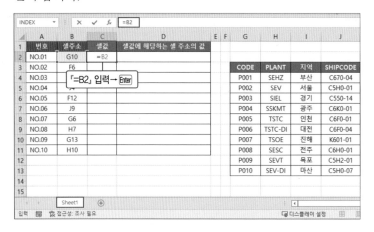

2 C2셀에는 B2셀에 입력된 셀 주소가 단순히 문자 값으로 인식되어 표시되었습니다. C2셀의 자 동 채우기 핸들을 더블클릭해서 나머지 셀에도 함수식을 복사하세요.

240

3 이번에는 B2셀에 입력된 셀 주소에 저장된 값을 표시하기 위해 D2셀에 함수식 『=INDIRECT (B2)』를 입력하고 Enter 를 누릅니다.

필수 작업 팁

데이터 편집 편집

서식 지정

수식 원리

함수

데이터 분석

피벗 테이블

양식 컨트롤

차트

함수식 설명

=INDIRECT(B2)

B2셀에 입력된 값에 해당하는 셀 주소를 찾아 그 셀에 저장된 값을 표시합니다. 이때 B2셀에 『G10』이 입력되어 있으므로 G10셀에 입력된 값이 결과 값으로 나타납니다.

4 셀 값에 해당하는 셀 주소의 값이 D2셀에 표시되었습니다. D2셀의 자동 채우기 핸들을 더블클릭하여 나머지 셀에도 함수식을 복사하세요.

● 예제파일 : 지역코드로지역명표시1(준비).xlsx   ● 완성파일 : 지역코드로지역명표시1(완성).xlsx

현장실무

27

지역 코드 참고해 지역명 표시하기 1
– CHOOSE 함수

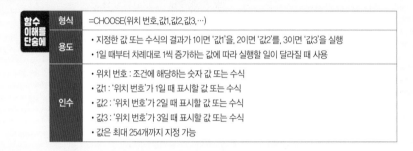

함수 이해를 단숨에	형식	=CHOOSE(위치 번호,값1,값2,값3,···)
	용도	• 지정한 값 또는 수식의 결과가 1이면 '값1'을, 2이면 '값2'를, 3이면 '값3'을 실행 • 1일 때부터 차례대로 1씩 증가하는 값에 따라 실행할 일이 달라질 때 사용
	인수	• 위치 번호 : 조건에 해당하는 숫자 값 또는 수식 • 값1 : '위치 번호'가 1일 때 표시할 값 또는 수식 • 값2 : '위치 번호'가 2일 때 표시할 값 또는 수식 • 값3 : '위치 번호'가 3일 때 표시할 값 또는 수식 • 값은 최대 254개까지 지정 가능

1 [Sheet1] 시트에서 지역 코드가 1일 때는 '서울'을, 2일 때는 '광주'를, 3일 때는 '부산'을 지역명으로 표시해 볼게요. C2셀을 클릭하고 [수식] 탭-[함수 라이브러리] 그룹에서 [찾기/참조 영역]을 클릭한 후 [CHOOSE]를 선택하세요.

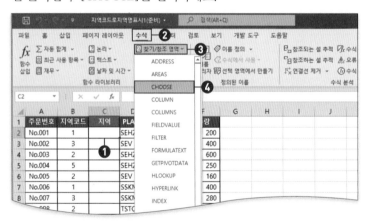

2 CHOOSE 함수의 [함수 인수] 대화상자가 열리면 'Index_num'에는 『B2』를, 'Value1'에는 『"서울"』을, 'Value2'에는 『"광주"』를, 'Value3'에는 『"부산"』을, 'Value4'에는 『"대구"』를, 'Value5'에는 『"대전"』을 지정하고 [확인]을 클릭합니다.

Tip
'Value5'가 안 보이면 대화상자의 오른쪽에 있는 화면 이동 막대를 아래쪽으로 드래그해서 표시하세요.

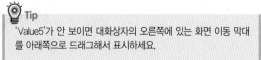

3 C2셀에 함수식 '=CHOOSE(B2,"서울","광주","부산","대구","대전")'이 완성되면서 결과 값 '서울'이 표시되면 C2셀의 자동 채우기 핸들을 더블클릭해서 나머지 셀에도 함수식을 복사합니다.

	A	B	C	D	E	F	G	H	I
	C2			fx	=CHOOSE(B2,"서울","광주","부산","대구","대전")				
1	주문번호	지역코드	지역	PLANT	SHIPCODE	수량			
2	No.001	1	서울	① 확인	670-04	200			
3	No.002	3		SEV	C5H0-01	400			
4	No.003	2	② 더블클릭		C670-04	600			
5	No.004	5		SEHZ	C670-04	250			
6	No.005	2		SEV	C5H0-01	160			
7	No.006	1		SSKMT	C6K0-01	400			
8	No.007	3		SSKMT	C6K0-01	280			
9	No.008	2		TSTC	C6F0-01	540			
10	No.009	5		TSOE	K601-01	220			
11	No.010	1		SESC	C6H0-01	420			
12									

4 B열의 '지역코드'에 해당하는 지역명으로 C열의 '지역' 항목의 값이 표시되었는지 확인합니다.

	A	B	C	D	E	F	G	H	I
1	주문번호	지역코드	지역	PLANT	SHIPCODE	수량			
2	No.001	1	서울	SEHZ	C670-04	200			
3	No.002	3	부산	SEV	C5H0-01	400			
4	No.003	2	광주	SEHZ	C670-04	600			
5	No.004	5	대전	SEHZ	C670-04	250			
6	No.005	2	광주	SEV	C5H0-01	160			
7	No.006	1	서울	SSKMT	C6K0-01	400			
8	No.007	3	부산	SSKMT	C6K0-01	280			
9	No.008	2	광주	TSTC	C6F0-01	540			
10	No.009	5	대전	TSOE	K601-01	220			
11	No.010	1	서울	SESC	C6H0-01	420			
12									

확인

함수식 설명

=CHOOSE(B2,"서울","광주","부산","대구","대전")

B2셀에 입력된 값이 1이면 '서울'을, 2이면 '광주'를, 3이면 '부산'을, 4이면 '대구'를, 5이면 '대전'을 표시하는 함수식입니다. 이 함수식은 첫 번째 인수에 입력한 수식의 결과 값이나 셀의 값이 1일 때부터 차례대로 1씩 증가하는 값일 때 사용하면 편리합니다.

다음과 같이 SWITCH 함수, IFS 함수, 다중 IF 함수 등을 이용해도 같은 결과 값을 얻을 수 있습니다. SWITCH 함수와 IFS 함수는 M365나 엑셀 2019 버전부터 사용할 수 있고, 하위 버전인 경우에는 다중 IF 함수나 CHOOSE 함수를 사용하세요.

=SWITCH(B2,1,"서울",2,"광주",3,"부산",4,"대구",5,"대전")

=IFS(B2=1,"서울",B2=2,"광주",B2=3,"부산",B2=4,"대구",B2=5,"대전")

=IF(B2=1,"서울",IF(B2=2,"광주",IF(B2=3,"부산",IF(B2=4,"대구","대전"))))

함수 작업 팁
데이터 편집 방법
서식 지정
수식 원리
함수
데이터 분석
피벗 테이블
양식 컨트롤
차트

현장실무

28 │ 지역 코드 참고해 지역명 표시하기 2
– SWITCH 함수

함수 이해를 단숨에	형식	=SWITCH(대상,조건1,결과 값1,조건2,결과 값2,조건3,결과 값3,…,반환할 값)
	용도	지정한 값 또는 수식의 결과가 '조건1'과 같으면 '결과 값'을, '조건2'와 같으면 '결과 값2'를, '조건3'과 같으면 '결과 값3'을 표시하고, 그 외의 모든 경우에는 반환할 값을 표시할 때 사용
	인수	• 대상 : 비교할 조건에 해당하는 숫자 값 또는 수식 • 조건1, 조건2, 조건3 : 대상에 지정한 값이 조건과 같은지 체크할 값 • 결과 값1, 결과 값2, 결과 값3 : 조건에 만족한다면 표시할 결과 값 또는 수식 • 반환할 값 : 지정한 모든 조건에 만족하지 않는 값일 때 표시할 값 또는 수식

1 [Sheet1] 시트에서 지역 코드가 1일 때는 '부산'으로, 5일 때는 '대전'으로, 10일 때는 '광주'로 지역명으로 표시하고 1, 5, 10 이외의 값일 때는 '보류'를 표시해 보겠습니다. C2셀을 클릭하고 [수식] 탭-[함수 라이브러리] 그룹에서 [논리]를 클릭한 후 [SWITCH]를 선택하세요.

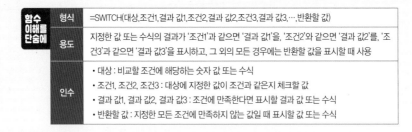

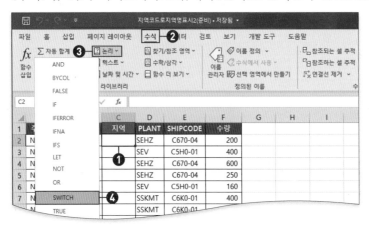

> **Tip**
>
> SWITCH 함수는 M365와 엑셀 2019 버전부터 지원하는 기능입니다. 이전 버전을 사용한다면 다중 IF 함수를 이용해서 처리할 수 있습니다.

2 SWITCH 함수의 [함수 인수] 대화상자가 열리면 'Expression'에는 『B2』를, 'Value1'에는 『1』을, 'Result1'에는 『"부산"』을, 'Default_or_Value2'에는 『5』를, 'Result2'에는 『"대전"』을, 'Default_or_Value3'에는 『10』을, 'Result3'에는 『"광주"』를, 'Default_or_Value4'에는 『"보류"』를 지정하고 [확인]을 클릭합니다.

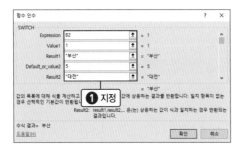

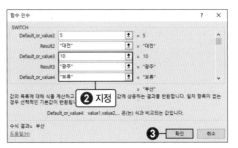

3 C2셀에 함수식 '=SWITCH(B2,1,"부산",5,"대전",10,"광주","보류")'가 완성되면서 결과 값 '부산'이 표시되면 C2셀의 자동 채우기 핸들을 더블클릭해서 나머지 행에도 함수식을 복사합니다.

C2	▼	⋮	×	✓	fx	=SWITCH(B2,1,"부산",5,"대전",10,"광주","보류")		

	A	B	C	D	E	F	G	H	I
1	주문번호	지역코드	지역	PLANT	SHIPCODE	수량			
2	No.001	1	부산	S**❶ 확인**	70-04	200			
3	No.002	3		SEV	C5H0-01	400			
4	No.003	10	**❷ 더블클릭**		C670-04	600			
5	No.004	5		SEHZ	C670-04	250			
6	No.005	2		SEV	C5H0-01	160			
7	No.006	1		SSKMT	C6K0-01	400			
8	No.007	10		SSKMT	C6K0-01	280			
9	No.008	1		TSTC	C6F0-01	540			
10	No.009	5		TSOE	K601-01	220			
11	No.010	1		SESC	C6H0-01	420			
12									
13									
14									
15									
16									

함수식 설명

=SWITCH(B2,1,"부산",5,"대전",10,"광주","보류")

B2셀에 입력된 값이 1이면 '부산'을, 5이면 '대전'을, 10이면 '광주'를 표시하고, 그 외의 나머지 값일 때는 '보류'를 표시하는 함수식입니다. CHOOSE 함수는 무조건 1일 때부터 1씩 증가하는 값에 적용할 수 있기 때문에 연속적인 숫자가 아닐 경우에는 사용하기가 불편합니다. 그리고 SWITCH 함수는 조건에 만족하지 않는 나머지 값도 처리할 수 있습니다. 다중 IF 함수를 이용해서 같은 결과 값을 얻으려면 다음의 함수식을 사용하세요.

=IF(B2=1,"부산",IF(B2=5,"대전",IF(B2=10,"광주","보류")))

4 B열의 '지역코드'에 해당하는 지역명으로 C열에 '지역' 항목 값이 표시되었는지 확인합니다.

	A	B	C	D	E	F	G	H	I
1	주문번호	지역코드	지역	PLANT	SHIPCODE	수량			
2	No.001	1	부산	SEHZ	C670-04	200			
3	No.002	3	보류	SEV	C5H0-01	400			
4	No.003	10	광주	SEHZ	C670-04	600			
5	No.004	5	대전	SEHZ	C670-04	250			
6	No.005	2	보류	SEV	C5H0-01	160			
7	No.006	1	부산	SSKMT	C6K0-01	400			
8	No.007	10	광주	SSKMT	C6K0-01	280			
9	No.008	1	부산	TSTC	C6F0-01	540			
10	No.009	5	대전	TSOE	K601-01	220			
11	No.010	1	부산	SESC	C6H0-01	420			
12									
13			**확인**						
14									
15									

함수 작업 팁
데이터 편집 방법
서식 지정
수식 원리
함수
데이터 분석
피벗 테이블
양식 컨트롤
차트

● 예제파일 : 작업당일날짜와시간표시(준비).xlsx　　● 완성파일 : 작업당일날짜와시간표시(완성).xlsx

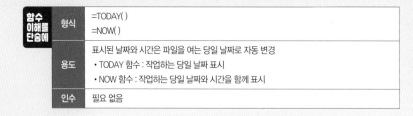

필수기능 29

작업일의 날짜와 시간 표시하기
– TODAY, NOW 함수

함수 이해를 단숨에	형식	=TODAY( ) =NOW( )
	용도	표시된 날짜와 시간은 파일을 여는 당일 날짜로 자동 변경 • TODAY 함수 : 작업하는 당일 날짜 표시 • NOW 함수 : 작업하는 당일 날짜와 시간을 함께 표시
	인수	필요 없음

1 [Sheet1] 시트에서 작업하는 당일 날짜를 표시하기 위해 I1셀에 『=TO』를 입력하고 함수 목록이 표시되면 [TODAY]를 더블클릭합니다.

2 I1셀에 '=TODAY('가 표시되면 TODAY 함수는 인수를 따로 지정하지 않으므로 『)』를 입력하고 Enter를 누릅니다.

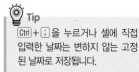

3 I1셀에 현재 작업하는 당일 날짜가 표시되었는데, 내일 이 문서를 열면 내일 날짜로 자동으로 바뀝니다. I2셀에는 날짜와 시간을 함께 표시하기 위해 함수식 『=NOW()』를 입력하고 Enter 를 누르세요.

4 I2셀의 너비가 좁아서 '##########'로 표시되면 I열 머리글과 J열 머리글 사이에 마우스 포인터를 올려놓고 ✛ 모양으로 변경되었을 때 더블클릭합니다.

💡 Tip
열 머리글 사이의 경계선을 더블클릭하면 I열에 입력된 데이터의 가장 긴 길이에 맞게 자동 열 너비가 조정되고, 드래그하면 원하는 길이만큼 너비를 조정할 수 있습니다.

5 I2셀의 너비가 자동으로 조정되면서 I2셀에 작업 당일의 날짜와 시간까지 모두 표시되었는지 확인합니다.

	A	B	C	D	E	F	G	H	I	J	K
1							작업일		2022-07-26		
2							작업일과 시간		2022-07-26 19:06	확인	
3											
4	지역	형태	접수일	유형	Agnt	Cstm	Ordr/Itm	CRD/분납	접수일		
5	K	D	161015	AIR	E	SEZ	101	11			
6	K	D	161016	AIR	E	SEZ	101	11			
7	K	D	161020	AIR	E	SEZ	101	11			
8	K	D	161020	VSL	E	SEZ	101	11			
9	K	D	161010	VSL	E	SEZ	102	11			
10	K	D	161010	VSL	E	SEZ	101	11			
11	K	D	161016	VSL	E	SEZ	102	11			
12	K	D	161020	VSL	E	SEZ	102	11			
13	K	D	161010	VSL	E	SEZ	114	11			
14	K	D	161010	VSL	E	SEZ	115	11			

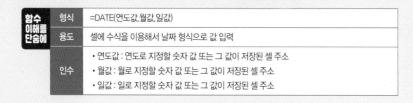

필수기능
30
수식 이용해 날짜 표시하기
– DATE 함수

함수 이해를 단숨에	형식	=DATE(연도값,월값,일값)
	용도	셀에 수식을 이용해서 날짜 형식으로 값 입력
	인수	• 연도값 : 연도로 지정할 숫자 값 또는 그 값이 저장된 셀 주소 • 월값 : 월로 지정할 숫자 값 또는 그 값이 저장된 셀 주소 • 일값 : 일로 지정할 숫자 값 또는 그 값이 저장된 셀 주소

1 서버나 웹에서 데이터를 다운로드하거나 복사할 경우 C열에 접수일과 같이 날짜가 문자열로 저장된 경우가 많은데, 문자로 저장된 날짜는 연산이 불가능해서 날짜 함수를 적용할 수 없습니다. 문자로 저장된 값을 계산 가능한 날짜 형식으로 변환하기 위해 [Sheet1] 시트에서 I3셀을 클릭하고 [수식] 탭-[함수 라이브러리] 그룹에서 [날짜 및 시간]을 클릭한 후 [DATE]를 선택하세요.

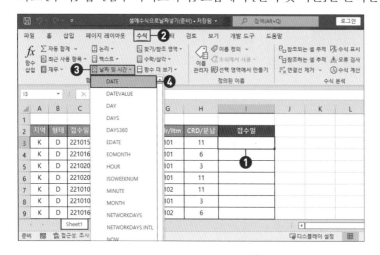

2 DATE 함수의 [함수 인수] 대화상자가 열리면 다음과 같이 지정하고 [확인]을 클릭합니다.

• **Year** : C3셀의 문자열에서 왼쪽에서 두 글자만 표시하기 위해 『LEFT(C3,2)+2000』 입력
• **Month** : C3셀의 문자열에서 세 번째부터 두 글자만 표시하기 위해 『MID(C3,3,2)』 입력
• **Day** : C3셀의 문자열에서 다섯 번째부터 두 글자만 표시하기 위해 『MID(C3,5,2)』 입력

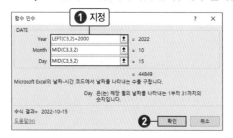

> **Tip**
> LEFT 함수와 MID 함수에 대해서는 206쪽을 참고하세요.

3 I3셀에 함수식 '=DATE(LEFT(C3,2)+2000,MID(C3,3,2),MID(C3,5,2))'가 완성되면서 C3셀의 문자로 입력된 접수일이 날짜로 변환되어 표시되었습니다. I3셀의 자동 채우기 핸들을 더블클릭하여 나머지 셀에도 함수식을 복사하세요.

	A	B	C	D	E	F	G	H	I	J	K
1											
2	지역	형태	접수일	유형	Agnt	Cstm	Ordr/Itm	CRD/분납	접수일		
3	K	D	221015	AIR	E	SEZ	101	11	2022-10-15		
4	K	D	221016	AIR	E	SEZ	101	6	2022-10-16		
5	K	D	221020	AIR	E	SEZ	101	3	2022-10-20		
6	K	D	221020	VSL	E	SEZ	101	11	2022-10-20		
7	K	D	221010	VSL	E	SEZ	102	11	2022-10-10		
8	K	D	221010	VSL	E	SEZ	101	3	2022-10-10		
9	K	D	221016	VSL	E	SEZ	102	6	2022-10-16		
10	K	D	221020	VSL	E	SEZ	102	11	2022-10-20		
11	K	D	221010	VSL	E	SEZ	114	2	2022-10-10		
12	K	D	221010	VSL	E	SEZ	115	11	2022-10-10		
13	K	D	221016	VSL	E	SEZ	103	6	2022-10-16		
14	K	D	220925	VSL	E	SEZ	112	11	2022-09-25		
15	K	D	221010	VSL	E	SEZ	106	2	2022-10-10		
16	K	D	221016	VSL	E	SEZ	108	11	2022-10-16		

❶ 확인

❷ 더블클릭

함수식 설명

=DATE(LEFT(C3,2)+2000,MID(C3,3,2),MID(C3,5,2))
　　　　❶　　　　　　❷　　　　　　❸

❶ LEFT(C3,2)+2000
C3셀에 입력된 문자 221015를 왼쪽에서 두 글자만 가져와서 22를 구하고, 이 값에 2000을 더하면 2022가 되어 연도 값으로 사용합니다. 만약 2000을 더하지 않고 곧바로 사용하면 1922로 인식됩니다.

❷ MID(C3,3,2)
C3셀에 입력된 문자 221015를 세 번째부터 두 글자만 가져와서 10을 구하고, 이 값을 월값으로 사용합니다.

❸ MID(C3,5,2)
C3셀에 입력된 문자 221015를 다섯 번째부터 두 글자만 가져와서 15를 구하고, 이 값을 일값으로 사용합니다.

 Tip

시간도 시간끼리 연산이 가능하기 때문에 시간 함수를 이용하려면 셀 값이 시간 형태를 갖추어야 합니다. 셀에 수식으로 시간 데이터를 입력하려면 TIME 함수를 이용하세요.
• **형식** : =TIME(시간값,분값,초값)
📋 =TIME(5,20,50) ➡ 『5시20분50초』로 입력

◉ 예제파일 : 날짜에서연월일분리(준비).xlsx　　◉ 완성파일 : 날짜에서연월일분리(완성).xlsx

날짜에서 연, 월, 일 분리하기
– YEAR, MONTH, DAY 함수

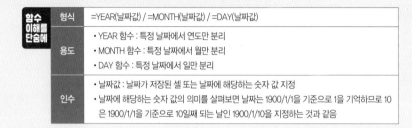

함수 이해를 단숨에	형식	=YEAR(날짜값) / =MONTH(날짜값) / =DAY(날짜값)
	용도	• YEAR 함수 : 특정 날짜에서 연도만 분리 • MONTH 함수 : 특정 날짜에서 월만 분리 • DAY 함수 : 특정 날짜에서 일만 분리
	인수	• 날짜값 : 날짜가 저장된 셀 또는 날짜에 해당하는 숫자 값 지정 • 날짜에 해당하는 숫자 값의 의미를 살펴보면 날짜는 1900/1/1을 기준으로 1을 기억하므로 10은 1900/1/1을 기준으로 10일째 되는 날인 1900/1/10을 지정하는 것과 같음

1 [Sheet1] 시트에서 C열에 입력된 접수일 날짜에서 연도만, 월만, 일만 따로 분리해 볼게요. I3셀에 『=YEAR(C3)』을 입력하고 [Enter]를 누르세요.

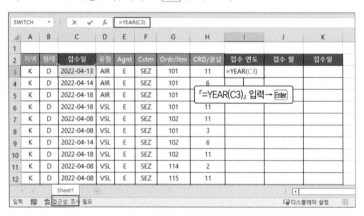

2 C3셀에서 연도에 해당하는 '2022'가 I3셀에 표시되었으면 J3셀에는 『=MONTH(C3)』을, K3셀에는 『=DAY(C3)』을 입력하고 [Enter]를 누릅니다.

3 J3셀에는 접수일에서 월만 빼서, K3셀에는 일만 빼서 표시되었습니다. I3:K3 범위를 선택하고 K3셀의 자동 채우기 핸들을 더블클릭해서 나머지 셀에도 함수식을 복사하세요.

	A	B	C	D	E	F	G	H	I	J	K
1											
2	지역	형태	접수일	유형	Agnt	Cstm	Ordr/Itm	CRD/분납	접수 연도	접수 월	접수일
3	K	D	2022-04-13	AIR	E	SEZ	101	11	2022	4	13
4	K	D	2022-04-14	AIR	E	SEZ	101	6	2022	4	14
5	K	D	2022-04-18	AIR	E	SEZ	101	3	2022		18
6	K	D	2022-04-18	VSL	E	SEZ	101	11	2022		18
7	K	D	2022-04-08	VSL	E	SEZ	102	11	2022	4	8
8	K	D	2022-04-08	VSL	E	SEZ	101	3	2022	4	8
9	K	D	2022-04-14	VSL	E	SEZ	102	6	2022	4	14
10	K	D	2022-04-18	VSL	E	SEZ	102	11	2022	4	18
11	K	D	2022-04-08	VSL	E	SEZ	114	2	2022	4	8
12	K	D	2022-04-08	VSL	E	SEZ	115	11	2022	4	8
13	K	D	2022-04-14	VSL	E	SEZ	103	6	2022	4	14
14	K	D	2022-03-24	VSL	E	SEZ	112	11	2022	3	24
15	K	D	2022-04-08	VSL	E	SEZ	106	2	2022	4	8
16	K	D	2022-04-14	VSL	E	SEZ	108	11	2022	4	14
17	K	D	2022-04-08	VSL	E	SEZ	111	3	2022	4	8

① 확인
③ 더블클릭
② 드래그

잠깐만요 :: 숫자가 표시되어야 할 셀에 날짜가 나와요!

함수식을 실행한 결과 값이 숫자가 나와야 하는데 날짜가 표시되거나, 반대로 날짜 대신 숫자가 표시될 때가 있습니다. 이 경우에는 대상 영역을 범위 설정하고 [홈] 탭-[표시 형식] 그룹에서 [표시 형식]의 내림 단추(▽)를 눌러 [일반]을 선택하여 날짜로 표시된 값을 숫자로 변환해야 합니다. 반대로 [간단한 날짜]나 [자세한 날짜]를 선택하면 숫자를 날짜로 변환할 수 있습니다.

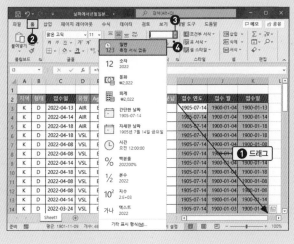

● **예제파일** : 무슨요일인지표시(준비).xlsx　　● **완성파일** : 무슨요일인지표시(완성).xlsx

현장실무

32 | 접수일이 무슨 요일인지 표시하기
– WEEKDAY 함수

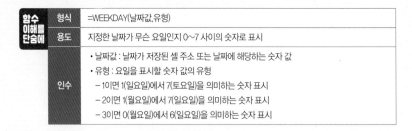

함수 이해를 단숨에	형식	=WEEKDAY(날짜값,유형)
	용도	지정한 날짜가 무슨 요일인지 0~7 사이의 숫자로 표시
	인수	• 날짜값 : 날짜가 저장된 셀 주소 또는 날짜에 해당하는 숫자 값 • 유형 : 요일을 표시할 숫자 값의 유형 　– 1이면 1(일요일)에서 7(토요일)을 의미하는 숫자 표시 　– 2이면 1(월요일)에서 7(일요일)을 의미하는 숫자 표시 　– 3이면 0(월요일)에서 6(일요일)을 의미하는 숫자 표시

1 [Sheet1] 시트에서 D3셀을 클릭하고 [수식] 탭-[함수 라이브러리] 그룹에서 [날짜 및 시간]을 클릭한 후 [WEEKDAY]를 선택합니다. WEEKDAY 함수의 [함수 인수] 대화상자가 열리면 'Serial_number'의 입력 상자에 커서가 있는 상태에서 접수일이 입력된 C3셀을 클릭하고 'Return_type'에 『1』을 입력한 후 [확인]을 클릭하세요.

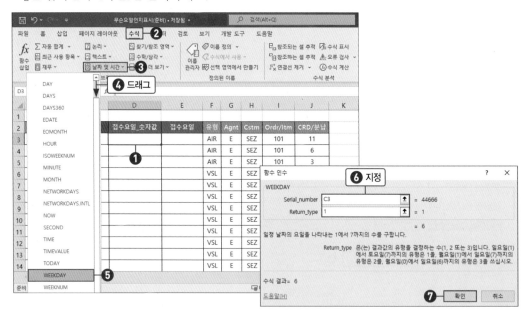

 Tip

'Return_type'에 『1』을 입력하면 결과 값으로 1~7 사이의 숫자 값이 표시됩니다. 이때 1이면 일요일을, 2이면 화요일을, …, 7이면 토요일을 의미합니다.

2 D3셀에 금요일을 의미하는 '6'이 표시되었으면 D3셀의 자동 채우기 핸들을 더블클릭해서 나머지 셀에도 함수식을 복사합니다.

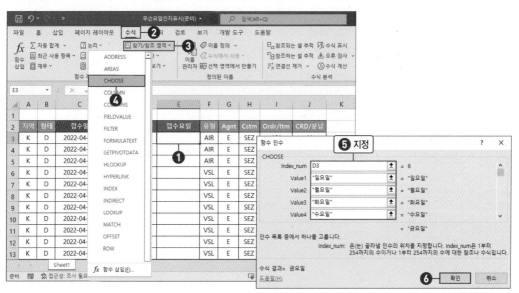

3 D열에 표시된 숫자 값을 해당하는 요일로 표시해 볼게요. E3셀을 클릭하고 [수식] 탭-[함수 라이브러리] 그룹에서 [찾기/참조 영역]을 클릭한 후 [CHOOSE]를 선택합니다. CHOOSE 함수의 [함수 인수] 대화상자가 열리면 다음과 같이 지정하고 [확인]을 클릭하세요.

- Index_num : D3셀　　　• Value1 : 『"일요일"』 입력　　• Value2 : 『"월요일"』 입력　　• Value3 : 『"화요일"』 입력
- Value4 : 『"수요일"』 입력　• Value5 : 『"목요일"』 입력　• Value6 : 『"금요일"』 입력　• Value7 : 『"토요일"』 입력

> **함수식 설명**
>
> =CHOOSE(D3,"일요일","월요일","화요일","수요일","목요일","금요일","토요일")
>
> D3셀에 입력된 값이 1이면 '일요일'을, 2이면 '월요일'을, 3이면 '수요일'을 표시하는 것처럼 1일 때부터 차례대로 함수식을 적용합니다.

4 E3셀에 접수 요일이 표시되었으면 E3셀의 자동 채우기 핸들을 더블클릭해서 나머지 셀에도 함수식을 복사합니다.

5 두 번 작업으로 구한 결과 값을 하나의 함수식으로 합쳐볼게요. E3셀을 더블클릭해서 함수식을 표시하고 기존의 함수식에서 'D3'을 'WEEKDAY(C3,1)'로 부분 수정한 후 Enter를 누르세요.

> **함수식 설명**
>
> =CHOOSE(WEEKDAY(C3,1),"일요일","월요일","화요일","수요일","목요일","금요일","토요일")
>
> 먼저 안쪽에 지정한 WEEKDAY(C3,1) 함수식을 실행해서 C3셀에 입력한 날짜에 해당하는 요일 숫자 값(1~7 사이의 값)을 계산합니다. CHOOSE 함수에 의해 결과 값이 1이면 '일요일'을, 2이면 '월요일'을 차례대로 적용해서 요일을 표시합니다. 이렇게 여러 개의 함수식을 중첩해서 사용하면 하나의 셀에서 하나의 함수식을 완성할 수 있습니다.

6 E3셀에 완성된 함수식 '=CHOOSE(WEEKDAY(C3,1),"일요일","월요일","화요일","수요일","목요일","금요일","토요일")'과 결과 값을 확인하고 E3셀의 자동 채우기 핸들을 더블클릭해서 수정한 함수식을 복사합니다.

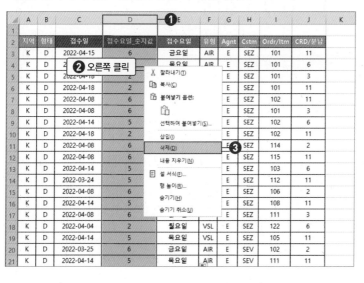

7 D열 머리글을 클릭하여 D열 전체를 선택하고 선택 영역에서 마우스 오른쪽 단추를 눌러 [삭제]를 선택하여 필요 없는 D열을 삭제합니다.

함수 작업 팁

데이터 편집 방법

서식 지정

수식 원리

함수

데이터 분석

피벗 테이블

양식 컨트롤

차트

현장실무 33 | 출시일부터 작업일까지의 기간 계산하기 – DATEDIF 함수

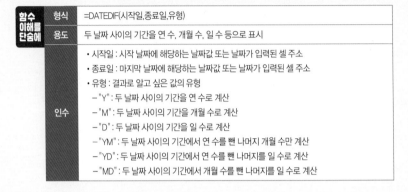

함수 이해를 단숨에	형식	=DATEDIF(시작일,종료일,유형)
	용도	두 날짜 사이의 기간을 연 수, 개월 수, 일 수 등으로 표시
	인수	• 시작일 : 시작 날짜에 해당하는 날짜값 또는 날짜가 입력된 셀 주소 • 종료일 : 마지막 날짜에 해당하는 날짜값 또는 날짜가 입력된 셀 주소 • 유형 : 결과로 알고 싶은 값의 유형 　– "Y" : 두 날짜 사이의 기간을 연 수로 계산 　– "M" : 두 날짜 사이의 기간을 개월 수로 계산 　– "D" : 두 날짜 사이의 기간을 일 수로 계산 　– "YM" : 두 날짜 사이의 기간에서 연 수를 뺀 나머지 개월 수만 계산 　– "YD" : 두 날짜 사이의 기간에서 연 수를 뺀 나머지를 일 수로 계산 　– "MD" : 두 날짜 사이의 기간에서 개월 수를 뺀 나머지를 일 수로 계산

1 [Sheet1] 시트에서 C열의 출시일부터 E1셀에 입력된 작업일까지 몇 년이 지났는지 알아볼게요. D4셀에 함수식 『=DATEDIF(C4,$E$1,"Y")』를 입력하고 Enter 를 누르세요.

함수식 설명

=DATEDIF(C4,$E$1,"Y")

C4셀은 상대 참조이므로 아래쪽으로 함수식을 복사하면 C5셀, C6셀, C7셀로 대상이 바뀌면서 계산됩니다. 하지만 $E$1은 절대 참조이므로 아래쪽으로 함수식을 복사해도 항상 E1셀에 입력된 작성일로만 계산합니다.

2 D4셀에 두 날짜 사이에 몇 년의 기간이 지났는지 계산되었으면 D4셀의 자동 채우기 핸들을 더블클릭해서 나머지 셀에도 함수식을 복사합니다.

	A	B	C	D	E	F	G	H	I	J	K
1				작업일	2022-08-02						
2											
3	지역	형태	출시일	년수	개월수	일수	유형	Agnt	Cstm	Ordr/Itm	CRD/분납
4	K	D	2020-10-01	1	① 확인		AIR	E	SEZ	101	11
5	K	D	2021-10-01	0			AIR	E	SEZ	101	11
6	K	D	2021-10-02	0	② 더블클릭		AIR	E	SEZ	101	11
7	K	D	2020-10-02	1			VSL	E	SEZ	101	11
8	K	D	2021-10-01	0			VSL	E	SEZ	102	11
9	K	D	2021-10-01	0			VSL	E	SEZ	101	11
10	K	D	2019-10-02	2			VSL	E	SEZ	102	11
11	K	D	2021-10-02	0			VSL	E	SEZ	102	11
12	K	D	2018-10-01	3			VSL	E	SEZ	114	11
13	K	D	2021-10-01	0			VSL	E	SEZ	115	11
14	K	D	2019-10-02	2			VSL	E	SEZ	103	11

3 이와 같은 방식으로 두 날짜 사이의 기간을 총 개월 수로 표시하기 위해 E4셀에 『=DATEDIF(C4, $E$1,"M")』을 입력하고 Enter를 누릅니다.

CHOOSE ▾ : × ✓ fx =DATEDIF(C4,$E$1,"M")

	A	B	C	D	E	F	G	H	I	J	K
1				작업일	2022-08-02						
2											
3	지역	형태	출시일	년수	개월수	일수	유형	Agnt	Cstm	Ordr/Itm	CRD/분납
4	K	D	2020-10-01	=DATEDIF(C4,$E$1,"M")			AIR	E	SEZ	101	11
5	K	D	2021-10-01	DATEDIF()			AIR	E	SEZ	101	11
6	K	D	2021-10-02	입력→Enter			AIR	E	SEZ	101	11
7	K	D	2020-10-02	1			VSL	E	SEZ	101	11
8	K	D	2021-10-01	0			VSL	E	SEZ	102	11
9	K	D	2021-10-01	0			VSL	E	SEZ	101	11
10	K	D	2019-10-02	2			VSL	E	SEZ	102	11
11	K	D	2021-10-02	0			VSL	E	SEZ	102	11
12	K	D	2018-10-01	3			VSL	E	SEZ	114	11
13	K	D	2021-10-01	0			VSL	E	SEZ	115	11
14	K	D	2019-10-02	2			VSL	E	SEZ	103	11

> 🔆 **Tip**
> 두 날짜 사이의 기간을 총 개월 수로 표시하기 때문에 결과 값이 82이면 6년 10개월을 의미합니다. 이와 같이 연 수를 뺀 나머지 개월 수만 알아보려면 함수식을 '=DATEDIF(C4,$E$1,"YM")'으로 변경합니다.

4 F4셀에 두 날짜 사이의 기간을 총 일 수로 표시하기 위해 『=DATEDIF(C4,$E$1,"D")』를 입력해서 Enter를 누릅니다.

CHOOSE ▾ : × ✓ fx =DATEDIF(C4,$E$1,"D")

	A	B	C	D	E	F	G	H	I	J	K
1				작업일	2022-08-02						
2											
3	지역	형태	출시일	년수	개월수	일수	유형	Agnt	Cstm	Ordr/Itm	CRD/분납
4	K	D	2020-10-01	1	2	=DATEDIF(C4,$E$1,"D")	E	SEZ	101	11	
5	K	D	2021-10-01	0	DATEDIF()		AIR	E	SEZ	101	11
6	K	D	2021-10-02	0	입력→Enter		AIR	E	SEZ	101	11
7	K	D	2020-10-02	1			VSL	E	SEZ	101	11
8	K	D	2021-10-01	0			VSL	E	SEZ	102	11
9	K	D	2021-10-01	0			VSL	E	SEZ	101	11
10	K	D	2019-10-02	2			VSL	E	SEZ	102	11
11	K	D	2021-10-02	0			VSL	E	SEZ	102	11
12	K	D	2018-10-01	3			VSL	E	SEZ	114	11
13	K	D	2021-10-01	0			VSL	E	SEZ	115	11
14	K	D	2019-10-02	2			VSL	E	SEZ	103	11

> 🔆 **Tip**
> 두 날짜 사이의 기간을 총 일 수로 표시하기 때문에 개월 수를 뺀 나머지 일 수만 알아보려면 함수식을 '=DATEDIF(C4,$E$1,"MD")'로 변경하세요.

5 E4:F4 범위를 선택하고 F4셀의 자동 채우기 핸들을 더블클릭해서 나머지 셀에도 함수식을 복사합니다.

작업일 2022-08-02

지역	형태	출시일	년수	개월수	일수	유형	Agnt	Cstm	Ordr/Itm	CRD/분납
K	D	2020-10-01	1	22	670	AIR			101	11
K	D	2021-10-01	0						101	11
K	D	2021-10-02	0			AIR	E	SEZ	101	11
K	D	2020-10-02	1			VSL	E	SEZ	101	11
K	D	2021-10-01	0			VSL	E	SEZ	102	11
K	D	2021-10-01	0			VSL	E	SEZ	101	11
K	D	2019-10-02	2			VSL	E	SEZ	102	11
K	D	2021-10-02	0			VSL	E	SEZ	102	11
K	D	2018-10-01	3			VSL	E	SEZ	114	11
K	D	2021-10-01	0			VSL	E	SEZ	115	11
K	D	2019-10-02	2			VSL	E	SEZ	103	11
K	D	2021-09-02	0			VSL	E	SEZ	112	11
K	D	2021-10-01	0			VSL	E	SEZ	106	11
K	D	2020-10-01	1			VSL	E	SEZ	108	11
K	D	2021-10-01	0			VSL	E	SEZ	111	11

① 드래그 ② 더블클릭

6 접수일부터 작성일까지 총 몇 년이 지났는지, 몇 개월이 지났는지, 며칠이 지났는지 표시되었습니다.

작업일 2022-08-02

지역	형태	출시일	년수	개월수	일수	유형	Agnt	Cstm	Ordr/Itm	CRD/분납
K	D	2020-10-01	1	22	670	AIR	E	SEZ	101	11
K	D	2021-10-01	0	10	305	AIR	E	SEZ	101	11
K	D	2021-10-02	0	10	304	AIR	E	SEZ	101	11
K	D	2020-10-02	1	22	669	VSL	E	SEZ	101	11
K	D	2021-10-01	0	10	305	VSL	E	SEZ	102	11
K	D	2021-10-01	0	10	305	VSL	E	SEZ	101	11
K	D	2019-10-02	2	34	1035	VSL	E	SEZ	102	11
K	D	2021-10-02	0	10	304	VSL	E	SEZ	102	11
K	D	2018-10-01	3	46	1401	VSL	E	SEZ	114	11
K	D	2021-10-01	0	10	305	VSL	E	SEZ	115	11
K	D	2019-10-02	2	34	1035	VSL	E	SEZ	103	11
K	D	2021-09-02	0	11	334	VSL	E	SEZ	112	11
K	D	2021-10-01	0	10	305	VSL	E	SEZ	106	11
K	D	2020-10-01	1	22	670	VSL	E	SEZ	108	11
K	D	2021-10-01	0	10	305	VSL	E	SEZ	111	11

확인

● 예제파일 : 시간데이터관리(준비).xlsx   ● 완성파일 : 시간데이터관리(완성).xlsx

현장실무
34 | 시간 데이터의 원리 이해하기

1 시간 데이터를 입력할 때는 '시:분:초'와 같이 시분초 사이에 콜론(:)를 지정해서 입력합니다. 이와 같이 입력한 값은 24시간제로 표시되지만, 오전/오후 방식으로 표시하려면 '시:분:초 AM' 또는 는 '시:분:초 PM'과 같이 입력해야 합니다.

	A	B	C	D	E
1					
2					
3		1:01:20		1:01:20 PM	
4		24시간제로 표시		오전/오후로 표시	
5					

2 입력된 시간은 내부적으로 0에서 1 사이의 값으로 환산해서 저장됩니다. 예를 들어 오전 3시 이면 '0.125'로, 6시이면 '0.25'로, 9시이면 '0.375'로 저장됩니다. 그렇다면 12시이면 '0.5'가 되고, 24시가 되면 다시 '0'으로 저장됩니다. 이렇게 시간은 우리가 보기 편한 형태로 서식이 설정되어 표시되는 것뿐이고, 엑셀 내부에서는 0에서 1 사이의 값으로 환산되어 저장되는 것입니다.

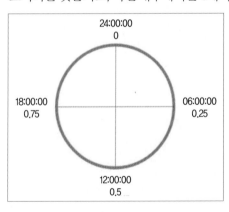

3 이미 입력된 시간 데이터에 지정된 서식을 없애면 실제 저장된 숫자 값을 확인할 수 있습니다. [Sheet1] 시트에서 D열에 입력된 값을 시트에 저장된 실제 값으로 변환하기 위해 D3셀을 클릭하고 Ctrl+Shift+↓를 눌러 범위를 선택합니다. [홈] 탭-[표시 형식] 그룹에서 [표시 형식]의 내림 단추(▼)를 눌러 [일반]을 선택하세요.

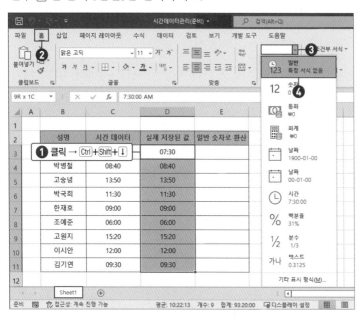

4 시간 데이터가 모두 0에서 1 미만의 소수 값으로 표시된 것을 볼 수 있습니다. 이와 같이 실제 내부에서는 소수 값으로 저장되어 있고 이 값에 시간 서식을 입혀서 보기 좋게 표시한 것이죠.

	A	B	C	D	E	F	G
1							
2		성명	시간 데이터	실제 저장된 값	일반 숫자로 환산		
3		정수란	07:30	0.3125			
4		박병철	08:40	0.361111111			
5		고숭녕	13:50	0.576388889			
6		박국희	11:30	0.479166667			
7		한재호	09:00	0.375	확인		
8		조예준	06:00	0.25			
9		고원지	15:20	0.638888889			
10		이시안	12:00	0.5			
11		김기연	09:30	0.395833333			
12							
13							

 Tip

소수 값으로 표시된 값을 다시 시간 형태로 표시하려면 [홈] 탭-[표시 형식] 그룹에서 [표시 형식]의 내림 단추(▼)를 눌러 [시간]을 선택합니다.

5 셀 서식을 이용해서 표시할 경우 실제 값이 바뀌는 것은 아닙니다. 또한 시간과 시간끼리 계산하는 것도 아니므로 시간과 일반 숫자와 계산하려면 시간을 일반 숫자 형태로 환산해야 합니다. 하루는 24시간이므로 기존 시간(소수 값)에 24를 곱하면 일반 숫자로 변환할 수 있으므로 E4셀에 함수식『=D3*24』를 입력하고 Enter 를 누르세요.

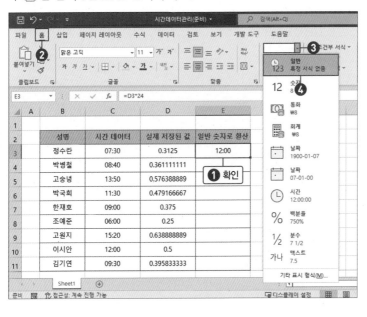

> **Tip**
>
> 하루가 24시간이므로 시간 소수 값에 24를 곱할 경우 12시이면 내부적으로 0.5로 저장되어 있는데, 이 값에 24를 곱하면 결과 값 '12'를 얻을 수 있습니다. 수식 '=D3*24' 대신 '=D3/TIME(1,0,0)'을 사용해도 결과 값은 같습니다. TIME 함수는 수식으로 시간 값을 직접 입력하여 1시간으로 나눌 때 사용합니다. 이때 1시간은 24분의 1이므로 24를 곱하는 것과 같습니다.

6 E4셀에 결과 값이 시간으로 표시되는 것은 수식에서 사용한 셀의 서식이 함께 복사되었기 때문입니다. 이러한 시간 서식을 없애기 위해 [홈] 탭-[표시 형식] 그룹에서 [표시 형식]의 내림 단추(▾)를 눌러 [일반]을 선택하세요.

7 E3셀에 일반 숫자로 환산된 결과 값 '7.5'가 나타납니다. '정수란'의 시간 데이터가 7시 30분인데, 7시간과 나머지 30분은 절반을 의미해서 0.5로 환산되어 7.5가 표시된 것입니다.

	A	B	C	D	E	F	G
1							
2		성명	시간 데이터	실제 저장된 값	일반 숫자로 환산		
3		정수란	07:30	0.3125	7.5		
4		박병철	08:40	0.361111111			
5		고숭녕	13:50	0.576388889	확인		
6		박국희	11:30	0.479166667			
7		한재호	09:00	0.375			
8		조예준	06:00	0.25			
9		고원지	15:20	0.638888889			
10		이시안	12:00	0.5			
11		김기연	09:30	0.395833333			
12							
13							

8 E3셀의 자동 채우기 핸들을 더블클릭해서 나머지 행에도 함수식을 복사합니다.

	A	B	C	D	E	F	G
1							
2		성명	시간 데이터	실제 저장된 값	일반 숫자로 환산		
3		정수란	07:30	0.3125	7.5	❶ 확인	
4		박병철	08:40	0.361111111	8.666666667	❷ 더블클릭	
5		고숭녕	13:50	0.576388889	13.83333333		
6		박국희	11:30	0.479166667	11.5		
7		한재호	09:00	0.375	9		
8		조예준	06:00	0.25	6		
9		고원지	15:20	0.638888889	15.33333333		
10		이시안	12:00	0.5	12		
11		김기연	09:30	0.395833333	9.5		
12							
13							

◉ **예제파일** : 총근무시간계산해급여정산(준비).xlsx
◉ **완성파일** : 총근무시간계산해급여정산(완성).xlsx

실무 프로젝트 05 총 근무 시간 계산해 급여 정산하기

Step 01 출근 시간과 퇴근 시간 이용해 총 근무 시간 구하기

출근 시간과 퇴근 시간을 이용해 총 근무 시간을 계산해 보겠습니다.

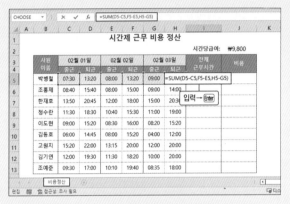

1 [비용정산] 시트에서 I5셀을 클릭하고 함수식
『=SUM(D5-C5,F5-E5,H5-G5)』를 입력한 후 Enter를
누르세요.

함수식 설명

=SUM(D5-C5,F5-E5,H5-G5)

퇴근 시간에서 출근 시간을 빼서 근무 시간
을 구한 세 개의 값을 합하는 함수식입니다.

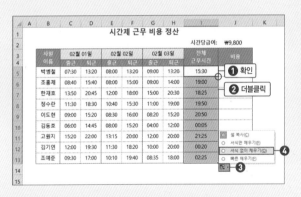

2 I5셀에 '박병철'의 전체 근무 시간을 구했으면 I5셀
의 자동 채우기 핸들을 I13셀까지 드래그해서 나머지
셀에도 함수식을 복사합니다. I10셀과 I12셀, I13셀의 경
우 '00:05', '00:20', '00:25'와 같이 시간을 더한 값이
24시간을 넘으면 다시 0부터 재계산되었는데, 테두리
등의 서식을 제외하고 함수식만 복사하기 위해 [자동
채우기 옵션] 단추(⊞)를 클릭하고 [서식 없이 채우기]
를 선택하세요.

I13셀의 '02:25'분이면 1일 2시간 25분을 의미합니다.

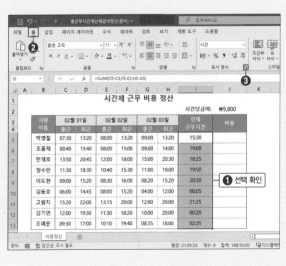

3 원래의 테두리 서식이 그대로 나타나면 시간 데
이터가 24시간을 넘어도 25시간, 27시간과 같이 계속
누적시켜서 표시해 볼게요. I5:I13 범위를 선택한 상태
에서 [홈] 탭-[표시 형식] 그룹의 [표시 형식] 아이콘
(⊡)을 클릭하세요.

Ctrl+1을 눌러도 [셀 서식] 대화상자를 열 수 있습니다.

4 [셀 서식] 대화상자의 [표시 형식] 탭이 열리면 '범주'에서 [사용자 지정]을 선택하고 '형식'에 『[HH]:MM』을 입력한 후 [확인]을 클릭합니다.

시간 데이터에 서식을 지정하는 방법에 대해서는 91쪽의 '잠깐만요'를 참고하세요.

5 시간 데이터의 합이 24시간을 넘어도 '24:05', '24:20', '26:25'와 같이 표시되었습니다.

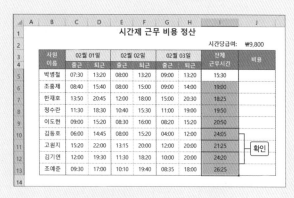

Step 02 총 근무 시간 이용해 총 비용 구하기

총 근무 시간에 따른 총 비용을 계산해 보겠습니다.

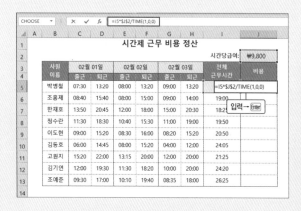

1 J5셀을 클릭하고 함수식 『=I5*$J$2/TIME(1,0,0)』을 입력한 후 Enter를 누르세요.

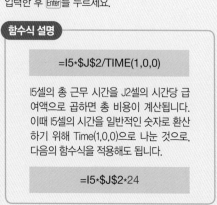

함수식 설명

=I5*$J$2/TIME(1,0,0)

I5셀의 총 근무 시간을 J2셀의 시간당 급여액으로 곱하면 총 비용이 계산됩니다. 이때 I5셀의 시간을 일반적인 숫자로 환산하기 위해 Time(1,0,0)으로 나눈 것으로, 다음의 함수식을 적용해도 됩니다.

=I5*$J$2*24

2 J5셀에 '박병철'의 총 비용을 구했으면 J5셀의 자동 채우기 핸들을 더블클릭해서 나머지 사원들의 총 비용을 구합니다. [자동 채우기 옵션] 단추(圖)를 클릭하고 [서식 없이 채우기]를 선택하세요.

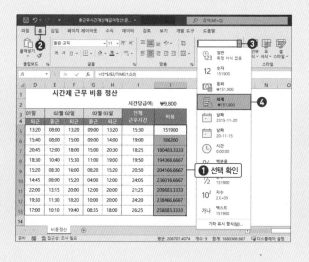

3 J5:J13 범위를 선택한 상태에서 [홈] 탭-[표시 형식] 그룹에서 [표시 형식]의 내림 단추(▽)를 눌러 [회계]를 선택합니다.

4 '비용' 항목의 금액 데이터에 통화 기호 ₩가 표시되었는지 확인합니다.

사원 이름	02월 01일		02월 02일		02월 03일		전체 근무시간	비용
	출근	퇴근	출근	퇴근	출근	퇴근		
박병철	07:30	13:20	08:00	13:20	09:00	13:20	15:30	₩ 151,900
조홍제	08:40	15:40	08:00	15:00	09:00	14:00	19:00	₩ 186,200
한재호	13:50	20:45	12:00	18:00	15:00	20:30	18:25	₩ 180,483
정수란	11:30	18:30	10:40	15:30	11:00	19:00	19:50	₩ 194,367
이도현	09:00	15:20	08:30	16:00	08:20	15:20	20:50	₩ 204,167
김동호	06:00	14:45	08:00	15:20	04:00	12:00	24:05	₩ 236,017
고원지	15:20	22:00	13:15	20:00	12:00	20:00	21:25	₩ 209,883
김기연	12:00	19:30	11:30	18:20	10:00	20:00	24:20	₩ 238,467
조예준	09:30	17:00	10:10	19:40	08:35	18:00	26:25	₩ 258,883

06

업무에 자주 사용하는
실무 함수 익히기

이번 섹션에서는 실제 업무에 자주 사용하는 함수식과 여러 개의 함수를 중첩해서 사용하는 방법을 살펴보겠습니다. 하나의 대상이 아닌 다양한 영역을 대상으로 함수를 적용하는 배열 함수식을 이용하면 더욱 편리하게 계산식을 만들 수 있으므로 잘 익혀두세요.

필수기능

01 | 배열 함수식 이해하기

배열 함수는 수학/삼각 함수, 통계 함수, 텍스트 함수처럼 함수의 종류가 따로 있는 것이 아니라 함수를 사용하는 방법이 다릅니다. 일반적인 함수는 한 번에 하나의 셀을 대상으로 작업하지만, 배열 함수식을 이용하면 한 번에 여러 개의 셀 영역(배열)을 대상으로 계산할 수 있습니다. 예를 들어 다양한 조건을 만족하는 데이터의 개수를 구할 경우 COUNTIFS 함수를 이용하지만, COUNTIFS 함수는 엑셀 2007 이전 버전에서는 지원하지 않습니다. 그리고 COUNTIFS 함수에 지정하는 조건을 모두 만족하는 개수는 구할 수 있지만, 여러 개의 조건 중에서 하나만 만족하는 개수는 구할 수 없습니다. 이 경우 하위 버전과의 호환성을 고려해야 하거나 다양한 조건을 처리하기 위해 배열 함수를 사용해야 합니다.

1 | 배열 함수식의 사용 규칙

배열 함수식을 작성할 때는 다음과 같은 규칙에 맞게 사용해야 합니다.

> 규칙 1 {=범위1*범위2}
> 규칙 2 {=SUM((조건1)*(조건2)*(범위))}
> 규칙 3 {=SUM(IF((조건1)*(조건2)*(조건3)…,1,0))}
> 규칙 4 {=SUM(IF((조건1)+(조건2)+(조건3)…,1,0))}

❶ 조건은 괄호로 묶어서 표시해야 오류를 방지할 수 있습니다.

❷ 조건과 조건 사이에 *를 지정하면 AND 조건(여러 개의 조건이 모두 참일 때 실행)이 성립됩니다.

❸ 조건과 조건 사이에 +를 지정하면 OR 조건(여러 개의 조건 중 하나만 참이어도 실행)이 성립됩니다.

❹ 수식을 작성하고 Enter가 아닌 Ctrl+Shift+Enter를 눌러 수식을 완성해야 합니다.

❺ 완성된 수식은 자동으로 중괄호({ })로 묶여서 표시되는데, 이것을 보고 배열 수식임을 알 수 있습니다.
2021 버전부터는 Ctrl+Shift+Enter를 누르지 않아도 배열 함수식을 완성할 수 있습니다.

2 | 조건에 만족하는 셀의 개수를 구하는 배열 함수식

지정한 여러 개의 조건을 모두 만족하는(AND 조건) 셀의 개수를 구하는 배열 함수식은 다음과 같습니다. 이때 조건은 원하는 개수만큼 추가할 수 있습니다.

{=SUM(IF((조건1)*(조건2)*(조건3),1,0))}

지정한 여러 개의 조건 중 하나라도 만족하는(OR 조건) 셀의 개수를 구하는 배열 함수식은 다음과 같습니다. 이때 조건은 원하는 개수만큼 추가할 수 있습니다.

> {=SUM(IF((조건1)+(조건2)+(조건3),1,0))}

3 | 조건에 만족하는 합계를 구하는 배열 함수식

지정한 여러 개의 조건을 모두 만족하는(AND 조건) 셀만의 합을 구하는 배열 함수식은 다음과 같습니다. 이때 조건은 원하는 개수만큼 추가할 수 있습니다.

> 규칙1 {=SUM(IF((조건1)*(조건2)*(조건3),합을 구할 영역,0))}
> 규칙2 {=SUM((조건1)*(조건2)*(조건3)*(합을 구할 영역))}

지정한 여러 개의 조건 중에서 하나만 만족해도(OR 조건) 셀의 합을 구하는 배열 함수식은 다음과 같습니다. 이때 조건은 원하는 개수만큼 추가할 수 있습니다.

> {=SUM(IF((조건1)+(조건2)+(조건3),합을 구할 영역,0))}

4 | 조건에 만족하는 평균을 구하는 배열 함수식

지정한 여러 개의 조건을 모두 만족하는(AND 조건) 셀만의 평균을 구하는 배열 함수식은 다음과 같습니다. 이때 조건은 원하는 개수만큼 추가할 수 있습니다.

> 규칙1 {=AVERAGE(IF((조건1)*(조건2)*(조건3),평균을 구할 영역,0))}
> 규칙2 {=AVERAGE((조건1)*(조건2)*(조건3)*(평균을 구할 영역))}

지정한 여러 개의 조건 중 하나만 만족해도(OR 조건) 셀의 평균을 구하는 배열 함수식은 다음과 같습니다. 이때 조건은 원하는 개수만큼 추가할 수 있습니다.

> {=AVERAGE(IF((조건1)+(조건2)+(조건3),평균을 구할 영역,0))}

5 | 배열 함수식의 사용 예

사용 예 1 {=SUM((B4:B10=E4)*(C4:C10>=F4))}

B4:B10 범위가 E4셀과 같고 C4:C10 범위가 F4셀보다 크거나 같은 셀의 개수를 구하는 배열 함수식

사용 예 2 {=SUM(IF((B4:B10=E4)+(C4:C10>=F4),1,0))}

B4:B10 범위가 E4셀과 같고 C4:C10 범위가 F4셀보다 크거나 같은 두 가지 조건 중에서 하나라도 만족하는 셀의 개수를 구하는 배열 함수식

사용 예 3 {=SUM((B4:B10=E4)*(C4:C10=F4)*(D4:D10))}

B4:B10 범위가 E4셀과 같고 C4:C10 범위가 F4셀과 같은 값이면 D4:D10 범위에서 그에 해당하는 셀의 합을 구하는 배열 함수식

사용 예 4 {=AVERAGE(IF((B4:B10=E4)+(C4:C10=F4),D4:D10,0))}

지정한 두 개의 조건(B4:B10=E4과 C4:C10=F4) 중에서 하나라도 만족하는 셀이면 D4:D10 범위에서 그에 해당하는 셀의 평균을 구하는 배열 함수식

현장실무

02 | 여러 조건을 만족하는 셀의 개수 구하기 – 배열 함수식

1 [Sheet1] 시트에서 B4:B10 범위의 값이 'AIR'이면서 C4:C10 범위의 값은 'E'인 셀이 몇 개인지 배열 함수식으로 알아볼게요. G4셀을 클릭하고 『=SUM(IF((B4:B10=E4)*(C4:C10=F4),1,0))』을 입력한 후 Ctrl+Shift+Enter를 눌러 함수식을 완성하세요.

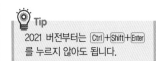

> **Tip**
> 2021 버전부터는 Ctrl+Shift+Enter를 누르지 않아도 됩니다.

함수식 설명

$$\{=SUM(IF((B4:B10=E4)*(C4:C10=F4),1,0))\}$$
❶

❶ IF((B4:B10=E4)*(C4:C10=F4),1,0)
IF 함수의 조건식의 결과 값이 참이면 1을, 그렇지 않으면 0을 표시합니다. 이때 조건은 '(B4:B10=E4)*(C4:C10=F4)'로, 조건(B4:B10=E4)과 조건(C4:C10=F4) 사이에 * 기호가 표시되어 있으므로 두 개의 조건을 모두 만족할 때만 참을 얻습니다. 조건을 보면 하나의 셀이 아니라 B4:B10과 같이 여러 개의 셀(배열)이므로 B4:B10 범위에서 하나의 셀씩 조건에 사용됩니다. 처음에는 B4=E4이면서 C4=F4인지 체크하고, 다음은 B5=E4이면서 C5=F4인지 체크하며, 다음은 B6=E4이면서 C6=F4인지 한 셀씩 차례대로 대입하면서 일곱 번 체크합니다.

반복 처리한 결과는 B4셀과 C4셀을 체크해서 조건이 참이면 1을, 그렇지 않으면 0을 표시합니다. 여기서는 두 개의 조건이 모두 참이므로 1*1의 결과인 1을 결과 값으로 표시합니다. 이와 같은 방법으로 B5셀과 C5셀을 체크해서 0*1의 결과인 0을 구하고, B6셀과 C6셀을 0*0의 결과로 0을 얻는 방식으로 일곱 번 실행해서 결과 값 '1,0,0,1,0,0,0'을 구할 수 있습니다. 따라서 '=SUM(1,0,0,1,0,0,0)'의 최종 결과로 개수 2가 표시됩니다.

유형	Agnt	조건 1의 결과 값		조건 2의 결과 값		IF 함수의 결과 값	SUM 함수의 결과 값
AIR	E	1	*	1	=	1	
VSL	E	0	*	1	=	0	
VSL	D	0	*	0	=	0	
AIR	E	1	*	1	=	1	2
VSL	E	0	*	1	=	0	
AIR	D	1	*	0	=	0	
VSL	E	0	*	1	=	0	

2 G4셀에 배열 함수식이 완성되면 조건에 만족하는 셀의 개수가 '2'인지 확인합니다. G4셀을 클릭한 상태에서 수식 입력줄에서 '{=SUM(IF((B4:B10=E4)*(C4:C10=F4),1,0))}'과 같이 함수식이 배열 함수식임을 뜻하는 중괄호({ })로 묶여있는지 확인하고 G4셀을 더블클릭하세요.

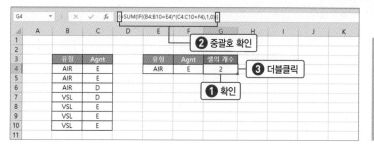

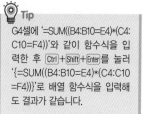

Tip

G4셀에 '=SUM((B4:B10=E4)*(C4:C10=F4))'와 같이 함수식을 입력한 후 Ctrl+Shift+Enter를 눌러 '{=SUM((B4:B10=E4)*(C4:C10=F4))}'로 배열 함수식을 입력해도 결과가 같습니다.

3 G4셀이 수식 편집 상태로 바뀌면 기존에 작성된 함수식에서 '*' 기호를 '+' 기호로 수정하고 Ctrl+Shift+Enter를 누릅니다.

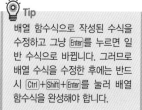

Tip

배열 함수식으로 작성된 수식을 수정하고 그냥 Enter를 누르면 일반 수식으로 바뀝니다. 그러므로 배열 수식을 수정한 후에는 반드시 Ctrl+Shift+Enter를 눌러 배열 함수식을 완성해야 합니다.

4 변경된 수식에 중괄호({ })가 표시되어 있는지 확인합니다. 여기서는 + 기호로 바꾸었기 때문에 OR 조건으로 바뀌어서 두 가지 조건 중 하나라도 만족하면 되므로 셀 개수가 '6'으로 계산됩니다.

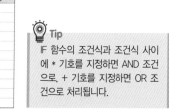

Tip

IF 함수의 조건식과 조건식 사이에 * 기호를 지정하면 AND 조건으로, + 기호를 지정하면 OR 조건으로 처리됩니다.

> **함수식 설명**
>
> {=SUM(IF((B4:B10=E4)+(C4:C10=F4),1,0))}
>
> 반복 처리한 결과로 B4셀과 C4셀을 체크해서 두 셀 모두 조건에 만족하므로 참을 뜻하는 결과 값으로 1을 표시합니다. 이와 같은 방법으로 B5셀과 C5셀을 체크해서 1+1→1을 구하고, B6셀과 C6셀을 체크해서 1+0→1을 얻은 방식으로 일곱 번 반복 실행한 결과 값 1,1,1,0,1,1,1을 구할 수 있습니다. 최종적으로 '=SUM(1,1,1,0,1,1,1)'의 결과로 개수 6이 표시됩니다.

현장실무

03 여러 조건을 만족하는 셀의 합계 구하기 – 배열 함수식

1 [Sheet1] 시트에서 '유형'이 'AIR'이면서 'Agnt'는 'E'인 셀에 해당하는 'Order'의 합계를 구해볼 게요. I3셀에 함수식 『=SUM(IF(($A$3:$A$62=G3)*($B$3:$B$62=H3),$D$3:$D$62,0))』을 입력하 고 [Ctrl]+[Shift]+[Enter]를 눌러 배열 함수식을 완성하세요.

CHOOSE			×	✓	fx	=SUM(IF(($A$3:$A$62=G3)*($B$3:$B$62=H3),$D$3:$D$62,0))				
	A	B	C	D	E	F	G	H	I	J	K
1											
2	유형	Agnt	Cstm	Order			유형	Agnt	Order 합계		
3	AIR	E	SEZ	101			=SUM(IF(($A$3:$A$62=G3)*($B$3:$B$62=H3),$D$3:$D$62,0))				
4	AIR	E	SEZ	101			AIR	D			
5	AIR	E	SEZ	101			VSL	E			
6	VSL	E	SEZ	101			VSL	D			
7	VSL	E	SEZ	102							
8	VSL	E	SEZ	101							
9	VSL	E	SEZ	102							
10	VSL	E	SEZ	102							
11	VSL	E	SEZ	114							
12	VSL	E	SEZ	115							
13	VSL	E	SEZ	103							
14	VSL	E	SEZ	112							
15	VSL	D	SEZ	106							

입력→ [Ctrl]+[Shift]+[Enter]

Sheet1 (+)

편집 접근성: 조사 필요

💡 **Tip**

2021 버전부터는 [Ctrl]+[Shift]+[Enter] 를 누르지 않아도 됩니다.

함수식 설명

{=SUM(IF(($A$3:$A$62=G3)*($B$3:$B$62=H3),$D$3:$D$62,0))}
❶

❶ IF(($A$3:$A$62=G3)*($B$3:$B$62=H3),$D$3:$D$62,0)
A3:A62 범위가 G3셀에 입력된 'AIR'와 같으면서 B3:B62 범위는 H3셀에 입력된 'E'와 같은 두 가지 조건을 만족하면 D3:D62 범위에서 해당 셀 값을 표시하고, 그렇지 않으면 0을 표시합니다. 이와 같은 방법으로 배열 영역에서 한 셀씩 계산해서 나온 결과 값을 합칩니다.

함수식에서 사용할 대상 범위는 A3:A62, B3:B62, D3:D62와 같이 하나의 셀이 아니라 여러 개의 셀(배열)입니다. 이러 한 배열 함수식은 각 범위에서 첫 번째 셀인 A3셀, B3셀, D3셀을 이용해서 IF 함수식을 실행하고, 다시 두 번째 셀인 A4셀, B4셀, D4셀을 이용해서 IF 함수식을 실행하는 방식으로, 배열에서 하나씩 함수식에 대입되어 IF 함수를 실행합 니다. 이와 같이 A3셀일 때부터 A62셀일 때까지 IF 함수식을 반복해서 처리하면서 IF 함수식에 지정한 두 가지 조건을 모두 만족하면 D3:D62 범위에서 해당하는 셀 값을 결과로 얻을 수 있습니다.

다음과 같이 함수식을 지정해도 두 가지 조건을 만족하는 합계를 구할 수 있습니다. SUM 함수에 지정한 두 가지 조건 을 모두 만족하면 세 번째 지정한 범위 영역의 합을 구합니다.

{=SUM(($A$3:$A$62=G3)*($B$3:$B$62=H3)*($D$3:$D$62))}

2 I3셀을 클릭한 상태에서 함수식의 바깥쪽에 중괄호({ })가 표시되어 배열 함수식으로 설정되었는지 확인합니다. I3셀의 자동 채우기 핸들을 더블클릭해서 나머지 셀에도 함수식을 복사하세요.

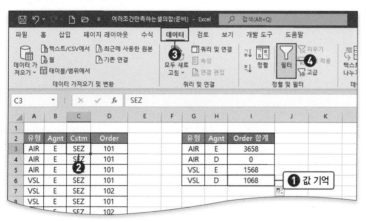

3 결과 값이 제대로 구해졌는지 확인하기 위해 'VSL'이면서 'D'인 'Order 합계'가 '1068'인 것을 기억합니다. A2:D62 범위에 있는 하나의 셀을 클릭하고 [데이터] 탭-[정렬 및 필터] 그룹에서 [필터]를 클릭하세요.

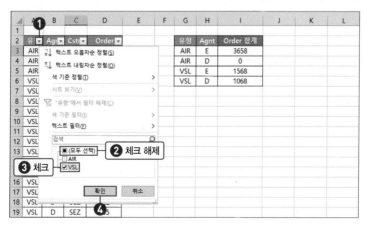

4 A2:D2 범위의 제목 행에 필터 단추(▼)가 표시되면 A2셀의 필터 단추(▼)를 클릭하고 [(모두 선택)]의 체크를 해제한 후 [VSL]에 체크하고 [확인]을 클릭합니다.

5 A3:A62 범위에서 'VSL'에 해당하는 유형만 필터링되었는지 확인합니다.

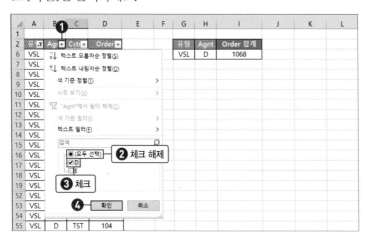

6 이번에는 B2셀의 필터 단추(▼)를 클릭하고 [(모두 선택)]의 체크를 해제한 후 [D]에 체크하고 [확인]을 클릭하세요.

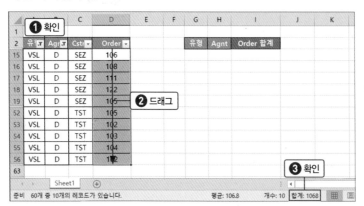

7 전체 데이터 중에서 'VSL'이면서 'D'인 데이터만 추출되었으면 'Order' 항목의 숫자 데이터를 드래그해서 선택합니다. 상태 표시줄에 현재 선택된 데이터만의 '평균', '개수', '합계'가 표시되는데, 표시된 '합계'가 **3** 과정과 같이 '1068'이면 배열 함수식을 이용해서 구한 결과 값이 문제가 없다는 의미입니다.

	A	B	C	D	E	F	G	H	I	J	K
1	**❶ 확인**										
2	유형	Agn	Cstl	Order			유형	Agnt	Order 합계		
15	VSL	D	SEZ	106							
16	VSL	D	SEZ	108							
17	VSL	D	SEZ	111							
18	VSL	D	SEZ	112							
19	VSL	D	SEZ	105		**❷ 드래그**					
52	VSL	D	TST	105							
53	VSL	D	TST	102							
54	VSL	D	TST	103							
55	VSL	D	TST	104							
56	VSL	D	TST	112							
63										**❸ 확인**	

Sheet1 ⊕

준비 60개 중 10개의 레코드가 있습니다.   평균: 106.8   개수: 10   합계: 1068

> 💡 **Tip**
> 엑셀에서는 드래그한 부분에 대한 간단한 계산식이 상태 표시줄에 항상 나타납니다. 따라서 작업 중간에 데이터 개수나 합 등은 계산할 범위를 드래그한 후 상태 표시줄에서 간단히 확인할 수 있습니다.

8 A2:D56 범위에 있는 하나의 셀을 클릭하고 [데이터] 탭-[정렬 및 필터] 그룹에서 [필터]를 클릭하여 자동 필터를 해제합니다.

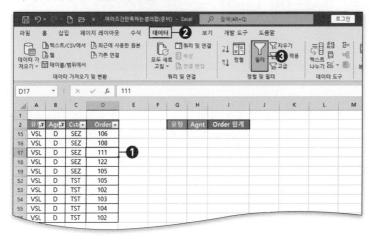

9 I3셀을 더블클릭하여 수식 편집 상태로 전환합니다. 함수식이 표시되면 '*' 기호를 '+' 기호로 수정하고 [Ctrl]+[Shift]+[Enter]를 눌러 변경한 수식을 셀에 적용하세요.

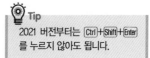

Tip
2021 버전부터는 [Ctrl]+[Shift]+[Enter]를 누르지 않아도 됩니다.

10 수식 입력줄에 표시된 함수식이 중괄호({ })로 묶여있는지 확인하고 I3셀의 자동 채우기 핸들을 더블클릭해서 나머지 셀에도 수정한 함수식을 복사합니다. 배열 함수식의 조건과 조건 사이가 * 기호에서 + 기호로 바뀌면 두 가지 조건을 모두 만족하는 데이터에만 적용되었던 결과가 둘 중의 하나의 조건만 만족해도 적용되므로 결과 값이 훨씬 커집니다.

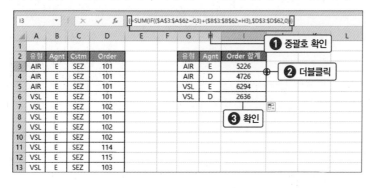

필수 작업 팁

데이터 편집 방법

서식 지정

수식 원리

함수

데이터 분석

피벗 테이블

양식 컨트롤

차트

현장실무

04 | 화폐 종류에 대한 금액 환산하기
– 배열 함수식

1 상품별 가격을 달러, 엔, 유로로 환산해서 표시해 볼게요. 배열 함수식을 이용하기 위해 [Sheet1] 시트에서 D4:F7 범위를 드래그하여 선택한 상태에서 『=C4:C7/D3:F3』을 입력하고 Ctrl + Shift + Enter를 눌러 함수식을 완성하세요.

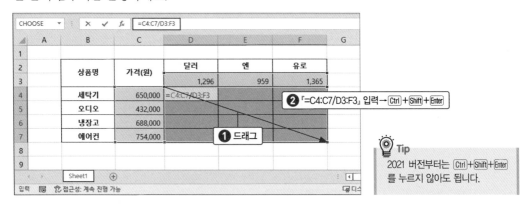

함수식 설명

{=C4:C7/D3:F3}

한 번에 여러 셀을 지정할 수 있는 배열 함수식으로, C4:C7 범위와 D3:F3 범위가 서로 교차하는 셀끼리 각각 나눠서 표시합니다. 배열 함수식을 사용하지 않고 일반 수식으로 작성하려면 '=$C4/D$3'과 같이 셀 주소에 행 고정, 열 고정 등의 혼합 참조를 활용해야 합니다.

2 원화로 표시된 금액을 달러, 엔, 유로에 해당하는 환율 값으로 나누어서 환산된 금액이 일괄적으로 표시되었습니다. 이렇게 한 번에 입력된 배열 함수식에서는 특정 셀 하나만 지우기 위해 Delete를 누르면 배열의 일부를 변경할 수 없다는 경고 메시지 창이 열립니다. 따라서 한 번에 입력된 배열 함수식을 지울 때는 D4:F7 범위를 드래그해서 선택한 후 한 번에 지워야 합니다.

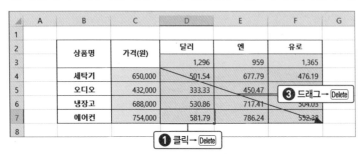

276

매출 실적에 대한 성과급 구하기
– 다중 IF, IFS, VLOOKUP 함수

1 매출에 따른 성과급 지급 조건에 맞게 각 지점별 실적 평가 값을 IF 함수를 이용하는 방법과 VLOOKUP 함수를 이용하는 방법으로 구해보겠습니다. 먼저 IF 함수를 이용해서 작업하기 위해 [IF함수] 시트에서 J6셀에 함수식 『=IF(I6<300,0%,IF(I6<400,50%,IF(I6<500,100%,IF(I6<600,150%,200%))))』를 입력하고 Enter를 누르세요.

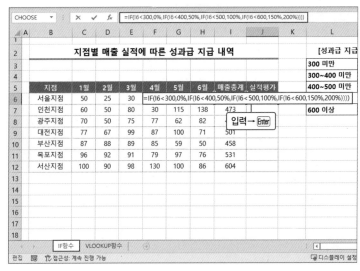

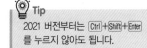

Tip
2021 버전부터는 Ctrl+Shift+Enter 를 누르지 않아도 됩니다.

함수식 설명

=IF(I6<300,0%,IF(I6<400,50%,IF(I6<500,100%,IF(I6<600,150%,200%))))

• 작은 값부터 비교하기
=IF(I6<300,0%,IF(I6<400,50%,IF(I6<500,100%,IF(I6<600,150%,200%))))

• 큰 값부터 비교하기
=IF(I6>=600,200%,IF(I6>=500,150%,IF(I6>=400,100%,IF(I6>=300,50%,0%))))

다중 IF 함수를 이용해서 조건을 처리하는데, 경우의 수가 n개이면 n-1번의 IF 함수를 지정합니다. 큰 값부터 작은 값 순으로 차례대로 비교하거나, 반대로 작은 값부터 큰 값 순으로 비교해도 됩니다. 마지막 닫는 괄호())의 개수는 IF 함수의 개수만큼 지정합니다.

2 J6셀에 서울 지점의 실적 평가가 나타나면 J6셀의 자동 채우기 핸들을 더블클릭해서 나머지 셀에도 함수식을 복사합니다. 소수점으로 표시된 결과 값을 백분율로 변경하기 위해 J6:J12 범위를 선택한 상태에서 [홈] 탭-[표시 형식] 그룹에서 [백분율 스타일]을 클릭하세요.

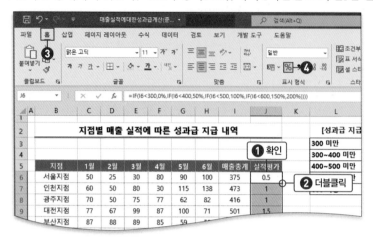

3 '실적 평가' 항목의 데이터를 백분율 스타일로 변경했으면 J열 머리글을 클릭하여 J열 전체를 선택하고 Ctrl+C를 눌러 복사합니다. K열 머리글에서 마우스 오른쪽 단추를 눌러 [복사한 셀 삽입]을 선택하여 K열에 J열의 데이터를 복사하고 Esc를 눌러 선택을 해제하세요.

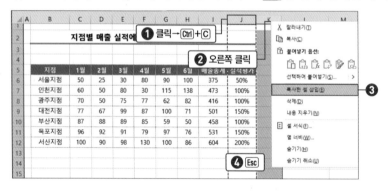

4 새로 복사한 K6:K12 범위를 선택하고 Delete를 눌러 내용을 지웁니다. K6셀에 함수식 『=IFS(I6>=600,200%,I6>=500,150%,I6>=400,100%,I6>=300,50%,1,0%)』를 입력하고 Enter를 누르세요.

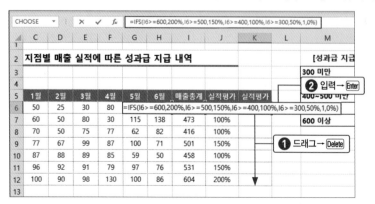

함수 작업 팁

데이터 편집 방법

서식 지정

수식 원리

함수

데이터 분석

피벗 테이블

양식 컨트롤

차트

=IFS(I6>=600,200%,I6>=500,150%,I6>=400,100%,I6>=300,50%,1,0%)

조건 1 　　 조건 2 　　 조건 3 　　 조건 4 　　 조건 5

IFS 함수는 엑셀 2019 버전부터 제공하므로 하위 버전을 사용한다면 다중 IF 함수를 이용하세요. IFS 함수는 조건이 여러 개인 경우에 사용하면 편리합니다. 함수식에서 마지막 조건 5 로 지정한 '1,0%'는 앞에 지정한 조건에 만족하지 않는 그 외의 모든 값이면 0%를 지정한다는 의미입니다.

5 K6셀에 서울 지점의 실적 평가가 나타나면 K6셀의 자동 채우기 핸들을 K12셀까지 드래그해서 나머지 셀에도 함수식을 복사합니다. J열의 '실적평가' 항목과 K열의 '실적평가' 항목을 비교해 보면 결과 값이 같으므로 편한 함수식으로 골라 사용하면 됩니다.

	C	D	E	F	G	H	I	J	K	L	M
2	지점별 매출 실적에 따른 성과급 지급 내역										[성과급 지급
3											300 미만
4											300~400 미만
5	1월	2월	3월	4월	5월	6월	매출총계	실적평가	실적평가		400~500 미만
6	50	25	30	80	90	100	375	50%	50%	❶ 확인	600 미만
7	60	50	80	30	115	138	473	100%	100%		600 이상
8	70	50	75	77	62	82	416	100%	100%		
9	77	67	99	87	100	71	501	150%	150%	❷ 드래그	
10	87	88	89	85	59	50	458	100%	100%		
11	96	92	91	79	97	76	531	150%	150%		
12	100	90	98	130	100	86	604	200%	200%		
13											
14								❸ 결과 값이 같은지 확인			
15											
16											

6 이번에는 VLOOKUP 함수를 이용해서 실적 평가를 구해볼게요. [VLOOKUP함수] 시트를 선택하면 L12:M16 범위에 VLOOKUP 함수에서 참조할 대상 비교표가 미리 작성되어 있습니다. J6셀을 클릭하고 함수식『=VLOOKUP(I6,$L$12:$M$16,2)』을 입력한 후 Enter를 누르세요.

CHOOSE ▾ × ✓ fx =VLOOKUP(I6,$L$12:$M$16,2)

	B	C	D	E	F	G	H	I	J	K	L	M
2		지점별 매출 실적에 따른 성과급 지급 내역									[성과급 지급 조건]	
3											300 미만	0%
4											300~400 미만	50%
5	지점	1월	2월	3월	4월	5월	6월	매출총계	실적평가		400~500 미만	100%
6	서울지점	50	25	30	80	90	100	=VLOOKUP(I6,$L$12:$M$16,2)			0~600 미만	150%
7	인천지점	60	50	80	30	115	138	473			600 이상	200%
8	광주지점	70	50	75	77	62	82	416				
9	대전지점	77	67	99	87	100	71	501	❸ 입력 → Enter			
10	부산지점	87	88	89	85	59	50	458				
11	목포지점	96	92	91	79	97	76	531			성과급	지급률
12	서산지점	100	90	98	130	100	86	604			0	0%
13											300	50%
14											400	100%
15											500	150%
16											600	200%
17												

❶

IF함수 | VLOOKUP함수 ⊕

편집 🖼 접근성: 계속 진행 가능

❷ 확인

Tip

L12:M16 범위의 참조할 대상 비교표는 조건에 맞게 직접 만들어 사용해야 합니다. VLOOKUP 함수를 이용하려면 비교할 실적 평가 값을 세로 방향(L12:L16)으로 입력하는데, 0에서 300 미만은 모두 0%이므로 비슷한 값을 찾아올 수 있도록 오름차순 정렬해야 합니다.

=VLOOKUP(I6,$L$12:$M$16,2)

I6셀에 입력된 값을 두 번째 인수에 지정한 L12:M16 범위의 첫 번째 열인 L12:L16 범위에서 찾습니다. 해당하는 값을 찾았으면 그 행의 두 번째 열에 입력된 지급률을 가져옵니다. 마지막 인수인 TRUE, FALSE를 생략하면 TRUE를 지정한 것과 같은 효과이므로 정확히 일치하는 값이 없으면 찾는 값보다 작은 근사한 값에 해당하는 항목의 지급률을 가져옵니다.

7 J6셀에 원하는 지급률이 소수점으로 표시되면 J6셀의 자동 채우기 핸들을 J12셀까지 드래그해서 나머지 셀에도 함수식을 복사합니다. 소수점으로 표시된 결과 값을 백분율로 변경하기 위해 J6:J12 범위를 선택한 상태에서 [홈] 탭-[표시 형식] 그룹의 [백분율 스타일]을 클릭하세요.

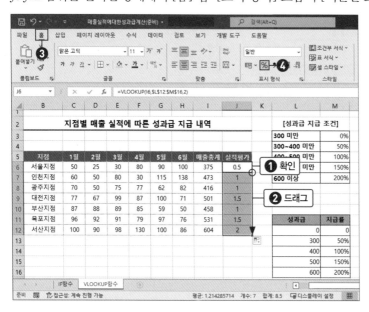

8 '실적 평가' 항목의 데이터가 백분율 스타일로 보기 좋게 변경되었는지 확인합니다.

현장실무
06

매출 순위에 해당하는 지점명 찾기
– LARGE, MATCH, INDEX 함수

1 [Sheet1] 시트에서 F4셀에 찾을 순위를 입력해서 지정 순위에 해당하는 매출 총계 값을 먼저 구해볼게요. K4셀에 『=L』을 입력하고 함수 목록이 표시되면 [LARGE]를 더블클릭하세요.

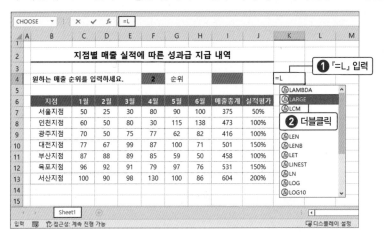

2 K4셀에 '=LARGE('가 표시되면 이어서 『I7:I13,F4)』를 입력해서 함수식 '=LARGE(I7:I13,F4)'를 완성한 후 Enter를 누릅니다.

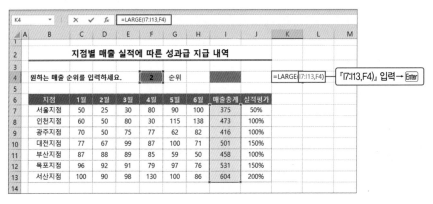

함수식 설명

=LARGE(I7:I13,F4)

LARGE 함수는 지정한 범위에서 원하는 순위에 해당하는 큰 값을 표시할 때 사용합니다. I7:I13 범위에서 F4셀에 입력된 값이 2이므로 두 번째로 큰 수를 표시합니다. 반대로 원하는 순위에 해당하는 작은 값은 SMALL 함수를 사용합니다.

3 K4셀에 '매출총계' 항목에서 2순위에 해당하는 값인 '531'이 표시되었는지 확인합니다.

⊿	A	B	C	D	E	F	G	H	I	J	K
1											
2			지점별 매출 실적에 따른 성과급 지급 내역								
3											
4		원하는 매출 순위를 입력하세요.				2	순위				531
5											
6		지점	1월	2월	3월	4월	5월	6월	매출총계	실적평가	
7		서울지점	50	25	30	80	90	100	375	50%	
8		인천지점	60	50	80	30	115	138	473	100%	
9		광주지점	70	50	75	77	62	82	416	100%	
10		대전지점	77	67	99	87	100	71	501	150%	
11		부산지점	87	88	89	85	59	50	458	100%	
12		목포지점	96	92	91	79	97	76	531	150%	
13		서산지점	100	90	98	130	100	86	604	200%	
14											

확인

4 F2셀에 『4』를 입력하고 Enter 를 누르면 K4셀에 전체 매출 중에서 4순위에 해당하는 값인 '473' 이 표시되는지 확인합니다.

⊿	A	B	C	D	E	F	G	H	I	J	K
1											
2			지점별 매출 실적에 따른 성과급 지급 내역								
3											
4		원하는 매출 순위를 입력하세요.				4	순위				473
5											
6		지점	1월	2월				6월	매출총계	실적평가	
7		서울지점	50	25	30	80	90	100	375	50%	
8		인천지점	60	50	80	30	115	138	473	100%	
9		광주지점	70	50	75	77	62	82	416	100%	
10		대전지점	77	67	99	87	100	71	501	150%	
11		부산지점	87	88	89	85	59	50	458	100%	
12		목포지점	96	92	91	79	97	76	531	150%	
13		서산지점	100	90	98	130	100	86	604	200%	
14											

❶ 『4』입력→Enter ❷ 확인

5 K4셀에 구한 해당 순위의 값이 I7:I13 범위에서 몇 번째에 위치하고 있는지 알아볼게요. L4셀
에 『=M』을 입력하고 함수 목록이 표시되면 [MATCH]를 더블클릭하세요.

6 L4셀에 '=MATCH'가 표시되면 이어서 『K4,I7:I13,0)』을 입력하고 Enter를 누릅니다.

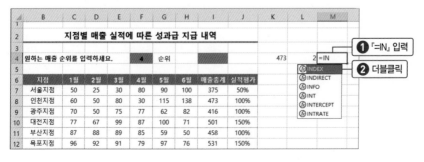

	B	C	D	E	F	G	H	I	J	K	L	M
2			지점별 매출 실적에 따른 성과급 지급 내역									
3												
4	원하는 매출 순위를 입력하세요.				4	순위				473	=MATCH(K4,I7:I13,0)	
5												
6	지점	1월	2월	3월	4월	5월	6월	매출총계	실적평가			
7	서울지점	50	25	30	80	90	100	375	50%			
8	인천지점	60	50	80	30	115	138	473	100%			
9	광주지점	70	50	75	77	62	82	416	100%			
10	대전지점	77	67	99	87	100	71	501	150%			
11	부산지점	87	88	89	85	59	50	458	100%			
12	목포지점	96	92	91	79	97	76	531	150%			
13	서산지점	100	90	98	130	100	86	604	200%			
14												

『K4,I7:I13,0)』 입력 → Enter

함수식 설명

=MATCH(K4,I7:I13,0)

K4셀에 입력된 값과 같은 값이 I7:I13 범위에서 몇 번째에 위치하고 있는지 알아보는 함수식으로, 위치값인 숫자가 결과 값으로 표시됩니다.

7 L4셀에 '2'가 구해졌습니다. 매출 4순위에 해당하는 값이 '473'이고 이 값이 '매출총계' 항목에서 두 번째에 위치한 것을 알 수 있습니다.

	B	C	D	E	F	G	H	I	J	K	L
2			지점별 매출 실적에 따른 성과급 지급 내역								
3											
4	원하는 매출 순위를 입력하세요.				4	순위				473	2
5											
6	지점	1월	2월	3월	4월	5월	6월	매출총계	실적평가		
7	서울지점	50	25	30	80	90	100	375	50%		
8	인천지점	60	50	80	30	115	138	473	100%		
9	광주지점	70	50	75	77	62	82	416	100%		
10	대전지점	77	67	99	87	100	71	501	150%		
11	부산지점	87	88	89	85	59	50	458	100%		
12	목포지점	96	92	91	79	97	76	531	150%		

확인

8 이 값이 위치한 지점명을 알아내기 위해 M4셀에 『=IN』을 입력하고 함수 목록이 표시되면 [INDEX]를 더블클릭합니다.

	B	C	D	E	F	G	H	I	J	K	L	M
2			지점별 매출 실적에 따른 성과급 지급 내역									
3												
4	원하는 매출 순위를 입력하세요.				4	순위				473	2	=IN
5												
6	지점	1월	2월	3월	4월	5월	6월	매출총계	실적평가			
7	서울지점	50	25	30	80	90	100	375	50%			
8	인천지점	60	50	80	30	115	138	473	100%			
9	광주지점	70	50	75	77	62	82	416	100%			
10	대전지점	77	67	99	87	100	71	501	150%			
11	부산지점	87	88	89	85	59	50	458	100%			
12	목포지점	96	92	91	79	97	76	531	150%			

① 『=IN』 입력

② 더블클릭

INDEX
INDIRECT
INFO
INT
INTERCEPT
INTRATE

필수 작업팁
데이터 편집
서식 지정
수식 원리
함수
데이터 분석
피벗 테이블
양식 컨트롤
차트

9 M4셀에 '=INDEX('가 표시되면 이어서 『B7:B13,L4,1)』을 입력하고 Enter 를 누릅니다.

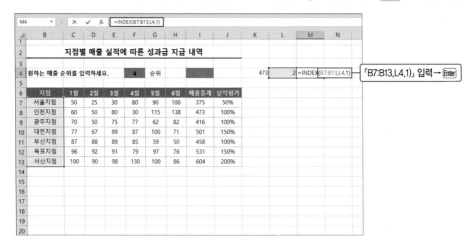

=INDEX(B7:B13,L4,1)

B7:B13 범위에서 L4셀에 입력된 행이 몇 번째 행인지와 1열에 위치한 값을 표시하는 함수식입니다. L4셀에 2가 입력되어 있으므로 B7:B13 범위에서 2행 1열에 위치한 값인 '인천지점'이 결과 값으로 표시됩니다.

10 F4셀에 원하는 순위를 입력하면 K4셀에는 해당 순위의 매출 총액이, L4셀에는 해당 값이 입력된 위치가, M4셀에는 입력 위치에 대한 해당 지점이 표시됩니다.

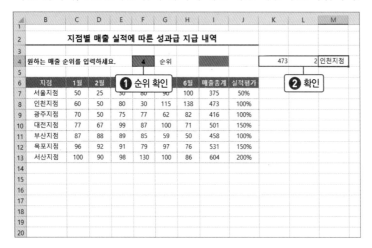

11 이 함수식을 하나로 중첩해서 사용하기 위해 I4셀에 함수식『=INDEX(B7:B13,MATCH(LARGE (I7:I13,F4),I7:I13,0),1)』을 입력하고 Enter를 누릅니다.

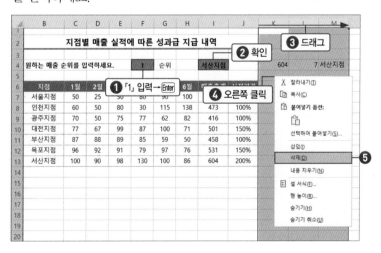

함수식 설명

=INDEX(B7:B13,MATCH(LARGE(I7:I13,F4),I7:I13,0),1)

여러 개의 함수를 중첩해서 작성할 때는 가장 나중에 적용할 함수부터 차례대로 지정해야 합니다. LARGE 함수를 실행한 결과로 MATCH 함수에 적용하고, 그 결과로 다시 INDEX 함수를 실행합니다.

12 F4셀에 『1』을 입력하고 Enter를 누르면 I4셀에 해당 지점명이 표시됩니다. K열 머리글부터 M 열 머리글까지 드래그해서 범위를 지정하고 선택한 영역에서 마우스 오른쪽 단추를 눌러 [삭제] 를 선택하세요.

현장실무

07 근속연수에 대한 휴가일수 구하기
– VLOOKUP, DATEDIF 함수

1 [휴가일수] 시트의 A열에 입력된 사원 번호를 이용해 [사원정보] 시트에서 해당 사원의 이름과 입사일을 표시해 볼게요. [휴가일수] 시트에서 B3셀을 클릭하고 [수식] 탭-[함수 라이브러리] 그룹에서 [찾기/참조 영역]을 클릭한 후 [VLOOKUP]을 선택하세요.

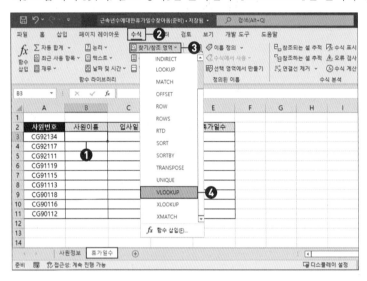

2 VLOOKUP 함수의 [함수 인수] 대화상자가 열리면 다음과 같이 지정합니다.

- **Lookup_value** : 찾을 값을 지정하는 인수로, 여기서는 워크시트에서 A3셀 클릭
- **Table_array** : 비교 대상을 지정하는 인수로. 여기서는 [사원정보] 시트의 A3셀을 클릭하고 Ctrl+Shift+End를 눌러 데이터가 입력된 끝까지 범위 지정 → '사원정보!A3:H11'이 표시되면 F4를 눌러 절대 참조 형태인 '사원정보!$A$3:$H$11'로 변경

3 'Col_index_num'에는 가져올 데이터가 입력된 열 번호를 지정하는 인수로, 여기서는『2』를 입력합니다. 'Range_lookup'은 찾을 방식을 지정하는 인수로, 여기서는 정확히 일치하는 데이터만 찾아오도록『FALSE』를 입력하고 [확인]을 클릭하세요.

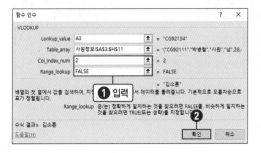

4 B3셀에 함수식 '=VLOOKUP(A3,사원정보!$A$3:$H$11,2,FALSE)'가 완성되면서 A3셀과 같은 값을 [사원정보] 시트에서 찾아 두 번째 열인 사원 이름을 가져옵니다. B3셀의 자동 채우기 핸들을 더블클릭해서 나머지 셀에도 함수식을 복사하세요.

	B3	▼ : × ✓ fx	=VLOOKUP(A3,사원정보!$A$3:$H$11,2,FALSE)				
◢	A	B	C	D	E	F	G
1							
2	사원번호	사원이름	입사일	근속연수	휴가일수		
3	CG92134	김소훈	**①** 확인				
4	CG92117	한재호					
5	CG92111	박병철	**②** 더블클릭				
6	CG91119	신재우					
7	CG91115	정수란					
8	CG91113	김동호					
9	CG90118	김기연					
10	CG90116	조예준					
11	CG90112	고원지					
12							
13							
14							

5 B3셀을 클릭하고 수식 입력줄에 표시된 함수식을 드래그해서 선택한 후 Ctrl + C 를 눌러 함수식을 복사합니다. Esc 를 눌러 함수식의 편집을 끝내세요.

6 C3셀을 더블클릭하여 커서를 올려놓고 Ctrl + V 를 눌러 복사한 함수식을 붙여넣습니다. 함수식에서 가져올 열 번호를 '2'에서 '6'으로 수정하고 Enter 를 누르세요.

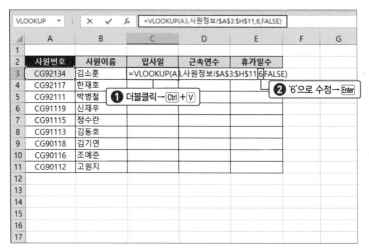

 Tip

가져올 열 번호에 '2'를 지정하면 [사원정보] 시트의 A3:H11 범위에서 두 번째 위치한 '사원이름' 열의 사원 이름 데이터를 가져옵니다. 따라서 '2'에서 '6'으로 수정하면 여섯 번째 위치한 '입사일' 항목의 데이터를 가져옵니다.

7 C3셀에 함수식 '=VLOOKUP(A3,사원정보!$A$3:$H$11,6,FALSE)'가 완성되면서 '김소훈'의 입사일을 구했으면 C3셀의 자동 채우기 핸들을 더블클릭하여 다른 사원들의 입사일도 구합니다. C열에 표시된 값을 날짜 형식으로 바꾸기 위해 C3:C11 범위를 선택한 상태에서 [홈] 탭-[표시 형식] 그룹에서 [표시 형식]의 내림 단추(▾)를 눌러 [간단한 날짜]를 선택하세요.

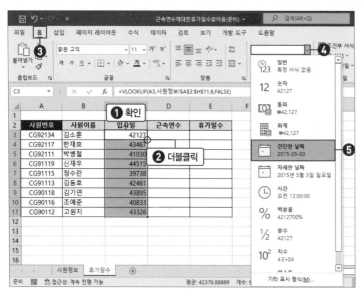

8 숫자로 표시된 '입사일' 항목의 값이 날짜 형식으로 변경되었습니다. 입사일을 기준으로 오늘까지 정확히 몇 년째 근무하고 있는지 알아보기 위해 D3셀을 클릭하고 함수식 『=DATEDIF(C3, TODAY(),"Y")』를 입력한 후 Enter 를 누르세요.

	A	B	C	D	E	F	G
	VLOOKUP ▾	⁝	✕ ✓ fx	=DATEDIF(C3,TODAY(),"Y")			
1							
2	사원번호	사원이름	입사일	근속연수	휴가일수		
3	CG92134	김소훈	2015-05-03	=DATEDIF(C3,TODAY(),"Y")		❷ 입력→Enter	
4	CG92117	한재호	2019-01-02				
5	CG92111	박병철	2012-05-01				
6	CG91119	신재우	2021-11-15				
7	CG91115	정수란	2008-10-17				
8	CG91113	김동호	2016-04-01				
9	CG90118	김기연	2020-03-05				
10	CG90116	조예준	2011-10-17				
11	CG90112	고원지	2018-08-14				
12							
13			❶ 확인				
14							
15							
16							

함수식 설명

=DATEDIF(C3,TODAY(),"Y")

DATEDIF 함수는 날짜와 날짜 사이의 기간을 구하는 함수입니다. C3셀의 입사일부터 오늘(TODAY 함수)까지 얼마나 기간 차이가 있는지 알고 싶을 때 "Y"는 연 수를, "M"은 개월 수를, "D"는 일 수를 구할 수 있습니다. 여기에서 오늘까지(TODAY 함수)가 아니라 지정한 특정일(2022년 1월 1일)까지 구하려면 '=DATEDIF(C3,DATE(2022,1,1),"Y")'로 날짜를 지정해야 합니다. DATEDIF 함수의 자세한 사용법은 256쪽을 참고하세요.

9 D3셀에 '김소훈'의 근속연수가 표시되었으면 D3셀의 자동 채우기 핸들을 D11셀까지 드래그해서 나머지 셀에도 함수식을 복사합니다. 근속연수에 '년'을 함께 표시하려면 D3:D11 범위를 선택한 상태에서 Ctrl + 1 을 누르세요.

	A	B	C	D	E	F	G
1							
2	사원번호	사원이름	입사일	근속연수	휴가일수		
3	CG92134	김소훈	2015-05-03	7	❶ 확인		
4	CG92117	한재호	2019-01-02	3			
5	CG92111	박병철	2012-05-01	10			
6	CG91119	신재우	2021-11-15	0	❷ 드래그→ Ctrl + 1		
7	CG91115	정수란	2008-10-17	13			
8	CG91113	김동호	2016-04-01	6			
9	CG90118	김기연	2020-03-05	2			
10	CG90116	조예준	2011-10-17	10			
11	CG90112	고원지	2018-08-14	3			
12							
13							
14							
15							
16							
17							

Tip
표시된 근속연수는 항상 작업하는 당일 날짜(TODAY 함수)까지 기준이 설정되어 있어서 표시된 근속연수 값이 화면과 조금씩 다를 수 있습니다.

10 [셀 서식] 대화상자의 [표시 형식] 탭이 열리면 '범주'에서 [사용자 지정]을 선택하고 '형식'에 『0년』을 입력한 후 [확인]을 선택합니다.

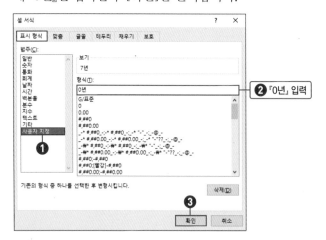

 Tip

'형식'에 사용한 0 기호는 숫자를 표시할 위치를 의미합니다. 0의 위치에 숫자를 표시하고, 뒤에 '년'을 붙이기 위해 '0년'을 지정했습니다. 표시 형식으로 설정할 수 있는 기호에 대해서는 72쪽을 참고하세요.

11 '근속연수' 항목의 숫자 뒤에 '년'이라는 문자가 표시되었습니다. E열의 '휴가일수' 항목은 근속연수에 따라 결과 값이 달라집니다. 즉 3년 미만이면 3일, 4~5년 사이이면 5일, 6~9년 사이이면 7일, 10년 이상이면 10일을 지정하는데, 이러한 근속연수의 조건에 맞게 휴가일을 구하기 위해 VLOOKUP 함수를 사용해 보겠습니다.

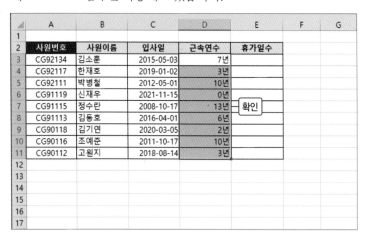

12 VLOOKUP 함수는 따로 비교 대상을 지정하고 작업해야 하므로 H2:I6 범위에 다음의 그림과 같이 비교값을 입력합니다. 비교 대상의 첫 번째 열에 찾을 데이터인 근속연수가 있어야 하는데, 현재 조건은 정확한 값을 찾는 게 아니라 근사값을 찾아야 하므로 비교 대상이 오름차순으로 정렬되어 있어야 합니다.

	A	B	C	D	E	F	G	H	I
1									
2	사원번호	사원이름	입사일	근속연수	휴가일수			근속연수	휴가일수
3	CG92134	김소훈	2015-05-03	7년				0	3
4	CG92117	한재호	2019-01-02	3년				4	5
5	CG92111	박병철	2012-05-01	10년				6	7
6	CG91119	신재우	2021-11-15	0년				10	10
7	CG91115	정수란	2008-10-17	13년					
8	CG91113	김동호	2016-04-01	6년			입력		
9	CG90118	김기연	2020-03-05	2년					
10	CG90116	조예준	2011-10-17	10년					
11	CG90112	고원지	2018-08-14	3년					
12									
13									
14									

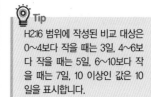

Tip

H2:I6 범위에 작성된 비교 대상은 0~4보다 작을 때는 3일, 4~6보다 작을 때는 5일, 6~10보다 작을 때는 7일, 10 이상인 값은 10일을 표시합니다.

13 E3셀을 클릭하고 함수식 『=VLOOKUP(D3,$H$3:$I$6,2)』를 입력한 후 [Enter]를 누릅니다.

VLOOKUP   × ✓ fx   =VLOOKUP(D3,$H$3:$I$6,2)   **②** 입력 → [Enter]

	A	B	C	D	E	F	G	H	I
1									
2	사원번호	사원이름	입사일	근속연수	휴가일수			근속연수	휴가일수
3	CG92134	김소훈	2015-05-03	7년	=VLOOKUP(D3,$H$3:$I$6,2)				3
4	CG92117	한재호	2019-01-02	3년	**①**			4	5
5	CG92111	박병철	2012-05-01	10년				6	7
6	CG91119	신재우	2021-11-15	0년				10	10
7	CG91115	정수란	2008-10-17	13년					
8	CG91113	김동호	2016-04-01	6년					
9	CG90118	김기연	2020-03-05	2년					
10	CG90116	조예준	2011-10-17	10년					
11	CG90112	고원지	2018-08-14	3년					
12									
13									
14									

14 E3셀에 '김소훈'의 휴가일수를 구했으면 E3셀의 자동 채우기 핸들을 E11셀까지 드래그해서 나머지 셀에도 함수식을 복사합니다. 각 근속연수에 따른 휴가일수의 뒤에 '일'을 표시하기 위해 E3:E11 범위를 선택한 상태에서 [Ctrl]+[1]을 누르세요.

	A	B	C	D	E	F	G	H	I
1									
2	사원번호	사원이름	입사일	근속연수	휴가일수			근속연수	휴가일수
3	CG92134	김소훈	2015-05-03	7년	7				3
4	CG92117	한재호	2019-01-02	3년	3			4	5
5	CG92111	박병철	2012-05-01	10년	10			6	7
6	CG91119	신재우	2021-11-15	0년	3			10	10
7	CG91115	정수란	2008-10-17	13년	10				
8	CG91113	김동호	2016-04-01	6년	7				
9	CG90118	김기연	2020-03-05	2년	3				
10	CG90116	조예준	2011-10-17	10년	10				
11	CG90112	고원지	2018-08-14	3년	3				
12									
13									
14									
15									

① 확인

② 드래그 → [Ctrl]+[1]

15 [셀 서식] 대화상자의 [표시 형식] 탭이 열리면 '범주'에서 [사용자 지정]을 선택하고 '형식'에 『#일』을 입력한 후 [확인]을 선택합니다.

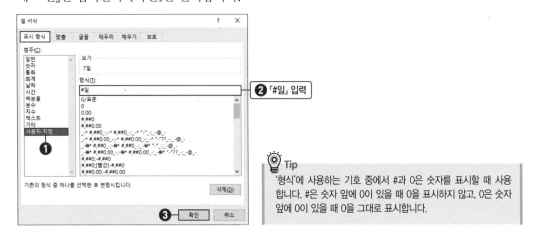

Tip
'형식'에 사용하는 기호 중에서 #과 0은 숫자를 표시할 때 사용합니다. #은 숫자 앞에 0이 있을 때 0을 표시하지 않고, 0은 숫자 앞에 0이 있을 때 0을 그대로 표시합니다.

16 E열의 '휴가일수' 항목에 표시된 숫자 데이터의 뒤에 문자 '일'이 함께 표시되었는지 확인합니다.

| M365 | 2021 | 2019 | 2016 | 2013 |

현장실무

08 주민번호 이용해 성별과 나이 구하기
― REPLACE, MID, DATE 함수

1 주민번호의 뒷자리를 보이지 않게 숨겨볼게요. [사원정보] 시트에서 I3셀에 함수식 『=REPLACE (C3,9,6,"******")』를 입력하고 Enter 를 누르세요.

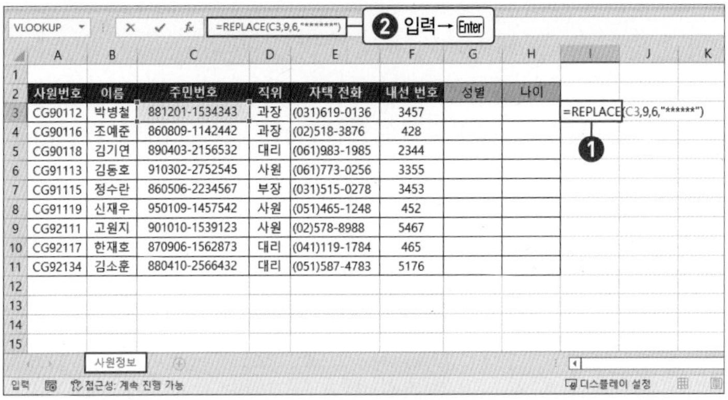

함수식 설명

=REPLACE(C3,9,6,"******")

C3셀에 입력된 문자열에서 아홉 번째부터 여섯 개 문자를 '******'로 대체하는 함수식입니다.

2 I3셀에 '박병철'의 주민번호 뒷자리가 '******'로 나타났으면 I3셀의 자동 채우기 핸들을 더블클릭해서 나머지 셀에도 함수식을 복사합니다. I3:I11 범위가 선택된 상태에서 Ctrl + C 를 누르세요.

3 C3셀을 클릭하고 마우스 오른쪽 단추를 눌러 '붙여넣기 옵션'에서 [값](📋)을 클릭합니다.

4 C3:C11 범위에 함수식을 결과 값으로 변환해서 붙여넣기했으면 I3:I11 범위를 선택하고 Delete 를 눌러 지웁니다.

5 G3셀을 클릭하고 함수식『=MID(C3,8,1)』을 입력한 후 Enter 를 누릅니다.

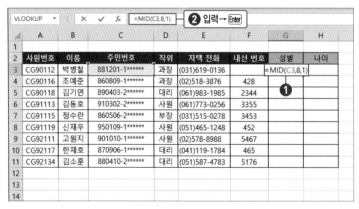

6 G3셀에 '박병철'의 주민번호에서 여덟 번째부터 한 개의 숫자를 뺀 결과 값이 나타납니다. G3 셀의 자동 채우기 핸들을 G11셀까지 드래그해서 나머지 셀에도 함수식을 복사하면 '1' 또는 '2' 중에서 하나가 표시됩니다.

	A	B	C	D	E	F	G	H
1								
2	사원번호	이름	주민번호	직위	자택 전화	내선 번호	성별	나이
3	CG90112	박병철	881201-1******	과장	(031)619-0136	3457	1	❶ 확인
4	CG90116	조예준	860809-1******	과장	(02)518-3876	428	1	
5	CG90118	김기연	890403-2******	대리	(061)983-1985	2344	2	
6	CG91113	김동호	910302-2******	사원	(061)773-0256	3355	2	
7	CG91115	정수란	860506-2******	부장	(031)515-0278	3453	2	❷ 드래그
8	CG91119	신재우	950109-1******	사원	(051)465-1248	452	1	
9	CG92111	고원지	901010-1******	사원	(02)578-8988	5467	1	
10	CG92117	한재호	870906-1******	대리	(041)119-1784	465	1	
11	CG92134	김소훈	880410-2******	대리	(051)587-4783	5176	2	
12								
13								
14								

Tip
주민번호의 앞자리는 여섯 자리이고 그 뒤에 나오는 하이픈은 일곱 번째 자리입니다. 그리고 성별을 구분하는 1이나 2는 여덟 번째 자리이므로 여덟 번째부터 하나의 숫자를 뺀 것입니다.

7 '성별' 항목의 값이 '1'일 때는 '남자'를, '2'일 때는 '여자'를 표시해 볼게요. G3셀을 더블클릭하여 함수식을 나타내고 '=IF(MID(C3,8,1)=1,"남자","여자")'로 수정한 후 Enter를 누르세요.

VLOOKUP ▾ ⋮ × ✓ *fx* =IF(MID(C3,8,1)=1,"남자","여자") ❷ 함수식 수정→ Enter

	A	B	C	D	E	F	G	H
1								
2	사원번호	이름	주민번호	직위	자택 전화	내선 번호	성별	나이
3	CG90112	박병철	881201-1******	과장	(031)619-0136	=IF(MID(C3,8,1)=1,"남자","여자")		
4	CG90116	조예준	860809-1******	과장	(02)518-3876	428		
5	CG90118	김기연	890403-2******	대리	(061)983-1985	2344	❶ 더블클릭	
6	CG91113	김동호	910302-2******	사원	(061)773-0256	3355	2	
7	CG91115	정수란	860506-2******	부장	(031)515-0278	3453	2	
8	CG91119	신재우	950109-1******	사원	(051)465-1248	452	1	
9	CG92111	고원지	901010-1******	사원	(02)578-8988	5467	1	
10	CG92117	한재호	870906-1******	대리	(041)119-1784	465	1	
11	CG92134	김소훈	880410-2******	대리	(051)587-4783	5176	2	
12								
13								
14								

함수식 설명

=IF(MID(C3,8,1)=1,"남자","여자")

IF 함수의 조건식으로 지정한 'MID(C3,8,1)=1'에 의해 C3셀에 입력된 주민번호에서 여덟 번째부터 한 개의 글자를 빼서 1과 같으면 '남자'를, 그렇지 않으면 '여자'를 표시합니다.

필수 작업팁

데이터 편집 방법

서식 지정

수식 원리

함수

데이터 분석

피벗 테이블

양식 컨트롤

차트

8 G3셀에 '여자'가 표시되었으면 G3셀의 자동 채우기 핸들을 더블클릭해서 다른 사원들의 성별도 표시합니다. 이 경우 MID 함수로 얻는 결과 값은 문자이므로 IF 함수에서 숫자 1과 같은지 체크할 경우 숫자 1과 문자 1은 다르기 때문에 모두 '여자'가 표시되었습니다.

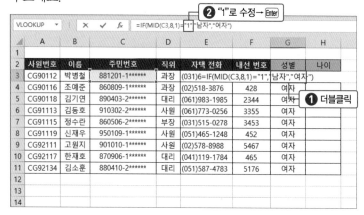

9 값을 비교하려면 유형이 같은 문자 데이터여야 합니다. G3셀을 더블클릭하여 함수식을 나타내고 숫자 1을 문자 1인 '"1"'로 수정하여 '=IF(MID(C3,8,1)="1","남자","여자")'로 완성한 후 Enter를 누르세요.

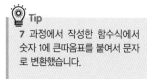

함수식 설명

=IF(MID(C3,8,1)="1","남자","여자")   또는   =IF(VALUE(MID(C3,8,1))=1,"남자","여자")

MID 함수와 같은 텍스트 함수(LEFT 함수, RIGHT 함수 등)를 실행해서 얻은 결과 값은 무조건 문자입니다. 따라서 텍스트 함수를 실행한 결과 값과 비교해서 처리해야 한다면 비교 데이터의 형식을 똑같이 맞춰서 작업해야 합니다. 이때 숫자 1을 문자 1로 바꾸기 위해 "1"로 표시하거나 반대로 문자를 숫자로 바꾸는 VALUE 함수를 이용할 수 있습니다.

10 G3셀에 '박병철'의 성별을 구했으면 G3셀의 자동 채우기 핸들을 더블클릭하여 나머지 사원들의 성별도 표시합니다.

	A	B	C	D	E	F	G	H
1								
2	사원번호	이름	주민번호	직위	자택 전화	내선 번호	성별	나이
3	CG90112	박병철	881201-1******	과장	(031)619-0136	3457	남자	❶ 확인
4	CG90116	조예준	860809-1******	과장	(02)518-3876	428	남자	❷ 더블클릭
5	CG90118	김기연	890403-2******	대리	(061)983-1985	2344	여자	
6	CG91113	김동호	910302-2******	사원	(061)773-0256	3355	여자	
7	CG91115	정수란	860506-2******	부장	(031)515-0278	3453	여자	
8	CG91119	신재우	950109-1******	사원	(051)465-1248	452	남자	
9	CG92111	고원지	901010-1******	사원	(02)578-8988	5467	남자	
10	CG92117	한재호	870906-1******	대리	(041)119-1784	465	남자	
11	CG92134	김소훈	880410-2******	대리	(051)587-4783	5176	여자	
12								
13								
14								

11 주민번호를 이용해서 나이를 구해볼게요. H3셀을 클릭하고 함수식『=DATE(LEFT(C3,2),MID(C3,3,2),MID(C3,5,2))』를 입력한 후 Enter를 누르세요.

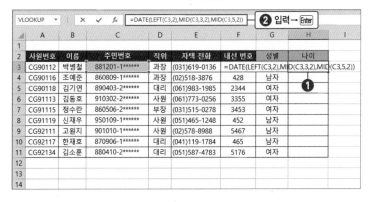

함수식 설명

❶
=DATE(LEFT(C3,2),MID(C3,3,2),MID(C3,5,2))
❷   ❸   ❹

❶ =DATE(연도값, 월값, 일값)
지정한 연도값, 월값, 일값을 이용해서 날짜 형식으로 변환합니다.

❷ LEFT(C3,2)
C3셀의 주민번호에서 왼쪽에 있는 두 개의 글자를 가져옵니다.

❸ MID(C3,3,2)
C3셀의 주민번호에서 세 번째 글자부터 두 개의 글자를 가져옵니다.

❹ MID(C3,5,2)
C3셀의 주민번호에서 다섯 번째 글자부터 두 개의 글자를 가져옵니다.

함수 작업팁

데이터 편집 방법

서식 지정

수식 원리

함수

데이터 분석

피벗 테이블

함수 컨트롤

차트

12 H3셀에 G3셀의 주민번호에서 필요한 부분만 가져와서 생년월일이 날짜 형식으로 표시되었습니다. 이 날짜를 이용해서 나이를 구하기 위해 H3셀을 더블클릭하세요.

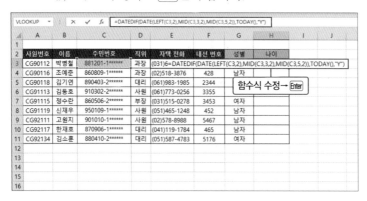

13 H3셀에 함수식이 나타나면 '=DATEDIF(DATE(LEFT(C3,2),MID(C3,3,2),MID(C3,5,2)), TODAY( ),"Y")'로 수정하고 Enter를 누릅니다.

함수식 설명

=DATEDIF(DATE(**LEFT(C3,2)**,MID(C3,3,2),MID(C3,5,2)),TODAY( ),"Y")

주민번호를 이용해서 구한 생일부터 작업 당일(오늘)까지 몇 년이 지났는지 알아보려면 '타입'에 "Y"를, 몇 개월이 지났는지 알아보려면 '타입'에 "M"을, 며칠이 지났는지 알아보려면 '타입'에 "D"를 지정합니다.

형식 =DATEDIF(시작일,종료일,"타입")
날짜와 날짜 사이의 기간을 구합니다.

14 H3셀에 '박병철'의 생일부터 오늘 날짜까지 얼마의 기간이 지났는지 구했으면 H3셀의 자동 채우기 핸들을 더블클릭해서 나머지 셀에도 함수식을 복사합니다. H3:H11 범위를 선택한 상태에서 셀에 설정된 표시 형식을 모두 지우고 순수한 셀 값만 표시하기 위해 [홈] 탭-[표시 형식] 그룹에서 [표시 형식]의 내림 단추(⌄)를 눌러 [일반]을 선택하세요.

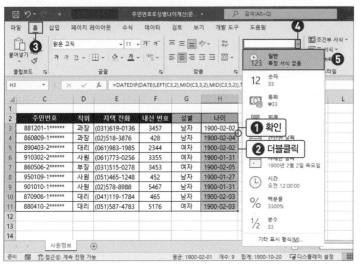

15 날짜가 숫자 값으로 변경되어 나이를 확인할 수 있습니다. 이때 표시된 결과 값은 항상 작업 당일까지 계산된 결과 값이므로 오늘 날짜에 따라 결과 값이 다르게 나타날 수 있습니다.

	A	B	C	D	E	F	G	H
1								
2	사원번호	이름	주민번호	직위	자택 전화	내선 번호	성별	나이
3	CG90112	박병철	881201-1******	과장	(031)619-0136	3457	남자	33
4	CG90116	조예준	860809-1******	과장	(02)518-3876	428	남자	35
5	CG90118	김기연	890403-2******	대리	(061)983-1985	2344	여자	33
6	CG91113	김동호	910302-2******	사원	(061)773-0256	3355	여자	31
7	CG91115	정수란	860506-2******	부장	(031)515-0278	3453	여자	36
8	CG91119	신재우	950109-1******	사원	(051)465-1248	452	남자	27
9	CG92111	고원지	901010-1******	사원	(02)578-8988	5467	남자	31
10	CG92117	한재호	870906-1******	대리	(041)119-1784	465	남자	34
11	CG92134	김소훈	880410-2******	대리	(051)587-4783	5176	여자	34
12								
13								
14								

확인

잠깐만요 :: **주민번호로 성별을 구하는 또 다른 방법 살펴보기**

주민번호에서 여덟 번째 숫자가 1~4까지 있을 경우 1 또는 3이면 '남자'를, 2 또는 4이면 '여자'를 표시해야 합니다. 이와 같은 경우에는 다음의 함수식을 사용합니다.

=CHOOSE(MID(C3,8,1),"남자","여자","남자","여자")

또는

=IF(OR(MID(C3,8,1)="1",MID(C3,8,1)="3"),"남자","여자")

● 예제파일 : 숫자에텍스트포함(준비).xlsx ● 완성파일 : 숫자에텍스트포함(완성).xlsx

현장실무
09 숫자에 텍스트 포함해서 표시하기
– SUMPRODUCT, TEXT 함수

1 구매발주서에서 총 발주금액을 표시해 볼게요. [발주서] 시트에서 B7셀에 함수식 『=SUMPRODUCT(F17:F31,H17:H31)』을 입력하고 Enter 를 누르세요.

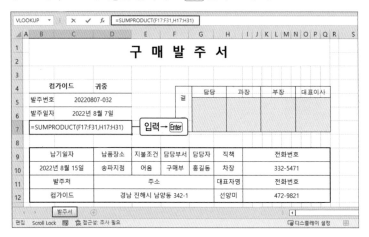

함수식 설명

=SUMPRODUCT(F17:F31,H17:H31)

SUMPRODUCT 함수는 지정한 배열(영역)에 대응하는 셀끼리 곱하고 그 값의 합을 구할 때 사용합니다. 여기서는 F17:F31 범위에 입력된 수량과 H17:H31 범위에 입력된 단가를 서로 대응하는 셀끼리(F17*H17, F18*H18) 먼저 곱하고 결과를 합해서 총 금액을 구합니다.

2 숫자 데이터의 앞에 문자열 '총 발주금액은 '을 표시하기 위해 B7셀을 더블클릭합니다.

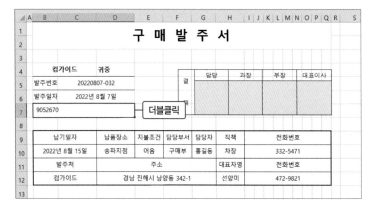

3 함수식이 나타나면 '="총 발주금액은 "&SUMPRODUCT(F17:F31,H17:H31)&"입니다"'로 수정하고 Enter를 누릅니다.

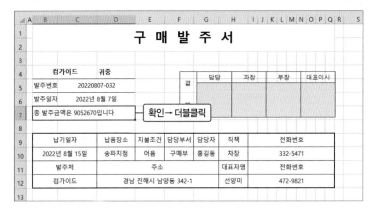

4 B7셀에 지정한 텍스트와 함께 숫자가 표시되었습니다. 이때 & 기호로 붙여넣기한 데이터는 문자로 변환되기 때문에 숫자의 표시 형식을 함께 지정하기 위해 B7셀을 더블클릭하세요.

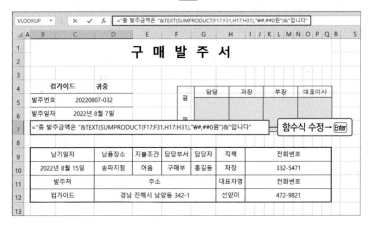

5 B7셀에 함수식이 나타나면 '="총 발주금액은 "&TEXT(SUMPRODUCT(F17:F31,H17:H31),"₩#,##0원")&"입니다"'로 수정하고 Enter를 누릅니다.

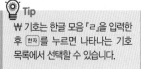

Tip

₩ 기호는 한글 모음 「ㄹ」을 입력한 후 한자를 누르면 나타나는 기호 목록에서 선택할 수 있습니다.

$$=\text{"총 발주금액은 "&TEXT(SUMPRODUCT(F17:F31,H17:H31),"₩#,##0원")&"입니다"}$$
❶

❶ =TEXT(SUMPRODUCT(F17:F31,H17:H31),"₩#,##0원")
TEXT 함수는 숫자, 문자, 날짜 등의 다양한 값을 원하는 모양의 서식을 지정한 텍스트로 변환할 때 사용합니다. 여기서는 SUMPRODUCT 함수를 이용해서 구한 총 금액을 '₩#,##0원' 서식을 적용한 문자 형태로 변환합니다.

6 B7셀에 텍스트와 원화 기호(₩)가 지정된 숫자가 함께 표시되었으면 [보기] 탭-[표시] 그룹에서 [눈금선]의 체크를 해제합니다.

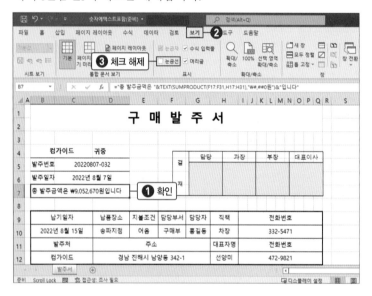

7 화면에 표시된 셀 구분선이 사라지면서 구매발주서를 더욱 깔끔하게 작성할 수 있습니다.

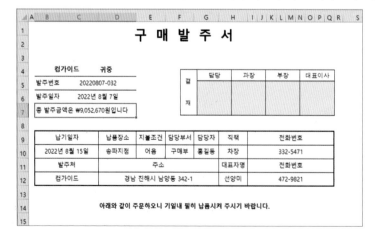

현장실무
10

숫자를 한 자리씩 가져와서 표시하기
– TEXT, MID, COLUMN 함수

1 [발주서] 시트에서 F17셀의 수량과 H17셀의 단가를 곱한 금액을 I열부터 Q열에 한 자리씩 나눠서 표시해 볼게요. R17셀을 클릭하고 함수식 『=TEXT(F17*H17,"?????????")』를 입력한 후 Enter 를 누르세요.

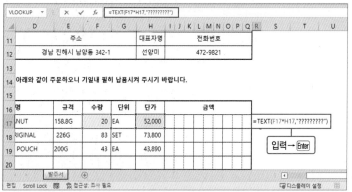

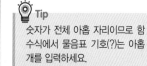

Tip

숫자가 전체 아홉 자리이므로 함수식에서 물음표 기호(?)는 아홉 개를 입력하세요.

함수식 설명

=TEXT(F17*H17,"?????????")

'F17*H17'을 구한 금액을 문자 형태로 변환하기 위해 표시하는 서식은 "?????????"입니다. 이때 ?는 숫자를 표시할 자릿수를 의미하는데, 전체 아홉 자리 중에서 오른쪽 끝에서부터 숫자를 채워넣습니다. 예를 들어 표시할 숫자가 '123456'이면 전체 아홉 자리에서 뒤쪽(오른쪽)부터 채우고 남은 자리는 공백으로 표시되어 'BBB123456'으로 표시됩니다. 이때 B는 공백을 의미합니다.

2 R17셀에 수량과 단가를 곱한 금액을 확인했으면 R17셀의 자동 채우기 핸들을 R31셀까지 드래그해서 나머지 셀에도 함수식을 복사합니다.

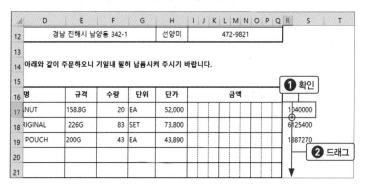

3 '금액' 항목에서 I열부터 Q열의 범위가 아홉 자리이므로 R17셀에 표시한 값을 왼쪽부터 하나씩 추출해서 각 자리에 표시해 볼게요. I17셀을 클릭하고 함수식 『=MID($R17,COLUMN()-8,1)』을 입력한 후 Enter 를 누르세요.

함수식 설명

$$=MID(\$R17,\underline{COLUMN()-8},1)$$
❶

R17셀의 값을 첫 번째부터 한 개를 가져온 결과 값을 표시합니다. 오른쪽으로 함수식을 복사하면 COLUMN 값이 '2'로 또는 '3'으로 바뀌므로 두 번째부터 한 개, 세 번째부터 한 개와 같이 한 자리씩 가져와서 결과 값을 표시합니다.

❶ COLUMN( )-8
COLUMN 함수는 지정한 셀이 위치한 열 수를 알아볼 때 사용합니다. 예를 들어 '=COLUMN(D3)'을 지정했으면 D3셀이 워크시트에서 몇 번째 열에 위치하는지 구하므로 결과 값 '4'를 얻을 수 있습니다. '=COLUMN()'과 같이 대상을 지정하지 않으면 현재 수식이 입력된 셀을 대상으로 값을 구합니다. 따라서 '=COLUMN( )-8'은 현재 수식이 작성된 I17셀의 열 번호인 '9'를 얻을 수 있고, 그 값에서 8을 뺀 결과 값 '1'을 얻습니다. 이 함수식을 오른쪽으로 복사하면 열 수가 하나씩 증가되면서 결과 값은 '2', '3', '4'로 바뀝니다.

---

4 I17셀의 자동 채우기 핸들을 Q17셀까지 드래그해서 함수식을 복사합니다.

5 복사된 결과 값을 살펴보면 함수식뿐만 아니라 서식까지 함께 복사되어 테두리가 깔끔하지 않으므로 [자동 채우기 옵션] 단추(▣)를 클릭하고 [서식 없이 채우기]를 선택합니다.

	D	E	F	G	H	I J K L M N O P Q	R	S	T
10	송파지점	어음	구매부	홍길동	차장	332-5471			
11	주소				대표자명	전화번호			
12	경남 진해시 남양동 342-1				선양미	472-9821			
13									
14	아래와 같이 주문하오니 기일내 필히 납품시켜 주시기 바랍니다.								
15									
16	명	규격	수량	단위	단가	금액			
17	NUT	158.8G	20	EA	52,000	1 0 4 0 0 0 0	1040000		
18	RIGINAL	226G	83	SET	73,800	❷ 5400			
19	POUCH	200G	43	EA	43,890	❶ 확인			
20									
21									

셀 복사(C)
서식만 채우기(F)
서식 없이 채우기(O) ❸

6 셀에 설정된 서식은 제외되고 함수식만 복사되었으면 Q17셀의 자동 채우기 핸들을 더블클릭합니다.

	D	E	F	G	H	I J K L M N O P Q	R	S	T
10	송파지점	어음	구매부	홍길동	차장	332-5471			
11	주소				대표자명	전화번호			
12	경남 진해시 남양동 342-1				선양미	472-9821			
13									
14	아래와 같이 주문하오니 기일내 필히 납품시켜 주시기 바랍니다.								
15									
16	명	규격	수량	단위	단가	금액	❶ 확인		
17	NUT	158.8G	20	EA	52,000	1 0 4 0 0 0 0	1040000		
18	RIGINAL	226G	83	SET	73,800		125400		
19	POUCH	200G	43	EA	43,890		887270		
20						❷ 더블클릭			
21									

7 마지막 행까지 수식이 복사되었으면 [자동 채우기 옵션] 단추(▣)를 클릭하고 [서식 없이 채우기]를 선택합니다.

	D	E	F	G	H	I J K L M N O P Q	R	S	T
10	송파지점	어음	구매부	홍길동	차장	332-5471			
11	주소				대표자명	전화번호			
12	경남 진해시 남양동 342-1				선양미	472-9821			
13									
14	아래와 같이 주문하오니 기일내 필히 납품시켜 주시기 바랍니다.								
15									
16	명	규격	수량	단위	단가	금액			
17	NUT	158.8G	20	EA	52,000	1 0 4 0 0 0 0	1040000		
18	RIGINAL	226G	83	SET	73,800	6 1 2 5 4 0 0	6125400		
19	POUCH	200G	43	EA	43,890	1 8 8 7 2 7 0	1887270		
20									
21						❶			
22									
23						❷			
24									

셀 복사(C)
서식만 채우기(F)
서식 없이 채우기(O)

필수 작업팁

데이터 편집 방법

서식 지정

수식 원리

함수

데이터 분석

피벗 테이블

양식 컨트롤

차트

8 F17셀을 클릭하고 수량을 '5'로 수정하면 I17셀 값부터 Q17셀 값까지 숫자 자릿수의 위치에 맞게 금액이 재계산되어 변경됩니다.

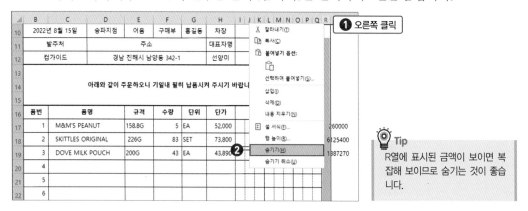

9 R열 머리글에서 마우스 오른쪽 단추를 눌러 [숨기기]를 선택하여 R열을 숨깁니다.

❶ 오른쪽 클릭

❷

Tip
R열에 표시된 금액이 보이면 복잡해 보이므로 숨기는 것이 좋습니다.

10 F18셀의 '수량'은 '90'으로, H18셀의 '단가'는 '83000'으로 수정하고 I18셀부터 Q18셀에 자동으로 금액이 변경되어 표시되는지 확인합니다.

품명	규격	수량	단위	단가	금액							
M&M'S PEANUT	158.8G	5	EA	52,000			2	6	0	0	0	0
SKITTLES ORIGINAL	226G	90	SET	83,000	7	4	7	0	0	0	0	
DOVE MILK POUCH	200G	43	EA	43,890	1	8	8	7	2	7	0	

❶ 수정   ❷ 확인

현장실무

11 출고일이 토/일요일이면 월요일로 변경하기 – WEEKDAY 함수

1 [Sheet1] 시트에서 B3셀에 『=W』를 입력하고 함수 목록이 표시되면 [WEEKDAY]를 더블클릭합니다.

	A	B	C	D	E	F	G	H
1								
2	출고요청일	실제 출고일	유형	Agnt	Cstm	Order		
3	2022-04-30	=W	**❶ 『=W』 입력**		SEZ	12,800		
4	2022-06-03	ⓐWEBSERVICE	AIR	E		15,360		
5	2022-06-03	ⓐWEEKDAY	일정 날짜의 요일을 나타내는 1에서 7까지의 수를 구합니다			0		
6	2022-06-04	ⓐWEEKNUM	VSL	E	SEZ	19,712		
7	2022-06-04	**❷ 더블클릭**	VSL	E	SEZ	22,272		
8	2022-06-11		VSL	E	SEZ	17,152		
9	2022-06-11	ⓐWORKDAY	VSL	E	SEZ	25,600		
10	2022-06-16	ⓐWORKDAY.INTL	VSL	E	SEZ	26,400		
11	2022-06-17	ⓐWEIBULL	VSL	E	SEZ	12,800		
12	2022-06-17		VSL	E	SEZ	17,920		
13	2022-06-17		VSL	D	SEZ	17,152		
14	2022-06-17		VSL	D	SEZ	22,528		

2 B3셀에 '=WEEKDAY('가 표시되면 이 상태에서 A3셀을 클릭하고 이어서 『,』를 입력합니다. 숫자 인수 목록이 표시되면 두 번째 항목을 더블클릭하세요.

	A	B	C	D	E	F	G	H
1		**❶ 확인**						
2	출고요청일	실제 출고일	유형	Agnt	Cstm	Order		
3	2022-04-30	=WEEKDAY(A3,	**❸ 『,』 입력**		SEZ	12,800		
4	2022-06-03	WEEKDAY(serial_number, [return_type]) E				15,360		
5	2022-06-03	(...)1 - 숫자 1(일요일)에서 7(토요일)까지		WEEKDAY에서는 숫자 1(일요일)에서 7(토요일)				
6	2022-06-04	(...)2 - 숫자 1(월요일)에서 7(일요일)까지				19,712		
7	2022-06-04	(...)3 - 숫자 0(월요일)에서 6(일요일)까지				22,272		
8	2022-06-11	(...)11 - 숫 **❹ 더블클릭** 일)까지				17,152		
9	2022-06-11	(...)12 - 숫				25,600		
10	2022-06-16	(...)13 - 숫자 1(수요일)에서 7(화요일)까지				26,400		
11	2022-06-17	(...)14 - 숫자 1(목요일)에서 7(수요일)까지				12,800		
12	2022-06-17	(...)15 - 숫자 1(금요일)에서 7(목요일)까지				17,920		
13	2022-06-17	(...)16 - 숫자 1(토요일)에서 7(금요일)까지				17,152		
14	2022-06-17	(...)17 - 숫자 1(일요일)에서 7(토요일)까지	VSL	D	SEZ	22,528		
15	2022-06-18		VSL	D	SEZ	17,664		

함수식 설명

=WEEKDAY(A3,2)

지정한 날짜(A3셀)의 요일에 해당하는 숫자를 표시합니다. 이때 두 번째 인수에 1을 지정하면 1~7 사이의 값이 표시되는데, 1이면 일요일을, 2이면 화요일을, 3이면 수요일과 같은 의미를 갖습니다. 이와 같이 두 번째 인수에 무엇을 지정하느냐에 따라 표시된 숫자의 의미가 달라집니다. 여기서는 두 번째 인수에 2를 지정했으므로 1이면 월요일을, 2이면 화요일을, …, 6이면 토요일을, 7이면 일요일을 의미합니다.

3 B3셀에 함수식 '=WEEKDAY(A3,2'가 완성되면 [Enter]를 눌러 실제 출고일을 계산합니다.

	A	B	C	D	E	F	G	H
1								
2	출고요청일	실제 출고일	유형	Agnt	Cstm	Order		
3	=WEEKDAY(A3,2			E	SEZ	12,800		
4	20 WEEKDAY(serial_number, [return_type]) AIR	E	SEZ	15,360		
5	2022-06-0 함수식 확인→[Enter]	VSL	E	SEZ	17,920		
6	2022-06-0		VSL	E	SEZ	19,712		
7	2022-06-04		VSL	E	SEZ	22,272		
8	2022-06-11		VSL	E	SEZ	17,152		
9	2022-06-11		VSL	E	SEZ	25,600		
10	2022-06-16		VSL	E	SEZ	26,400		
11	2022-06-17		VSL	E	SEZ	12,800		
12	2022-06-17		VSL	E	SEZ	17,920		

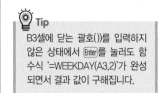

Tip
B3셀에 닫는 괄호())를 입력하지 않은 상태에서 [Enter]를 눌러도 함수식 '=WEEKDAY(A3,2)'가 완성되면서 결과 값이 구해집니다.

4 B3셀에 결과 값이 나타나면 B3셀의 자동 채우기 핸들을 더블클릭해서 나머지 행에도 함수식을 복사합니다. 기존 셀에 날짜 서식이 설정되어 있기 때문에 1~7 사이의 숫자가 아닌 날짜가 표시되므로 '실제 출고일' 항목을 선택한 상태에서 [홈] 탭-[표시 형식] 그룹에서 [표시 형식]의 내림 단추(▼)를 눌러 [일반]을 선택하세요.

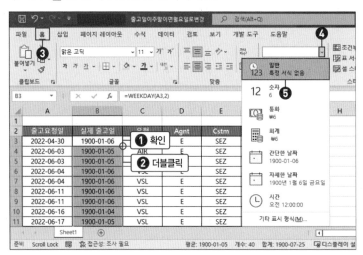

5 날짜였던 데이터가 숫자로 변경되었는데, 이 값이 6이면 토요일을, 7이면 일요일을 의미합니다. 출고 요청일이 토요일이면 2일을 더한 월요일로, 일요일이면 1일을 더한 월요일로 변경하기 위해 B3셀을 더블클릭하세요.

	A	B	C	D	E	F	G	H
1								
2	출고요청일	실제 출고일	요청	Agnt	Cstm	Order		
3	2022-04-30	6	❷ 더블클릭		SEZ	12,800		
4	2022-06-03	5	AIR	E	SEZ	15,360		
5	2022-06-03	5	VSL	E	SEZ	17,920		
6	2022-06-04	6	VSL	E	SEZ	19,712		
7	2022-06-04	6	VSL	E	SEZ	22,272		
8	2022-06-11	6	❶ 확인	E	SEZ	17,152		
9	2022-06-11	6	VSL	E	SEZ	25,600		
10	2022-06-16	4	VSL	E	SEZ	26,400		
11	2022-06-17	5	VSL	E	SEZ	12,800		
12	2022-06-17	5	VSL	E	SEZ	17,920		

6 B3셀에 함수식이 나타나면 '=IF(WEEKDAY(A3,2)=6,A3+2,IF(WEEKDAY(A3,2)=7,A3+1,A3))'
으로 수정하고 [Enter]를 누릅니다.

	A	B	C	D	E	F	G	H
						=IF(WEEKDAY(A3,2)=6,A3+2,IF(WEEKDAY(A3,2)=7,A3+1,A3))		
1								
2	출고요청일	실제 출고일	유형	Agnt	Cstm	Order		
3	=IF(WEEKDAY(A3,2)=6,A3+2,IF(WEEKDAY(A3,2)=7,			E	SEZ	12,800		
4	A3+1,A3))			E	SEZ	15,360		
5	2022-06-03		VSL	E	SEZ	17,920		
6	2022-06-0	함수식 수정 → Enter	VSL	E	SEZ	19,712		
7	2022-06-0		VSL	E	SEZ	22,272		
8	2022-06-11	6	VSL	E	SEZ	17,152		
9	2022-06-11	6	VSL	E	SEZ	25,600		
10	2022-06-16	4	VSL	E	SEZ	26,400		

함수식 설명

❶ ❷ ❸
$$=IF(WEEKDAY(A3,2)=6,A3+2,IF(WEEKDAY(A3,2)=7,A3+1,A3))$$

❶ WEEKDAY 함수를 실행한 결과 값이 '6'이면 2일을 더합니다.
❷ WEEKDAY 함수를 실행한 결과 값이 '7'이면 1일을 더합니다.
❸ 그 외의 나머지 값은 A3셀 값을 그대로 표시합니다.

A3셀의 날짜에 해당하는 요일을 체크해서 6이면 A3셀의 날짜에 2를, 7이면 A3셀의 날짜에 1을 더하고, 그 외의 다른
값일 때는 A3셀의 날짜를 그대로 사용하는 함수식입니다. 다음과 같은 함수식으로 수정해도 결과는 같습니다.

$$=IFS(WEEKDAY(A3,2)=6,A3+2,WEEKDAY(A3,2)=7,A3+1,1,A3)$$

$$=SWITCH(WEEKDAY(A3,2),6,A3+2,7,A3+1,A3)$$

7 B3셀에 숫자가 나타나면 B3셀의 자동 채우기 핸들을 더블클릭해서 나머지 셀에도 함수식
을 복사합니다. 이 숫자를 날짜 형식으로 표시하기 위해 '실제 출고일' 항목을 선택한 상태에서
[홈] 탭-[표시 형식] 그룹에서 [표시 형식]의 내림 단추(▼)를 눌러 [간단한 날짜]를 선택하세요.

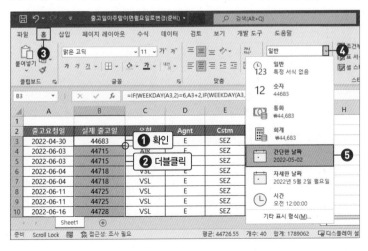

8 B열에 표시된 숫자가 해당하는 날짜로 변경되었으면 A열 머리글을 클릭하여 A열 전체를 선택합니다. [홈] 탭-[표시 형식] 그룹에서 [표시 형식]의 내림 단추(⌄)를 눌러 [자세한 날짜]를 선택하세요.

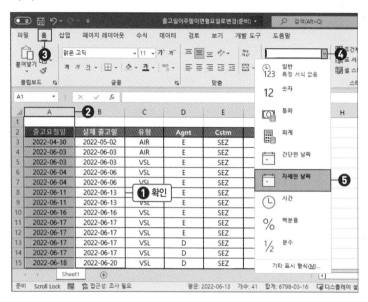

9 '출고요청일' 항목에 자세한 날짜가 표시되었지만 셀 너비가 좁아서 '########'으로 표시되었으면 A열 머리글과 B열 머리글 사이의 경계선에 마우스 포인터를 올려놓고 ✛ 모양으로 변경된 상태에서 더블클릭합니다. 셀 너비가 넓게 조정되면서 A열의 '출고요청일' 항목에 요일까지 함께 표시되면 출고 요청일이 '토요일'이나 '일요일'인 날짜가 '실제 출고일' 항목에서는 '월요일'에 해당하는 날짜로 바뀌었는지 확인하세요.

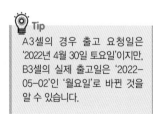

Tip

A3셀의 경우 출고 요청일은 '2022년 4월 30일 토요일'이지만, B3셀의 실제 출고일은 '2022-05-02'인 '월요일'로 바뀐 것을 알 수 있습니다.

현장실무
12 | 상품 정보가 오류일 때 표시하지 않기
– VLOOKUP, IFERROR 함수

1 [거래명세서] 시트에서 D12셀을 클릭하고 셀의 오른쪽에 나타난 내림 단추(▼)를 눌러 상품 목록에서 [스니커즈 아몬드]를 선택합니다.

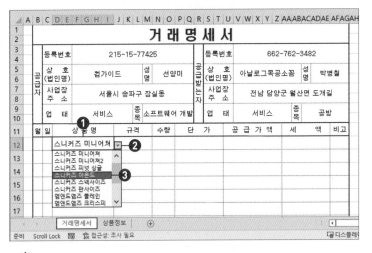

💡 **Tip**

이 예제에는 D12:D26 범위에 '데이터 유효성 검사' 기능이 적용되어 있습니다. 따라서 범위에 있는 셀을 클릭하면 내림 단추(▼)가 나타나면서 상품 목록이 표시되도록 미리 설정되어 있습니다.

2 [상품정보] 시트를 선택하여 각 상품명에 따른 규격과 단가를 확인합니다. [거래명세서] 시트에서 이 값을 참조해서 자동으로 표시되는 수식을 작성할 것입니다.

상품명	규격	단가
트윅스 미니어쳐	CS	10,000
스니커즈 미니어쳐	CS	12,000
스니커즈 미니어쳐2	CS	15,000
스니커즈 피넛 싱글	BX	15,000
스니커즈 아몬드	BX	20,000
스니커즈 스넥사이즈	CS	13,000
스니커즈 판사이즈	CS	14,000
엠앤드엠즈 플레인	CS	10,000
엠앤드엠즈 크리스피	CS	13,000
트윅스	BX	12,000
트윅스 커피 싱글	BX	15,000
트윅스 판사이즈	CS	16,000
엠앤드엠즈 피넛	CS	20,000
페디그리 쇠고기	CS	13,000

② 확인

3 [거래명세서] 시트를 선택하고 J12셀에 함수식 『=VLOOKUP(D12,상품정보!$A$2:$C$15,2,FALSE)』
를 입력한 후 Enter를 누릅니다.

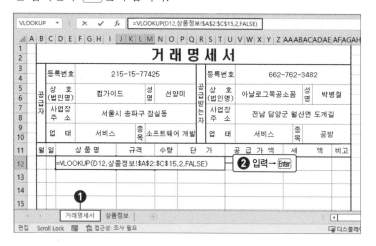

함수식 설명

=VLOOKUP(D12,상품정보!$A$2:$C$15,2,FALSE)

D12셀에 표시된 값과 같은 상품명을 [상품정보] 시트의 A2:C15 범위에 있는 첫 번째 열에서 찾아 그 행에 해당하는 두
번째 위치한 열의 값을 가져옵니다. 마지막 인수에 FALSE를 지정했기 때문에 정확히 일치하는 데이터만 가져오고, 그
렇지 않으면 오류 메시지를 표시합니다.

4 J12셀에 '스니커즈 아몬드'의 규격을 구했으면 J12셀의 자동 채우기 핸들을 J26셀까지 드래그
해서 나머지 셀에도 함수식을 복사합니다. 13행 이하에서는 찾을 값이 입력되지 않아 비교 대상
에 없기 때문에 결과에 #N/A 오류가 발생하면 오류 메시지를 표시하지 않기 위해 Ctrl+Z를 눌
러 함수식의 실행을 취소하세요.

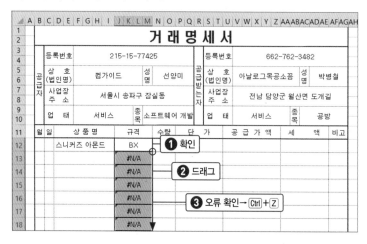

5 J12셀을 더블클릭하여 함수식을 나타내고 '=IFERROR(VLOOKUP(D12,상품정보!$A$2:$C$15, 2,FALSE),"")'로 수정한 후 Enter 를 누릅니다.

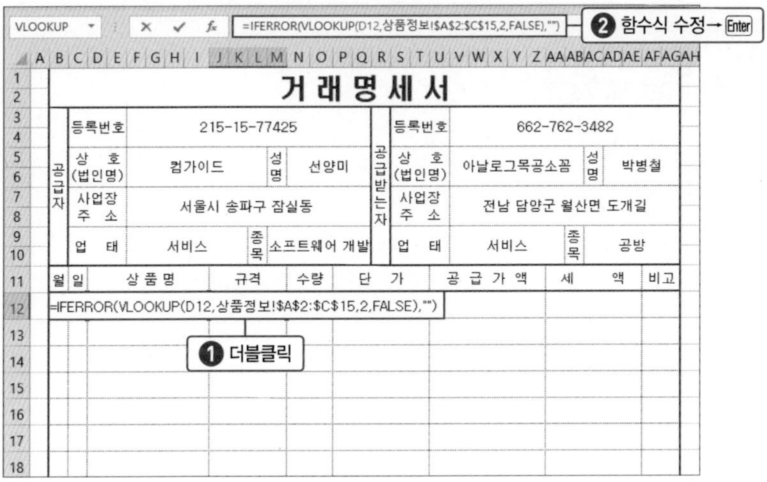

함수식 설명

=IFERROR(VLOOKUP(D12,상품정보!$A$2:$C$15,2,FALSE)," ")

VLOOKUP 함수를 실행한 결과가 오류이면 셀에 아무것도 표시하지 않는 함수식입니다. IFERROR 함수는 지정한 수식이 오류이면 오류 메시지 대신 원하는 다른 값으로 표시할 때 사용합니다.

6 J12셀의 자동 채우기 핸들을 J26셀까지 드래그해서 나머지 셀에도 수정한 함수식을 복사합니다. 함께 복사된 테두리를 없애기 위해 [자동 채우기 옵션] 단추(📋)를 클릭하고 [서식 없이 채우기]를 선택하세요.

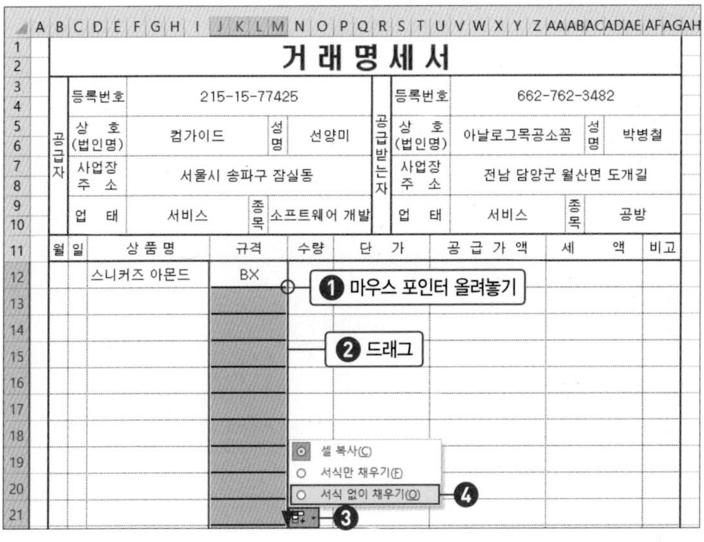

함수 작업팁

데이터 편집방법

서식 지정

수식 편집

함수

데이터 분석

피벗 테이블

양식 컨트롤

차트

7 J12셀을 더블클릭하여 함수식을 나타내고 수식 입력줄에 표시된 함수식을 드래그해서 선택한 후 Ctrl+C를 눌러 복사합니다. Esc를 눌러 셀 편집 상태를 취소하세요.

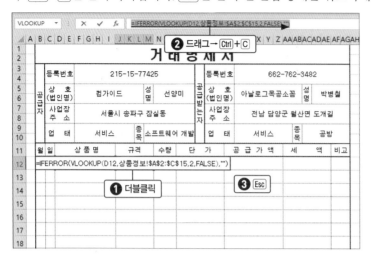

8 단가를 자동으로 찾아서 가져올 P12셀을 더블클릭하여 커서를 나타내고 Ctrl+V를 누릅니다. 함수식이 붙여넣기되면 세 번째 인수인 가져올 열 번호를 '2'에서 '3'으로 수정하고 Enter를 눌러 함수식 '=IFERROR(VLOOKUP(D12,상품정보!$A$2:$C$15,3,FALSE),"")'를 완성하세요.

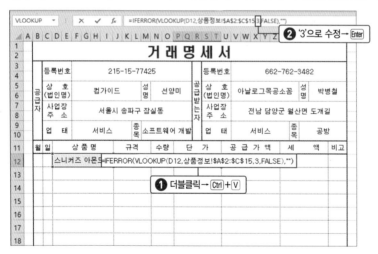

함수식 설명

=IFERROR(VLOOKUP(D12,상품정보!$A$2:$C$15,3,FALSE),"")

D12셀에 입력된 상품명과 같은 값을 [상품정보] 시트의 A2:C15 범위에서 찾아 세 번째 열에 위치한 값을 가져옵니다. 이때 FALSE 때문에 정확히 일치하는 값일 때만 찾아오고, 그렇지 않으면 오류 메시지를 표시합니다. VLOOKUP 함수를 실행한 결과가 오류이면 오류 메시지 대신 아무것도 표시하지 않습니다.

9 P12셀에 단가를 구했으면 P12셀의 자동 채우기 핸들을 P26셀까지 드래그해서 나머지 셀에도 함수식을 복사합니다. [자동 채우기 옵션] 단추(⊞)를 클릭하고 [서식 없이 채우기]를 선택하세요.

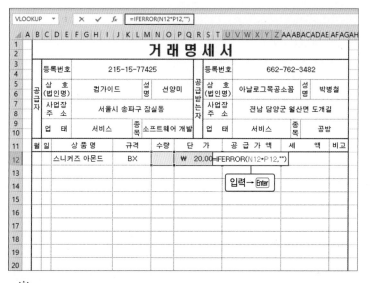

10 공급가액을 계산하기 위해 U12셀에 함수식 『=IFERROR(N12*P12,"")』를 입력한 후 Enter를 누릅니다. 이 함수식은 수량과 단가를 곱한 값을 표시하고 오류이면 아무것도 표시하지 않습니다.

 Tip

IFERROR 함수는 오류의 종류에 상관없이 모든 오류가 발생했을 때 적용됩니다. 하지만 수식의 결과로 원하는 값이 없을 때 발생하는 #N/A 오류만 체크해서 사용하려면 함수식 =IFNA(N12*P12,"")와 같이 IFNA 함수를 사용할 수 있습니다. IFNA 함수는 엑셀 2013 버전부터 제공합니다.

필수 작업팁

데이터 편집 방법

서식 지정

수식 원리

함수

데이터 분석

피벗 테이블

양식 컨트롤

차트

11 N12셀에 수량이 없어서 U12셀에 공급가액이 나타나지 않았으면 U12셀의 자동 채우기 핸들을 U26셀까지 드래그해서 나머지 셀에도 함수식을 복사합니다. [자동 채우기 옵션] 단추(📇)를 클릭하고 [서식 없이 채우기]를 선택하세요.

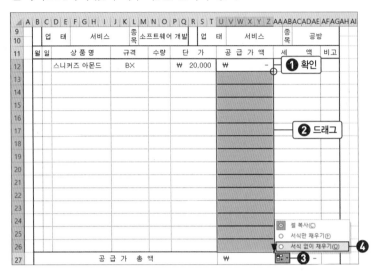

12 AA12셀에는 공급가액의 10%를 세액으로 표시하기 위해 함수식 『=IFERROR(U12*10%,"")』를 입력하고 Enter 를 누릅니다.

13 AA12셀에 '스니커즈 아몬드'의 세액을 구했으면 AA12셀의 자동 채우기 핸들을 AA26셀까지 드래그해서 나머지 셀에도 함수식을 복사합니다. [자동 채우기 옵션] 단추(▣)를 클릭하고 [서식 없이 채우기]를 선택하세요.

14 완성한 양식을 확인하기 위해 N12셀을 클릭하여 '수량'에 『10』을 입력하고 Enter를 누릅니다. 수량에 맞게 U12셀에 '공급가액'과 AA12셀의 '세액'이 달라지는 것을 확인하고 다른 행에도 데이터를 입력하여 오류 메시지 없이 결과 값이 나타나는지 확인하세요.

Step 01 자주 사용할 범위에 이름 정의하기

원하는 범위에 이름을 정의하고 이름 관리자에서 확인해 보겠습니다.

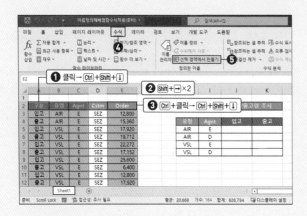

1 [Sheet1] 시트에서 A2셀을 클릭하고 Ctrl+Shift+↓ 를 누른 후 Shift+→를 두 번 눌러 C열의 'Agnt' 항목 까지 범위를 선택합니다. Ctrl을 누른 상태에서 E2셀 을 클릭하고 Ctrl+Shift+↓를 눌러 E열의 'Order' 항 목까지 선택한 후 [수식] 탭-[정의된 이름] 그룹에서 [선택 영역에서 만들기]를 클릭하세요.

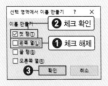

2 [선택 영역에서 이름 만들기] 대화상자가 열리면 [왼쪽 열]의 체크를 해제하여 [첫 행]에만 체크한 상태 에서 [확인]을 선택합니다.

> [선택 영역에서 이름 만들기] 대화상자를 이용하면 한 번에 여러 개의 범위 이름을 정의할 수 있습니다. 범위 설정한 영역을 기준으로 첫 행, 왼쪽 열, 오른쪽 열, 끝 행에 위치한 값을 범위 이름으로 사용하고, 이름을 뺀 나머지 행 또는 열에 위치한 셀들을 데이터 값으로 사용합니다. 여기서는 [첫 행]에 체크했기 때문에 선택한 범위에서 첫 행의 데이터('구분', '유형', 'Agnt', 'Order')를 자동으로 범위 이름으로 정의합니다. 따라서 '구분'이라는 범위 이름으로는 A3:A42 범위의 데이터를, '유형'이라는 범위 이름으로는 B3:B42 범위의 데이터를, 'Agnt'라는 범위 이 름으로는 C3:C42 범위의 데이터를, 'Order'라는 범위 이름으로는 E3:E42 범위의 데이터를 일괄적으로 정의합니다.

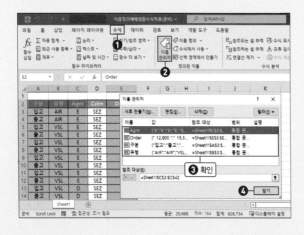

3 정의된 이름을 확인하기 위해 [수식] 탭-[정의된 이름] 그룹에서 [이름 관리자]를 클릭합니다. [이름 관 리자] 대화상자가 열리면 네 개의 이름이 자동으로 정 의되었는지 확인하고 [닫기]를 클릭합니다.

● 예제파일 : 이름정의해배열함수식적용(준비).xlsx
● 완성파일 : 이름정의해배열함수식적용(완성).xlsx

Step 02 범위 이름으로 배열 수식 만들기

이름 정의한 범위를 이용해서 '유형'과 'Agnt'에 따른 입고량과 출고량의 평균을 구해보겠습니다.

1 J5셀에 함수식 『=AVERAGE(IF((유형=$H5)* (Agnt=$I5)*(구분=J$4),Order,0))』을 입력하고 Ctrl+ Shift+Enter를 눌러 배열 함수식을 완성합니다.

함수식 '=AVERAGE(IF((유형=$H5)*(Agnt=$I5)*(구분=J$4),Order,0))'에서 '유형'과 'Agnt', '구분', 'Order'는 범위를 대신해서 사용하는 이름입니다. 만약 이름을 정의하지 않았다면 함수식을 '=AVERAGE(IF(($B$3:$B$42=$H5)*($C$3:$C$42=$I5)*($A$3:$A$42=J$4),$E$3:$E$42,0))'으로 작성해야 합니다.

함수식 설명

$$\{=\text{AVERAGE}(\text{IF}((\underline{유형}=\$H5)*(\underline{Agnt}=\$I5)*(\underline{구분}=J\$4),\underline{Order},0))\}$$
❶

❶ IF((유형=$H5)*(Agnt=$I5)*(구분=J$4),Order,0)

IF 함수 안에 지정한 조건을 살펴보면 '조건1*조건2*조건3'과 같은 방식으로 지정했기 때문에 세 가지 조건이 모두 만족해야만 'Order' 영역의 값을 결과 값으로 얻을 수 있고, 하나라도 만족하지 못하면 0을 표시합니다. 따라서 평균을 구할 때 나누는 대상이 항목 전체(40개)가 되는데, 조건에 만족하는 대상(네 개)으로만 나누고 싶다면 함수식을 아래와 같이 수정해 보세요.

{=AVERAGE(IF((유형=$H5)*(Agnt=$I5)*(구분=J$4),Order,""))}
=AVERAGEIFS(Order,유형,$H5,Agnt,$I5,구분,J$4)

이 함수식은 중괄호({ })로 묶여있는 배열 함수식이므로 셀 개수만큼 반복해서 조건을 처리하고, AVERAGE 함수로 그 결과의 평균을 구합니다. '유형', 'Agnt', '구분', 'Order' 등과 같이 미리 정의한 범위 이름을 사용하면 함수식도 간단해지고, 절대 참조된 효과를 자동으로 얻을 수 있기 때문에 셀 주소에 $ 기호를 입력하지 않아서 편리합니다.

C	D	E	F	G	H	I	J	K
Agnt	Cstm	Order			조건에 따른 평균 입고/출고량 조사			
E	SEZ	12,800				❶ 확인		
E	SEZ	15,360			유형	Agnt	입고	출고
E	SEZ	17,920			AIR	E	2395.75	
E	SEZ	19,712			AIR	D	3209.5	❷ 더블클릭
E	SEZ	22,272			VSL	E	4383.4	3499.1
E	SEZ	17,152			VSL	D	2165.4	2116.7
E	SEZ	25,600						
E	SEZ	6,400					❸ 드래그	
E	SEZ	12,800						
E	SEZ	17,920						
D	SEZ	17,152						
D	SEZ	22,528						
D	SEZ	17,664						
D	SEZ	23,040						

2 J5셀에 조건에 맞는 입고량을 구했으면 J5셀의 자동 채우기 핸들을 더블클릭하여 나머지 셀에도 함수식을 복사합니다. J5:J8 범위를 선택한 상태에서 J8셀의 자동 채우기 핸들을 K8셀까지 드래그해서 나머지 셀에도 함수식을 복사하세요.

배열 함수식에 사용한 AVERAGE 함수 대신 MAX 함수를 지정하면 조건에 만족하는 셀만의 최댓값을 구할 수 있습니다. 반면 MIN 함수를 지정하면 조건에 만족하는 셀만의 최솟값을 구할 수 있습니다.

많은 양의 데이터가 쌓이면 다양한 형태의 분석 자료를 만들 수 있기 때문에 그것만으로도
엄청난 재산이 됩니다. 이번 장에서는 데이터 분석을 위한 필터와 부분합, 피벗 테이블 등을
활용하는 방법에 대해서 알아보겠습니다.

정확하고 효율적인
분석 데이터 작성하기

07

체계적으로 데이터 분석해 미래 값 예측하기

미래를 예측하려면 그동안 지나온 과정을 알 수 있는 데이터가 필요한데, 데이터를 잘 분석해 보면 발생 가능한 변수까지 앞으로 어떻게 진행될 것인지 예측할 수 있습니다. 이러한 데이터는 비슷한 흐름과 주기로 일이 처리되기 때문에 적절한 시점에서 반영할 수 있다면 훌륭한 예측 자료를 만들 수 있습니다. 이번 섹션에서는 많은 양의 정보를 분석하기 위해 사용할 수 있는 데이터베이스 관리 기능에 대해 살펴보겠습니다.

● 예제파일 : 작업데이터정리(준비).xlsx   ● 완성파일 : 작업데이터정리(완성).xlsx

현장실무

01 | 작업하기 좋은 데이터로 정리하기

1 [Sheet1] 시트에서 C6:E12 범위를 드래그하여 선택하면 D5:F5 범위가 셀 병합되어 있어서 정확하게 선택할 수 없습니다. A5:A6, B5:B6, C5:C6 범위도 셀 병합되어 있어서 5행만 또는 6행만 범위를 선택할 수 없는데, 이 경우 셀을 병합하지 않고 제목을 두 행이 아닌 한 행으로 작성해야 합니다.

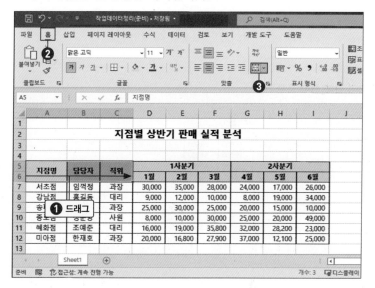

2 A5:C6 범위를 선택하고 [홈] 탭-[맞춤] 그룹에서 [병합하고 가운데 맞춤]을 클릭하여 기존에 설정되어 있는 셀 병합을 해제합니다.

3 제목은 데이터의 바로 위쪽 행에 있어서 범위를 선택할 때 편리하므로 A5:C5 범위를 선택하고
Ctrl+C를 눌러 복사합니다.

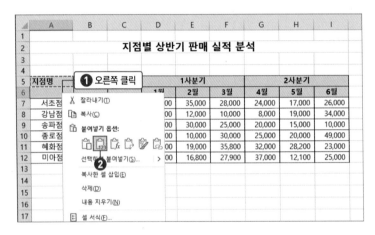

4 A6셀을 클릭하고 마우스 오른쪽 단추를 눌러 '붙여넣기 옵션'에서 [값](📋)을 클릭합니다.

💡 **Tip**
Ctrl+V를 눌러 붙여넣으면 테
두리 등의 서식이 함께 복사되어
수정하기 불편하므로 입력된 값
만 붙여넣습니다.

5 A5:C5 범위를 선택하고 Delete를 눌러 기존에 입력되었던 제목을 삭제합니다.

A	B	C	D	E	F	G	H	I
		지점별 상반기 판매 실적 분석						
드래그→ Delete								
지점명	담당자	직위		1사분기			2사분기	
지점명	담당자	직위	1월	2월	3월	4월	5월	6월
서초점	임꺽정	과장	(Ctrl)▾	35,000	28,000	24,000	17,000	26,000
강남점	홍길동	대리	9,000	12,000	10,000	8,000	19,000	34,000
송파점	이몽룡	과장	25,000	30,000	25,000	20,000	15,000	10,000
종로점	성춘향	사원	8,000	10,000	30,000	25,000	20,000	49,000
혜화점	조예준	대리	16,000	19,000	35,800	32,000	28,200	23,000
미아점	한재호	과장	20,000	16,800	27,900	37,000	12,100	25,000

6 제목이 여러 행으로 구성된 경우 맨 아래쪽에 필요한 내용의 텍스트를 배치해야 합니다. 여기서는 5~6행이 제목이므로 6행에 필요한 내용으로 제목을 구성하기 위해 6행 머리글에서 마우스 오른쪽 단추를 눌러 [삽입]을 선택하세요.

7 제목 행을 한 행만 인식하도록 제목 행과 제목 행 사이에 빈 행을 삽입했지만 화면에 보이지 않게 숨겨볼게요. 6행 머리글에서 마우스 오른쪽 단추를 눌러 [숨기기]를 선택하세요.

8 데이터 영역에 있는 하나의 셀을 클릭하고 Ctrl+A를 누르면 연속해서 데이터가 입력된 7행부터 범위가 선택되는데, 이것은 6행에 삽입하고 숨겨둔 빈 행 때문에 연속된 데이터가 구분되기 때문입니다. 데이터 메뉴를 사용하거나 차트 데이터를 지정할 때 자동으로 제목이 한 행만 선택되므로 편리하게 작업할 수 있습니다.

02 원하는 순서대로 지역 데이터 정렬하기 – 정렬

1 [발주내역] 시트에서 전체 데이터 중 J열의 박스 수가 큰 값부터 정렬해 볼게요. J열의 '박스 수' 항목에 있는 하나의 셀을 클릭하고 [데이터] 탭-[정렬 및 필터] 그룹에서 [숫자 내림차순 정렬]을 클릭하세요.

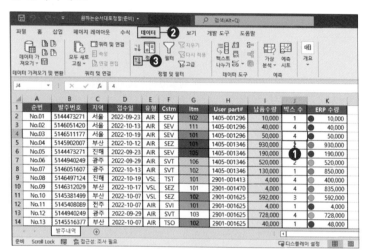

> **Tip**
>
> 정렬할 때 범위를 따로 지정하지 않고 곧바로 명령을 선택하면 현재 셀 포인터가 위치한 셀을 기준으로 데이터가 입력된 전체 범위가 자동으로 설정되면서 정렬됩니다. 하지만 워크시트에 입력된 데이터의 중간에 빈 행이나 빈 열이 있으면 정렬할 대상 범위를 직접 선택한 후 정렬해야 합니다.

2 '박스 수' 항목의 숫자 데이터가 큰 값부터 작은 값 순으로 정렬되었으면 지역을 원하는 순서대로 정렬해 볼게요. C열의 '지역' 항목에 있는 하나의 셀을 클릭하고 [데이터] 탭-[정렬 및 필터] 그룹에서 [텍스트 오름차순 정렬]을 클릭합니다.

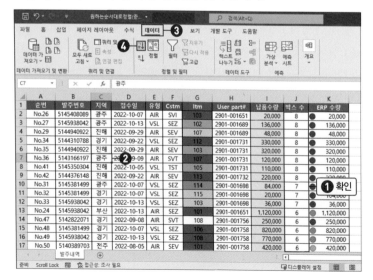

3 '지역' 항목의 지역명이 가나다 순으로 정렬되었습니다. 이것을 '서울', '부산', '경기', '광주', '진해', '전주' 순으로 정렬하기 위해 [데이터] 탭-[정렬 및 필터] 그룹에서 [정렬]을 클릭하세요.

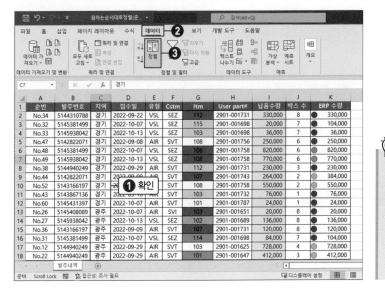

💡 **Tip**

문자 데이터를 대상으로 텍스트 오름차순 정렬 또는 텍스트 내림차순 정렬을 이용하면 무조건 가나다순 또는 역순으로만 정렬됩니다. 사용자가 원하는 순서대로 마음대로 지정하려면 [사용자 지정 목록] 대화상자에서 정렬 방식을 직접 지정해야 합니다.

4 [정렬] 대화상자가 열리면 '세로 막대형'의 '정렬 기준'에서 [지역], [셀 값]이 지정되어 있는 것을 확인하고 '정렬'의 내림 단추(⌄)를 눌러 [사용자 지정 목록]을 선택합니다.

5 [사용자 지정 목록] 대화상자가 열리면 '목록 항목'에 『서울』을 입력하고 Enter를 누릅니다. 이와 같은 방법으로 『부산』을 입력하고 Enter, 『경기』를 입력하고 Enter, 『광주』를 입력하고 Enter, 『진해』를 입력하고 Enter, 『전주』를 입력하고 [추가]를 클릭해서 '사용자 지정 목록'에 추가한 후 [확인]을 클릭하세요.

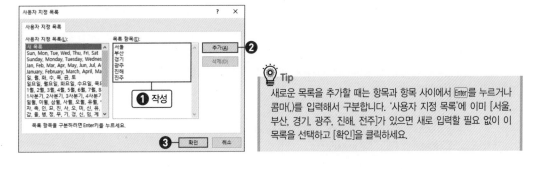

💡 **Tip**

새로운 목록을 추가할 때는 항목과 항목 사이에서 Enter를 누르거나 콤마(,)를 입력해서 구분합니다. '사용자 지정 목록'에 이미 [서울, 부산, 경기, 광주, 진해, 전주]가 있으면 새로 입력할 필요 없이 이 목록을 선택하고 [확인]을 클릭하세요.

6 [정렬] 대화상자로 되돌아오면 '정렬'에 지정된 순서를 확인하고 [확인]을 클릭합니다.

7 '지역' 항목에 '서울', '부산', '경기', '광주', '진해', '전주' 순으로 데이터가 정렬되었는지 확인합니다.

▲	A	B	C	D	E	F	G	H	I	J	K
1	순번	발주번호	지역	접수일	유형	Cstm	Itm	User part#	납품수량	박스 수	ERP 수량
2	No.56	5145381499	서울	2022-10-07	VSL	SEZ	111	2901-001763	4,000	6	4,000
3	No.02	5146051420	서울	2022-10-13	AIR	SEV	111	1405-001296	40,000	4	40,000
4	No.03	5146511177	서울	2022-10-19	AIR	SEV	101	1405-001296	50,000	4	50,000
5	No.59	5145938042	서울	2022-10-13	VSL	SEZ	105	2901-001766	412,000	3	412,000
6	No.01	5144473271	서울	2022-09-23	AIR	SEV	102	1405-001296	10,000	1	10,000
7	No.58	5145096738	서울	2022-10-03	VSL	SEZ	122	2901-001766	200,000	1	200,000
8	No.24	5145938042	부산	2022-10-13	AIR	SEZ	101	2901-001651	1,120,000	6	1,120,000
9	No.17	5145517022	부산	2022-10-07	AIR	TSO	101	2901-001634	4,000	5	8,000
10	No.18	5145517022	부산	2022-10-07	AIR	TSO	102	2901-001634	4,000	5	820,000
11	No.09	5146312029	부산	2022-10-17	VSL	SEZ	101	2901-001470	4,000	4	835,000
12	No.10	5145381499	부산	2022-10-07	VSL	SEZ	102	2901-001625	592,000	3	592,000
13	No.04	5145902007	부산	2022-10-13	AIR	SEZ	101	1405-001346	930,000	2	930,000
14	No.13	5145516377	부산	권	AIR	TSO	102	2901-001625	40,000	1	48,000
15	No.14	5145516377	부산	2022-10-07	AIR	TSO	103	2901-001625	8,000	1	480,000
16	No.19	5145922575	부산	2022-10-13	VSL	TST	105	2901-001634	4,000	1	456,000
17	No.25	5146311361	부산	2022-10-17	AIR	SEZ	101	2901-001651	80,000	1	80,000
18	No.34	5144310788	경기	2022-09-22	VSL	SEZ	112	2901-001731	330,000	8	330,000
19	No.32	5145381499	경기	2022-10-07	VSL	SEZ	115	2901-001698	20,000	7	104,000
20	No.33	5145938042	경기	2022-10-13	VSL	SEZ	103	2901-001698	36,000	7	36,000
21	No.47	5142822071	경기	2022-09-08	AIR	SVT	108	2901-001756	250,000	6	250,000
22	No.48	5145381499	경기	2022-10-07	VSL	SEZ	106	2901-001758	820,000	6	820,000
23	No.49	5145938042	경기	2022-10-13	VSL	SEZ	108	2901-001758	770,000	6	770,000
24	No.38	5144940249	경기	2022-09-29	AIR	SVT	112	2901-001731	230,000	3	230,000
25	No.44	5142822071	경기	2022-09-08	AIR	SVT	107	2901-001743	264,000	2	384,000

잠깐만요 :: 셀에 지정한 아이콘 모양 순으로 정렬하기

특정 열에 여러 종류의 글자색이나 배경색을 지정했거나 조건부 서식으로 지정한 셀 아이콘이 있다면 색상 순으로 정렬하거나 아이콘 모양 순으로 정렬할 수 있습니다. [정렬] 대화상자에서 '정렬 기준'의 내림 단추(⌄)를 눌러 [셀 색]이나 [글꼴 색], [조건부 서식 아이콘]과 같이 원하는 종류를 선택하고 '정렬'의 내림 단추(⌄)를 누르면 셀에 지정된 색상이나 아이콘 종류가 표시됩니다.

● **예제파일** : 조건에만족하는데이터추출(준비).xlsx ● **완성파일** : 조건에만족하는데이터추출(완성).xlsx

필수기능

03 | 특정 조건에 만족하는 데이터만
추출하기 – 자동 필터

1 많은 양의 데이터 중에서 원하는 조건에 만족하는 데이터만 추출할 때 자동 필터 기능으로 손
쉽게 해결할 수 있습니다. [발주내역] 시트에서 '광주'와 '부산' 지역에 'Ordr/Itm' 항목의 값이
'101'인 데이터만 추출해 볼게요. 데이터 영역에 있는 하나의 셀을 클릭하고 [데이터] 탭-[정렬
및 필터] 그룹에서 [필터]를 클릭하세요.

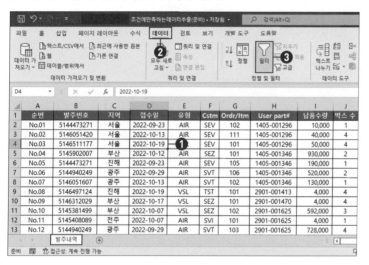

2 데이터의 첫 행인 필드의 제목마다 필터 단추(▼)가 표시되면 '지역'의 필터 단추(▼)를 눌러
[(모두 선택)]의 체크를 해제하고 [광주]와 [부산]에만 체크한 후 [확인]을 클릭합니다.

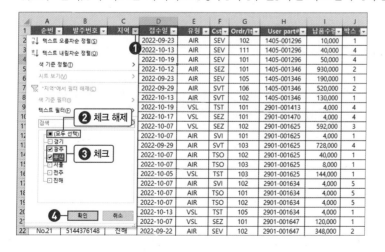

329

3 필터 조건이 설정된 '지역' 필드(항목)의 필터 단추(▼)가 ⊥ 모양으로 바뀌고 왼쪽의 행 번호가 파란색으로 변경되면서 지정한 조건에 만족하는 데이터만 표시되고 나머지 행은 숨겨졌습니다. 새로운 조건을 추가하기 위해 'Ordr/Itm' 필드의 필터 단추(▼)를 눌러 [(모두 선택)]의 체크를 해제하고 [101]에만 체크한 후 [확인]을 선택하세요.

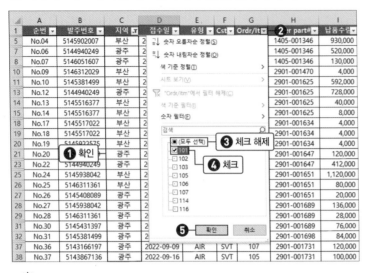

 Tip

자동 필터가 실행중이면 전체 레코드 중에서 몇 개의 레코드가 필터링되었는지 상태 표시줄에 표시됩니다.

4 이전 단계에서 지정한 '부산'과 '광주' 지역 중에서 'Ordr/Itm' 필드가 '101'인 데이터만 다시 필터링되었습니다. 이와 같이 여러 개의 필드에 조건을 지정하면 필드와 필드 사이에는 AND 조건이 성립되면서 지정한 조건에 모두 만족하는 데이터만 추출됩니다.

Tip

필터링한 데이터만 이용해서 합계, 평균, 개수 등의 함수를 적용하려면 SUBTOTAL 함수를 이용합니다. 일반적인 SUM 함수, AVERAGE 함수, COUNT 함수 등은 숨겨진 행도 포함되어 계산되므로 필터와 연계해서 사용할 수 없기 때문입니다.

5 여러 개의 필터링된 필드 중에서 원하는 하나의 조건만 필터링을 해제해 볼게요. 'Ordr/Itm' 필드의 필터 단추(▼)를 눌러 ["Ordr/Itm에서 필터 해제"]를 선택하세요.

Tip

자동 필터를 이용하면 '부산'과 '광주' 지역 중에서 'Ordr/Itm' 필드가 '101'인 데이터를 추출하는 것과 같이 두 개의 필드에 지정한 조건을 모두 만족하는(AND 조건) 데이터를 추출합니다. 하지만 두 가지 조건 중에서 하나만 만족해도(OR 조건) 추출하고 싶을 때는 자동 필터로 처리할 수 없기 때문에 고급 필터를 이용해야 합니다.

6 'Ordr/Itm' 필드에 지정한 조건만 해제되었습니다. 이번에는 지정한 모든 조건을 해제하고 자동 필터를 제거하기 위해 [데이터] 탭-[정렬 및 필터] 그룹에서 [필터]를 클릭하세요.

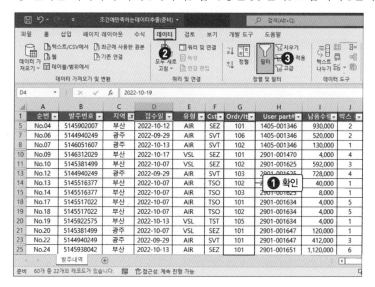

 잠깐만요 :: 셀 색상이나 아이콘 모양으로 데이터 필터링하기

특정 열에 여러 종류의 배경색을 지정했거나 조건부 서식으로 지정한 셀 아이콘이 있다면 원하는 색상이나 아이콘 모양을 지정한 레코드만 필터링할 수 있습니다. 해당 필드의 필터 단추(▼)를 눌러 [색 기준 필터]를 선택하면 필드에 지정된 색상이나 아이콘 모양이 표시됩니다.

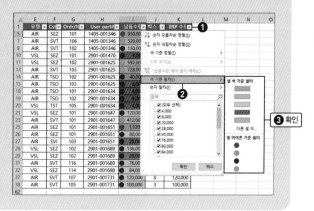

● 예제파일 : 세부조건지정한필터(준비).xlsx   ● 완성파일 : 세부조건지정한필터(완성).xlsx

현장실무

04 | 특정 문자로 시작하거나 10월에 접수된 데이터만 추출하기 – 자동 필터

1 자동 필터가 적용된 데이터에는 다양한 조건을 설정할 수 있는데, 데이터가 문자인지, 숫자인지, 날짜인지에 따라 설정할 조건이 다르게 나타납니다. 먼저 'User part' 필드의 값이 'SP'로 시작하는 값만 추출해 볼게요. [발주내역] 시트에서 데이터 영역에 있는 하나의 셀을 클릭하고 [데이터] 탭-[정렬 및 필터] 그룹에서 [필터]를 클릭하세요.

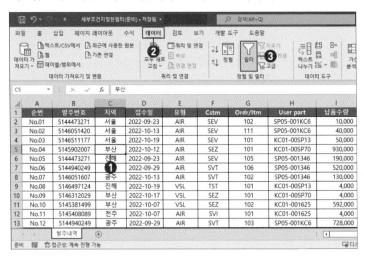

2 'User part' 필드의 필터 단추(▼)를 눌러 [텍스트 필터]-[시작 문자]를 선택합니다.

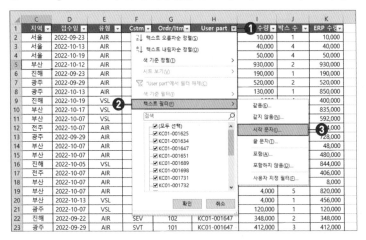

> **Tip**
> 선택한 'User part' 필드의 값이 문자 데이터이기 때문에 [텍스트 필터]가 표시되고, 문자 데이터에 설정할 수 있는 조건이 나타난 것입니다. [시작 문자]를 선택하면 문자열의 앞부분이 같은 데이터를 추출할 수 있습니다. '1625'로 끝나는 데이터를 찾으려면 [끝 문자]를, '1625'가 있는 데이터를 추출하려면 [포함]을 선택합니다.

3 [사용자 지정 자동 필터] 대화상자가 열리면 '찾을 조건'에 [시작 문자]가 선택되어 있는지 확인하고 『SP』를 입력한 후 [확인]을 클릭합니다.

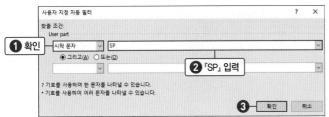

❶ 확인
❷ 『SP』 입력
❸

Tip

지정할 수 있는 세부 조건은 최대 두 개까지입니다. 그 이상의 조건을 지정하려면 자동 필터로는 해결할 수 없기 때문에 고급 필터를 이용해야 합니다.

4 'User part' 필드의 값이 'SP'로 시작하는 레코드만 추출되었습니다.

	D 접수일	E 유형	F Cstm	G Ordr/Itm	H User part	I 납품수량	J 박스 수	K ERP 수량
2	2022-09-23	AIR	SEV	102	SP05-001KC6	10,000	1	10,000
3	2022-10-13	AIR	SEV	111	SP05-001KC6	40,000	4	40,000
6	2022-09-23	AIR	SEV	105	SP05-001346	190,000	1	190,000
7	2022-09-29	AIR	SVT	106	SP05-001346	520,000	2	520,000
8	2022-10-13	AIR	SVT	102	SP05-001346	130,000	1	850,000
13	2022-09-29	AIR	SVT	103	SP05-001KC6	728,000	4	728,000
14	2022-10-07	AIR	TSO	102	SP05-001KC6	40,000	1	48,000
19	2022-10-07	AIR	TSO	102	SP05-001KC6	4,000	5	820,000
20	2022-10-13	VSL	TST	105	SP05-001KC6	4,000	1	456,000

확인

5 'User part' 필드의 필터 단추(🔽)를 눌러 ["User part"에서 필터 해제]를 선택해서 설정한 필터를 해제합니다.

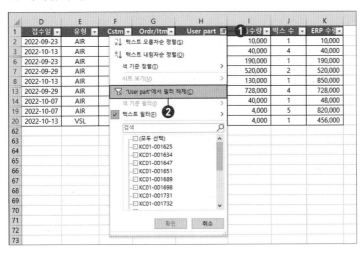

❶
❷

6 필터가 해제되면 '납품수량' 필드가 20,000에서 30,000 사이인 레코드만 추출해 볼게요. '납품수량' 필드의 필터 단추(▼)를 눌러 [숫자 필터]-[해당 범위]를 선택합니다.

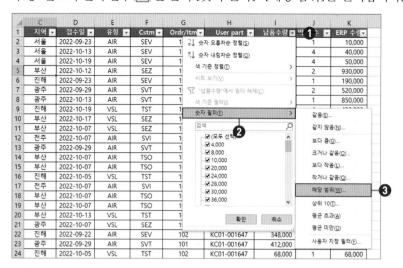

7 [사용자 지정 자동 필터] 대화상자가 열리면 '찾을 조건'에서 '납품수량'의 첫 번째 항목에는 『20000』을, 두 번째 항목에는 『30000』을 입력하고 [확인]을 클릭합니다.

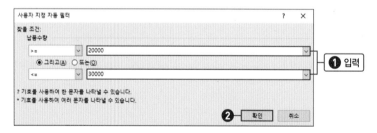

8 납품수량이 20,000에서 30,000 사이에 해당하는 데이터만 추출되었습니다.

	C 지역	D 접수일	E 유형	F Cstm	G Ordr/Itm	H User part	I 납품수량	J 박스 수	K ERP 수량
27	광주	2022-10-07	AIR	SVI	103	KC01-001651	20,000	8	20,000
29	광주	2022-10-17	VSL	SEZ	102	KC01-001689	28,000	1	28,000
33	경기	2022-10-07	VSL	SEZ	115	KC01-001698	20,000	7	104,000
41	진해	2022-10-13	VSL	TST	104	KC01-001731	30,000	1	100,000
61	경기	2022-10-07	AIR	SVT	101	KC01-001787	24,000	1	24,000
62									
63					확인				
64									

9 '납품수량' 필드의 필터 단추(▼)를 눌러 ["납품수량"에서 필터 해제]를 선택해서 설정한 필터를 해제하세요.

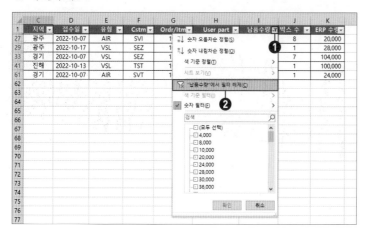

10 필터가 해제되면 접수일이 9월에 해당하는 데이터만 추출하기 위해 '접수일' 필드의 필터 단추(▼)를 눌러 [날짜 필터]-[해당 기간의 모든 날짜]-[9월]을 선택합니다.

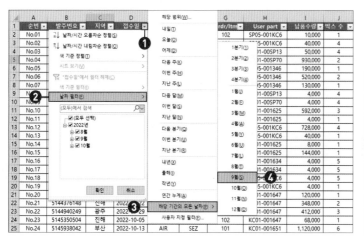

> 🔔 **Tip**
>
> 선택한 '접수일' 필드에는 날짜 데이터가 입력되어 있기 때문에 자동으로 [날짜 필터]가 표시되고, 날짜에 설정할 수 있는 다양한 유형의 조건이 제시되어 있습니다. 이와 같이 선택한 필드가 어떤 데이터 유형(날짜, 숫자, 문자 등)인지에 따라 사용할 수 있는 조건 목록이 자동으로 표시됩니다.

11 전체 데이터 중에서 접수일이 9월인 데이터만 추출되었는지 확인합니다.

	A	B	C	D	E	F	G	H	I	J
1	순번	발주번호	지역	접수일	유형	Cstm	Ordr/Itm	User part	납품수량	박스 수
2	No.01	5144473271	서울	2022-09-23	AIR	SEV	102	SP05-001KC6	10,000	1
6	No.05	5144473271	진해	2022-09-23	AIR	SEV	105	SP05-001346	190,000	1
7	No.06	5144940249	광주	2022-09-29	AIR	SVT	106	SP05-001346	520,000	2
13	No.12	5144940249	광주	2022-09-29	AIR	SVT	103	SP05-001KC6	728,000	4
22	No.21	5143376148	진해	2022-09-22	AIR	SEV	102	KC01-001647	348,000	2
23	No.22	5144940249	광주	2022-09-29	AIR	SVT	101	KC01-001647	412,000	3
30	No.29	5144940922	진해	2022-09-29	AIR	SEV	107	KC01-001689	48,000	8
35	No.34	5143310788	경기	2022-09-22	VSL	SEZ	112	KC01-001731	330,000	8
36	No.35	5144940922	진해	2022-09-29	AIR	SEV	103	KC01-001731	320,000	8
37	No.36	5143166197	광주	2022-09-09	AIR	SVT	107	KC01-001731	120,000	8
38	No.37	5143867136	광주	2022-09-16	AIR	SVT	105	KC01-001731	100,000	3
39	No.38	5144940249	경기	2022-09-16	AIR	SVT	112	KC01-001731	230,000	3
43	No.42	5143376148	진해	2022-09-22	AIR	SEV	113	KC01-001732	220,000	8
44	No.43	5143867136	경기	2022-09-16	AIR	SVT	103	KC01-001732	76,000	1
45	No.44	5142822071	경기	2022-09-08	AIR	SVT	107	KC01-001743	264,000	2
47	No.46	5144940922	전주	2022-09-29	AIR	SEV	101	KC01-001756	710,000	8
48	No.47	5142822071	경기	2022-09-08	AIR	SVT	108	KC01-001756	250,000	6
53	No.52	5143166197	경기	2022-09-09	AIR	SVT	108	KC01-001758	550,000	2
54	No.53	5144282993	전주	2022-09-21	VSL	TST	104	KC01-001758	200,000	1
58	No.57	5144376148	전주	2022-09-22	AIR	SEV	112	KC01-001763	36,000	3

● 예제파일 : OR조건으로데이터추출(준비).xlsx ● 완성파일 : OR조건으로데이터추출(완성).xlsx

현장실무
05

두 가지 조건 중 하나만 만족해도 데이터 추출하기 – 고급 필터

1 필터는 필드에 지정한 모든 조건을 만족하는 데이터만 추출할 수 있고, 두 개의 필드 중에서 하나라도 만족하는 데이터를 추출하거나 하나의 필드에 세 개 이상의 조건을 지정하려면 고급 필터를 사용해야 합니다. [발주내역] 시트에서 1~3행에 준비된 조건에 만족하는 데이터를 추출하기 위해 데이터 영역에 있는 하나의 셀을 클릭하고 [데이터] 탭-[정렬 및 필터] 그룹에서 [고급]을 클릭하세요.

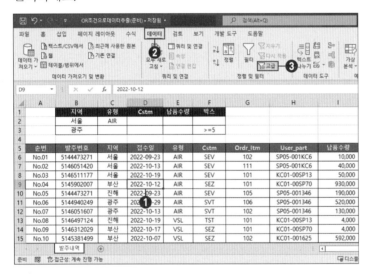

 Tip

고급 필터에 사용할 조건은 첫 행에 필드 이름을 입력하고 아래쪽 셀에 조건 값을 지정합니다. 여기서는 '서울' 지역의 'AIR' 유형이거나 '광주' 지역에서 박스 수가 다섯 개 이상인 데이터를 추출하기 위한 조건입니다. 이와 같이 같은 행에 조건을 입력하면 지정한 조건을 모두 만족(AND 조건)할 경우에 결과 값이 추출되고, 서로 다른 행에 지정하면 둘 중에 하나만 만족(OR 조건)해도 결과 값이 추출됩니다.

2 [고급 필터] 대화상자가 열리면 '목록 범위'에 자동으로 '$A$5:$J$65' 범위가 설정되어 있는지 확인합니다. '조건 범위'에는 워크시트에서 B1:F3 범위를 선택하여 '발주내역!$B$1:$F$3' 범위를 설정한 후 [확인]을 클릭하세요.

 Tip

[동일한 레코드는 하나만]에 체크하면 같은 데이터를 가진 행이 여러 개인 경우 하나만 추출됩니다. 이것은 [데이터] 탭-[데이터 도구] 그룹에서 [중복된 항목 제거]를 클릭한 결과와 같습니다.

3 지역이 '서울'이면서 유형이 'AIR'이거나, 지역이 '광주'이면서 박스 수가 다섯 개 이상인 레코드가 검색되었습니다. [데이터] 탭-[정렬 및 필터] 그룹에서 [지우기]를 클릭하여 원래의 데이터로 되돌아갑니다.

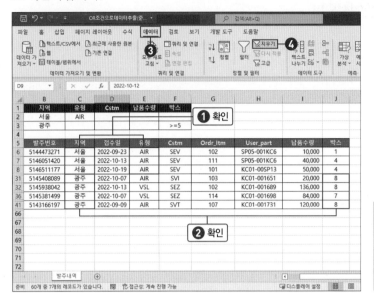

Tip
검색된 결과를 살펴보면 조건에 만족하는 데이터의 행 번호가 파란색으로 표시되고, 조건에 만족하지 않는 행은 중간중간에 행이 숨겨져 있습니다.

 잠깐만요 :: AND 조건과 OR 조건 지정하기

자동 필터는 한 개의 필드에 세 개 이상의 세부 조건을 지정할 수 없고, 필드와 필드 사이에는 AND 조건만 성립하는 단점이 있습니다. 따라서 좀 더 다양한 형태의 조건을 처리하려면 고급 필터를 활용해야 합니다. 고급 필터는 시트에 조건 영역을 따로 준비해야 하는데, 조건을 설정할 때는 반드시 데이터 영역에 있는 필드 이름과 같은 이름을 사용해야 합니다. 이때 조건을 같은 행에 지정하면 AND 조건으로, 서로 다른 행에 지정하면 OR 조건으로 실행됩니다.

사용 예1 같은 행에 지정한 조건이므로 AND 조건으로 처리됩니다. 따라서 지역이 '서울'이면서 박스 수가 다섯 개 이상인 데이터가 추출됩니다. 즉 두 개의 조건을 모두 만족할 때만 추출됩니다.

지역	유형	Cstm	납품수량	박스
서울				>=5

사용 예2 서로 다른 행에 조건이 설정되어 있으므로 OR 조건으로 처리됩니다. 지역이 '서울'이거나, 박스 수가 다섯 개 이상이거나, 두 가지 조건 중에서 하나의 조건만 만족해도 추출됩니다.

지역	유형	Cstm	납품수량	박스
서울				
				>=5

사용 예3 지역이 '서울'이면서 유형이 'AIR'이거나, 지역이 '광주'이면서 박스 수가 다섯 개 이상인 데이터가 추출됩니다.

지역	유형	Cstm	납품수량	박스
서울	AIR			
광주				>=5

현장실무

06 범위에 이름 정의해 데이터 추출하기

– 고급 필터

1 1~2행에 지정한 조건에 만족하는 데이터를 고급 필터로 추출할 때 자주 사용할 '조건 범위'와 '목록 범위'에 지정할 범위의 이름을 정의해 볼게요. [발주내역] 시트에서 조건 범위로 사용할 B1:F2 범위를 선택하고 이름 상자에 『조건』을 입력한 후 Enter 를 누르세요.

Tip

1~2행에 지정한 조건을 살펴보면 지역은 '부산'이고 'Cstm'은 'S'로 시작하는 모든 데이터 중에서 박스의 수가 세 개 이상인 데이터를 추출합니다. 이때 조건이 모두 같은 행에 입력되어 있으므로 세 가지 조건을 모두 만족하는 데이터를 추출합니다.

2 데이터 영역에 있는 하나의 셀을 클릭하고 Ctrl + A 를 눌러 데이터 전체의 범위(A4:J64)를 선택합니다. 이름 상자에 사용할 이름으로 『데이터』를 입력하고 Enter 를 누르세요.

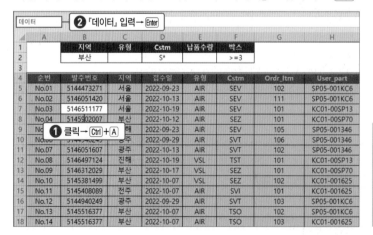

Tip

[수식] 탭-[정의된 이름] 그룹에서 [이름 정의]를 클릭하여 이름을 정의해도 됩니다. 정의한 이름은 [수식] 탭-[정의된 이름] 그룹에서 [이름 관리자]를 클릭해서 확인하세요.

3 1~2행에 지정한 세 가지 조건에 만족하는 데이터만 필터링하기 위해 데이터 영역에 있는 하나의 셀을 클릭하고 [데이터] 탭-[정렬 및 필터] 그룹에서 [고급]을 클릭합니다. [고급 필터] 대화상자가 열리면 '목록 범위'에는 『데이터』를, '조건 범위'에는 『조건』을 입력하고 [확인]을 클릭하세요.

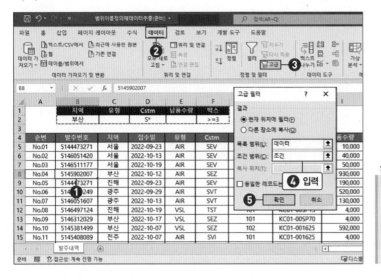

Tip

이름 정의된 '데이터'의 범위는 A4:J64 범위이고, '조건'의 범위는 B1:F2 범위입니다. 이름 정의에 대한 자세한 방법은 157쪽을 참고하세요.

4 '지역'은 '부산'이고, 'Cstm'은 'S'로 시작하며, 박스의 수가 세 개 이상인 데이터가 추출되었습니다. 이와 같이 조건을 수정해서 다시 고급 필터를 적용할 때 한 번 정의한 이름은 계속 사용할 수 있으므로 매번 범위를 지정하는 번거로움이 해결됩니다.

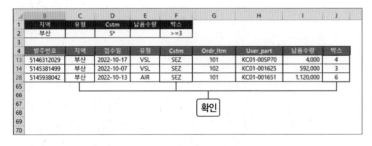

Tip

고급 필터를 실행한 후 다시 원래의 전체 데이터로 되돌아가려면 [데이터] 탭-[정렬 및 필터] 그룹에서 [지우기]를 클릭합니다.

 잠깐만요 :: 와일드카드 기호로 조건 지정하기

문자열 데이터에 조건 값으로 와일드카드인 * 기호와 ? 기호를 사용할 수 있습니다. * 기호는 글자 수와 상관없이 검색하지만, ? 기호는 하나당 한 문자를 의미하기 때문에 글자 수를 제한해서 좀 더 자세하게 조건을 지정할 수 있습니다.

① 'S*'를 지정하면 S로 시작하는 모든 값을 찾습니다. 예 sound, snow, standard
② '*S'를 지정하면 S로 끝나는 모든 값을 찾습니다. 예 access, bugs, pass
③ '*S*'를 지정하면 S가 포함된 모든 값을 찾습니다. 예 say, glass, person
④ 'S??'를 지정하면 S로 시작하면서 뒤에 두 글자로 구성된 모든 값을 찾습니다. 예 sad, saw, sea

현장실무
07 | 다른 시트에 조건에 만족하는 데이터 추출하기 – 고급 필터

1 고급 필터를 이용하면 원하는 조건에 만족하는 데이터를 별도의 시트에 추출할 수 있습니다. 자주 사용할 세 개의 영역에 미리 정의할 이름을 확인하기 위해 [발주내역] 시트에서 [수식] 탭-[정의된 이름] 그룹의 [이름 관리자]를 클릭하세요.

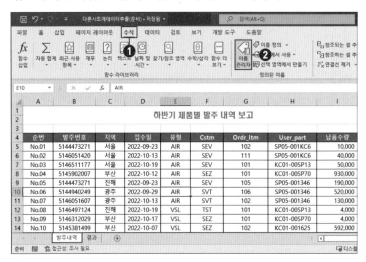

> **Tip**
> 고급 필터를 실행하면 내부적으로 'Criteria'와 'Extract'라는 범위 이름이 자동으로 생성되어 기능이 실행됩니다. Criteria는 조건으로 사용할 영역을, Extract는 추출할 시작 영역을 저장하고 있습니다. 고급 필터를 실행하고 [수식] 탭-[정의된 이름] 그룹에서 [이름 관리자]를 클릭해서 [이름 관리자] 대화상자를 열면 정의된 이름 목록을 확인할 수 있습니다.

2 [이름 관리자] 대화상자가 열리면 [발주], [추출위치], [추출조건]의 범위를 확인하고 [닫기]를 클릭합니다. [발주]는 사용할 전체 데이터가 저장된 영역이고, [추출조건]은 조건으로 사용할 영역이며, [추출위치]는 결과를 별도의 영역에 따로 추출할 시작 셀입니다.

> **Tip**
> [추출위치]는 여러 개의 셀을 지정할 필요 없이 데이터가 추출될 시작 셀 하나만 지정합니다. 이렇게 하면 추출될 데이터의 개수에 맞게 자동으로 데이터가 아래쪽으로 추출됩니다.

3 [결과] 시트를 선택하면 부산 지역에서 'Cstm' 항목 중 'S'로 시작하고 박스의 수가 세 개 이상인 데이터가 추출되도록 지정되어 있습니다. [데이터] 탭-[정렬 및 필터] 그룹에서 [고급]을 클릭하세요.

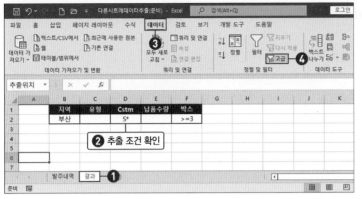

Tip

고급 필터로 다른 시트에 결과를 추출하려면 반드시 먼저 추출 결과를 넣을 시트를 선택한 상태에서 고급 필터를 지정해야 합니다.

4 [고급 필터] 대화상자가 열리면 '결과'에서 [다른 장소에 복사]를 선택하고 '목록 범위'에는 『발주』를, '조건 범위'에는『추출조건』을, '복사 위치'에는『추출위치』를 입력한 후 [확인]을 클릭합니다.

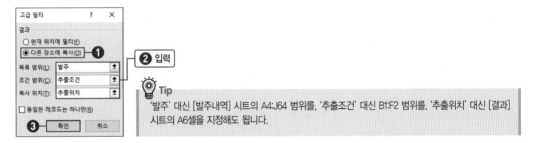

Tip

'발주' 대신 [발주내역] 시트의 A4:J64 범위를, '추출조건' 대신 B1:F2 범위를, '추출위치' 대신 [결과] 시트의 A6셀을 지정해도 됩니다.

5 [발주내역] 시트의 데이터 중에서 **3** 과정에서 지정한 세 가지 조건을 모두 만족하는 데이터만 [결과] 시트의 A6셀부터 추출되었으면 새로운 조건으로 데이터를 추출해 볼게요. 추출된 데이터 영역에 있는 하나의 셀을 클릭하고 Ctrl+A를 눌러 전체 범위를 선택합니다. [홈] 탭-[편집] 그룹에서 [지우기]를 클릭하고 [모두 지우기]를 선택하세요.

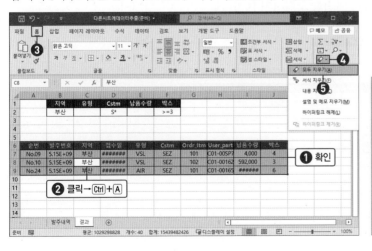

Tip

기존에 추출된 데이터를 지우지 않고 새로운 데이터를 그냥 추출하면 첫 번째 열인 '순번'만 추출되고 나머지 항목이 표시되지 않습니다. 또한 추출된 데이터를 삭제하기 위해 6~9행까지 범위를 지정해서 행 전체를 삭제하면 A6셀에 '추출위치'라고 이름 정의한 것까지 함께 삭제되므로 주의해야 합니다.

6 B2셀에는 『서울』을, C2셀에는『AIR』를, D2셀에는『S*』를 입력하고 F2셀의 데이터를 삭제한 후 [데이터] 탭-[정렬 및 필터] 그룹에서 [고급]을 클릭합니다.

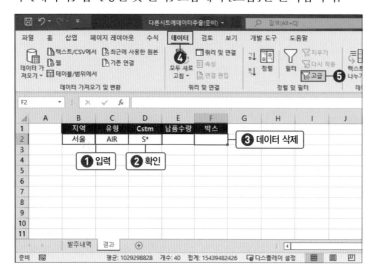

7 [고급 필터] 대화상자가 열리면 '결과'에서 [다른 장소에 복사]를 선택하고 '목록 범위'에는 『발주』를, '조건 범위'에는『추출조건』을, '복사 위치'에는『추출위치』를 입력한 후 [확인]을 클릭합니다.

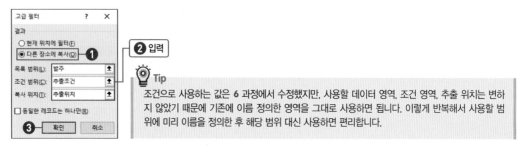

> 💡 **Tip**
> 조건으로 사용하는 값은 6 과정에서 수정했지만, 사용할 데이터 영역, 조건 영역, 추출 위치는 변하지 않았기 때문에 기존에 이름 정의한 영역을 그대로 사용하면 됩니다. 이렇게 반복해서 사용할 범위에 미리 이름을 정의한 후 해당 범위 대신 사용하면 편리합니다.

8 '서울' 지역에 'AIR' 유형이고 'Cstm' 항목이 'S'로 시작하는 데이터가 A6셀부터 추출되었으면 '발주번호'와 '접수일' 항목 등의 너비를 조절하여 데이터를 모두 표시합니다.

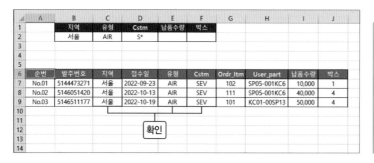

> 💡 **Tip**
> 2행의 조건을 새롭게 수정한 후 **4~7** 과정을 반복해서 처리하면 다양한 조건으로 데이터를 쉽게 추출할 수 있습니다. '발주번호' 항목의 너비가 좁으면 '5.15E+09'와 같이 표시되므로 너비를 조절하여 데이터를 모두 표현하세요.

필수기능
08

지역별 발주 내역의 개수 구하기
– 부분합

1 부분합을 이용해서 지역별로 몇 건씩 발주가 접수되었는지 알아보려면 먼저 지역별로 정렬한 후 부분합을 실행해야 합니다. [발주내역] 시트에서 B열의 '지역' 항목에 있는 하나의 셀을 클릭하고 [데이터] 탭-[정렬 및 필터] 그룹에서 [텍스트 오름차순 정렬]을 클릭하세요.

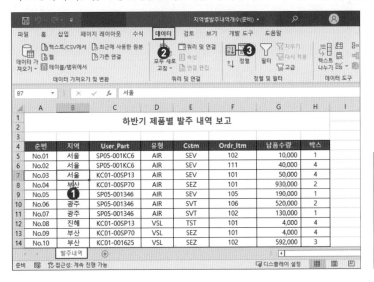

💡 Tip

부분합을 구할 필드 순으로 데이터를 정렬하지 않고 곧바로 부분합 명령을 실행하면 하나의 항목이 중복되어 여러 개로 나타나는 문제가 발생합니다. 이때 정렬은 오름차순이나 내림차순이나 상관없습니다.

2 지역 순으로 데이터가 오름차순 정렬되었으면 [데이터] 탭-[개요] 그룹에서 [부분합]을 클릭합니다. [부분합] 대화상자가 열리면 '그룹화할 항목'에는 [지역]을, '사용할 함수'에는 [개수]를 지정하고 '부분합 계산 항목'에서 [박스]에만 체크되었는지 확인한 후 [확인]을 클릭하세요.

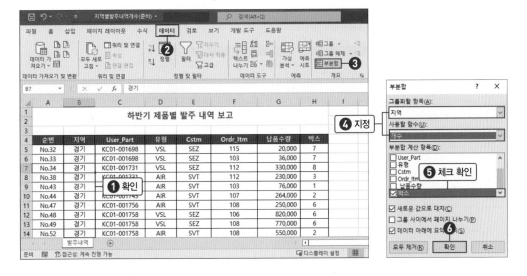

3 지역 순으로 정렬된 데이터에 지역이 바뀌는 행마다 자동으로 지역별 개수가 표시되었으면 행 번호의 왼쪽 위에 있는 ▣ 윤곽 단추를 클릭하세요.

순번	지역	User_Part	유형	Cstm	Ordr_Itm	납품수량	박스
No.32	경기	KC01-001698	VSL	SEZ	115	20,000	7
No.33	경기	KC01-001698	VSL	SEZ	103	36,000	7
No.34	경기	KC01-001731	VSL	SEZ	112	330,000	8
No.38	경기	KC01-001731	AIR	SVT	112	230,000	3
No.43	경기	KC01-001732	AIR	SVT	103	76,000	1
No.44	경기	KC01-001743	AIR	SVT	107	264,000	2
No.47	경기	KC01-001756	AIR	SVT	108	250,000	6
No.48	경기	KC01-001758	VSL	SEZ	106	820,000	6
No.49	경기	KC01-001758	VSL	SEZ	108	770,000	6
No.52	경기	KC01-001758	AIR	SVT	108	550,000	2
No.60	경기	KC01-001787	AIR	SVT	101	24,000	1
	경기 개수						11
No.06	광주	SP05-001346	AIR	SVT	106	520,000	2
No.07	광주	SP05-001346	AIR	SVT	102	130,000	1
No.12	광주	SP05-001KC6	AIR	SVT	103	728,000	4

❶ 확인

4 '박스'의 전체 개수만 표시되었으면 ▣ 윤곽 단추를 클릭합니다.

순번	지역	User_Part	유형	Cstm	Ordr_Itm	납품수량	박스
	전체 개수						60

❶ 확인

5 각 지역별 '박스'의 소계와 총계가 표시되었습니다. 만약 '광주' 지역에 있는 12건의 '박스'의 목록을 살펴보려면 29행의 왼쪽에 있는 ⊞ 단추를 클릭하세요.

순번	지역	User_Part	유형	Cstm	Ordr_Itm	납품수량	박스
	경기 개수						11
	광주 개수						12
	부산 개수						10
	서울 개수						6
	전주 개수						9
	진해 개수						12
	전체 개수						60

❶ 확인

6 ⊞ 단추가 ⊟ 단추로 바뀌면서 '광주' 지역의 세부 '박스' 목록이 표시되었으면 다시 ⊟ 단추를 클릭합니다.

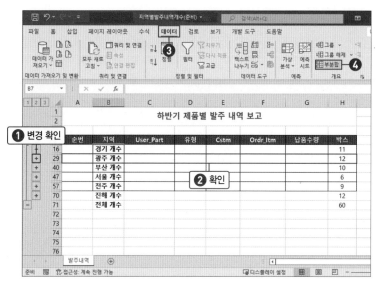

7 ⊞ 단추로 바뀌면서 세부 데이터가 숨겨졌으면 [데이터] 탭-[개요] 그룹에서 [부분합]을 클릭합니다. [부분합] 대화상자가 열리면 [모두 제거]를 클릭하여 원래 데이터로 되돌아옵니다.

필수 작업 팁

데이터 편집 방법

서식 지정

수식 원리

함수

데이터 분석

피벗 테이블

양식 컨트롤

차트

● 예제파일 : 부분합결과에함수추가(준비).xlsx　● 완성파일 : 부분합결과에함수추가(완성).xlsx

현장실무

09 부분합 결과에 새로운 함수 추가하기
– 부분합

1 [발주내역] 시트에서 'Cstm' 항목으로 그룹을 설정하여 '납품수량'과 '박스'의 평균을 구해볼 게요. 'Cstm' 항목에 있는 하나의 셀을 클릭하고 [데이터] 탭-[정렬 및 필터] 그룹에서 [텍스트 오름차순 정렬]을 클릭하세요.

> **Tip**
> 부분합은 반드시 그룹 설정할 필드 순으로 정렬한 후 사용해야 합니다.

2 'Cstm' 항목의 데이터가 오름차순으로 정렬되었으면 그룹을 설정하기 위해 [데이터] 탭-[개요] 그룹에서 [부분합]을 클릭합니다. [부분합] 대화상자가 열리면 '그룹화할 항목'에는 [Cstm]을, '사용할 함수'에는 [평균]을 지정하고 '부분합 계산 항목'에서 [납품수량]과 [박스]에 체크한 후 [확인]을 클릭하세요.

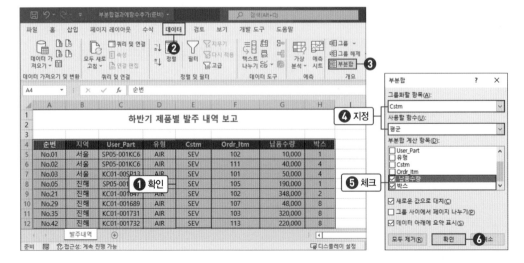

3 'Cstm' 항목을 기준으로 그룹이 설정되면서 각 'Cstm'별로 '납품수량', '박스'의 평균이 구해졌으면 행 머리글의 왼쪽 위에 표시된 ② 윤곽 단추를 클릭합니다.

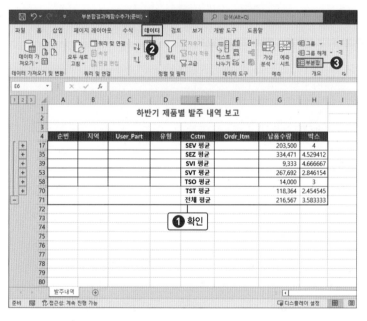

4 각 'Cstm'별로 전체 평균이 구해졌으면 각 항목별로 몇 번씩 주문했는지 함께 살펴보기 위해 [데이터] 탭-[개요] 그룹에서 [부분합]을 클릭합니다.

5 [부분합] 대화상자가 열리면 '사용할 함수'에서 [개수]를 선택합니다. '부분합 계산 항목'에서 [박스]의 체크를 해제하여 [납품수량]에만 체크한 후 [새로운 값으로 대치]의 체크를 해제하고 [확인]을 클릭하세요.

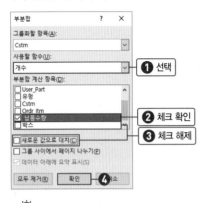

> 💡 **Tip**
>
> [부분합] 대화상자에서 [새로운 값으로 대치]에 체크하고 새로운 함수를 지정하면 기존에 설정된 함수가 없어지면서 새로운 함수가 적용됩니다. 만약 기존에 적용된 함수를 남겨두고 추가로 함수를 적용하려면 반드시 [새로운 값으로 대치]의 체크를 해제해야 합니다.

6 각 'Cstm'별로 기존에 구한 평균과 함께 개수가 추가되었는지 확인합니다.

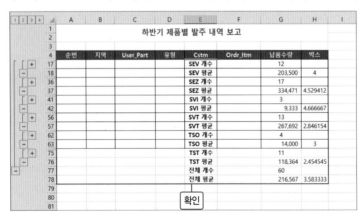

● **예제파일** : 다른시트로부분합결과복사(준비).xlsx   ● **완성파일** : 다른시트로부분합결과복사(완성).xlsx

현장실무
10 │ # 다른 시트에 부분합 결과만 복사하기
─ 부분합

1 유형별로 인원수를 구한 부분합의 결과만 다른 시트로 복사해 볼게요. [발주내역] 시트에서 부분합 데이터 영역에 있는 하나의 셀을 클릭하고 Ctrl+A를 누릅니다. 전체 데이터 영역이 확장되어 선택되면 Ctrl+C를 눌러 복사하고 [새 시트] 단추(⊕)를 클릭하세요.

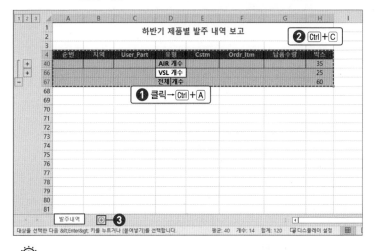

> 💡 **Tip**
> [발주내역] 시트에는 화면의 왼쪽 위에 있는 ② 윤곽 단추를 클릭했을 때의 결과 화면이어서 원래 데이터가 숨겨져 있습니다.

2 새로 추가된 시트에서 A1셀을 클릭하고 Enter를 누르면 **1** 과정에서 복사한 범위에 숨겨져 있던 모든 행이 함께 복사되어 나타납니다. 이때 숨겨진 데이터는 제외하고 **1** 과정처럼 화면에 보이는 셀만 복사하기 위해 Ctrl+Z를 눌러 붙여넣은 작업을 취소하세요.

	A	B	C	D	E	F	G	H	I	J
1	순번			유형	Cstm	Ordr_Itm	납품수량	박스		
2	No.01	서울	P05-001KC	AIR	SEV	102	10,000	1		
3	No.02	서울	P05-001KC	AIR	SEV	111	40,000	4		
4	No.03	서울	C01-00SP1	AIR	SEV	101	50,000	4		
5	No.05	진해	P05-00134	AIR	SEV	105	190,000	1		
6	No.21	진해	C01-00164	AIR	SEV	102	348,000	2		
7	No.29	진해	C01-00168	AIR	SEV	107	48,000	8		
8	No.35	진해	C01-00173	AIR	SEV	103	320,000	8		
9	No.42	진해	C01-00173	AIR	SEV	113	220,000	8		
10	No.46	전주	C01-00175	AIR	SEV	101	710,000	2		
11	No.50	전주	C01-00175	AIR	SEV	101	420,000	6		
12	No.51	전주	C01-00175	AIR	SEV	104	50,000	1		
13	No.57	전주	C01-00176	AIR	SEV	112	36,000	3		
14	No.04	부산	C01-00SP2	AIR	SEZ	101	930,000	2		
15	No.24	부산		AIR	SEZ	101	######	6		
16	No.25	부산	C01-00165	AIR	SEZ	101	80,000	1		

발주내역 Sheet1 ⊕

준비   접근성: 계속 진행 가능   평균: 71041.68852 개수: 494 합계: 13000629 디스플레

3 방금 전에 실행한 붙여넣은 데이터가 취소되면서 데이터가 사라지면 원본 데이터를 다시 선택하기 위해 [발주내역] 시트를 선택합니다.

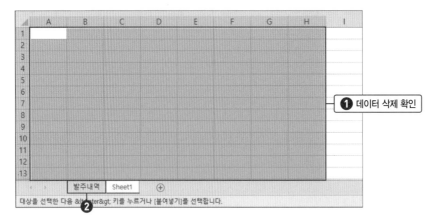

① 데이터 삭제 확인

4 범위 설정된 영역에서 숨겨진 행을 제외하고 복사하기 위해 [홈] 탭-[편집] 그룹에서 [찾기 및 선택]을 클릭하고 [이동 옵션]을 선택합니다.

5 [이동 옵션] 대화상자가 열리면 '종류'에서 [화면에 보이는 셀만]을 선택하고 [확인]을 클릭합니다.

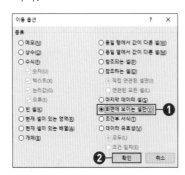

6 화면에 보이는 셀만 선택한 상태에서 Ctrl+C를 눌러 복사합니다. 행마다 범위가 따로 선택되면 **1** 과정에서 추가했던 [Sheet1] 시트를 선택합니다.

7 A1셀을 클릭하고 Enter를 누르면 숨겨진 행은 제외되고 화면에 표시된 부분합의 결과 값만 복사됩니다.

필수 작업 팁

데이터 편집 방법

서식 지정

수식 원리

함수

데이터 분석

피벗 테이블

양식 컨트롤

차트

● 예제파일 : 특정열에서유일한항목추출(준비).xlsx ● 완성파일 : 특정열에서유일한항목추출(완성).xlsx

M365 | 2021 | 2019 | 2016 | 2013

필수기능 11

특정 열에서 유일한 항목만 추출하기
– 중복된 항목 제거

1 [Sheet1] 시트에서 G열의 '영업분야' 항목 중 유일한 항목만 하나씩 추출해 볼게요. G열 머리글을 클릭하여 G열 전체를 선택하고 Ctrl + C를 눌러 복사한 후 K열 머리글을 클릭하고 Enter를 누르세요.

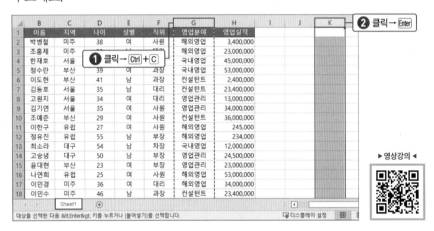

2 K열에 복사한 데이터 중에서 중복된 데이터를 지우고 유일한 데이터만 남기기 위해 [데이터] 탭-[데이터 도구] 그룹에서 [중복된 항목 제거]를 클릭합니다.

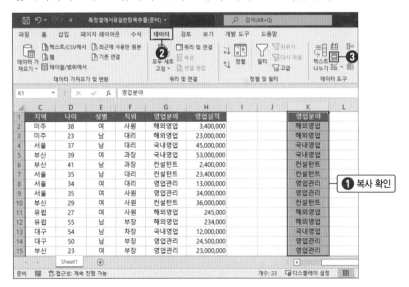

3 [중복 값 제거] 대화상자가 열리면 중복된 데이터를 지울 대상 항목인 [영업분야]에 체크되어 있는지 확인하고 [확인]을 클릭합니다.

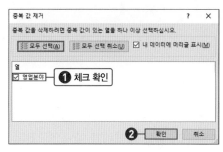

4 18개의 중복된 값이 검색되어 제거했고 4개의 고유한 값은 그대로 유지된다고 알려주는 메시지 창이 열리면 [확인]을 클릭합니다.

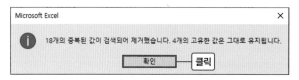

5 전체 데이터 중에서 중복된 항목이 모두 제거되면서 K열의 '영업분야' 항목에서 유일한 항목만 남겨졌는지 확인합니다.

	C	D	E	F	G	H	I	J	K	L
1	지역	나이	성별	직위	영업분야	영업실적			영업분야	
2	미주	38	여	사원	해외영업	3,400,000			해외영업	
3	미주	23	남	대리	해외영업	23,000,000			국내영업	
4	서울	37	남	대리	국내영업	45,000,000			컨설턴트	
5	부산	39	여	과장	국내영업	53,000,000			영업관리	
6	부산	41	남	과장	컨설턴트	2,400,000				
7	서울	35	남	대리	컨설턴트	23,400,000				
8	서울	34	여	대리	영업관리	13,000,000				
9	서울	35	여	사원	영업관리	34,000,000				
10	부산	29	여	사원	컨설턴트	36,000,000				
11	유럽	27	여	사원	해외영업	245,000				
12	유럽	55	남	부장	해외영업	234,000				
13	대구	54	남	차장	국내영업	12,000,000				
14	대구	50	남	부장	영업관리	24,500,000				
15	부산	23	여	부장	영업관리	23,000,000				
16	유럽	25	여	사원	해외영업	53,000,000				
17	미주	36	여	대리	해외영업	34,000,000				
18	미주	46	남	과장	컨설턴트	23,400,000				
19	유럽	47	남	과장	컨설턴트	36,000,000				
20	유럽	26	여	대리	해외영업	53,000,000				
21	대구	43	여	대리	국내영업	23,400,000				
22	부산	23	남	사원	영업관리	34,000,000				
23	미주	34	남	사원	해외영업	53,000,000				
24										

필수 작업팁

데이터 편집방법

서식 지정

수식 원리

함수

데이터 분석

피벗 테이블

양식 컨트롤

차트

중복된 데이터 찾아 지우기
– 중복된 항목 제거

1 하나의 시트에서 같은 사원에 여러 개의 데이터가 입력되었으면 중복된 데이터를 하나씩만 남기고 모두 삭제해 볼게요. [Sheet1] 시트에서 A열의 'ID' 항목은 중복된 데이터가 아니므로 B1셀을 클릭하고 Ctrl + Shift + End를 누릅니다. 연속해서 데이터가 입력된 범위의 끝까지 선택되면 [데이터] 탭-[데이터 도구] 그룹에서 [중복된 항목 제거]를 클릭하세요.

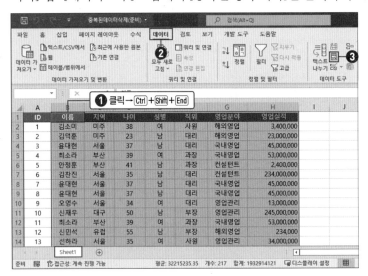

2 [중복 값 제거] 대화상자가 열리면 지정한 범위에 있는 항목 이름이 '열'에 모두 표시되었습니다. 전체 열의 모든 항목에서 같은 데이터가 있으면 하나만 남기고 삭제하기 위해 '열'의 모든 항목에 체크되어 있는지 확인하고 [확인]을 클릭하세요.

💡 **Tip**

모든 열에 체크하지 않고 특정 항목에 중복된 데이터가 있는지 확인하려면 [모두 선택 취소]를 클릭하여 체크를 해제한 후 원하는 열만 체크해서 삭제합니다.

3 8개의 중복된 값이 검색되어 제거했고 22개의 고유한 값은 그대로 유지된다고 알려주는 메시지 창이 열리면 [확인]을 클릭합니다.

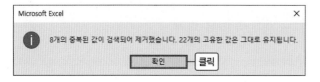

4 중복된 데이터가 모두 삭제되었는지 확인합니다. 만약 중복된 데이터가 다섯 개이면 가장 위쪽에 위치한 데이터만 남기고 나머지 네 개의 데이터가 모두 삭제됩니다.

▲	A	B	C	D	E	F	G	H	I	J
11	10	선하라	서울	35	여	사원	영업관리	34,000,000		
12	11	유가을	부산	29	여	사원	컨설턴트	36,000,000		
13	12	박선영	유럽	27	여	사원	해외영업	245,000		
14	13	박병철	대구	54	남	차장	국내영업	12,000,000		
15	14	이도연	부산	23	여	부장	영업관리	23,000,000		
16	15	한영희	유럽	25	여	사원	해외영업	53,000,000		
17	16	박선희	미주	36	여	대리	해외영업	34,000,000		
18	17	이정남	미주	46	남	과장	컨설턴트	234,000,000		
19	18	김동호	유럽	47	남	과장	컨설턴트	36,000,000		
20	19	김소훈	유럽	26	여	대리	해외영업	53,000,000		
21	20	박술기	대구	43	여	대리	국내영업	234,000,000		
22	21	김영길	부산	23	남	사원	영업관리	34,000,000		
23	22	박준서	미주	34	남	사원	해외영업	53,000,000		
24	23									
25	24				확인					
26	25									
27	26									
28	27									
29	28									
30	29									
31	30									
32										
33										

 잠깐만요 :: 고급 필터 이용해 중복된 항목 제거하기

'중복된 항목 제거' 기능은 엑셀 2007에 새로 추가된 기능으로, 하위 버전에서 같은 결과를 얻으려면 고급 필터를 활용해야 합니다.

① [고급 필터] 대화상자의 '결과'에서 [다른 장소에 복사]를 선택하고 '목록 범위'에 전체 데이터베이스 범위를 지정합니다.

② '조건 범위'에 아무것도 지정하지 않고 '복사 위치'에 유일한 데이터를 추출할 영역의 시작 셀을 설정합니다.

③ [동일한 레코드는 하나만]에 체크해야 목록 범위에 지정한 데이터 중에서 중복된 데이터는 빼고 유일한 데이터만 추출합니다.

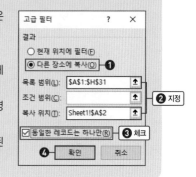

현장실무

13 | 영업 실적이 가장 좋은 사원만
표시하기 – 중복된 항목 제거

1 [Sheet1] 시트에서 I열의 '영업실적' 항목 중 각 영업 분야별로 가장 실적이 좋은 한 사람씩만 남기고 나머지 사원을 삭제해 볼게요. '영업실적' 항목에 있는 하나의 셀을 클릭하고 [데이터] 탭-[정렬 및 필터] 그룹에서 [숫자 내림차순 정렬]을 클릭하세요.

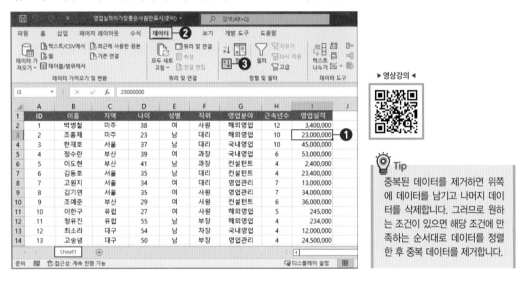

▶ 영상강의 ◀

💡 Tip

중복된 데이터를 제거하면 위쪽에 데이터를 남기고 나머지 데이터를 삭제합니다. 그러므로 원하는 조건이 있으면 해당 조건에 만족하는 순서대로 데이터를 정렬한 후 중복 데이터를 제거합니다.

2 영업 실적이 가장 높은 사람부터 정렬되었으면 [데이터] 탭-[데이터 도구] 그룹에서 [중복된 항목 제거]를 클릭합니다.

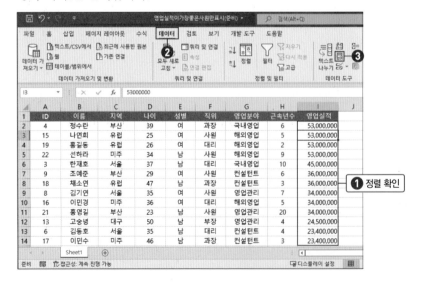

3 [중복 값 제거] 대화상자가 열리면 [모두 선택 취소]를 클릭하여 '열'의 체크를 모두 해제하고 [영업분야]에 체크한 후 [확인]을 클릭합니다.

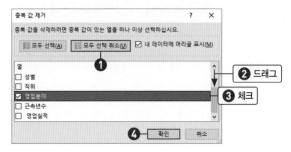

4 18개의 중복된 값이 검색되어 제거했고 4개의 고유한 값은 그대로 유지된다고 알려주는 메시지 창이 열리면 [확인]을 클릭합니다.

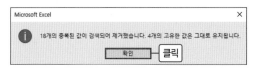

5 영업 분야가 같으면 한 분야에 한 사람씩만 남겨지고 모두 삭제됩니다. 이때 **1** 과정에서 영업 실적이 좋은 사원 순서로 정렬했기 때문에 실적이 좋은 위쪽에 있던 사원이 남겨진 것입니다.

	A	B	C	D	E	F	G	H	I
1	ID	이름	지역	나이	성별	직위	영업분야	근속년수	영업실적
2	4	정수란	부산	39	여	과장	국내영업	6	53,000,000
3	15	나연희	유럽	25	여	사원	해외영업	5	53,000,000
4	9	조예준	부산	29	여	사원	컨설턴트	6	36,000,000
5	8	김기연	서울	35	여	사원	영업관리	7	34,000,000

확인

핵심

필수 작업팁
데이터 편집영집
서식 지정
수식 원리
함수
데이터 분석
피벗 테이블
양식 컨트롤
차트

현장실무
14

셀에 원하는 목록 표시해 선택하기
– 데이터 유효성 검사

1 셀에 성별을 입력할 때 '남자' 또는 '여자' 중에서 하나만 입력할 수 있도록 입력할 값을 제한해 볼게요. [Sheet1] 시트에서 D3:D17 범위를 선택하고 [데이터] 탭-[데이터 도구] 그룹에서 [데이터 유효성 검사]를 클릭하세요.

▶영상강의 ◀

2 [데이터 유효성] 대화상자의 [설정] 탭이 열리면 '제한 대상'에서 [목록]을 선택하고 '원본'에 셀에 표시할 목록값으로 『남자,여자』를 입력한 후 [확인]을 클릭합니다.

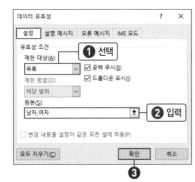

3 D3:D17 범위에 있는 하나의 셀을 클릭합니다. 여기에서는 D3셀을 클릭하고 셀의 오른쪽에 나타나는 내림 단추(▼)을 눌러 [남자]와 [여자] 목록이 표시되면 입력할 성별을 선택하세요.

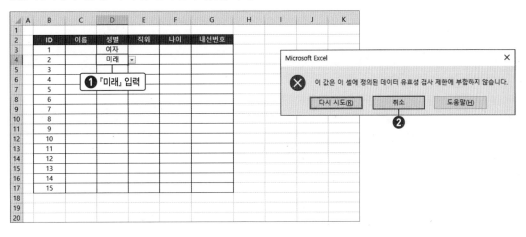

4 D4셀에 [남자] 또는 [여자]가 아닌 다른 값 『미래』를 입력하면 셀에 입력할 수 있는 값이 제한되어 있다는 메시지 창이 열리는데, [취소]를 클릭하세요. '성별' 항목에서는 표시된 목록 중에서 [남자]와 [여자] 중 하나만 선택할 수 있습니다.

필수 작업 팁

데이터 편집 방법

서식 지정

수식 원리

함수

데이터 분석

피벗 테이블

양식 컨트롤

차트

다른 시트의 데이터를 목록으로 표시하기 – 데이터 유효성 검사

1 [직위목록] 시트에 입력된 데이터를 '직위' 항목의 데이터 목록으로 표시해 볼게요. [신청서] 시트에서 '직위' 항목인 E3:E17 범위를 선택하고 [데이터] 탭-[데이터 도구] 그룹에서 [데이터 유효성 검사]를 클릭합니다. [데이터 유효성] 대화상자의 [설정] 탭이 열리면 '제한 대상'에서 [목록]을 선택하고 '원본'의 입력 상자를 클릭하여 커서를 올려놓은 후 [직위목록] 시트를 선택하세요.

▶영상강의◀

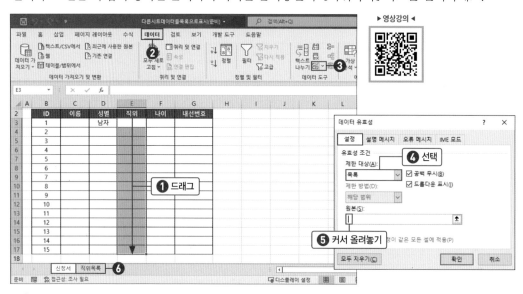

> **Tip**
> 엑셀 2010 이전 버전에서는 같은 시트의 데이터만 참조할 수 있습니다. 그래서 다른 시트의 데이터를 지정하려면 범위 이름을 정의한 후 사용해야 합니다.

2 [직위목록] 시트에서 A2:A7 범위를 선택하여 '원본'에 '=직위목록!$A$2:$A$7'을 작성합니다.

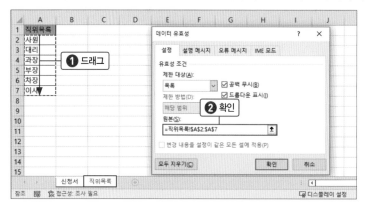

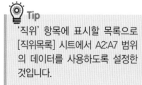

> **Tip**
> '직위' 항목에 표시할 목록으로 [직위목록] 시트에서 A2:A7 범위의 데이터를 사용하도록 설정한 것입니다.

3 [설명 메시지] 탭을 클릭하고 '제목'에는『입력 주의』를, '설명 메시지'에는『목록 단추를 눌러 표시된 값 중에 하나를 선택하세요.』를 입력합니다. [오류 메시지] 탭을 클릭하고 '제목'에는『입력 오류』를, '오류 메시지'에는『사원, 대리, 과장, 차장, 부장, 이사 중에 하나를 입력하세요.』를 입력한 후 [확인]을 클릭하세요.

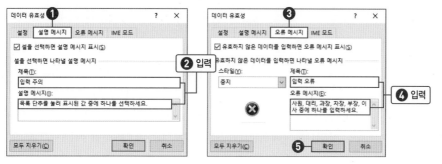

4 E3:E17 범위에 있는 하나의 셀을 클릭하고 셀의 아래쪽에 팁상자의 내용을 확인한 후 셀의 오른쪽에 표시된 내림 단추(▼)를 누릅니다. [직위목록] 시트의 A2:A7 범위에 있는 데이터가 목록으로 표시되면 원하는 직위를 선택하세요.

	A	B	C	D	E	F	G	H	I
1									
2		ID	이름	성별	직위	나이	내선번호		
3		1		남자					
4		2			사원				
5		3			대리				
6		4			과장				
7		5			부장 차장				
8		6			이사				
9		7							
10		8							
11		9							
12		10							

5 E4셀에『상무』를 입력하고 Enter를 누릅니다. [입력 오류] 메시지 창이 열리면서 **3** 과정에서 지정한 오류 메시지가 표시되면 [취소]를 클릭하세요.

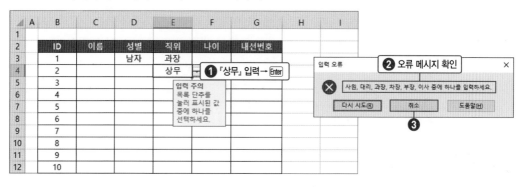

◉ 예제파일 : 지정한범위안의숫자만입력(준비).xlsx　　◉ 완성파일 : 지정한범위안의숫자만입력(완성).xlsx

현장실무

16 | 지정한 범위 안의 숫자만 입력하도록
제한하기 – 데이터 유효성 검사

1 [신청서] 시트에서 '나이' 항목에 18~62 사이의 소수점이 없는 정수 값만 입력할 수 있도록 제한해 볼게요. '나이' 항목의 F3:F17 범위를 선택하고 [데이터] 탭-[데이터 도구] 그룹에서 [데이터 유효성 검사]를 클릭합니다. [데이터 유효성] 대화상자의 [설정] 탭이 열리면 '제한 대상'에는 [정수]를, '제한 방법'에는 [해당 범위]를 선택하고 '최소값'에는 『18』을, '최대값'에는 『62』를 입력하세요.

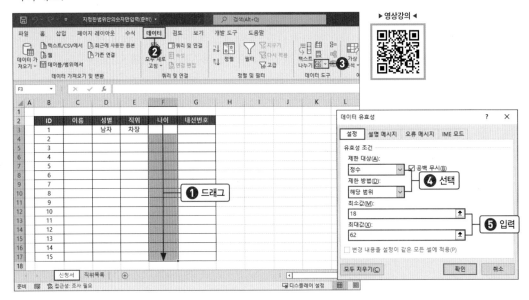

2 [설명 메시지] 탭을 클릭하고 '제목'에는 『입력 주의』를, '설명 메시지'에는 『나이는 18세부터 62세까지만 넣으세요.』를 입력합니다. [오류 메시지] 탭을 클릭하고 '제목'에는 『입력 오류』를, '오류 메시지'에는 『나이에 18에서 62 사이의 정수가 아닌 다른 값을 넣을 수 없습니다.』를 입력한 후 [확인]을 클릭하세요.

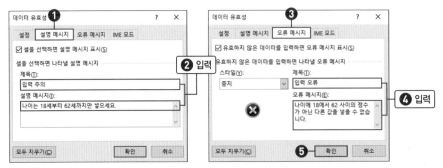

3 F3:F17 범위에 있는 하나의 셀을 클릭하여 **2** 과정의 [설명 메시지] 탭에서 지정한 '입력 주의' 팁상자가 나타나는지 확인합니다.

4 F3셀에 18~62 사이를 벗어난 값인 『600』을 입력하고 Enter를 누릅니다. [입력 오류] 메시지 창이 열리면서 **2** 과정에서 지정한 오류 메시지가 표시되면 [취소]를 클릭하세요.

🔖 **잠깐만요** :: 데이터 유효성 검사의 제한 대상 지정하기

[데이터 유효성 검사] 대화상자의 [설정] 탭에 있는 '제한 대상'에서는 셀의 입력 값을 제한하는 방법을 지정합니다.

❶ **정수** : 정수 값만 입력할 수 있게 제한

❷ **소수점** : 소수점이 포함된 값을 입력할 수 있게 제한

❸ **목록** : 정해진 항목을 지정해서 그중에 하나만 입력할 수 있게 제한

❹ **날짜** : 날짜 데이터만 입력할 수 있게 제한

❺ **시간** : 시간 데이터만 입력할 수 있게 제한

❻ **텍스트 길이** : 원하는 길이에 맞는 데이터만 입력할 수 있게 제한

❼ **사용자 지정** : 원하는 제한 조건을 직접 수식으로 작성해서 제한

Step 01 거래처 중복 제한하기

B열에 업체명을 입력할 때 같은 업체명이 이미 입력되어 있으면 오류 메시지를 표시하면서 입력되지 않게 제한해 보겠습니다.

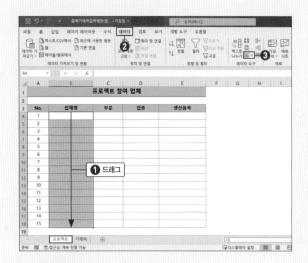

1 [프로젝트] 시트에서 B4:B18 범위를 선택하고 [데이터] 탭-[데이터 도구] 그룹에서 [데이터 유효성 검사]를 클릭합니다.

2 [데이터 유효성] 대화상자가 열리면 [설정] 탭의 '제한 대상'에서 [사용자 지정]을 선택하고 '수식'에 『=COUNTIF($B$4:$B$18,B4)=1』을 입력한 후 [확인]을 클릭합니다.

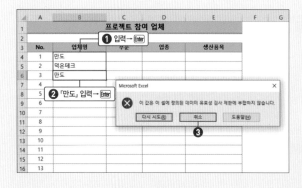

3 B4셀에 『만도』를 입력하고 Enter를 누릅니다. 이와 같은 방법으로 B5셀에는 『덕은테크』를, B6셀에는 『만도』를 입력하고 Enter를 누릅니다. '만도' 거래처가 이미 입력되어 있어서 오류가 발생하면 [취소]를 클릭하세요.

Step 02 입력한 거래처에 해당하는 정보 가져오기

B열에 입력한 거래처를 [거래처] 시트에서 찾은 후 '부문', '업종', '생산품목' 정보를 찾아서 표시해 보겠습니다.

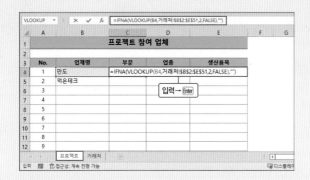

1 [프로젝트] 시트에서 C4셀, D4셀, E4셀에 다음과 같이 각각 함수식을 입력하고 Enter를 누릅니다.

- **C4셀** : =IFNA(VLOOKUP(B4,거래처!$B$2:$E$51,2, FALSE),"")
- **D4셀** : =IFNA(VLOOKUP(B4,거래처!$B$2:$E$51,3, FALSE),"")
- **E4셀** : =IFNA(VLOOKUP(B4,거래처!$B$2:$E$51,4, FALSE),"")

IFNA 함수는 첫 번째 인수에 지정한 수식에서 #N/A 오류가 발생했을 때 두 번째 인수에 지정한 값을 표시하는 함수입니다. IFERROR 함수는 오류의 종류에 상관없이 실행되지만, IFNA 함수는 #N/A 오류일 때만 실행되고, 엑셀 2013 버전부터 제공하는 함수입니다.

2 C4:E4 범위를 선택하고 E4셀의 자동 채우기 핸들을 더블클릭해서 나머지 행에도 같은 함수식을 복사합니다.

3 B6셀에 『부국금속』을 입력하고 Enter를 누르면 C6:E6 범위에 자동으로 세부 정보가 표시됩니다.

08

업무의 효율성을 높이는 피벗 테이블 작성하기

데이터 분석을 위한 최적의 기능인 피벗 테이블은 행 방향과 열 방향으로 자유롭게 원하는 항목을 배치하면 여기에 맞게 자동으로 함수가 적용되어 간단하게 요약 자료를 만들 수 있습니다. 이번 섹션에서는 피벗 테이블이 제공하는 강력한 기능에 대해 자세히 살펴보겠습니다.

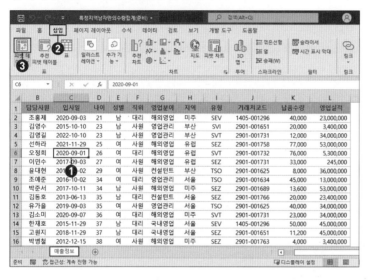

필수기능

01 | 부산과 대구 지역 남자 사원의 수 계산하기

1 영업 실적 데이터를 이용해서 부산과 대구 지역 남자 사원의 직위와 유형별 납품수량의 합계를 구해볼게요. [매출정보] 시트에서 데이터 영역에 있는 하나의 셀을 클릭하고 [삽입] 탭-[표] 그룹에서 [피벗 테이블]의 🖼를 클릭하세요.

2 [표 또는 범위의 피벗 테이블] 대화상자가 열리면 '테이블 또는 범위 선택'의 '표/범위'에 데이터 영역이 자동으로 지정되었는지 확인합니다. '피벗 테이블을 배치할 위치를 선택합니다.'에서 [새 워크시트]를 선택하고 [확인]을 클릭하세요.

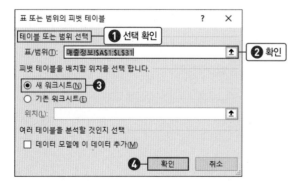

3 새로운 [Sheet1] 시트가 삽입되면서 화면의 오른쪽에 [피벗 테이블 필드] 창이 열리면 '보고서에 추가할 필드 선택'에서 [성별] 필드와 [지역] 필드를 '필터' 영역으로 드래그합니다.

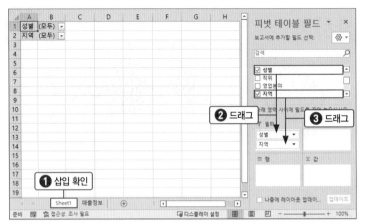

Tip
추가된 시트의 이름은 [Sheet2], [Sheet3] 등으로 다를 수 있습니다.

4 [피벗 테이블 필드] 창의 '보고서에 추가할 필드 선택'에서 [유형] 필드는 '열' 영역으로, [직위] 필드는 '행' 영역으로, [납품수량] 필드는 '값' 영역으로 드래그합니다.

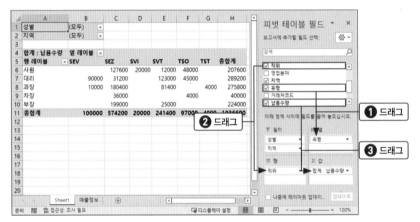

5 각 영역에 드래그한 필드에 맞게 워크시트에 자동으로 데이터가 완성되었으면 워크시트에서 [성별]의 내림 단추(▼)를 눌러 [남]을 선택하고 [확인]을 클릭합니다.

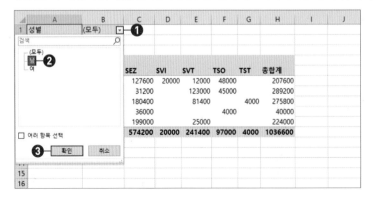

6 남자 데이터만 필터링되면서 피벗 테이블에 표시된 값이 재계산되었으면 다시 [지역]의 내림 단추(▼)를 눌러 [여러 항목 선택]에 체크합니다. [(모두)]의 체크를 해제하고 [부산]과 [대구]에만 체크한 후 [확인]을 클릭하세요.

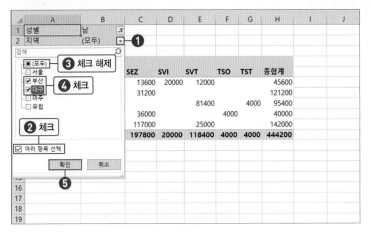

7 '부산'과 '대구' 지역의 남자 사원 데이터만 필터링되면서 해당 데이터만의 직위와 유형별로 수량의 합계가 구해졌는지 확인합니다.

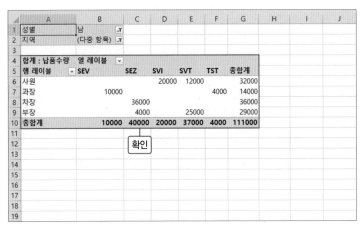

필수기능
02 | 피벗 테이블의 레이아웃과 디자인 변경하기

1 기존에 작성한 피벗 테이블의 레이아웃을 변경해 볼게요. [Sheet1] 시트에서 피벗 테이블에 있는 하나의 셀을 클릭한 후 [피벗 테이블 필드] 창의 '필터' 영역에 배치된 [성별]을 '행' 영역의 [직위] 아래로 드래그하세요.

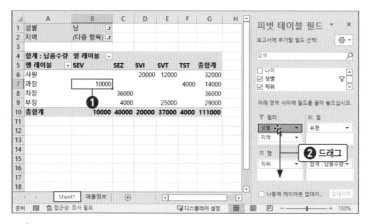

> **Tip**
> 피벗 테이블 데이터를 클릭해도 [피벗 테이블 필드] 창이 화면의 오른쪽에 나타나지 않으면 [피벗 테이블 분석] 탭–[표시] 그룹에서 [필드 목록]을 클릭합니다. 사용자가 임의로 [피벗 테이블 필드] 창을 닫으면 이후부터는 자동으로 표시되지 않습니다.

2 필요 없는 필드를 없애기 위해 '열' 영역에 배치된 [유형] 필드를 선택하고 [필드 제거]를 선택합니다. 이와 같은 방법으로 '값' 영역에 배치된 [합계 : 납품수량] 필드도 제거하세요.

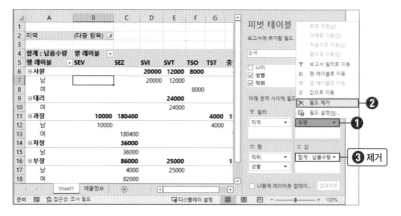

3 '열' 영역에는 [영업분야] 필드를, '값' 영역에는 [담당사원] 필드를 드래그하여 배치합니다. 각 영역에 배치된 필드에 맞게 자동으로 피벗 테이블의 레이아웃이 다시 설정되면서 데이터 값이 재계산되면 [디자인] 탭-[피벗 테이블 스타일] 그룹에서 [자세히] 단추(▾)를 클릭한 후 '밝게'에서 [연한 주황, 피벗 스타일 밝게 24]를 클릭하세요.

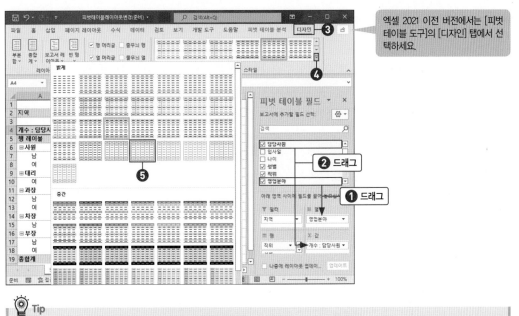

엑셀 2021 이전 버전에서는 [피벗 테이블 도구]의 [디자인] 탭에서 선택하세요.

> **Tip**
> '값' 영역에 숫자 필드를 배치하면 자동으로 합계가 구해지고, 텍스트 필드를 배치하면 기본적으로 개수가 구해집니다. 하지만 기본으로 표시된 합계나 개수는 언제든지 평균, 최대값, 최소값 등으로 변경할 수 있습니다.

4 피벗 테이블에 새로운 디자인이 적용되었으면 [디자인] 탭-[피벗 테이블 스타일 옵션] 그룹에서 [줄무늬 행]에 체크하여 보기 좋게 피벗 테이블을 완성합니다.

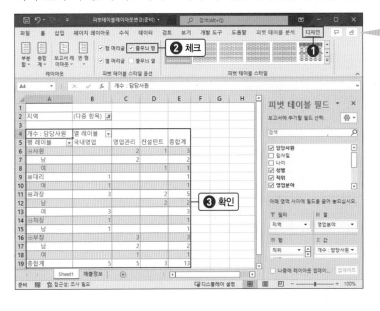

엑셀 2021 이전 버전에서는 [피벗 테이블 도구]의 [디자인] 탭에서 선택하세요.

필수 직업 팁

데이터 편집 방법

서식 지정

수식 원리

함수

데이터 분석

피벗 테이블

양식 컨트롤

차트

● 예제파일 : 적용할함수와표시형식지정(준비).xlsx   ● 완성파일 : 적용할함수와표시형식지정(완성).xlsx

필수기능

03 | 피벗 테이블에 적용할 함수와 값 표시 형식 지정하기

1 피벗 테이블에 표시된 값에 적용할 함수를 변경해 볼게요. [Sheet1] 시트의 피벗 테이블에서 납품 수량의 합계가 구해진 '합계 : 납품수량' 항목에 있는 하나의 셀에서 마우스 오른쪽 단추를 눌러 [값 요약 기준]-[평균]을 선택하세요.

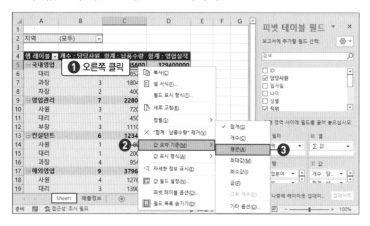

2 이전에 합계가 구해진 C열의 '납품수량' 항목의 데이터가 모두 평균으로 변경되었으면 값 표시 형식을 변경해 볼게요. '평균 : 납품수량' 항목에 있는 하나의 셀에서 마우스 오른쪽 단추를 눌러 [필드 표시 형식]을 선택하세요.

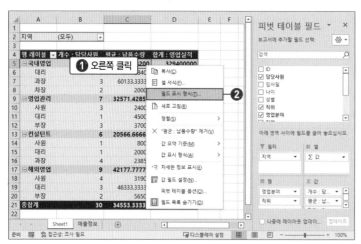

3 [셀 서식] 대화상자의 [표시 형식] 탭이 열리면 '범주'에서 [사용자 지정]을 선택하고 '형식'에 『#,##0_-』을 입력한 후 [확인]을 클릭합니다.

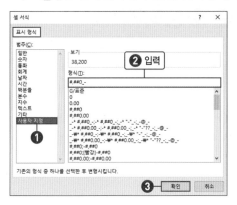

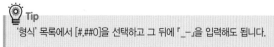

Tip
'형식' 목록에서 [#,##0]을 선택하고 그 뒤에 『_-』을 입력해도 됩니다.

4 '평균 : 납품수량' 항목의 데이터에 천 단위마다 콤마가 표시되고 숫자 값 뒤에 공백이 한 칸 표시되었습니다. D열의 '합계 : 영업실적' 항목에 있는 하나의 셀에서 마우스 오른쪽 단추를 눌러 [값 표시 형식]-[총합계 비율]을 선택하세요.

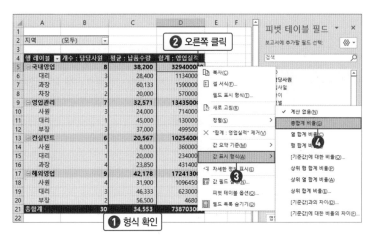

5 영업 실적의 총 합계에 따라 각 항목이 차지하는 비율이 표시되었습니다.

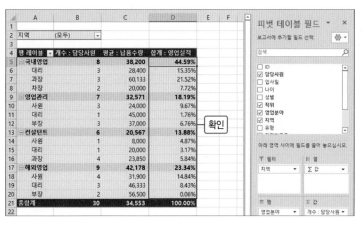

필수기능

04 | 행이나 열 레이블 수정하기

1 피벗 테이블에 표시된 행이나 열 레이블을 원하는 다른 값으로 수정해 볼게요. [Sheet1] 시트에서 피벗 테이블에 있는 A3셀을 클릭하고 원하는 다른 텍스트를 입력해서 수정하세요. 여기서는『인원수』를 입력하고 Enter를 누르세요.

Tip

레이블을 표시하지 않기 위해 A3 셀에서 Delete를 눌러 값을 지우면 오류 메시지가 나타나므로 Spacebar를 눌러 A3셀 값을 지우고『인원수』를 입력한 후 Enter를 누르세요.

2 A3셀에 표시된 피벗 테이블 레이블이 '인원수'로 수정되었으면 A4셀을 클릭하고 행 레이블을 수정할 텍스트로『직위』를 입력한 후 Enter를 누르세요.

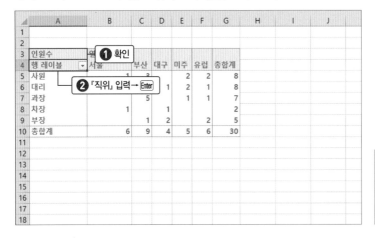

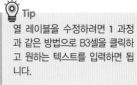

Tip

열 레이블을 수정하려면 1 과정과 같은 방법으로 B3셀을 클릭하고 원하는 텍스트를 입력하면 됩니다.

3 행 레이블이 '직위'로 수정되었으면 행 레이블이나 열 레이블을 없애기 위해 [피벗 테이블 분석] 탭-[표시] 그룹에서 [필드 머리글]을 선택하세요.

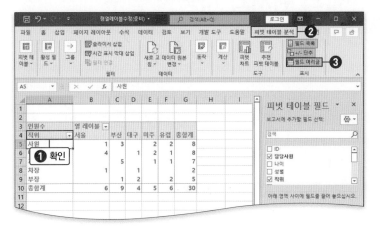

4 피벗 테이블에 표시된 행 레이블과 열 레이블이 삭제된 것을 확인했으면 피벗 테이블 전체를 삭제해 볼게요. [피벗 테이블 분석] 탭-[동작] 그룹에서 [지우기]를 클릭하고 [모두 지우기]를 선택하세요.

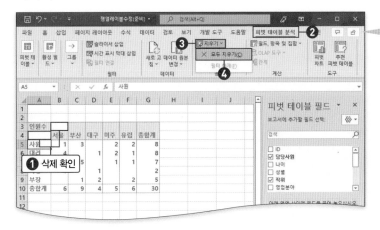

5 전체 피벗 테이블이 삭제되었는지 확인합니다.

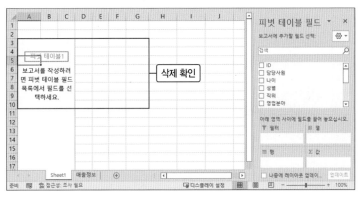

필수 작업팁

데이터 편집 방법

서식 지정

수식 원리

함수

데이터 서식

피벗 테이블

양식 컨트롤

차트

필수기능
05 | 부분합의 위치와 사용할 함수 변경하기

1 [Sheet1] 시트에 작성된 피벗 테이블에서 5행과 10행에 표시된 부분합(소계)에만 다른 함수를 적용해 볼게요. 부분합이 표시된 A5셀이나 A10셀을 클릭하고 [피벗 테이블 분석] 탭-[활성 필드] 그룹에서 [필드 설정]을 선택하세요.

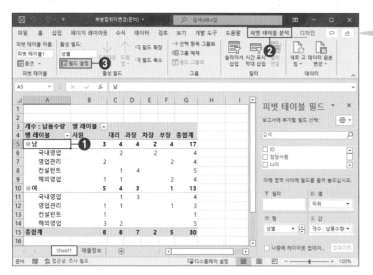

> 엑셀 2021 이전 버전에서는 [피벗 테이블 도구]의 [분석] 탭에서 선택하세요.

2 [필드 설정] 대화상자가 열리면 [부분합 및 필터] 탭에서 '소계'의 [사용자 지정]을 선택하고 사용할 함수로 [합계]를 선택한 후 [확인]을 클릭하세요.

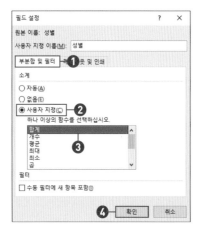

💡 **Tip**
[부분합 및 필터] 탭의 '소계'에서 [없음]을 선택하면 피벗 테이블에 표시된 부분합 값을 없앨 수 있습니다.

3 이전에 피벗 테이블의 부분합에 표시되었던 개수 대신 합계로 바뀌었는지 확인합니다. 부분합으로 여러 함수를 적용하기 위해 부분합이 표시된 A5셀이나 A10셀을 클릭하고 [피벗 테이블 분석] 탭-[활성 필드] 그룹에서 [필드 설정]을 클릭하세요.

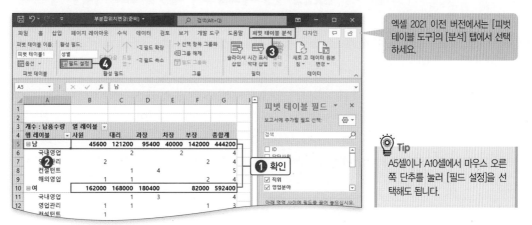

엑셀 2021 이전 버전에서는 [피벗 테이블 도구]의 [분석] 탭에서 선택하세요.

Tip
A5셀이나 A10셀에서 마우스 오른쪽 단추를 눌러 [필드 설정]을 선택해도 됩니다.

4 [필드 설정] 대화상자가 열리면 [부분합 및 필터] 탭에서 '소계'의 [사용자 지정]에 적용할 함수를 하나 이상 선택해 볼게요. 여기서는 [평균]을 클릭해서 [합계]와 [평균]이 선택되었는지 확인하고 [확인]을 클릭하세요.

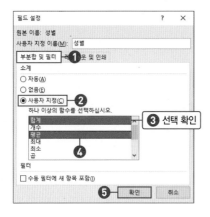

5 피벗 테이블에 표시된 부분합으로 합계와 평균이 모두 표시되었는지 확인합니다.

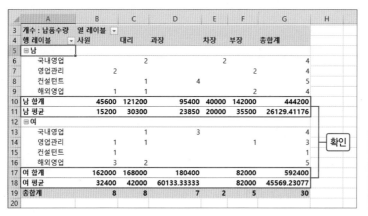

	A	B	C	D	E	F	G	H
3	개수 : 납품수량	열 레이블						
4	행 레이블	사원	대리	과장	차장	부장	총합계	
5	⊟남							
6	국내영업		2		2		4	
7	영업관리	2				2	4	
8	컨설턴트		1	4			5	
9	해외영업	1	1			2	4	
10	남 합계	45600	121200		95400	40000	142000	444200	
11	남 평균	15200	30300		23850	20000	35500	26129.41176	
12	⊟여							
13	국내영업		1	3			4	
14	영업관리	1	1			1	3	
15	컨설턴트	1					1	
16	해외영업	3	2				5	
17	여 합계	162000	168000		180400		82000	592400	
18	여 평균	32400	42000	60133.33333			82000	45569.23077	
19	총합계	8	8		7	2	5	30	
20								

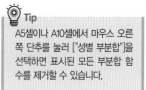

확인

Tip
A5셀이나 A10셀에서 마우스 오른쪽 단추를 눌러 ["성별 부분합"]을 선택하면 표시된 모든 부분합 함수를 제거할 수 있습니다.

● 예제파일 : 값없는항목도표시(준비).xlsx   ● 완성파일 : 값없는항목도표시(완성).xlsx

필수기능

06 값이 없는 항목도 목록에 표시하기

1 [Sheet1] 시트에 작성된 피벗 테이블에서 '영업분야'별로 '지역'이 표시된 행 영역의 데이터를 살펴볼게요. '해외영업'에 해당하는 지역으로 '미주'와 '유럽'만 표시되어 있고 '서울', '부산', '대구' 등은 해당하는 값이 없어서 제외된 것입니다. 값이 없어도 항목은 표시되도록 설정하려면 지역이 표시된 A5:A6 범위나 A8:A11 범위 등에서 하나의 셀을 클릭하고 [피벗 테이블 분석] 탭-[활성 필드] 그룹에서 [필드 설정]을 클릭하세요.

> 엑셀 2021 이전 버전에서는 [피벗 테이블 도구]의 [분석] 탭에서 선택하세요.

2 [필드 설정] 대화상자가 열리면 [레이아웃 및 인쇄] 탭에서 '레이아웃'의 [데이터가 없는 항목 표시]에 체크하고 [확인]을 선택하세요.

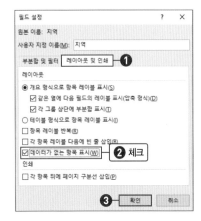

3 해외 영업에 해당하는 지역 목록으로 '미주', '유럽'만 표시되었던 값이 '서울', '부산', '대구', '미주', '유럽'과 같이 해당하는 값이 없을 때도 함께 표시되었습니다. 해당하는 값이 없으면 '인원수' 항목에 빈 셀로 표시되었는데, 이 값을 0으로 변경하려면 피벗 테이블에 있는 하나의 셀에서 마우스 오른쪽 단추를 눌러 [피벗 테이블 옵션]을 선택하세요.

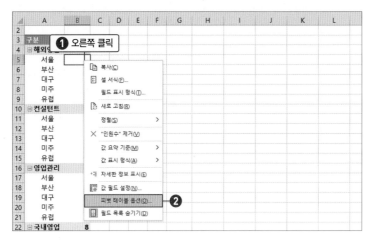

4 [피벗 테이블 옵션] 대화상자가 열리면 [레이아웃 및 서식] 탭을 선택하고 '서식'의 [빈 셀 표시]의 체크를 해제한 후 [확인]을 선택하세요.

💡 **Tip**

[빈 셀 표시]에 체크한 상태에서 옆의 입력 상자에 직접 표시할 값으로 『0』을 입력해도 됩니다. 또는 『없음』을 입력하면 빈 셀일 때 '없음'이라는 텍스트를 표시할 수도 있어요.

5 빈 셀로 표시된 인원수가 '0'으로 바뀌었는지 확인하세요.

● 예제파일 : 원하는순서대로정렬(준비).xlsx   ● 완성파일 : 원하는순서대로정렬(완성).xlsx

필수기능

07 | 원하는 순서대로 목록 정렬하기

1 [Sheet1] 시트에 작성된 피벗 테이블에서 '행'이나 '열' 영역에 표시된 목록을 원하는 순서로 정렬해 볼게요. '대구', '미주', '부산' 등이 표시된 셀 중 하나에서 마우스 오른쪽 단추를 눌러 [정렬]에서 [텍스트 내림차순 정렬] 또는 [텍스트 오름차순 정렬]을 선택하세요.

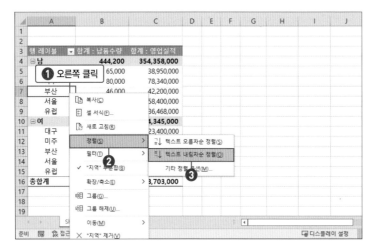

2 지역 목록이 내림차순으로 정렬되어 표시되었습니다. 이때 내림차순 또는 오름차순이 아니라 원하는 순서를 직접 지정해서 표시하려면 [파일] 탭을 클릭하고 [옵션]을 선택하세요.

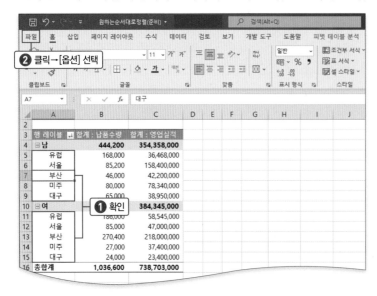

3 [Excel 옵션] 대화상자가 열리면 [고급] 범주를 선택하고 오른쪽 창의 세로 이동 막대를 맨 아래쪽으로 내린 후 [사용자 지정 목록 편집]을 클릭하세요.

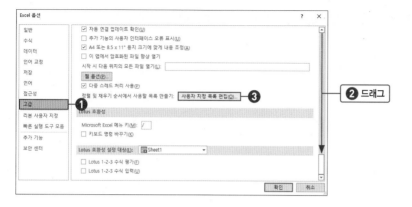

4 [사용자 지정 목록] 대화상자가 열리면 [사용자 지정 목록] 탭의 '목록 항목'에 원하는 정렬 순서인 『부산』, 『미주』, 『유럽』, 『대구』, 『서울』을 차례대로 입력하고 [추가]를 선택합니다. '사용자 지정 목록'에 추가된 목록을 확인하고 [확인]을 선택하세요.

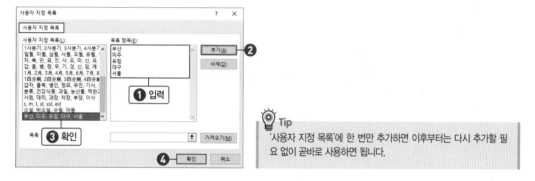

> 💡 **Tip**
> '사용자 지정 목록'에 한 번만 추가하면 이후부터는 다시 추가할 필요 없이 곧바로 사용하면 됩니다.

5 [Excel 옵션] 대화상자로 되돌아오면 [확인]을 클릭하세요.

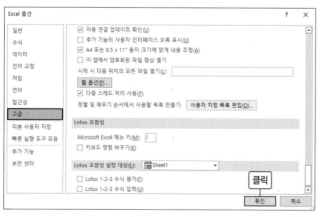

필수 작업 팁

데이터 편집 방법

서식 지정

수식 원리

함수

데이터 분석

피벗 테이블

양식 컨트롤

차트

6 피벗 테이블에 표시된 지역에서 마우스 오른쪽 단추를 눌러 [정렬]–[텍스트 오름차순 정렬]을 선택하세요.

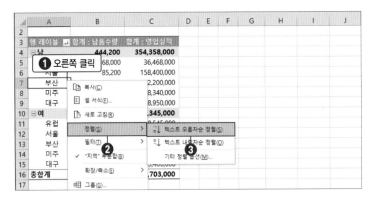

7 이제 **4** 과정에서 입력했던 지역 순으로 목록이 정렬되었습니다. 만약 목록이 원하는 순서대로 정렬되지 않았거나 사용자 지정 목록 순서가 아닌 단순한 오름차순으로 정렬하려면 피벗 테이블에 있는 하나의 셀에서 마우스 오른쪽 단추를 눌러 [피벗 테이블 옵션]을 선택하세요.

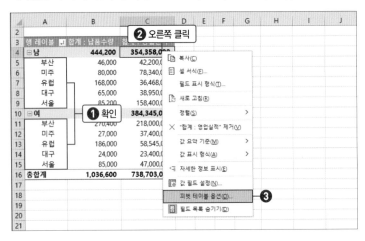

8 [피벗 테이블 옵션] 대화상자의 [요약 및 필터] 탭에서 '정렬'의 [정렬할 때 사용자 지정 목록 사용]에 체크되어 있으면 **4** 과정에서 지정한 목록 순서대로 정렬됩니다. 반면 체크를 해제하면 단순히 오름차순이나 내림차순으로 정렬됩니다.

● 예제파일 : 새로운계산필드삽입(준비).xlsx ● 완성파일 : 새로운계산필드삽입(완성).xlsx

현장실무
08 | 피벗 테이블에 새로운 계산 필드 추가하기

1 원본 데이터에 없는 필드를 피벗 테이블에서 추가해 볼게요. [Sheet1] 시트에서 피벗 테이블에 있는 하나의 셀을 클릭하고 [피벗 테이블 분석] 탭-[계산] 그룹에서 [필드, 항목 및 집합]을 클릭한 후 [계산 필드]를 선택하세요.

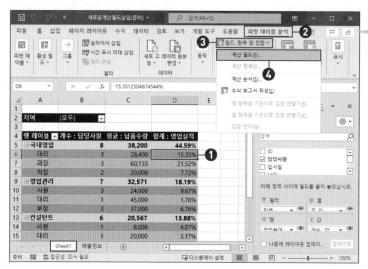

> 엑셀 2021 이전 버전에서는 [피벗 테이블 도구]의 [분석] 탭에서 선택하세요.

2 [계산 필드 삽입] 대화상자가 열리면 '이름'에 새로 추가할 필드 이름으로『단가』를 입력하고 '수식'의 입력 상자에 있는 데이터를 지운 후 '필드'에서 [영업실적]을 더블클릭합니다. '=영업실적'이 표시되면 뒤에『/』를 입력하고 다시 '필드'에서 [납품수량]을 더블클릭합니다. '수식'에『=영업실적/납품수량』이 입력되었으면 [확인]을 클릭하세요.

3 E열에 계산 필드인 '합계 : 단가' 필드가 새롭게 추가되면서 '영업실적' 필드 값을 '납품수량' 필드 값으로 나눈 결과 값이 표시되었습니다. [피벗 테이블 분석] 탭-[계산] 그룹에서 [필드, 항목 및 집합]을 클릭하고 [수식 보고서 작성]을 선택하세요.

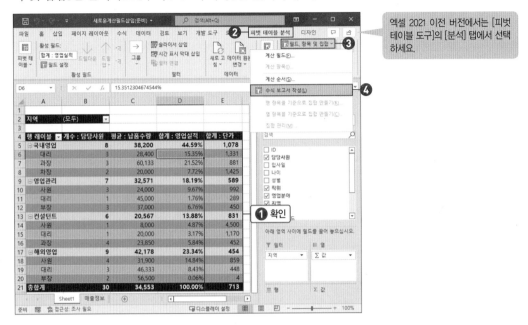

엑셀 2021 이전 버전에서는 [피벗 테이블 도구]의 [분석] 탭에서 선택하세요.

4 새로운 시트가 삽입되면서 피벗 테이블에 삽입된 계산 필드 목록이 표시되어 어떤 필드가 어떤 수식으로 사용되었는지 쉽게 살펴볼 수 있습니다.

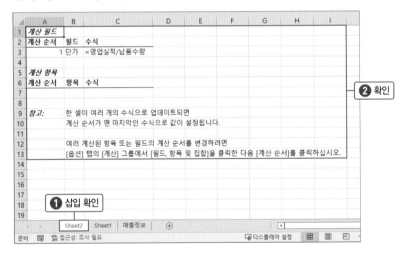

| M365 | 2021 | 2019 | 2016 | 2013 |

현장실무

09 | 슬라이서로 데이터 필터링하고 스타일 지정하기

1 슬라이서를 활용해 피벗 테이블의 '필터' 영역에 필드를 배치하여 전체 데이터 중에서 원하는 데이터만 필터링해 볼게요. [Sheet1] 시트에서 피벗 테이블에 있는 하나의 셀을 클릭하고 [피벗 테이블 분석] 탭-[필터] 그룹에서 [슬라이서 삽입]을 클릭하세요.

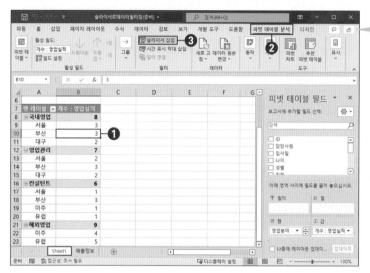

> 엑셀 2021 이전 버전에서는 [피벗 테이블 도구]의 [분석] 탭에서 선택하세요.

2 [슬라이서 삽입] 대화상자가 열리면 필드 목록에서 필터링에 사용할 필드에 체크합니다. 여기서는 [직위]와 [유형]에 체크하고 [확인]을 클릭하세요.

3 [직위] 슬라이서와 [유형] 슬라이서가 표시되었으면 보기 좋은 위치로 드래그해서 이동합니다. [직위] 슬라이서를 선택한 상태에서 [슬라이서] 탭-[단추] 그룹의 '열'에 『5』를 입력하고 [슬라이서] 탭-[슬라이서 스타일] 그룹에서 [연한 노랑, 슬라이서 스타일 밝게 4]를 클릭합니다. [직위] 슬라이서에 표시된 항목 값이 보이게 너비는 넓히고 높이는 줄인 후 피벗 테이블의 위쪽에 있는 1~5행으로 드래그하세요.

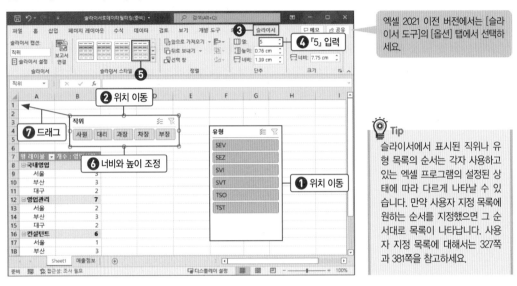

엑셀 2021 이전 버전에서는 [슬라이서 도구]의 [옵션] 탭에서 선택하세요.

Tip

슬라이서에서 표시된 직위나 유형 목록의 순서는 각자 사용하고 있는 엑셀 프로그램의 설정된 상태에 따라 다르게 나타날 수 있습니다. 만약 사용자 지정 목록에 원하는 순서를 지정했으면 그 순서대로 목록이 나타납니다. 사용자 지정 목록에 대해서는 327쪽과 381쪽을 참고하세요.

4 이와 같은 방법으로 [유형] 슬라이서를 선택하고 [슬라이서] 탭-[단추] 그룹에서 '열'에 『6』을 입력한 후 [슬라이서] 탭-[슬라이서 스타일] 그룹에서 [연한 파랑, 슬라이서 스타일 밝게 5]를 클릭합니다. [유형] 슬라이서에 표시된 항목 값이 보이게 너비는 넓히고 높이는 줄인 후 [직위] 슬라이서의 옆쪽으로 드래그하세요.

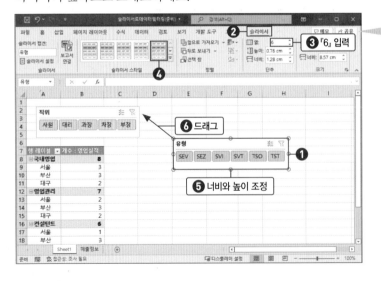

엑셀 2021 이전 버전에서는 [슬라이서 도구]의 [옵션] 탭에서 선택하세요.

5 [직위] 슬라이서에서 [다중 선택] 단추(☰)를 클릭하고 [대리], [차장], [부장]만 선택한 후 [유형] 슬라이서에서 [SVT]만 선택합니다.

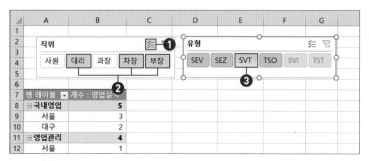

Tip
[다중 선택] 단추(☰)를 클릭하면 슬라이서에 표시된 여러 개의 항목 값을 동시에 선택할 수 있습니다. [다중 선택] 단추(☰)를 다시 클릭해서 해제하면 한 번에 하나의 항목만 선택됩니다. [다중 선택]은 엑셀 2016 버전부터 지원하는 기능입니다.

6 '직위'가 [대리], [차장], [부장] 중에서 '유형'이 [SVT]인 데이터만 필터링되었습니다. 이때 [직위] 슬라이서의 필터링만 해제하기 위해 [직위] 슬라이서에서 [필터 해제] 단추(☒)를 클릭하세요.

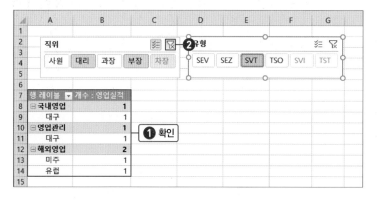

7 '직위'에 설정된 필터링은 해제되고 '유형'이 [SVT]인 데이터만 필터링되어 피벗 테이블이 다시 계산되었습니다. 슬라이서를 이용하면 시트에 항목을 펼쳐놓고 직관적으로 선택할 수 있어서 피벗 테이블의 '필터' 영역을 사용하는 것보다 편리합니다. [유형] 슬라이서를 삭제하려면 [유형] 슬라이서에서 마우스 오른쪽 단추를 눌러 ["유형" 제거]를 선택합니다.

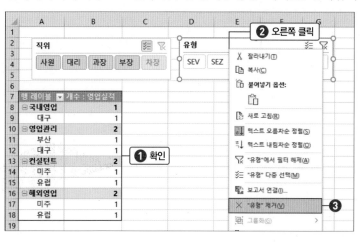

필수 작업팁

데이터 편집 방법

서식 지정

수식 원리

함수

데이터 분석

피벗 테이블

양식 컨트롤

차트

◉ 예제파일 : 시간표시막대로데이터필터링(준비).xlsx   ◉ 완성파일 : 시간표시막대로데이터필터링(완성).xlsx

현장실무

10 | 시간 표시 막대로 2분기 데이터 필터링하기

1 [Sheet1] 시트에서 피벗 테이블에 있는 하나의 셀을 클릭하고 [피벗 테이블 분석] 탭-[필터] 그룹에서 [시간 표시 막대 삽입]을 클릭합니다. [시간 표시 막대 삽입] 대화상자가 열리면 [납품일]에 체크하고 [확인]을 클릭하세요.

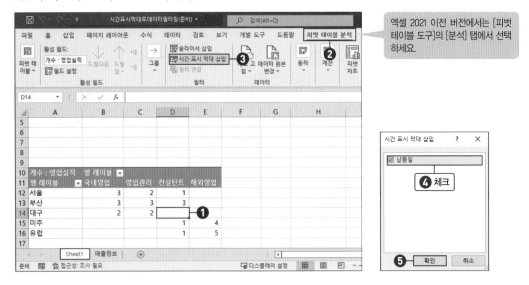

> 엑셀 2021 이전 버전에서는 [피벗 테이블 도구]의 [분석] 탭에서 선택하세요.

2 [납품일] 시간 표시 막대가 나타나면 1~8행 영역으로 드래그하여 배치하고 아래쪽에 있는 피벗 테이블의 크기에 맞게 크기를 조정합니다. [타임라인] 탭-[시간 표시 막대 스타일] 그룹에서 [연한 주황, 시간 표시 막대 스타일 밝게 2]를 클릭하세요.

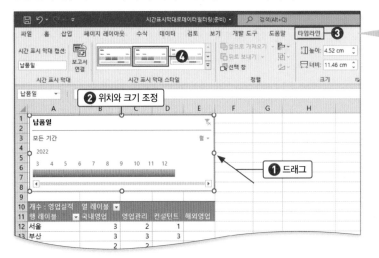

> 엑셀 2021 이전 버전에서는 [시간 표시 막대 도구]의 [옵션] 탭에서 선택하세요.

3 [납품일] 시간 표시 막대에서 원하는 월을 클릭하거나 드래그하면 해당하는 월의 데이터만 필터링되어 피벗 테이블에 반영됩니다. [납품일] 시간 표시 막대에서 [월]을 클릭하고 [분기]를 선택하세요.

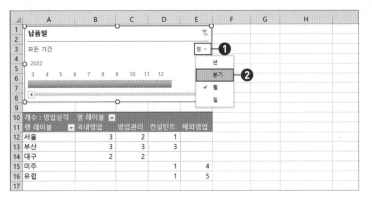

4 시간 표시 막대의 기간이 [월] 대신 [분기]로 바뀌었으면 [2분기] 막대를 클릭하여 피벗 테이블에 2분기 데이터만 필터링합니다. 시간 표시 막대의 오른쪽 위에 있는 [필터 해제] 단추(⟰)를 클릭하여 설정된 필터 조건을 해제하세요.

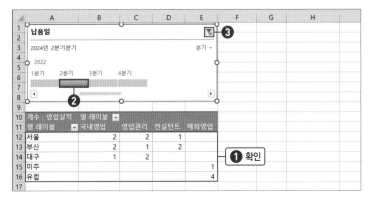

5 시간 표시 막대에서 마우스 오른쪽 단추를 눌러 [시간 표시 막대 제거]를 선택하여 시간 표시 막대를 삭제합니다.

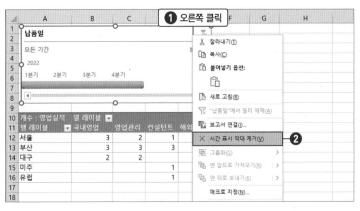

핵심

필수 작업팁

데이터 편집 방법

서식 지정

수식 원리

함수

데이터 분석

피벗 테이블

양식 컨트롤

차트

◉ **예제파일** : 피벗테이블에서그룹화(준비).xlsx　◉ **완성파일** : 피벗테이블에서그룹화(완성).xlsx

현장실무 **11** │ 피벗 테이블에서 분기별로 납품일을 그룹으로 묶기

1 [Sheet1] 시트에서 피벗 테이블의 '행' 영역에 배치된 나이 데이터를 연령층으로 묶어서 표시해 볼게요. 피벗 테이블의 나이 데이터 영역에 있는 하나의 셀에서 마우스 오른쪽 단추를 눌러 [그룹]을 선택합니다. [그룹화] 대화상자가 열리면 '시작'에는 『20』을, '끝'에는 『70』을 입력하고 '단위'에 『10』이 설정된 상태에서 [확인]을 클릭하세요.

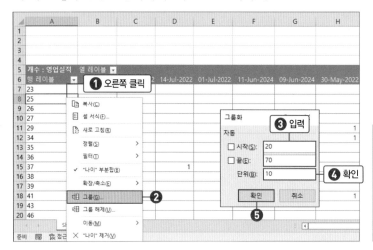

> **Tip**
> 선택한 필드 값이 숫자 데이터일 때 보이는 대화상자 내용으로, 나이 데이터를 20부터 10씩 묶어서 70까지 표시하기 위해 그룹으로 묶는 과정입니다. 선택한 필드가 날짜이면 날짜에 설정할 수 있는 내용으로 대화상자가 바뀝니다.

2 나이가 20부터 10씩 묶여져서 표시되었으면 '열' 영역에 표시된 납품일의 날짜를 분기별로 묶어서 표시해 볼게요. 피벗 테이블에 배치된 날짜 데이터 영역에 있는 하나의 셀에서 마우스 오른쪽 단추를 눌러 [그룹]을 선택하세요.

3 [그룹화] 대화상자가 열리면 '시작'과 '끝'에 표시된 날짜 값은 그대로 두고 '단위'에서 [월]을 클릭해 선택을 취소한 후 [분기]를 선택하고 [확인]을 클릭합니다. 그러면 납품일이 분기별로 묶여서 그룹으로 지정되어 표시됩니다.

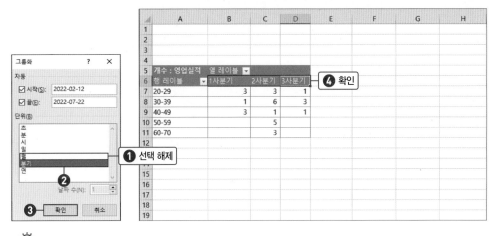

> 💡 **Tip**
> [그룹화] 대화상자에 표시되는 값은 그룹화될 필드가 숫자인지, 날짜인지에 맞게 자동으로 구성되어 표시됩니다.

4 **2** 과정을 참고하여 다시 [그룹화] 대화상자를 열고 '단위'에서 [월]을 추가 선택한 후 [확인]을 클릭합니다. '단위'의 [월]과 [분기]를 함께 선택했으면 납품일이 분기별로 묶이고 그 안에서 다시 월별로 그룹 지정되어 표시되었습니다.

> 💡 **Tip**
> 피벗 테이블을 선택한 후 [디자인] 탭-[레이아웃] 그룹에서 [부분합]-[그룹 상단에 모든 부분합 표시]를 선택하면 항목 분기별 요약 자료를 추가할 수 있습니다.

● **예제파일** : 피벗테이블에변경된값적용(준비).xlsx ● **완성파일** : 피벗테이블에변경된값적용(완성).xlsx

피벗 테이블에 원본 데이터의 변경된 값 적용하기

1 피벗 테이블은 원본 데이터를 참조해서 결과가 작성되지만, 작업의 중간에 원본 데이터가 수정되면 자동으로 인식하지 못하므로 반드시 [새로 고침]을 실행해야 합니다. [Sheet1] 시트의 피벗 테이블에는 각 직위별로 남녀 사원의 인원수가 표시되어 있습니다.

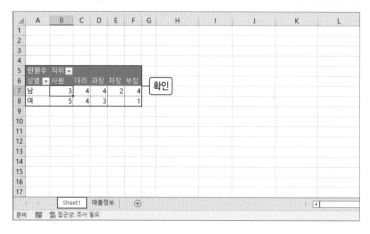

2 [매출정보] 시트에서 D열의 '성별' 항목은 모두 '여'로, E열의 '직위' 항목은 모두 '사원'으로 수정했습니다. 피벗 테이블을 작성한 후 [매출정보] 시트의 원본 데이터를 수정해도 [Sheet1] 시트의 피벗 테이블에는 수정 데이터가 자동으로 반영되지 않습니다.

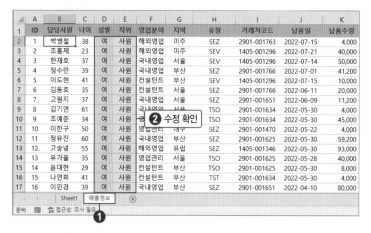

3 [Sheet1] 시트를 클릭하고 피벗 테이블에 있는 하나의 셀을 클릭합니다. 원본 데이터의 변경된 사항을 적용하기 위해 [피벗 테이블 분석] 탭-[데이터] 그룹에서 [새로 고침]의 📑를 클릭하세요.

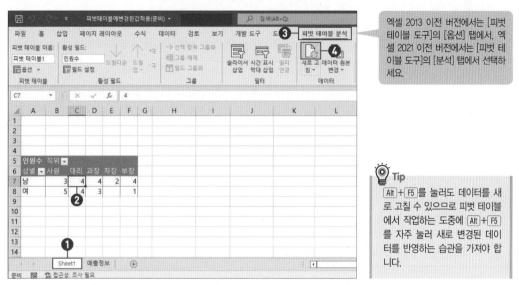

> 엑셀 2013 이전 버전에서는 [피벗 테이블 도구]의 [옵션] 탭에서, 엑셀 2021 이전 버전에서는 [피벗 테이블 도구]의 [분석] 탭에서 선택하세요.

🔅 **Tip**

Alt + F5 를 눌러도 데이터를 새로 고칠 수 있으므로 피벗 테이블에서 작업하는 도중에 Alt + F5 를 자주 눌러 새로 변경된 데이터를 반영하는 습관을 가져야 합니다.

4 새로 수정된 데이터가 반영되면서 '여자' 데이터 중에서 '사원'만 있는 피벗 테이블로 결과가 변경되었습니다.

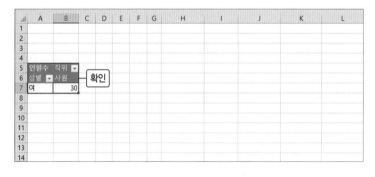

🎁 **잠깐만요 :: 파일을 열 때마다 피벗 테이블을 자동으로 업데이트하기**

[새로 고침]을 실행하지 않아도 피벗 테이블이 작성된 파일을 열 때마다 자동으로 업데이트되도록 옵션을 지정할 수 있습니다. 하지만 파일을 연 후 작업 도중에 변경된 데이터는 자동으로 반영되지 않고 다시 파일을 닫고 열 때 반영됩니다.

① 피벗 테이블에서 마우스 오른쪽 단추를 눌러 [피벗 테이블 옵션]을 선택합니다.

② [피벗 테이블 옵션] 대화상자가 열리면 [데이터] 탭의 '피벗 테이블 데이터'에서 [파일을 열 때 데이터 새로 고침]에 체크하고 [확인]을 클릭합니다.

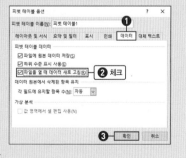

현장실무

13 | 범위 밖에 추가한 원본 데이터를 피벗 테이블에 적용하기

1 원본 데이터에 새로운 데이터를 추가하거나 삭제해도 자동으로 피벗 테이블에 반영되지 않으므로 수동으로 원본 데이터 영역을 수정해야 합니다. [Sheet1] 시트에서 피벗 테이블에 있는 하나의 셀을 클릭하고 [피벗 테이블 분석] 탭-[데이터] 그룹에서 [데이터 원본 변경]의 🔳를 클릭하세요.

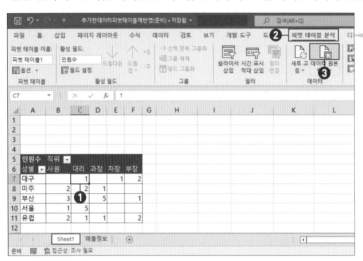

> 엑셀 2013 이전 버전에서는 [피벗 테이블 도구]의 [옵션] 탭에서, 엑셀 2021 이전 버전에서는 [피벗 테이블 도구]의 [분석] 탭에서 선택하세요.

💡 **Tip**

[피벗 테이블 분석] 탭-[데이터] 그룹에서 [새로 고침]의 🔳를 클릭하면 피벗 테이블을 만들 때 지정한 원본 데이터 영역 안에서 수정하거나 삽입한 데이터는 인식하여 반영되지만, 원본 데이터 영역의 바깥쪽에 추가한 항목이나 행은 반영되지 않습니다. 이 경우에는 [피벗 테이블 분석] 탭-[데이터] 그룹에서 [데이터 원본 변경]의 🔳를 클릭해서 추가한 데이터까지 다시 설정해야 합니다.

2 [피벗 테이블 데이터 원본 변경] 대화상자가 열리면 [매출정보] 시트에서 기존에 설정된 영역의 아래쪽에 새로 추가된 32~33행의 데이터가 인식되지 못한 것을 확인합니다. [매출정보] 시트의 데이터 영역에서 하나의 셀을 클릭하고 Ctrl + A 를 누르세요.

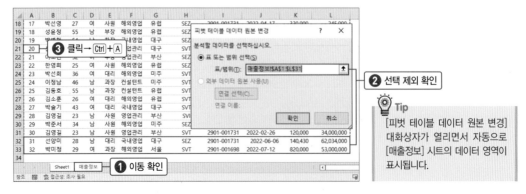

💡 **Tip**

[피벗 테이블 데이터 원본 변경] 대화상자가 열리면서 자동으로 [매출정보] 시트의 데이터 영역이 표시됩니다.

3 33행까지 전체 데이터가 선택되었으면 [피벗 테이블 데이터 원본 변경] 대화상자에서 [확인]
을 클릭합니다.

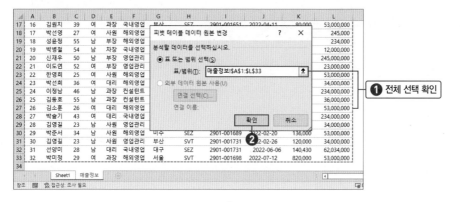

4 [Sheet1] 시트에서 D10셀을 살펴보면 빈 칸이었던 '서울' 지역의 '과장' 데이터가 '1'로 바뀌었
고, C7셀에는 '대구' 지역의 '대리'가 '1'에서 '2'로 바뀌었습니다. 데이터를 확인하기 위해 D10셀
을 더블클릭하세요.

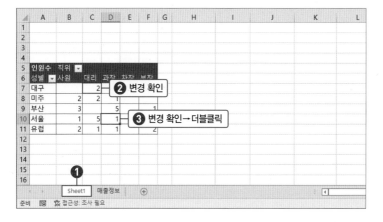

5 새로운 시트가 삽입되면서 D10셀에 해당하는 데이터가 추출되었습니다. 이것은 [매출정보]
시트에서 33행에 입력된 데이터가 인식되어 추출된 것입니다.

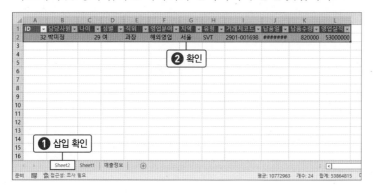

함수 중첩 팁

데이터 편집 방법

서식 지정

수식 원리

함수

데이터 분석

피벗 테이블

양식 컨트롤

차트

● **예제파일** : 추가한원본데이터자동반영(준비).xlsx　　● **완성파일** : 추기한원본데이터자동반영(완성).xlsx

현장실무

14

추가한 데이터 영역을 피벗 테이블에 자동으로 반영하기

1 피벗 테이블의 원본 데이터가 수정되거나 추가되었을 때 자동으로 변경된 데이터를 반영하려면 함수를 활용해야 합니다. [Sheet1] 시트에서 피벗 테이블에는 현재 서울 지역의 여자 사원은 2명, 대구 지역의 남자 사원은 3명이 표시되어 있는데, 피벗 테이블에 있는 하나의 셀을 클릭하고 [피벗 테이블 분석] 탭-[데이터] 그룹에서 [데이터 원본 변경]의 🗋를 클릭하세요.

> 엑셀 2013 이전 버전에서는 [피벗 테이블 도구]의 [옵션] 탭에서, 엑셀 2021 이전 버전에서는 [피벗 테이블 도구]의 [분석] 탭에서 선택하세요.

2 [피벗 테이블 데이터 원본 변경] 대화상자가 열리면 [매출정보] 시트에서 나중에 추가한 32~33행의 데이터가 인식되지 못한 것을 확인하고 [확인]을 클릭합니다.

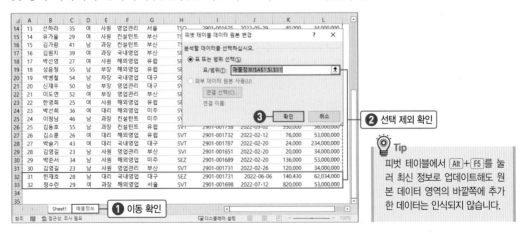

> **Tip**
>
> 피벗 테이블에서 Alt + F5 를 눌러 최신 정보로 업데이트해도 원본 데이터 영역의 바깥쪽에 추가한 데이터는 인식되지 않습니다.

3 [Sheet1] 시트로 되돌아오면 피벗 테이블에 사용할 원본 데이터 영역의 이름을 정의하기 위해 [수식] 탭-[정의된 이름] 그룹에서 [이름 정의]를 클릭합니다.

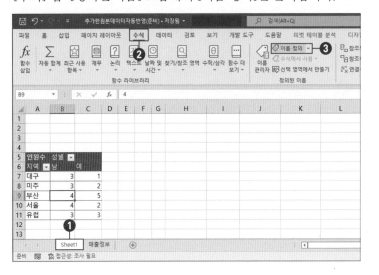

4 [이름 정의] 대화상자가 열리면 '이름'에는 『전체』를, '참조 대상'에는 『=OFFSET(매출정보!$A$1, 0,0,COUNTA(매출정보!$A:$A),COUNTA(매출정보!$1:$1))』을 입력하고 [확인]을 클릭합니다.

 Tip
정의한 이름은 [수식] 탭-[정의된 이름] 그룹에서 [이름 관리자]를 클릭하여 [이름 관리자] 대화상자를 열고 확인할 수 있습니다.

함수식 설명

=OFFSET(매출정보!$A$1,0,0,COUNTA(매출정보!$A:$A),COUNTA(매출정보!$1:$1))

[매출정보] 시트의 A1셀을 기준으로 0,0은 행과 열을 모두 이동하지 않겠다는 의미입니다. 해당 셀인 A1셀부터 시작해서 COUNTA(매출정보!$A:$A) 개수만큼의 행이므로 [매출정보] 시트의 A열 전체에 입력된 데이터 개수만큼 행을 설정하고, COUNTA(매출정보!$1:$1)의 열 개수를 설정하므로 1행에 입력된 데이터 개수만큼 열의 범위를 설정합니다.

새로운 데이터 행이 추가되면 A열의 데이터 개수가 추가될 것이므로 자동으로 행 영역이 변경됩니다. 새로운 열이 추가되면 1행의 데이터 개수가 달라질 것이므로 이것도 자동으로 열 영역이 인식됩니다.

형식 **=OFFSET(기준 셀,행 수,열 수,행 영역 개수,열 영역 개수)**
기준으로 설정한 셀을 중심으로 몇 행, 몇 열 떨어진 위치부터 시작해서 몇 개의 행과 몇 개의 열의 범위를 설정할 때 사용하는 함수입니다.

사용 예 **=OFFSET(A5,1,2,4,3)**
A5셀을 기준으로 아래쪽으로는 한 개의 행이, 오른쪽으로는 두 개의 열이 떨어진 곳인 C6셀부터 시작해서 아래쪽으로 네 개의 행과 오른쪽으로 세 개의 열을 범위 설정하므로 C6:E9 범위를 결과 값으로 얻을 수 있습니다.

5 이름 정의한 데이터 영역을 피벗 테이블에 적용해 볼게요. 피벗 테이블에 있는 하나의 셀을 클릭한 상태에서 [피벗 테이블 분석] 탭-[데이터] 그룹에서 [데이터 원본 변경]의 를 클릭하세요.

엑셀 2021 이전 버전에서는 [피벗 테이블 도구]의 [분석] 탭에서 선택하세요.

6 [피벗 테이블 데이터 원본 변경] 대화상자가 열리면 '표/범위'에 지정된 값을 지우고 **4** 과정에서 이름 정의한 『전체』를 입력한 후 [확인]을 클릭합니다.

7 **2** 과정에서 인식하지 못했던 추가된 데이터가 반영되었는지 확인해 볼게요. 피벗 테이블에 있는 하나의 셀을 클릭한 상태에서 [피벗 테이블 분석] 탭-[데이터] 그룹에서 [데이터 원본 변경]의 를 클릭하세요.

엑셀 2021 이전 버전에서는 [피벗 테이블 도구]의 [분석] 탭에서 선택하세요.

8 **2** 과정에서 인식되지 못했던 [매출정보] 시트의 32~33행의 데이터가 자동으로 데이터 영역으로 추가 선택된 것을 확인합니다. [피벗 테이블 데이터 원본 변경] 대화상자에서 [확인]을 클릭하고 [Sheet1] 시트를 클릭합니다.

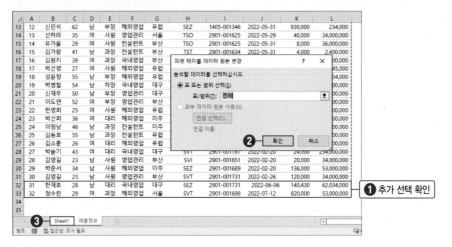

9 **1** 과정에서 표시되었던 서울 지역의 여자 사원은 2명에서 3명으로, 대구 지역의 남자 사원은 3명에서 4명으로 변경되었습니다. 이후로 추가하는 행이나 열은 [Alt]+[F5]만 누르면 언제든지 피벗 테이블에 자동 반영됩니다.

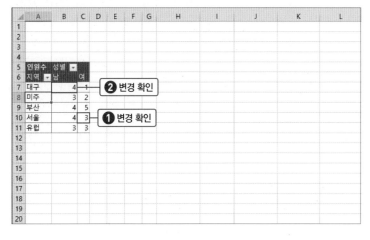

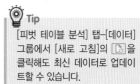

Tip

[피벗 테이블 분석] 탭-[데이터] 그룹에서 [새로 고침]의 을 클릭해도 최신 데이터로 업데이트할 수 있습니다.

● 예제파일 : 기준값대비차이와비율(준비).xlsx ● 완성파일 : 기준값대비차이와비율(완성).xlsx

현장실무

15

기준 값 대비 차이와 비율 표시하기

1 [Sheet1] 시트의 피벗 테이블에 지역별 납품수량의 합계가 표시되어 있는데, 여기에 전체 납품 수량 합계 대비 차지하는 비율을 추가해 볼게요. 먼저 수량 합계 순으로 정렬하기 위해 수량 데이 터가 있는 하나의 셀에서 마우스 오른쪽 단추를 눌러 [정렬]-[숫자 내림차순 정렬]을 선택하세요.

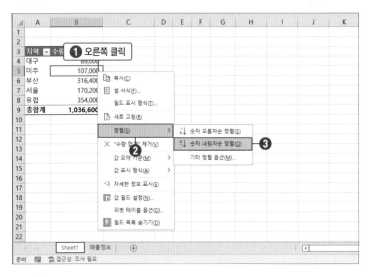

2 B열에 표시된 수량 합계가 큰 값부터 표시되었으면 [피벗 테이블 필드] 창에서 '보고서에 추 가할 필드 선택'의 [납품수량] 필드를 '값' 영역으로 드래그하세요.

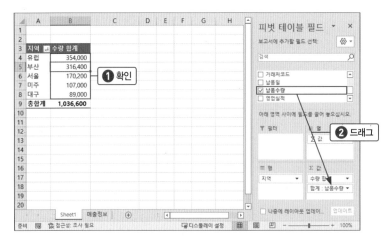

3 B열에 표시된 '수량 합계' 항목과 값이 동일한 항목이 하나 더 추가되었으면 C열에 표시된 수량이 있는 하나의 셀에서 마우스 오른쪽 단추를 눌러 [값 표시 형식]-[총합계 비율]을 선택하세요.

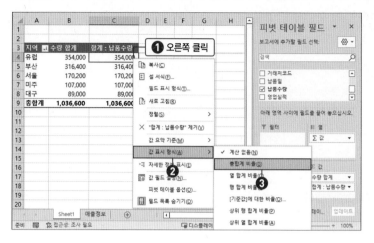

4 C열에 전체 납품수량 합계를 기준으로 차지하는 비율이 표시되었으면 이번에는 유럽 지역을 기준으로 다른 지역의 수량을 비율로 표시해 볼게요. C열에 표시된 수량이 있는 하나의 셀에서 마우스 오른쪽 단추를 눌러 [값 표시 형식]-[[기준값]에 대한 비율]을 선택하세요.

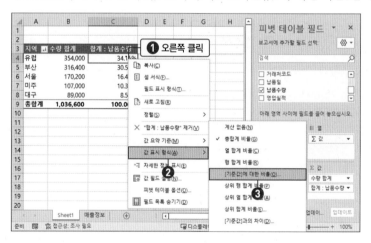

5 [값 표시 형식 (합계 : 납품수량)] 대화상자가 열리면 '기준 필드'에서는 [지역]을, '기준 항목'에서는 [유럽]을 선택하고 [확인]을 클릭하세요.

필수 작업팁

데이터 편집 방법

서식 지정

수식 원리

함수

데이터 분석

피벗 테이블

양식 컨트롤

차트

6 C열에 유럽 지역을 기준으로 어느 정도 목표를 달성했는지 비율이 표시되었으면 이번에는 서울 지역을 기준으로 다른 지역과 어느 정도의 수량 차이가 나는지 표시해 볼게요. C열에 표시된 수량이 있는 하나의 셀에서 마우스 오른쪽 단추를 눌러 [값 표시 형식]-[[기준값]과의 차이]를 선택하세요.

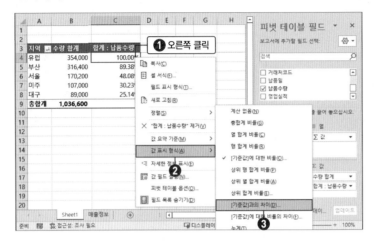

7 [값 표시 형식 (합계 : 납품수량)] 대화상자가 열리면 '기준 필드'에서는 [지역]을, '기준 항목' 에서는 [서울]을 선택하고 [확인]을 클릭하세요.

8 C열에 서울 지역을 기준으로 어느 정도의 수량 차이가 있는지 숫자로 표시되었으면 이번에는 서울 지역을 기준으로 다른 지역과 어느 정도의 수량 차이가 나는지 비율로 표시해 볼게요. C열에 표시된 수량이 있는 하나의 셀에서 마우스 오른쪽 단추를 눌러 [값 표시 형식]-[[기준값]에 대한 비율의 차이]를 선택하세요.

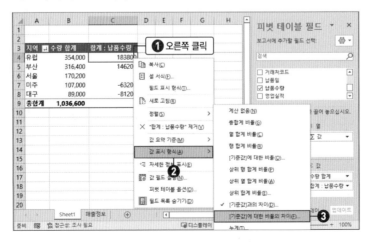

9 [값 표시 형식 (합계 : 납품수량)] 대화상자가 열리면 '기준 필드'에서는 [지역]을, '기준 항목'에서는 [서울]을 선택하고 [확인]을 클릭하세요.

10 C열에 서울 지역을 기준으로 어느 정도의 수량 차이가 있는지 비율로 표시된 결과를 확인하세요.

지역	수량 합계	합계 : 납품수량
유럽	354,000	107.99%
부산	316,400	85.90%
서울	170,200	
미주	107,000	-37.13%
대구	89,000	-47.71%
총합계	1,036,600	

확인

필수 작업팁

데이터 편집 방법

서식 지정

수식 원리

함수

데이터 분석

피벗 테이블

양식 컨트롤

차트

● 예제파일 : 누계와누계비율(준비).xlsx   ● 완성파일 : 누계와누계비율(완성).xlsx

현장실무

16 | 분기별 누계와 누계 비율 표시하기

1 [Sheet1] 시트에 작성된 피벗 테이블을 보면 성별에 따른 납품월별로 납품수량의 합계가 작성되었는데, B열과 C열, D열에 모두 같은 납품수량의 합계가 표시되어 있습니다. 이 값을 수정해서 C열에는 분기별로 값이 누적된 납품수량의 합계를, D열에는 분기별로 누적된 납품수량의 합계를 비율로 표시해 볼게요.

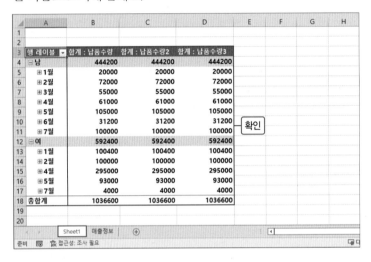

2 납품월을 분기별로 바꾸기 위해서 납품월이 표시된 영역에 있는 하나의 셀에서 마우스 오른쪽 단추를 눌러 [그룹]을 선택하세요.

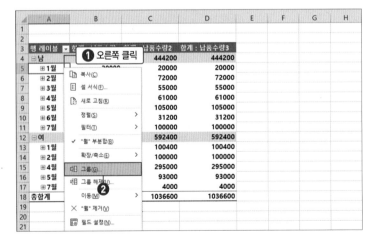

3 [그룹화] 대화상자가 열리면 '단위'에서 기존에 선택되어 있던 [월]과 [일]을 클릭해서 선택을 해제하고 [분기]를 선택한 후 [확인]을 클릭하세요.

4 납품일이 분기별로 그룹화되었으면 C열에서 납품수량의 합이 표시된 값 중 하나의 셀에서 마우스 오른쪽 단추를 눌러 [값 표시 형식]-[누계]를 선택하세요.

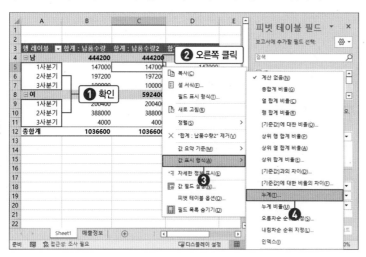

5 [값 표시 형식 (합계 : 납품수량2)] 대화상자가 열리면 '기준 필드'에서 [납품일]을 선택하고 [확인]을 클릭하세요.

필수 작업툴

데이터 편집 방법

서식 지정

수식 원리

함수

데이터 분석

피벗 테이블

엑셀 컨트롤

차트

6 C열에 표시된 납품수량이 단순한 항목의 합계가 아니라 분기별로 값이 누적된 누계로 표시되었습니다. D열에서 납품수량의 합이 표시된 값 중 하나의 셀에서 마우스 오른쪽 단추를 눌러 [값 표시 형식]-[누계 비율]을 선택하세요.

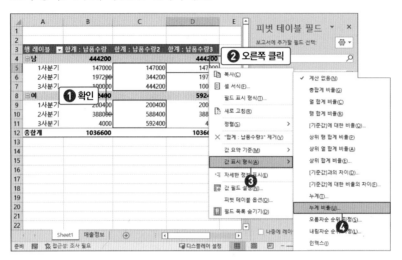

7 [값 표시 형식 (합계 : 납품수량3)] 대화상자가 열리면 '기준 필드'에서 [납품일]을 선택하고 [확인]을 클릭하세요.

8 D열에 분기별로 납품수량이 누적된 합계에 따른 비율로 표시되었는지 확인합니다.

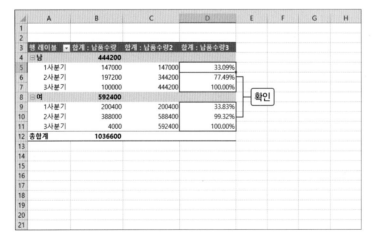

◉ 예제파일 : 피벗테이블과연동되는피벗차트(준비).xlsx　　◉ 완성파일 : 피벗테이블과연동되는피벗차트(완성).xlsx

현장실무

17 | 피벗 테이블과 연동되는 피벗 차트 작성하기

1 피벗 테이블을 대상으로 피벗 차트를 만들면 서로 연동되어 차트에서 조건을 바꿀 경우 피벗 테이블에도 똑같이 변경됩니다. [Sheet1] 시트에서 피벗 테이블에 있는 하나의 셀을 클릭하고 [피벗 테이블 분석] 탭-[도구] 그룹에서 [피벗 차트]를 클릭합니다.

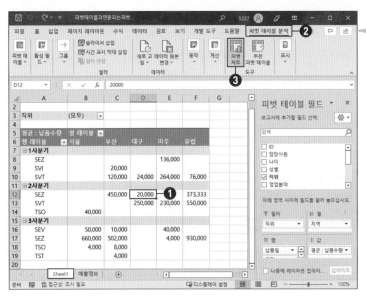

엑셀 2013 이전 버전에서는 [피벗 테이블 도구]의 [옵션] 탭에서, 엑셀 2021 이전 버전에서는 [피벗 테이블 도구]의 [분석] 탭에서 선택하세요.

2 [차트 삽입] 대화상자가 열리면 [모든 차트] 탭에서 [세로 막대형] 범주를 선택하고 오른쪽에 표시된 차트 유형에서 [100% 기준 누적 세로 막대형]을 클릭한 후 [확인]을 클릭하세요.

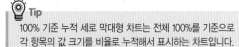

💡 **Tip**

100% 기준 누적 세로 막대형 차트는 전체 100%를 기준으로 각 항목의 값 크기를 비율로 누적해서 표시하는 차트입니다.

3 피벗 차트가 삽입되었으면 차트의 왼쪽 위에 있는 [직위]를 클릭하고 [과장]을 선택한 후 [확인]을 클릭합니다.

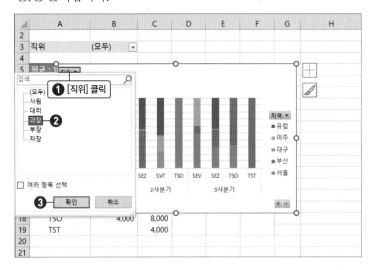

4 직위가 과장인 데이터만 추출되어 차트가 다시 작성되면서 차트의 뒤쪽에 있는 피벗 테이블에도 결과가 반영되어 '과장'인 데이터만 차트에 표시되었습니다. 피벗 차트가 선택된 상태에서 [디자인] 탭-[차트 스타일] 그룹에서 [스타일 3]을 클릭하여 피벗 차트의 전체 스타일을 변경하세요.

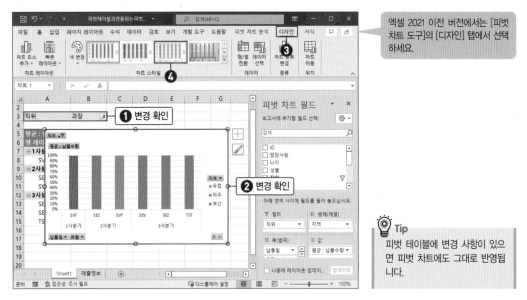

엑셀 2021 이전 버전에서는 [피벗 차트 도구]의 [디자인] 탭에서 선택하세요.

Tip
피벗 테이블에 변경 사항이 있으면 피벗 차트에도 그대로 반영됩니다.

5 차트의 크기를 보기 좋게 조절하고 [디자인] 탭-[차트 스타일] 그룹에서 [색 변경]을 클릭한 후 '색상형'에서 [다양한 색상표 4]를 클릭하여 차트에 표시된 막대 그래프의 색상을 변경합니다.

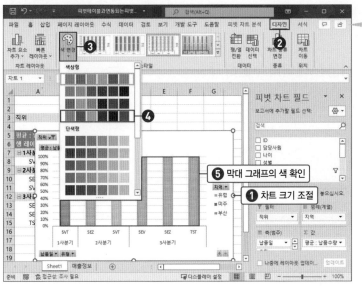

엑셀 2021 이전 버전에서는 [피벗 차트 도구]의 [디자인] 탭에서 선택하세요.

Tip
[색 변경]은 엑셀 2013 버전부터 지원하는 기능입니다.

필수 작업팁

데이터 편집법

서식 지정

수식 원리

함수

데이터 분석

피벗 테이블

양식 컨트롤

차트

잠깐만요 :: 피벗 차트를 별도의 시트로 이동하기

피벗 차트를 피벗 테이블과 함께 표시하지 않고 다른 시트에 별도로 표시할 수 있습니다.

① 시트에 삽입된 피벗 차트를 클릭하고 [디자인] 탭-[위치] 그룹에서 [차트 이동]을 클릭합니다.

② [차트 이동] 대화상자가 열리면 [새 시트]를 선택하고 시트 이름을 지정한 후 [확인]을 클릭합니다.

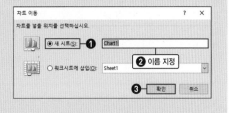

Step 01 피벗 테이블에 사용된 데이터 추출하기

각 지역에 따라 직위별로 인원수를 피벗 테이블로 요약했는데, [Sheet1] 시트의 D7셀을 살펴보면 '부산' 지역의 '과장'이 다섯 명인 것을 알 수 있습니다. 이번에는 피벗 테이블에서 다섯 명의 부산 지역 과장을 쉽게 확인해 보겠습니다.

1 [Sheet1] 시트에서 결과 값이 표시된 D7셀을 더블클릭합니다.

> D7셀의 '5'는 '부산' 지역에서 '과장'인 사람이 몇 명인지 표시한 것입니다. 이때 이러한 사람들이 누구인지 알아보기 위해서 D7셀을 더블클릭하는 것입니다.

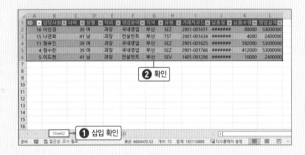

2 새로운 시트가 삽입되고 원본 데이터 테이블에서 D7셀의 결과 값에 해당하는 '부산' 지역에서 '과장'인 데이터만 자동으로 추출되어 표시되었습니다.

3 [Sheet1] 시트를 클릭하고 피벗 테이블에서 '미주' 지역의 '대리'가 누구인지 알아보기 위해 C6셀을 더블클릭합니다.

⦿ **예제파일** : 피벗테이블에사용된데이터추출(준비).xlsx
⦿ **완성파일** : 피벗테이블에사용된데이터추출(완성).xlsx

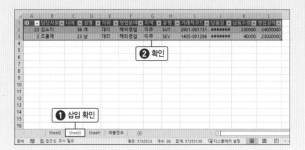

4 새로운 시트가 삽입되면서 해당 데이터가 자동으로 추출되었습니다.

Step 02 피벗 테이블에서 데이터 추출 기능 차단하기

피벗 테이블의 값을 더블클릭할 때마다 새로운 시트에 데이터가 추출되는 것이 불편하면 이 기능을 해제할 수 있습니다.

1 [Sheet1] 시트의 피벗 테이블에 있는 하나의 셀에서 마우스 오른쪽 단추를 눌러 [피벗 테이블 옵션]을 선택합니다.

2 [피벗 테이블 옵션] 대화상자가 열리면 [데이터] 탭의 '피벗 테이블 데이터'에서 [하위 수준 표시 사용]의 체크를 해제하고 [확인]을 클릭합니다.

좋은 보고서를 작성하려면 먼저 재료에 해당하는 데이터를 잘 수집한 후 수식을 이용해서 정확한 데이터를 만들고, 그 데이터를 바탕으로 통계를 구하고 분석하여 보고 자료를 완성해야 합니다. 보고자 입장에서는 다양한 정보를 보여주고 싶지만, 관리자 입장에서는 간결하게 핵심만 정리되기를 원합니다. 이번 섹션에서는 데이터를 직관적으로 표현하기 위해 양식 컨트롤과 차트를 활용하는 방법을 소개합니다.

시각적 효과 지정해
보고서의 비주얼 살리기

양식 컨트롤 이용해
편리하게 데이터 관리하기

단순한 데이터만으로 구성된 레이아웃을 좀 더 직관적으로
표현하거나 쉽게 관리할 수 있게 다양한 컨트롤을 배치할
수 있습니다. 양식 컨트롤을 이용하면 프로그래밍하지 않
고도 훨씬 편리하게 데이터를 관리할 수 있습니다.

필수기능

01 | 양식 컨트롤 이해하기

워크시트에 새로 데이터를 입력하거나 이미 입력된 데이터를 관리할 때 다양한 형태의 컨트롤을 활용하면 훨씬 편리하고 이해하기 쉽게 문서를 꾸밀 수 있습니다. 컨트롤은 크게 '양식 컨트롤'과 'ActiveX 컨트롤'로 나뉘고 [개발 도구] 탭-[컨트롤] 그룹에서 [삽입]을 클릭하여 선택할 수 있습니다.

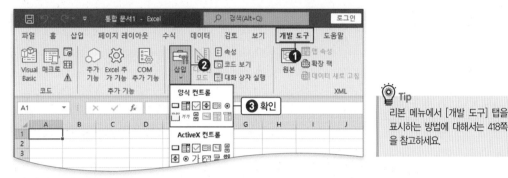

> **Tip**
> 리본 메뉴에서 [개발 도구] 탭을 표시하는 방법에 대해서는 418쪽을 참고하세요.

양식 컨트롤은 주로 엑셀 워크시트에 있는 데이터와 연결해서 사용하고 [컨트롤 서식] 대화상자를 이용해서 값을 설정하기 때문에 쉽게 적용할 수 있습니다. 양식 컨트롤에는 여러 가지 컨트롤이 제공되는데, 각 컨트롤마다 용도와 값을 설정하는 방법이 다릅니다. ActiveX 컨트롤은 매크로나 VBA를 이용한 프로그래밍으로 연결되어 프로그래밍 언어에 대한 지식이 필요하므로 여기서는 양식 컨트롤을 이용해 시트와 연동하는 방법을 살펴보겠습니다.

컨트롤은 메뉴나 대화상자에 자주 사용합니다. 예를 들어 [셀 서식] 대화상자의 경우 목록 상자, 콤보 상자, 확인란, 레이블, 그룹 상자, 단추 등의 컨트롤이 배치되어 있습니다. 인쇄 환경을 지정하는 [페이지 설정] 대화상자도 옵션 단추, 스핀 단추, 레이블, 콤보 상자, 단추 등의 컨트롤로 구성되어 있어서 이들 컨트롤을 누르면 특정 작업이 실행되도록 프로그램이 연동됩니다.

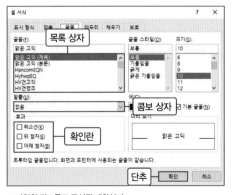
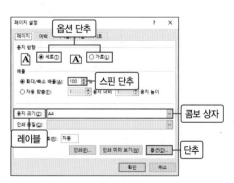

▲ 다양한 컨트롤로 구성된 대화상자

02 | 양식 컨트롤의 종류 살펴보기

양식 컨트롤은 다음과 같이 구성되어 있습니다.

❶ 단추 ❷ 콤보 상자 ❸ 확인란 ❹ 스핀 단추 ❺ 목록 상자
❻ 옵션 단추 ❼ 그룹 상자 ❽ 레이블 ❾ 스크롤 막대

1 | 단추(□), 콤보 상자(▤)

단추 컨트롤(□)은 매크로나 VBA로 작업한 프로그래밍을 연결해서 특정 작업이 실행되도록 설정할 때 사용합니다. 콤보 상자 컨트롤(▤)은 목록 상자와 비슷하게 여러 개의 항목을 일목요연하게 표현해서 쉽게 선택할 수 있게 도와주지만, 내림 단추(▾)를 눌러야 목록이 펼쳐집니다. 콤보 상자는 워크시트에서 영역을 많이 차지하지 않고 목록 상자와 사용법이 같으므로 레이아웃에 따라 목록 상자나 콤보 상자 중에서 선택하여 사용하세요.

2 | 확인란(☑), 스핀 단추(▤)

확인란 컨트롤(☑)은 둘 중에 하나를 선택하거나, 작업 유무를 체크하거나, 납부 여부, 부가세 포함 여부, 성별 등과 같이 선택 여부에 따라 작업 내용이 달라지는 경우에 표시하면 좋습니다. 스핀 단추 컨트롤(▤)은 증가 또는 감소되는 숫자 값을 표시할 때 사용하고, 위쪽 단추(▲)나 아래쪽 단추(▼)를 클릭할 때마다 원하는 값만큼 증가되거나 감소되는 효과를 얻을 수 있습니다.

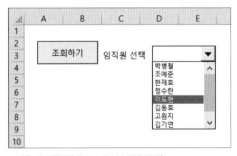

▲ 단추 컨트롤(왼쪽)과 콤보 상자 컨트롤(오른쪽)

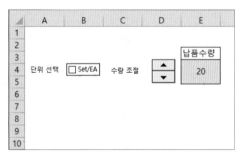

▲ 확인란 컨트롤(왼쪽)과 스핀 단추 컨트롤(오른쪽)

3 │ 목록 상자(⊞), 옵션 단추(◉)

목록 상자 컨트롤(⊞)은 여러 개의 항목을 일목요연하게 표현해서 쉽게 선택할 수 있게 도와주지만, 목록 상자에 처음부터 데이터가 펼쳐져서 표시되므로 영역을 많이 차지합니다. 따라서 작업 공간이 좁다면 목록 상자보다 콤보 상자를 이용하세요. 옵션 단추 컨트롤(◉)은 여러 개의 항목 중에서 하나를 선택하는 용도로 사용합니다. 목록 상자나 콤보 상자는 많은 항목을 표시할 때, 옵션 단추는 간단히 몇 개의 항목만 표시할 때 유용합니다.

4 │ 그룹 상자(▣), 레이블(가가)

그룹 상자 컨트롤(▣)은 시트에 배치된 여러 개의 컨트롤에 구역을 설정하거나 컨트롤에 사용법 등의 설명을 표시할 때 사용합니다. 그리고 레이블 컨트롤(가가)에 이름이나 작업 방법을 설명하는 등의 텍스트 상자를 표시할 때 그룹 사용자 레이블을 사용합니다.

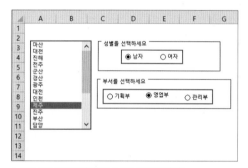

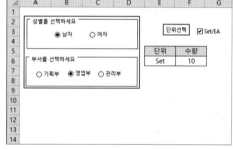

▲ 목록 상자 컨트롤(왼쪽)과 옵션 단추 컨트롤(오른쪽) 　　▲ 그룹 상자 컨트롤(왼쪽)과 레이블 컨트롤(오른쪽)

5 │ 스크롤 막대(▤)

스크롤 막대 컨트롤(▤)은 스핀 단추와 같이 증가/감소되는 숫자 값을 표시하고, 가로 스크롤 막대나 세로 스크롤 막대를 만들어서 값을 표시할 수 있습니다.

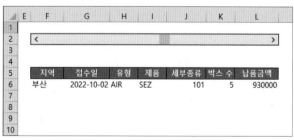

▲ 스크롤 막대 컨트롤

필수기능
03 | 리본 메뉴에 [개발 도구] 탭 표시하기

1 양식 컨트롤은 [개발 도구] 탭에 위치하고 있는데, 기본 상태에서는 [개발 도구] 탭이 보이지 않기 때문에 필요에 따라 추가해서 사용해야 합니다. 리뷰 메뉴에 [개발 도구] 탭을 표시하려면 리본 메뉴에서 마우스 오른쪽 단추를 눌러 [리본 메뉴 사용자 지정]을 선택합니다.

> **Tip**
> 리본 메뉴에서 [파일] 탭-[옵션]을 선택해도 [Excel 옵션] 대화상자를 열 수 있습니다.

2 [Excel 옵션] 대화상자가 열리면 [리본 사용자 지정] 범주가 선택되어 있는지 확인하고 오른쪽에 표시된 목록에서 [개발 도구]에 체크한 후 [확인]을 클릭합니다.

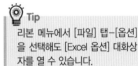

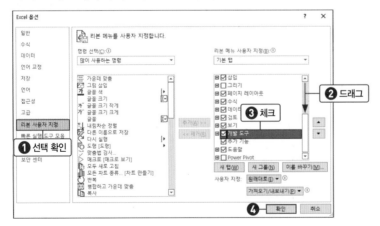

3 리본 메뉴에 [개발 도구] 탭이 추가되었습니다. [개발 도구] 탭을 클릭하고 매크로, VBA 등의 프로그래밍과 관련된 메뉴로 구성된 기능 중 [컨트롤] 그룹에서 [삽입]을 클릭한 후 '양식 컨트롤'에서 엑셀과 데이터를 연동할 수 있는 컨트롤을 선택해서 사용하면 됩니다.

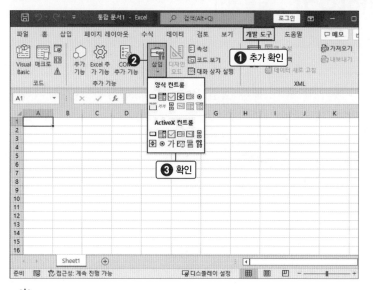

필수 작업팁

데이터 편집 방법

서식 지정

수식 원리

함수

데이터 분석

피벗 테이블

양식 컨트롤

차트

Tip

'양식 컨트롤'과 'ActiveX 컨트롤'에 배치된 아이콘은 구성과 모양이 비슷하지만, 사용법은 매우 다릅니다. '양식 컨트롤'은 엑셀 데이터와 직접 연동할 때, 'ActiveX 컨트롤'은 매크로나 VBA로 프로그램과 연동할 때 주로 사용합니다.

● 예제파일 : 목록상자에서지역선택(준비).xlsx ● 완성파일 : 목록상자에서지역선택(완성).xlsx

현장실무

04 | 목록에서 특정 지역 선택해 발주 내역 찾아오기 – 목록 상자

1 [조회] 시트에서 [개발 도구] 탭-[컨트롤] 그룹의 [삽입]을 클릭하고 '양식 컨트롤'에서 [목록 상자](▦)를 클릭한 후 A열부터 B열의 위쪽에서 적당한 크기로 드래그합니다.

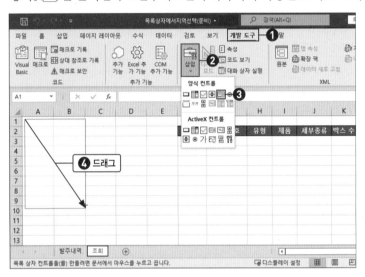

2 새로 생성된 목록 상자 컨트롤에서 데이터를 연결하기 위해 마우스 오른쪽 단추를 눌러 [컨트롤 서식]을 선택합니다.

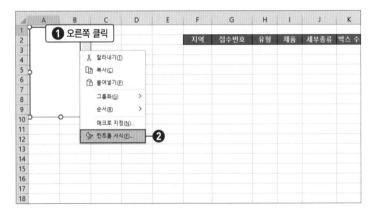

3 [컨트롤 서식] 대화상자의 [컨트롤] 탭이 열리면 목록 상자에 표시할 데이터를 지정하기 위해 '입력 범위'의 입력 상자를 클릭하여 커서를 올려놓습니다. 원본 데이터가 입력된 [발주내역] 시트에서 A2셀을 클릭하고 [Ctrl]+[Shift]+[↓]를 누르면 '입력 범위'에 '발주내역!$A$2:$A$22'가 표시됩니다.

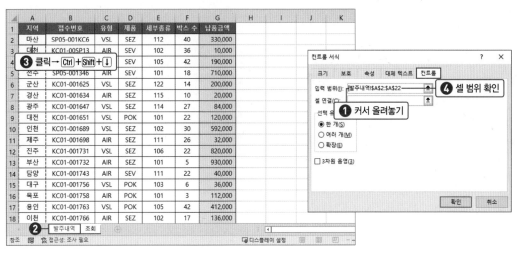

4 목록 상자에서 특정 항목을 선택하면 몇 번째 항목이 선택되었는지 셀에 표시해 볼게요. '셀 연결'의 입력 상자를 클릭하여 커서를 올려놓고 [조회] 시트에서 D1셀을 클릭한 후 [확인]을 클릭합니다.

💡 **Tip**

'입력 범위'는 목록 상자 컨트롤에 표시할 데이터가 입력된 영역을 지정하고 '셀 연결'은 목록 상자 컨트롤에 표시된 데이터 중에서 몇 번째가 선택되었는지 결과 값을 표시할 셀을 지정합니다.

5 목록 상자에 **3** 과정에서 [컨트롤 서식] 대화상자의 '입력 범위'에 지정한 범위에 있는 지역명이 표시되었으면 [Esc]를 눌러 목록 상자의 편집 상태를 해제합니다. 목록 상자에 표시된 지역명 중에서 하나를 선택하면 목록에서 몇 번째가 선택되었는지 **4** 과정에서 지정한 D1셀에 숫자로 표시됩니다. D1셀에 표시된 숫자 값에 따라 [발주내역] 시트의 해당 지역 이름을 F3셀에 표시하기 위해 F3셀에 함수식 『=INDEX(발주내역!A2:G22,D1,1)』을 입력하고 [Enter]를 누르세요.

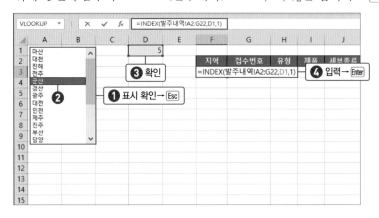

함수식 설명

=INDEX(발주내역!A2:G22,D1,1)

INDEX 함수는 지정한 대상 영역 범위에서 몇 번째 행과 열에 위치한 값을 찾아올 때 사용하는데, 위치에 의해서 값을 매핑해서 찾아올 수 있습니다. 함수식의 결과는 [발주내역] 시트의 A2:G22 범위에서 D1셀에 표시된 값에 해당하는 행과 1열에 위치한 값을 찾아옵니다. INDEX 함수에 대한 자세한 설명은 238쪽을 참고하세요.

6 목록 상자에서 다른 지역을 선택하면 D1셀의 값이 바뀌면서 그 행에 해당하는 지역이 F3셀에 표시됩니다. 나머지 열에도 같은 함수식을 적용하기 위해 F3셀을 클릭하고 수식 입력줄에 표시된 함수식을 드래그하여 선택한 후 [Ctrl]+[C]를 눌러 함수식을 복사하고 [Esc]를 눌러 함수식 편집을 취소하세요.

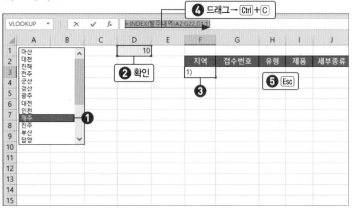

Tip

자동 채우기 핸들을 드래그해서 함수식을 복사하면 참조 영역이 상대 참조 방식이어서 셀 주소가 바뀝니다. 따라서 해당 범위를 그대로 사용하려면 수식 입력줄에서 함수식을 복사하거나 절대 참조 형식으로 함수식을 수정해야 합니다.

7 G3셀을 더블클릭하여 편집 상태로 변경하고 [Ctrl]+[V]를 눌러 **6** 과정에서 복사한 함수식을 붙여넣습니다. 함수식에서 마지막 인수의 값을 '1'에서 '2'로 수정하고 [Enter]를 누르세요.

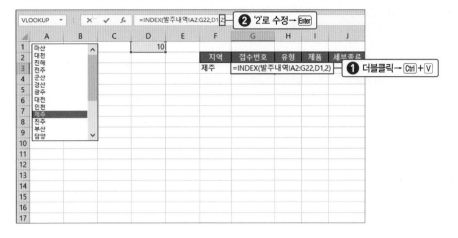

8 G3셀에 '제주'의 접수번호를 구했으면 H3셀을 더블클릭하여 편집 상태로 변경하고 [Ctrl]+[V]를 눌러 **6** 과정에서 복사한 함수식을 붙여넣습니다. 함수식에서 마지막 인수의 값을 '1'에서 '3'으로 수정하고 [Enter]를 누르세요.

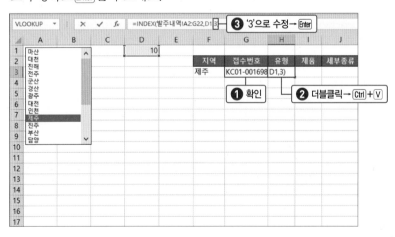

9 이와 같은 방법으로 I3셀부터 L3셀까지 각 셀을 더블클릭해서 함수식을 붙여넣은 후 마지막 인수를 수정하는 작업을 반복하여 결과 값을 구합니다.

- I3셀 : =INDEX(발주내역!A2:G22,D1,4)
- J3셀 : =INDEX(발주내역!A2:G22,D1,5)
- K3셀 : =INDEX(발주내역!A2:G22,D1,6)
- L3셀 : =INDEX(발주내역!A2:G22,D1,7)

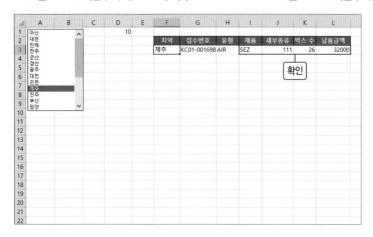

위의 실습에서 셀마다 함수식을 수정하는 게 번거로우면 F3셀에 다음과 같이 함수식을 입력하고 Enter를 누릅니다. 그리고 F3셀에 수정된 함수식에서 F3셀의 자동 채우기 핸들을 L3셀까지 드래그하면 자동으로 값이 표시됩니다.

=INDEX(발주내역!$A$2:$G$22, $D$1,COLUMN(A1))

안쪽에 지정한 COLUMN 함수는 현재 작업하는 셀이 워크시트에서 몇 번째 위치하는지 알아낼 수 있습니다. COLUMN 함수에 지정한 셀이 A1셀이므로 '1'이라는 결과 값을 얻을 수 있습니다. 이 함수식을 오른쪽으로 드래그해 복사하면 A1이 B1, C1으로 셀 주소가 바뀌어서 INDEX 함수에 사용할 마지막 인수 값이 1에서 2, 3으로 바뀌는 결과 값을 얻을 수 있습니다.

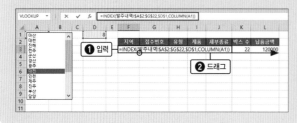

● 예제파일 : 콤보상자에서사원선택(준비).xlsx ● 완성파일 : 콤보상자에서사원선택(완성).xlsx

현장실무

05 | 사원명 선택해 사원 정보 찾아오기
– 콤보 상자

1 사원의 세부 정보가 작성된 [사원정보] 시트의 자료를 [조회] 시트에서 쉽게 표시해 볼게요.
[조회] 시트에서 [개발 도구] 탭-[컨트롤] 그룹의 [삽입]을 클릭하고 '양식 컨트롤'에서 [콤보 상
자](▤)를 클릭한 후 D2셀에서 드래그하세요.

2 새로 생성된 콤보 상자 컨트롤에서 마우스 오른쪽 단추를 눌러 [컨트롤 서식]을 선택합니다.

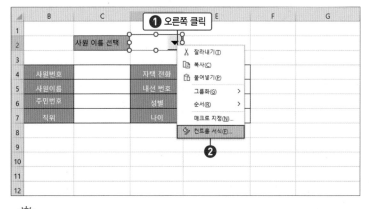

Tip

목록 상자는 연결 데이터를 한눈에 펼쳐놓고 볼 수 있지만, 콤보 상자는 목록 단추를 클릭해야 연결된 데이터가 펼쳐집니다. 목록 상
자는 작업 영역을 많이 차지하지만, 여러 가지 목록이 펼쳐져 있어서 쉽게 선택할 수 있어요. 반면 콤보 상자는 작업 영역을 덜 차지하
지만, 클릭해야만 목록을 볼 수 있습니다. 표시되는 결과와 사용 방법은 같으므로 목록 상자를 사용할 것인지, 콤보 상자를 사용할 것
인지 용도에 맞게 결정하면 됩니다.

3 [컨트롤 서식] 대화상자의 [컨트롤] 탭이 열리면 콤보 상자에 표시할 데이터를 지정하기 위해 '입력 범위'의 입력 상자를 클릭하여 커서를 올려놓고 [사원정보] 시트를 선택합니다. [사원정보] 시트에서 이름이 입력된 B3셀을 클릭하고 Ctrl+Shift+↓를 눌러 '사원정보!$B$3:$B$11'을 작성하세요.

4 콤보 상자에서 선택한 데이터가 몇 번째에 위치한 값인지 표시할 셀을 지정해 볼게요. '셀 연결'에 커서를 올려놓고 [조회] 시트의 A1셀을 클릭한 후 [확인]을 클릭합니다.

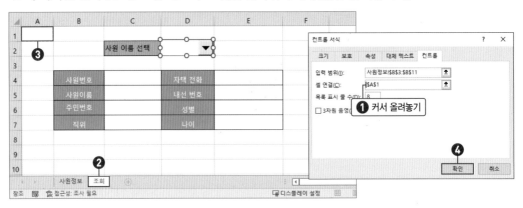

5 Esc를 눌러 콤보 상자의 선택을 해제하고 콤보 상자 컨트롤의 목록 단추(▼)를 누르면 '입력 범위'로 지정했던 [사원정보] 시트의 사원 이름이 목록으로 표시됩니다. 특정 항목을 선택하면 항목 중에서 몇 번째 항목이 선택되었는지 '셀 연결'로 지정한 A1셀에 표시됩니다.

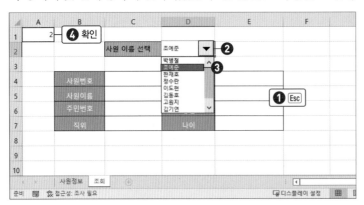

6 선택한 사원에 해당하는 사원번호를 표시하기 위해 C4셀에 『=INDEX(사원정보!A3:A11,조회!A1,1)』을 입력하고 Enter를 누릅니다.

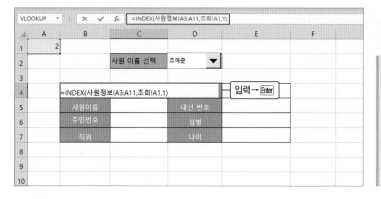

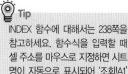

Tip

INDEX 함수에 대해서는 238쪽을 참고하세요. 함수식을 입력할 때 셀 주소를 마우스로 지정하면 시트명이 자동으로 표시되어 '조회!A1'으로 표시됩니다. 작업하는 시트가 동일한 [조회] 시트이므로 함수식에 '조회!A1'이 나타나거나 'A1'으로 나타나도 결과 값은 같습니다.

함수식 설명

=INDEX(사원정보!A3:A11,조회!A1,1)

[사원정보] 시트의 A3:A11 범위에 입력된 데이터 중에서 2행([조회] 시트의 A1셀에 '2'가 표시되어 있기 때문에) 1열에 위치한 사원번호 데이터를 가져옵니다.

7 C4셀에 표시된 '사원번호'로 '사원이름'을 매핑해서 가져오기 위해 VLOOKUP 함수를 이용해 볼게요. C5셀에 함수식 『=VLOOKUP(C4,사원정보!A3:H11,2,FALSE)』를 입력하고 Enter를 누르세요.

함수식 설명

=VLOOKUP(C4,사원정보!A3:H11,2,FALSE)

C4셀에 표시된 '사원번호'와 같은 데이터를 [사원정보] 시트의 A3:A11 범위에서 찾아 A3:H11 범위의 두 번째 위치한 열인 '이름' 항목의 값을 가져오는 함수식입니다. VLOOKUP 함수를 사용하지 않고 INDEX 함수를 사용하려면 '=INDEX(사원정보!A3:H11,조회!A1,2)'와 같이 작성하세요.

8 C5셀을 더블클릭해서 함수식을 표시합니다. 함수식을 드래그하여 선택하고 Ctrl + C 를 눌러 복사한 후 Esc 를 눌러 편집 상태를 해제하세요.

9 C6셀을 더블클릭해서 커서를 올려놓고 Ctrl + V 를 눌러 함수식을 복사합니다. 함수식에서 세 번째 인수의 값인 가져올 열 번호를 '2'에서 '3'으로 수정하고 Enter 를 누르세요.

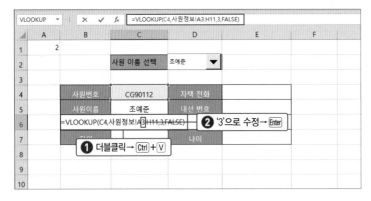

10 C7셀에도 함수식을 복사하고 세 번째 인수인 열 번호를 '4'로 수정한 후 Enter 를 누릅니다. 이 와 같은 방법으로 E4셀에는 '5'로, E5셀에는 '6'으로, E6셀에는 '7'로, E7셀에는 '8'로 세 번째 인수 를 수정하고 Enter 를 눌러 함수식을 완성하세요.

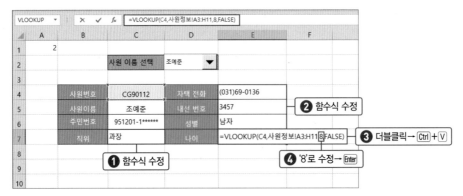

11 콤보 상자에서 원하는 사원 이름을 선택하면 해당하는 사원의 정보가 [사원정보] 시트에서 찾아 표시됩니다. A1셀에 표시되는 숫자 값을 숨기기 위해 A1셀을 클릭하고 [Ctrl]+[1]을 누릅니다.

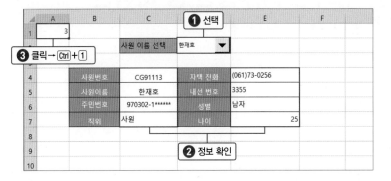

12 [셀 서식] 대화상자의 [표시 형식] 탭이 열리면 '범주'에서 [사용자 지정]을 선택하고 '형식'에 『;;;』을 입력한 후 [확인]을 클릭하세요.

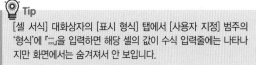

Tip

[셀 서식] 대화상자의 [표시 형식] 탭에서 [사용자 지정] 범주의 '형식'에 『;;;』을 입력하면 해당 셀의 값이 수식 입력줄에는 나타나지만 화면에서는 숨겨져서 안 보입니다.

13 A1셀을 클릭한 상태이지만 값이 셀에는 표시되지 않고 수식 입력줄에만 나타나는 것을 확인할 수 있습니다.

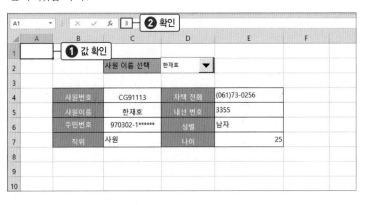

● 예제파일 : 남자여자중하나만선택(준비).xlsx   ● 완성파일 : 남자여자중하나만선택(완성).xlsx

현장실무

06 | [남자]와 [여자] 옵션 중 하나만 선택하기 – 옵션 단추

1 [Sheet1] 시트에서 [개발 도구] 탭-[컨트롤] 그룹의 [삽입]을 클릭하고 '양식 컨트롤'에서 [옵션 단추](◉)를 클릭합니다. B3셀에서 클릭하여 옵션 단추 컨트롤을 생성하고 컨트롤에서 마우스 오른쪽 단추를 눌러 [텍스트 편집]을 선택하세요.

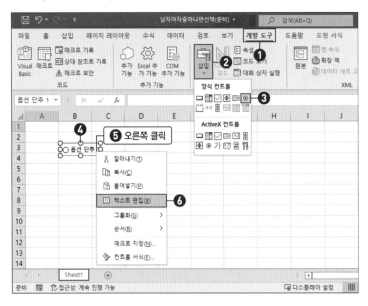

2 컨트롤에 커서가 나타나면 텍스트를 『남자』로 수정하고 Esc 를 누릅니다. 다시 옵션 단추 컨트롤에서 마우스 오른쪽 단추를 누른 후 오른쪽 중간에 있는 흰색 조절점에 마우스 포인터를 올려놓고 ↔ 모양으로 변경되었을 때 왼쪽으로 드래그하여 컨트롤 상자의 크기를 줄이세요. 같은 모양의 옵션 단추를 하나 더 만들기 위해 옵션 컨트롤의 테두리에 마우스 포인터를 올려놓고 ⁜ 모양으로 변경되었을 때 Ctrl + Shift 를 누른 상태에서 오른쪽으로 드래그합니다.

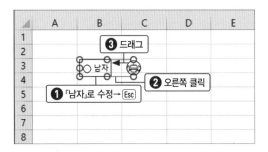
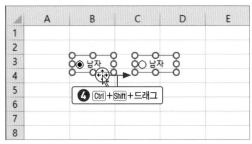

3 복사한 옵션 단추 컨트롤에서 마우스 오른쪽 단추를 눌러 [텍스트 편집]을 선택합니다.

4 기존에 입력된 텍스트를 지우고 『여자』로 수정한 후 [Esc]를 눌러 편집 상태에서 빠져나옵니다. 시트에 배치된 두 개의 옵션 단추 중에서 하나를 선택하면 다른 한쪽의 선택이 취소되므로 옵션 단추는 여러 개 중에서 하나만 선택할 수 있습니다. 여러 개의 옵션 단추 중에서 어느 것이 선택되었는지 셀에 표시하기 위해 하나의 옵션 단추에서 마우스 오른쪽 단추를 눌러 [컨트롤 서식]을 선택하세요.

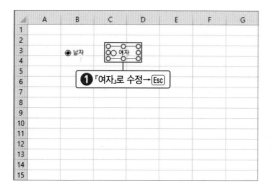

5 [컨트롤 서식] 대화상자의 [컨트롤] 탭이 열리면 '셀 연결'의 입력 상자에 커서를 올려놓고 워크시트에서 E1셀을 클릭한 후 [확인]을 선택합니다. 옵션 단추 컨트롤의 서식을 지정했으면 [Esc]를 눌러 옵션 단추의 선택을 해제하세요.

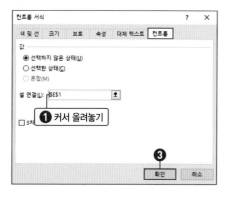

6 옵션 단추 중에서 [남자]를 선택하면 '1'이, [여자]를 선택하면 '2'가 E1셀에 표시됩니다. F1셀에『성별』을 입력하고 F2셀에 함수식『=IF(E1=1,"남자","여자")』를 작성한 후 Enter를 누르세요.

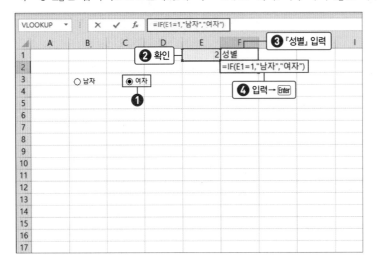

=IF(E1=1,"남자","여자")

E1셀에 표시된 값이 1이면 '남자'를, 그렇지 않으면 '여자'를 표시하는 함수식입니다. 예를 들어 [여자] 옵션 단추를 클릭하면 E1셀에 '2'가 표시되면서 그 값에 의해서 F2셀 값이 '여자'로 바뀝니다.

7 [남자] 옵션 단추를 클릭하면 E1셀에 '1'이 표시되면서 F2셀에 '남자'가 표시됩니다. 반대로 [여자] 옵션 단추를 클릭하면 E1셀에 '2'가 표시되면서 F2셀에 '여자'가 표시됩니다.

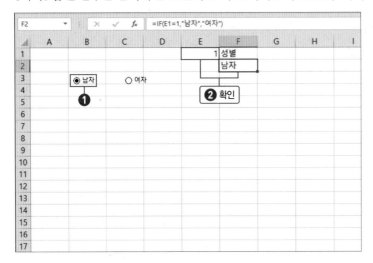

8 E1셀에 표시되는 값은 다른 사용자가 볼 필요가 없으므로 E열 머리글을 클릭하여 E열 전체를 선택하고 선택 영역에서 마우스 오른쪽 단추를 눌러 [숨기기]를 선택합니다.

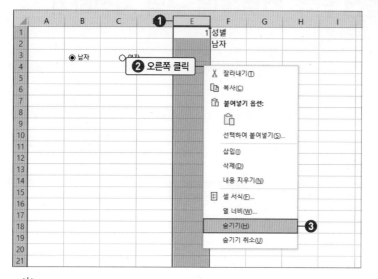

 Tip

열 전체를 숨기지 않고 셀 값만 숨기려면 [셀 서식] 대화상자의 [표시 형식] 탭에서 [사용자 지정] 범주의 '형식'에 「;;;」을 입력해야 합니다. 이것에 대한 자세한 방법은 429쪽의 **12** 과정을 참고하세요.

9 E열이 숨겨졌기 때문에 옵션 단추를 선택하면 자동으로 F2셀에 결과 값이 나오는 것처럼 보입니다.

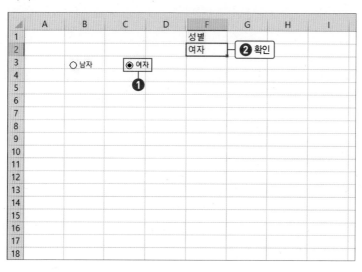

● 예제파일 : 옵션컨트롤에구역지정(준비).xlsx　● 완성파일 : 옵션컨트롤에구역지정(완성).xlsx

현장실무

07 | 옵션 단추 컨트롤에 구역 지정하기
– 그룹 상자

1 [Sheet1] 시트에서 [개발 도구] 탭-[컨트롤] 그룹의 [삽입]을 클릭하고 '양식 컨트롤'에서 [그룹 상자](🔲)를 클릭합니다. 마우스 포인터가 **+** 모양으로 변경되면 시트에 배치된 옵션 단추가 모두 포함되도록 드래그하여 그룹 상자를 그리세요.

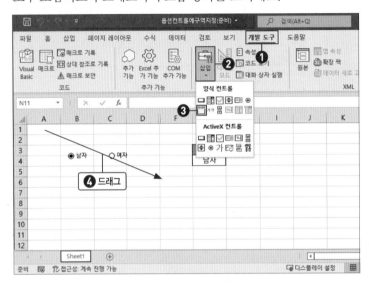

> **Tip**
>
> 그룹 상자 컨트롤은 시트에 배치된 여러 가지 컨트롤의 구역을 설정하거나 설명을 입력하기 위해 사용합니다. 그룹 상자를 드래그해서 그렸을 때 '그룹 상자 3'과 같이 텍스트의 숫자가 다르게 표시될 수 있습니다.

2 완성된 그룹 상자의 텍스트를 클릭해서 『원하는 성별을 선택하세요』로 수정하고 Esc 를 눌러 편집을 완료하세요.

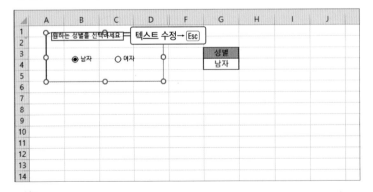

> **Tip**
>
> 그룹 상자를 만들 때는 원하는 컨트롤이 완벽하게 박스 안에 포함되도록 크게 그려야 합니다. 그룹 상자를 만든 후 박스 안에 배치된 옵션 단추 컨트롤을 하나씩 차례대로 선택해서 한 번에 하나만 선택되는지 확인해 보세요. 한 번에 여러 개의 옵션 단추 컨트롤이 선택되면 그룹 인식이 잘못된 것이므로 그룹 상자를 지우고 다시 더 큰 그룹 상자를 그려야 합니다.

● 예제파일 : 여러옵션단추에그룹지정(준비).xlsx　　● 완성파일 : 여러옵션단추에그룹지정(완성).xlsx

현장실무

08 | 여러 옵션 단추를 하나의 그룹으로 묶기 – 그룹 상자

1 하나의 시트에 배치된 옵션 단추는 모두 하나의 그룹으로 인식되는데, [조회] 시트에 배치된 다섯 개의 옵션 단추가 모두 하나의 그룹으로 인식되는지 옵션 단추를 하나씩 선택해 보면 G1셀에 1~5 중에서 하나의 숫자가 표시됩니다. 하지만 위쪽에 있는 두 개의 옵션 단추는 성별을 표시하고 아래쪽에 있는 세 개의 옵션 단추는 부서를 표시하도록 두 개의 그룹으로 나누어 볼게요. [개발 도구] 탭-[컨트롤] 그룹에서 [삽입]을 클릭하고 '양식 컨트롤'에서 [그룹 상자](🗔)를 클릭하세요.

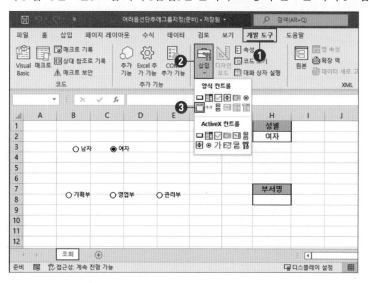

2 위쪽에 배치된 두 개의 성별 옵션 단추만 포함되도록 드래그하여 그룹 상자를 그립니다. 그룹 상자의 위쪽에 표시된 텍스트를 클릭해서 『성별을 선택하세요』로 수정하고 Esc를 눌러 그룹 상자의 선택을 해제하세요.

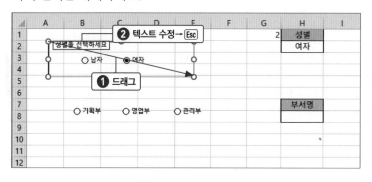

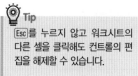
Tip

Esc를 누르지 않고 워크시트의 다른 셀을 클릭해도 컨트롤의 편집을 해제할 수 있습니다.

3 이와 같은 방법으로 [개발 도구] 탭-[컨트롤] 그룹에서 [삽입]을 클릭하고 '양식 컨트롤'에서 [그룹 상자](⬛)를 클릭한 후 부서명에 해당하는 세 개의 옵션 단추가 포함되도록 드래그하여 그룹 상자를 그립니다. 그룹 상자의 텍스트를 『부서를 선택하세요』로 수정하고 Esc 를 눌러 작업을 완료하세요.

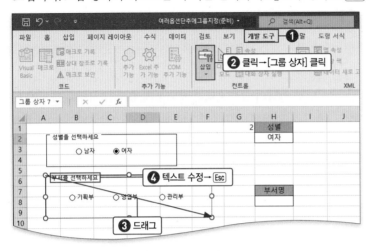

4 '부서를 선택하세요' 그룹 상자로 묶인 세 개의 옵션 단추 중 하나에서 마우스 오른쪽 단추를 눌러 [컨트롤 서식]을 선택합니다.

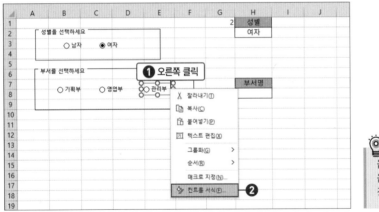

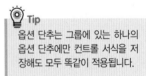

> 💡 **Tip**
> 옵션 단추는 그룹에 있는 하나의 옵션 단추에만 컨트롤 서식을 저장해도 모두 똑같이 적용됩니다.

5 [컨트롤 서식] 대화상자의 [컨트롤] 탭이 열리면 '셀 연결'의 입력 상자를 클릭하여 커서를 올려놓고 G7셀을 클릭한 후 [확인]을 선택합니다. Esc 를 눌러 옵션 단추의 선택을 해제하세요.

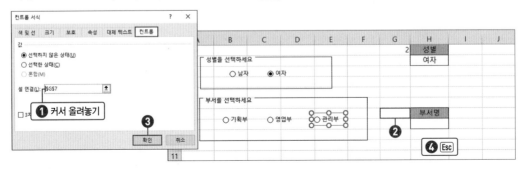

6 '부서를 선택하세요' 옵션 단추 중에서 하나를 클릭하면 G7셀에 1~3 중에서 하나의 숫자가 표시됩니다. H8셀을 클릭하고 함수식 『=CHOOSE(G7,"기획부","영업부","관리부")』를 작성한 후 Enter를 누르세요.

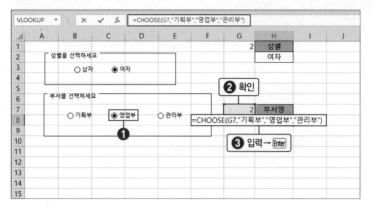

함수식 설명

=CHOOSE(G7,"기획부","영업부","관리부")

G7셀의 값이 '1'이면 '기획부'를, '2'이면 '영업부'를, '3'이면 '관리부'를 표시하는 함수식입니다. 세 개의 부서 옵션 단추를 누를 때 값이 '1', '2', '3' 대신 '2', '1', '3'으로 나타나면 옵션 단추는 만든 순서대로 순번이 표시되므로 여기에 맞게 함수식을 수정하면 됩니다.

7 위쪽의 '성별을 선택하세요' 그룹 상자로 묶은 옵션 단추를 선택하면 G1셀의 값이 바뀌면서 H2셀에 성별이 나타납니다. 아래쪽의 '부서를 선택하세요' 그룹 상자로 묶은 옵션 단추 중에서 하나를 선택하면 G7셀의 값이 바뀌면서 H8셀에 부서명이 표시됩니다.

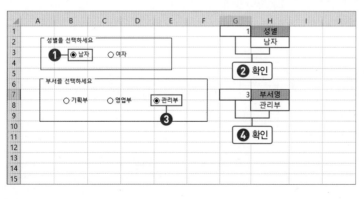

현장실무

09 | 항목 선택 및 해제하면서 연동된 결과 확인하기 – 확인란

1 [조회] 시트에서 확인란 컨트롤을 이용해 F3셀에 'Set'이나 'EA' 단위를 표시해 볼게요. [개발 도구] 탭-[컨트롤] 그룹에서 [삽입]을 클릭하고 '양식 컨트롤'에서 [확인란](☑)을 클릭하세요.

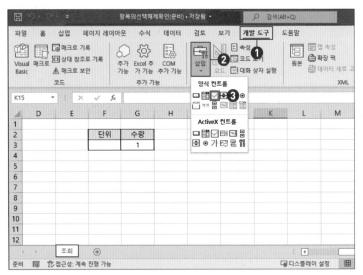

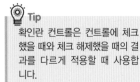
Tip
확인란 컨트롤은 컨트롤에 체크 했을 때와 체크 해제했을 때의 결 과를 다르게 적용할 때 사용합 니다.

2 마우스 포인터가 ✛ 모양으로 변경되면 D2셀을 클릭하여 확인란 컨트롤을 표시하고 텍스트 '확인란 1'을 'Set/EA'로 수정한 후 [Esc]를 눌러 작업을 완료합니다. 확인란 컨트롤을 셀과 연동시 키기 위해 확인란 컨트롤에서 마우스 오른쪽 단추를 눌러 [컨트롤 서식]을 선택하세요.

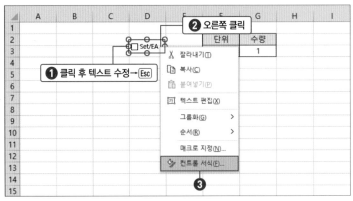

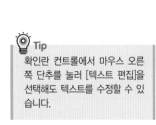
Tip
확인란 컨트롤에서 마우스 오른 쪽 단추를 눌러 [텍스트 편집]을 선택해도 텍스트를 수정할 수 있 습니다.

3 [컨트롤 서식] 대화상자의 [컨트롤] 탭이 열리면 '셀 연결'의 입력 상자를 클릭하여 커서를 올려놓고 F1셀을 클릭한 후 [확인]을 선택합니다. Esc 를 눌러 확인란 컨트롤의 선택을 해제하세요.

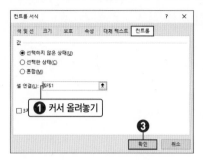
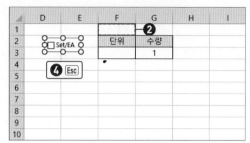

4 확인란 컨트롤에 체크하면 연결 셀인 F1셀에는 논리값 'TRUE'가, 체크를 해제하면 'FALSE'가 표시됩니다. F1셀의 결과 값에 따라 F3셀에 'Set'인지, 'EA'인지 문자열이 표시되도록 F3셀에 함수식 『=IF(F1,"Set","EA")』를 입력하고 Enter 를 누르세요.

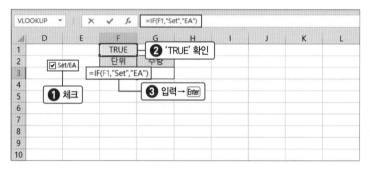

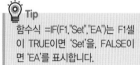
Tip
함수식 =IF(F1,"Set","EA")는 F1셀이 TRUE이면 'Set'을, FALSE이면 'EA'를 표시합니다.

5 확인란 컨트롤에 체크하면 F1셀에 'TRUE'가 표시되면서 F3셀에 'Set'이 표시됩니다. 이 값에 따라 G3셀의 '수량'이 '10'으로 나타납니다.

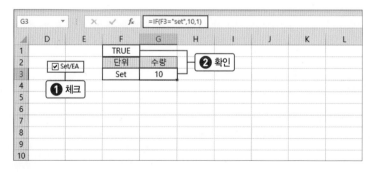

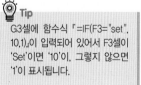
Tip
G3셀에 함수식 『=IF(F3="set", 10,1)』이 입력되어 있어서 F3셀이 'Set'이면 '10'이, 그렇지 않으면 '1'이 표시됩니다.

6 확인란 컨트롤의 체크를 해제하면 F1셀에 'FALSE'가 표시되면서 F3셀 값이 'EA'로 바뀌고 이 값에 의해서 G3셀 값이 '1'로 바뀝니다.

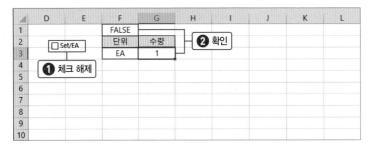

7 F1셀 값은 다른 사용자가 볼 필요가 없으므로 이것을 숨기기 위해서 F1셀을 클릭하고 Ctrl+1 을 누릅니다. [셀 서식] 대화상자의 [표시 형식] 탭이 열리면 '범주'에서 [사용자 지정]을 선택하고 '형식'에 『;;;』을 입력한 후 [확인]을 클릭하세요.

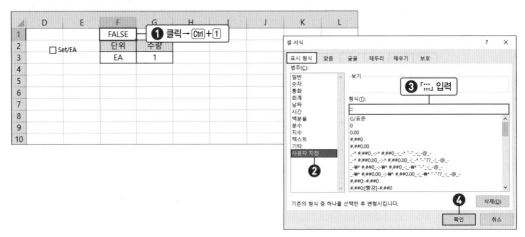

8 F1셀을 클릭하면 수식 입력줄에 'TRUE'나 'FALSE'가 표시되지만 F1셀에는 셀 값이 숨겨져서 깔끔하게 데이터를 표시할 수 있습니다.

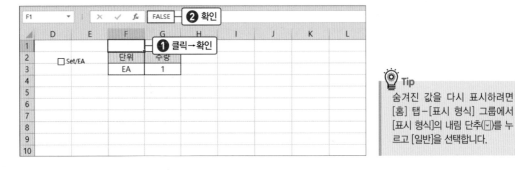

💡 **Tip**

숨겨진 값을 다시 표시하려면 [홈] 탭-[표시 형식] 그룹에서 [표시 형식]의 내림 단추(▾)를 누르고 [일반]을 선택합니다.

● 예제파일 : 컨트롤에부연설명지정(준비).xlsx ● 완성파일 : 컨트롤에부연설명지정(완성).xlsx

현장실무
10

양식 컨트롤에 부연 설명 달기
– 레이블

1 다른 양식 컨트롤에 부연 설명을 지정하기 위해 레이블 컨트롤을 사용해 볼게요. [조회] 시트에서 [개발 도구] 탭-[컨트롤] 그룹의 [삽입]을 클릭하고 '양식 컨트롤'에서 [레이블](가가)을 클릭합니다. C2셀의 위치에서 클릭하여 레이블 컨트롤을 생성하고 텍스트를 '단위선택'으로 수정한후 Esc를 누르세요.

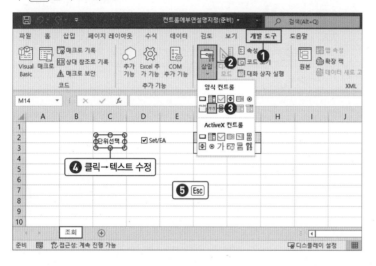

2 [보기] 탭-[표시] 그룹에서 [눈금선]의 체크를 해제하여 화면에 눈금선을 없애면 더욱 깔끔한문서를 완성할 수 있습니다.

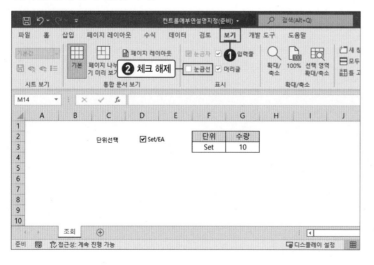

● 예제파일 : 납품수량조절단추표시(준비).xlsx ● 완성파일 : 납품수량조절단추표시(완성).xlsx

현장실무

11

납품 수량 조절 단추 표시하기
– 스핀 단추

1 [조회] 시트에서 [개발 도구] 탭-[컨트롤] 그룹의 [삽입]을 클릭하고 '양식 컨트롤'에서 [스핀 단추](▣)를 클릭하세요.

💡 **Tip**
스핀 단추는 증가 또는 감소하는 숫자 값을 표현할 때 편리합니다.

2 C3:C4 범위에서 드래그하여 스핀 단추를 작성하고 스핀 단추 컨트롤에서 마우스 오른쪽 단추를 눌러 [컨트롤 서식]을 선택합니다.

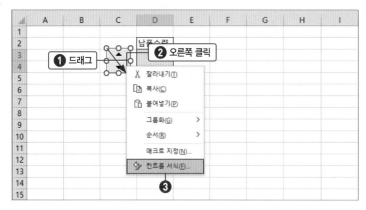

3 [컨트롤 서식] 대화상자의 [컨트롤] 탭이 열리면 다음과 같이 컨트롤 속성을 지정하고 [확인]을 클릭합니다.

- **현재값** : 스핀 단추에 처음 표시할 값으로, 『10』 입력
- **최소값** : 최소 얼마부터 시작할 것인지 지정하는 값으로, 『0』 입력
- **최대값** : 최대 얼마까지 설정할 것인지 지정하는 값으로, 『200』 입력
- **증분 변경** : 스핀 단추를 클릭할 때마다 얼마씩 증가/감소될 것인지 지정하는 값으로, 『10』 입력
- **셀 연결** : 스핀 단추에 설정된 값을 어느 셀에 표시할 것인지 지정하는 값으로, D3셀을 클릭하여 '$D$3' 지정

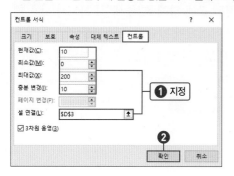

4 Esc를 눌러 스핀 단추 컨트롤의 편집을 완료하고 스핀 단추를 클릭하면 D3셀의 납품 수량 값이 변경됩니다. 스핀 단추에 설명 레이블을 추가하기 위해 [개발 도구] 탭-[컨트롤] 그룹에서 [삽입]을 클릭하고 '양식 컨트롤'에서 [레이블](가가)을 클릭하세요.

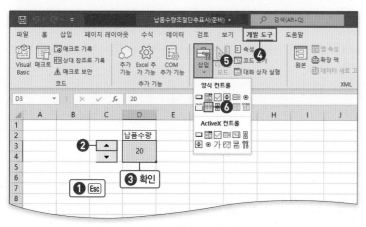

5 스핀 단추의 왼쪽에 있는 B3:B4 범위에서 드래그하여 레이블을 만듭니다. 레이블 컨트롤에 표시된 텍스트를 『수량 조절』로 수정하고 Esc를 눌러 레이블 컨트롤의 편집을 완성하세요.

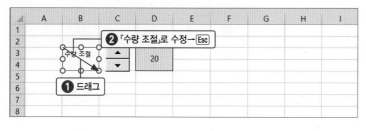

필수 기능 익히기

데이터 편집과 관리

서식 지정

수식 원리

함수

데이터 분석

피벗 테이블

양식 컨트롤

차트

◉ **예제파일** : 스크롤막대로지역데이터표시(준비).xlsx ◉ **완성파일** : 스크롤막대로지역데이터표시(완성).xlsx

현장실무

12 | 스크롤 막대로 지역 데이터 표시하기
– 스크롤 막대

1 목록 상자에서 원하는 지역을 선택하면 D5셀에 연결된 값에 의해 [발주내역] 시트의 값을 매핑해서 F6:L6 범위에 세부 정보가 표시되도록 함수식이 작성되어 있습니다. 스크롤 막대로 같은 효과를 지정하기 위해 [조회] 시트에서 [개발 도구] 탭-[컨트롤] 그룹의 [삽입]을 클릭하고 '양식 컨트롤'에서 [스크롤 막대](📑)를 클릭하세요.

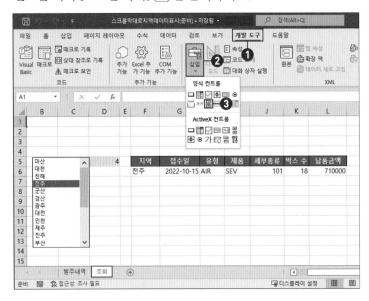

2 F2:L2 범위에서 드래그하여 스크롤 막대 컨트롤을 생성하고 스크롤 막대에서 마우스 오른쪽 단추를 눌러 [컨트롤 서식]을 선택합니다.

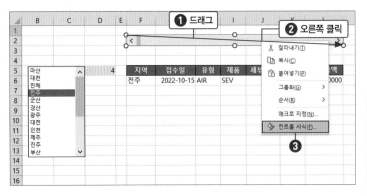

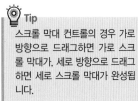

💡 **Tip**

스크롤 막대 컨트롤의 경우 가로 방향으로 드래그하면 가로 스크롤 막대가, 세로 방향으로 드래그하면 세로 스크롤 막대가 완성됩니다.

3 [컨트롤 서식] 대화상자의 [컨트롤] 탭이 열리면 다음과 같이 컨트롤 속성을 지정하고 [확인]을 클릭합니다.

- **현재값** : 스크롤 막대에 처음 표시할 값으로, 『5』 입력
- **최소값** : 최소 얼마부터 시작할 것인지 지정하는 값으로, 『1』 입력
- **최대값** : 최대 얼마까지 설정할 것인지 지정하는 값으로, 『21』 입력
- **증분 변경** : 스크롤 막대의 양쪽 단추를 클릭할 때마다 얼마씩 증가/감소될 것인지 지정하는 값으로, 『1』 입력
- **페이지 변경** : 스크롤 막대의 가운데 막대 부분을 클릭할 때마다 얼마씩 증가 및 감소될지 지정하는 값으로, 『5』 입력
- **셀 연결** : 스크롤 막대에 설정된 값을 어느 셀에 표시할 것인지 지정하는 값으로, 여기서는 목록 상자와 같은 셀로 설정해서 두 개의 컨트롤이 함께 연동되는 효과를 얻기 위해 D5셀을 클릭하여 '$D$5' 지정

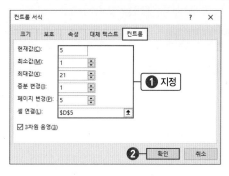

4 [Esc]를 눌러 스크롤 막대 컨트롤의 편집을 완료하고 스크롤 막대의 양쪽 끝에 있는 단추를 클릭하면 목록 상자에 선택되는 지역명이 변경되고 D5셀 값과 연결된 지역 데이터도 함께 변경됩니다. 스크롤 막대의 가운데 막대를 한 번 클릭할 때마다 [컨트롤 서식] 대화상자의 [컨트롤] 탭에서 '페이지 변경'에 설정한 값만큼 5씩 증가 및 감소됩니다.

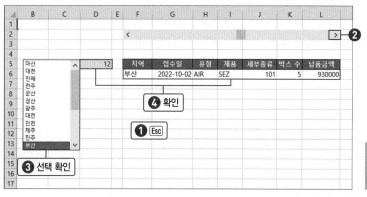

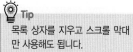

🔆 Tip
목록 상자를 지우고 스크롤 막대
만 사용해도 됩니다.

● **예제파일** : 조건부서식과콤보상자연결(준비).xlsx ● **완성파일** : 조건부서식과콤보상자연결(완성).xlsx

필수기능
13 | 조건부 서식과 콤보 상자 연결하기

1 [이름조회] 시트에서 F2셀에 찾을 이름을 입력하면 해당 이름이 있는 행에 자동으로 서식이 설정되도록 조건부 서식이 지정된 데이터에 콤보 상자 컨트롤을 연결해 볼게요. [개발 도구] 탭-[컨트롤] 그룹에서 [삽입]을 클릭하고 '양식 컨트롤'에서 [콤보 상자](▤)를 클릭하세요.

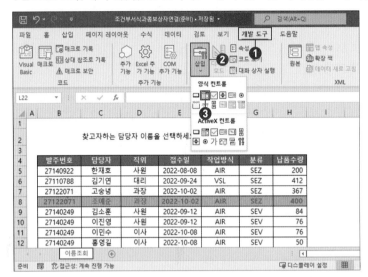

💡 **Tip**

조건부 서식에 대해서는 96쪽의 'Section 03. 값에 따라 자동으로 바뀌는 다양한 서식 이용하기'를 참고하세요.

2 G2셀부터 H2셀 사이에서 드래그하여 콤보 상자 컨트롤을 그리고 마우스 오른쪽 단추를 눌러 [컨트롤 서식]을 선택합니다.

3 [컨트롤 서식] 대화상자의 [컨트롤] 탭이 열리면 '입력 범위'에는 '담당자' 항목인 C5:C28 범위를, '셀 연결'에는 G1셀을 지정하고 [확인]을 클릭합니다.

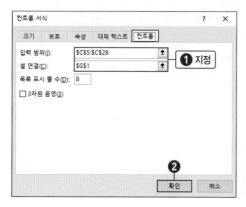

> **Tip**
> '입력 범위'에 지정한 C5:C28 범위의 데이터를 콤보 상자의 항목으로 표시합니다. 그리고 '셀 연결'에 설정한 G1셀에는 목록에서 특정 이름을 선택하면 몇 번째 위치한 항목이 선택되었는지 표시됩니다.

4 F2셀에 있는 텍스트 '조예준'을 지우고 함수식 『=INDEX(C5:C28,G1,1)』을 입력한 후 `Enter`를 누릅니다.

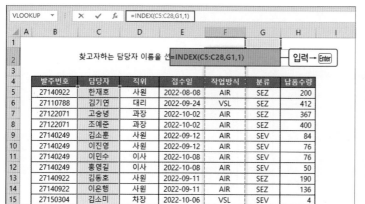

> **Tip**
> 함수식 =INDEX(C5:28,G1,1)은 첫 번째 인수에 지정한 데이터 중에서 두 번째 인수에 지정한 값을 행 값으로, 세 번째 인수에 지정한 값을 열 값으로 사용합니다. 예를 들어 G1셀 값이 '4'이면 C5:C28 범위에서 4행 1열에 위치한 값인 '조예준'을 결과 값으로 표시합니다. INDEX 함수에 대해서는 238쪽을 참고하세요.

5 콤보 상자에 아직 선택된 이름이 없어서 F2셀에 #SPILL!이나 #VALUE! 오류 메시지가 표시되면 콤보 상자의 내림 단추(▼)를 눌러 찾을 이름을 선택합니다.

6 데이터 영역에서 선택한 이름이 있는 행에 자동으로 서식이 지정되었습니다. 콤보 상자 컨트롤에서 마우스 오른쪽 단추를 눌러 편집 상태로 변경하고 컨트롤의 외곽선에 마우스 포인터를 올려놓은 후 ⊹ 모양으로 변경되면 F2셀의 위로 드래그하여 이동하세요.

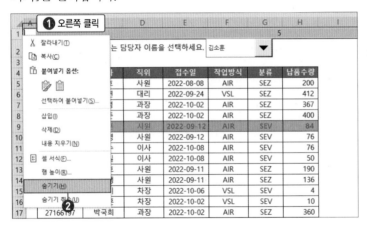

Tip

콤보 상자에서 이름을 선택했을 때 해당 이름에 서식이 설정되는 것처럼 표시하기 위해 F2셀에 입력된 이름의 위에 콤보 상자 컨트롤을 올려놓아 이름이 보이지 않게 숨기는 것입니다.

7 G1셀 값도 화면에 표시할 필요가 없기 때문에 1행 머리글에서 마우스 오른쪽 단추를 눌러 [숨기기]를 선택합니다.

8 콤보 상자에서 원하는 이름을 선택하면 데이터 영역에서 해당 이름이 있는 행에 자동으로 서식이 설정되는지 확인합니다.

발주번호	담당자	직위	접수일	작업방식	분류	납품수량
27140922	한재호	사원	2022-08-08	AIR	SEZ	200
27110788	김기연	대리	2022-09-24	VSL	SEZ	412
27122071	고승녕	과장	2022-10-02	AIR	SEZ	367
27122071	조예준	과장	2022-10-02	AIR	SEZ	400
27140249	김소훈	사원	2022-09-12	AIR	SEV	84
27140249	이진영	사원	2022-09-12	AIR	SEV	76
27140249	이민수	이사	2022-10-08	AIR	SEV	76
27140249	홍영길	이사	2022-10-08	AIR	SEV	50
27140922	김동호	사원	2022-09-11	AIR	SEZ	190
27140922	이은행	사원	2022-09-11	AIR	SEZ	136
27150304	김소미	차장	2022-10-06	VSL	SEV	4

◉ **예제파일** : 조건부서식과스핀단추연결(준비).xlsx   ◉ **완성파일** : 조건부서식과스핀단추연결(완성).xlsx

필수기능
14 | 조건부 서식과 스핀 단추 연결하기

1 [수량조회] 시트에는 2행의 납품 수량에 입력한 값 사이의 데이터에만 서식이 설정되도록 조건부 서식이 지정되어 있는데, C2셀과 E2셀의 수량 값에 스핀 단추 컨트롤을 연결해 볼게요. [개발 도구] 탭-[컨트롤] 그룹에서 [삽입]을 클릭하고 '양식 컨트롤'에서 [스핀 단추](⊟)를 클릭하세요.

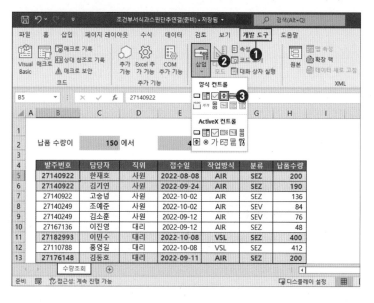

2 C2셀의 숫자 150 앞에서 드래그하여 스핀 단추 컨트롤을 그리고 크기와 위치를 적당하게 조절합니다. 스핀 단추 컨트롤에서 마우스 오른쪽 단추를 눌러 [컨트롤 서식]을 선택합니다.

3 [컨트롤 서식] 대화상자의 [컨트롤] 탭이 열리면 다음과 같이 지정하고 [확인]을 클릭합니다.

- **현재값** : 스핀 단추에 처음 표시할 값으로, 『300』 입력
- **최소값** : 최소 얼마부터 시작할 것인지 지정하는 값으로, 『0』 입력
- **최대값** : 최대 얼마까지 설정할 것인지 지정하는 값으로, 『500』 입력
- **증분 변경** : 스핀 단추를 클릭할 때마다 얼마씩 증가/감소될 것인지 지정하는 값으로, 『50』 입력
- **셀 연결** : 스핀 단추에 설정된 값을 어느 셀에 표시할 것인지 지정하는 값으로, C2셀을 클릭하여 『$C$2』 지정

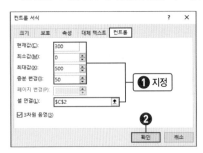

4 완성된 스핀 단추가 선택된 상태에서 Ctrl + C 를 눌러 복사하고 연속해서 Ctrl + V 를 누릅니다. 복사한 스핀 단추를 E4셀의 숫자 400의 앞으로 드래그해서 이동하고 마우스 오른쪽 단추를 눌러 [컨트롤 서식]을 선택하세요.

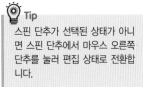

Tip
스핀 단추가 선택된 상태가 아니면 스핀 단추에서 마우스 오른쪽 단추를 눌러 편집 상태로 전환합니다.

5 다른 속성은 모두 같고 연결할 셀만 다르므로 [컨트롤 서식] 대화상자의 [컨트롤] 탭에서 '셀 연결'만 E2셀로 변경하고 [확인]을 클릭합니다.

6 Esc를 눌러 스핀 단추 컨트롤의 선택을 해제하고 C2셀과 E2셀에 표시된 스핀 단추를 클릭하면 값이 바뀌고 데이터 영역에서 해당 조건에 맞는 데이터에 서식이 설정됩니다. 1~3행에 표시된 조건을 그룹 상자로 묶기 위해 [개발 도구] 탭-[컨트롤] 그룹에서 [삽입]을 클릭하고 '양식 컨트롤'에서 [그룹 상자](□)를 클릭합니다.

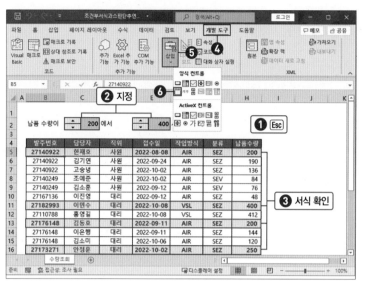

7 A1셀부터 H3셀까지 크게 드래그하여 그룹 상자를 그리고 그룹 상자의 텍스트를 '납품 수량 조건 지정'으로 수정합니다. Esc를 눌러 그룹 상자의 선택을 해제하고 완성하세요.

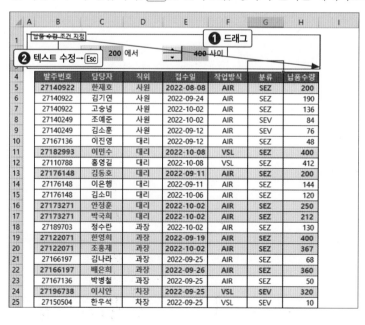

필수 작업 팁

데이터 편집 방법

서식 지정

수식 관리

함수

데이터 분석

피벗 테이블

양식 컨트롤

차트

Step 01 양식 컨트롤로 작업 방식 표시하기

G2셀에 '단조', '공작', '등속' 중 하나의 작업 구분 방식을 입력하면 선택한 작업 방식에 해당하는 거래처에 서식이 자동으로 설정되도록 지정해 보겠습니다. 이때 준비한 파일에서 작업 방식을 쉽게 선택할수 있도록 옵션 단추 컨트롤을 활용해 보겠습니다.

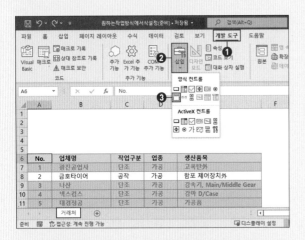

1 [거래처] 시트에서 작업 방식을 선택할 수 있는 옵션 단추를 만들어 볼게요. [개발 도구] 탭-[컨트롤] 그룹에서 [삽입]을 클릭하고 '양식 컨트롤'에서 [그룹 상자](▭)를 클릭하세요.

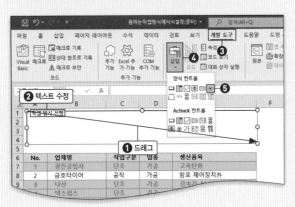

2 A1:E4 범위에서 드래그하여 그룹 상자를 작성하고 그룹 상자의 텍스트를 '작업 방식 선택'으로 수정합니다. [개발 도구] 탭-[컨트롤] 그룹에서 [삽입]을 클릭하고 '양식 컨트롤'에서 [옵션 단추](◉)를 클릭하세요.

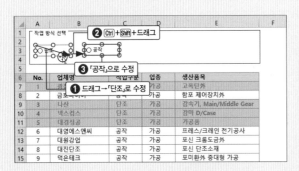

3 A3셀부터 B3셀까지 드래그하여 옵션 단추를 그리고 옵션 단추의 텍스트를 『단조』로 수정합니다. 외곽선 테두리의 부분에 마우스 포인터를 올려놓고 모양으로 변경되었을 때 Ctrl+Shift를 누른 상태에서 오른쪽으로 드래그하여 옵션 단추를 복사한 후 옵션 단추의 텍스트를 『공작』으로 수정하세요.

> 옵션 단추에서 마우스 오른쪽 단추를 눌러 [텍스트 편집]을 선택해도 텍스트를 수정할 수 있습니다.

● **예제파일** : 원하는작업방식에서서식설정(준비).xlsx
● **완성파일** : 원하는작업방식에서서식설정(완성).xlsx

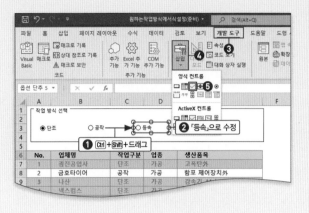

4 이와 같은 방법으로 옵션 단추를 한 개 더 복사하고 옵션 단추의 텍스트를 『등속』으로 수정합니다. [개발 도구] 탭-[컨트롤] 그룹에서 [삽입]을 클릭하고 '양식 컨트롤'에서 [확인란](☑)를 클릭하세요.

5 그룹 상자의 오른쪽 빈 영역에서 클릭하여 확인란을 작성합니다. 확인란의 텍스트를 『실행/취소』로 수정한 후 Esc를 눌러 편집 상태에서 빠져나옵니다.

Step 02 입력한 거래처에 해당하는 정보 가져오기

1~4행에 배치한 옵션 단추 컨트롤과 확인란 컨트롤을 기존에 작업해 둔 조건부 서식과 연결해서 옵션 단추를 클릭하면 자동으로 서식이 변경되도록 설정해 보겠습니다.

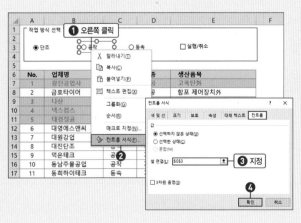

1 세 개의 옵션 단추 중 하나에서 마우스 오른쪽 단추를 눌러 [컨트롤 서식]을 선택합니다. [컨트롤 서식] 대화상자의 [컨트롤] 탭이 열리면 '셀 연결'에 G3셀을 지정하고 [확인]을 클릭하세요.

필수 작업팁

데이터 편집 방법

서식 지정

수식 원리

함수

데이터 분석

피벗 테이블

양식 컨트롤

차트

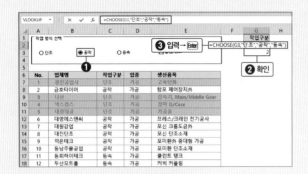

2 옵션 단추 중에서 하나를 선택하면 몇 번째가 선택되었는지 G3셀에 표시됩니다. 이 값을 조건부 서식에 연결하기 위해 G2셀의 텍스트 '단조'를 삭제하고 함수식 『=CHOOSE(G3,"단조","공작","등속")』을 입력한 후 Enter 를 누르세요.

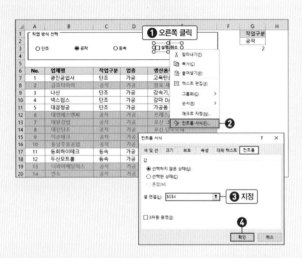

3 이제부터 세 개의 옵션 단추 중에서 하나를 선택하면 그 작업 방식에 해당하는 거래처에 서식이 설정됩니다. 이때 [실행/취소] 확인란 컨트롤에 체크되었을 때만 실행하도록 설정하기 위해 확인란 컨트롤에서 마우스 오른쪽 단추를 눌러 [컨트롤 서식]을 선택하세요. [컨트롤 서식] 대화상자의 [컨트롤] 탭이 열리면 '셀 연결'에 G4셀을 지정하고 [확인]을 클릭합니다.

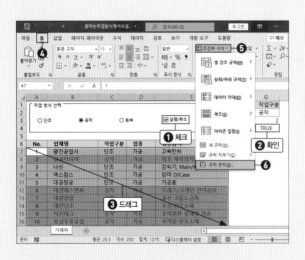

4 [실행/취소] 확인란 컨트롤에 체크하면 G4셀에 TRUE가, 체크하지 않으면 FALSE가 표시됩니다. 이 값을 조건부 서식과 연결하기 위해 기존에 조건부 서식이 설정된 A7:E56 범위를 선택하고 [홈] 탭-[스타일] 그룹에서 [조건부 서식]을 클릭한 후 [규칙 관리]를 선택하세요.

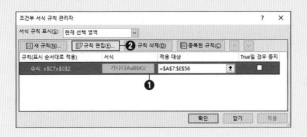

5 [조건부 서식 규칙 관리자] 대화상자가 열리면 기존에 작성된 규칙을 선택하고 [규칙 편집]을 클릭합니다.

6 [서식 규칙 편집] 대화상자가 열리면 '다음 수식이 참인 값의 서식 지정'의 함수식을 '=AND($C7=$G$2, $G$4)'로 수정하고 [확인]을 클릭합니다.

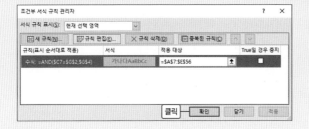

7 [조건부 서식 규칙 관리자] 대화상자로 되돌아오면 [확인]을 클릭하세요.

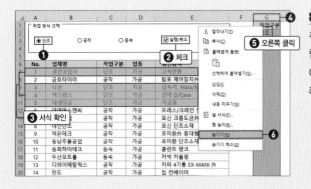

8 세 개의 옵션 단추 중에서 하나를 선택하고 [실행/취소] 확인란에 체크하면 조건부 서식이 실행되고 그렇지 않으면 서식이 해제됩니다. G열 머리글을 클릭하여 G열 전체를 선택하고 선택 영역에서 마우스 오른쪽 단추를 눌러 [숨기기]를 선택하여 G열을 숨기세요.

10

차트 작성해 시각적 효과 높이기

보고서를 작성할 때 가장 마지막에 할 일은 해당 자료를 가장 간단하게 이해할 수 있도록 도식화하는 작업입니다. 우리의 눈은 텍스트보다 이미지를 먼저 받아들이기 때문이죠. 텍스트로 작성한 데이터는 머릿속에서 다시 한 번 더 정리 과정을 거쳐서 분석하지만, 이미지로 완성한 데이터는 데이터의 크고 작음을 즉시 인식할 수 있습니다. 더구나 이러한 작업에 가장 쉽게 적용할 수 있는 기능이 차트이므로 차트 활용법을 익혀두면 한눈에 보이는 보고서를 쉽게 만들 수 있습니다.

◉ **예제파일** : 차트만들고스타일설정(준비).xlsx ◉ **완성파일** : 차트만들고스타일설정(완성).xlsx

필수기능

01 | 차트 만들고 스타일 설정하기

1 [Sheet1] 시트에서 A7:A13 범위를 선택하고 Ctrl 을 누른 상태에서 D7:I13 범위를 선택합니다.

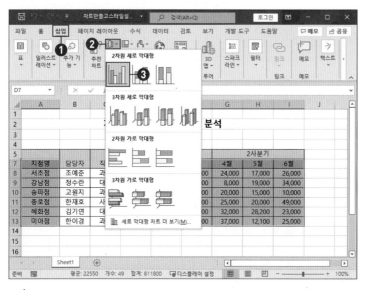

❶ 드래그

❷ Ctrl+드래그

Tip
선택한 영역의 첫 번째 행과 첫 번째 열이 차트에서 자동으로 축 제목으로 사용되므로 제목으로 사용할 데이터를 포함해서 범위를 설정하면 편리합니다.

2 [삽입] 탭-[차트] 그룹에서 [세로 또는 가로 막대형 차트 삽입]을 클릭하고 '2차원 세로 막대형'에서 [묶은 세로 막대형]을 클릭합니다.

Tip
[세로 또는 가로 막대형 차트 삽입]을 클릭하면 나타나는 차트 목록에서 원하는 차트의 위에 마우스 포인터를 올려놓으면 워크시트에 선택한 차트 모양이 어떻게 나타나는지 미리 확인할 수 있습니다.

457

3 가장 기본 차트인 묶은 세로 막대형 차트가 완성되었으면 삽입된 차트에 마우스 포인터를 올려놓고 🔅 모양으로 표시되면 드래그해서 차트를 원하는 위치로 이동할 수 있습니다. 차트의 테두리에 있는 하얀색 조절점의 위에 마우스 포인터를 올려놓고 ↗ 모양으로 변경되었을 때 드래그하여 차트의 크기를 조절합니다.

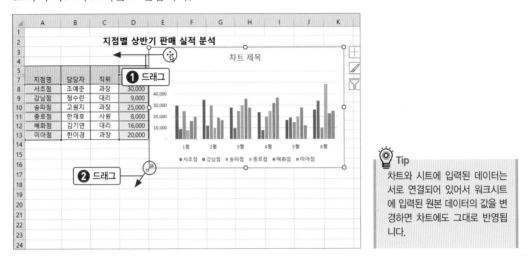

💡 Tip

차트와 시트에 입력된 데이터는 서로 연결되어 있어서 워크시트에 입력된 원본 데이터의 값을 변경하면 차트에도 그대로 반영됩니다.

4 차트의 X축에는 월별 데이터가, Y축에는 지점별 데이터가 설정되어 있는데, X축 데이터와 Y축 데이터를 서로 바꿔서 표시해 볼게요. 차트를 클릭한 상태에서 [차트 디자인] 탭-[데이터] 그룹에서 [행/열 전환]을 클릭하세요.

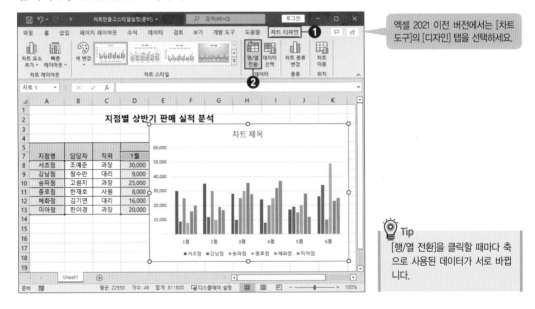

엑셀 2021 이전 버전에서는 [차트 도구]의 [디자인] 탭을 선택하세요.

💡 Tip

[행/열 전환]을 클릭할 때마다 축으로 사용된 데이터가 서로 바뀝니다.

5 차트에 표시된 막대의 색상을 바꾸기 위해 [차트 디자인] 탭-[차트 스타일] 그룹에서 [색 변경]을 클릭하고 '단색형'에서 [단색 색상표 1]을 선택합니다. 차트에 전체적인 스타일을 쉽게 적용하기 위해 [차트 디자인] 탭-[차트 스타일] 그룹에서 [자세히] 단추(⊡)를 클릭하세요.

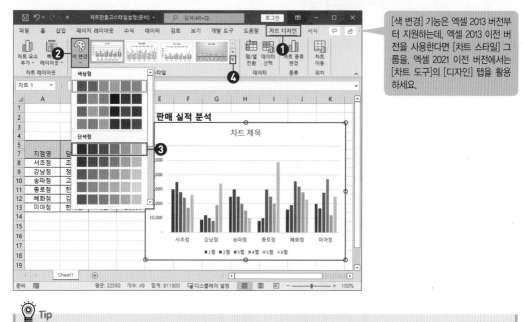

[색 변경] 기능은 엑셀 2013 버전부터 지원하는데, 엑셀 2013 이전 버전을 사용한다면 [차트 스타일] 그룹을, 엑셀 2021 이전 버전에서는 [차트 도구]의 [디자인] 탭을 활용하세요.

💡 **Tip**

[색 변경]을 클릭하면 나타나는 색상 목록에서 원하는 항목에 마우스 포인터를 올려놓고 차트의 막대 색상이 어떻게 바뀌는지 미리 확인한 후 마음에 드는 색상을 선택하세요.

6 펼쳐진 스타일 항목의 위에 마우스 포인터를 올려놓고 어떤 모양인지 확인하면서 원하는 차트 스타일을 선택합니다.

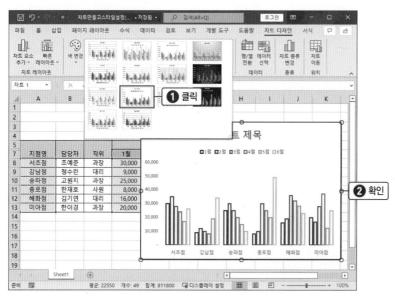

● 예제파일 : 차트위치이동(준비).xlsx   ● 완성파일 : 차트위치이동(완성).xlsx

필수기능
02 | 차트 시트로 이동하고 차트 요소 설정하기

1 데이터와 함께 표시된 차트를 별도의 차트 시트에 표시해 보겠습니다. [데이터] 시트에서 차트를 선택하고 [차트 디자인] 탭-[위치] 그룹에서 [차트 이동]을 클릭하세요.

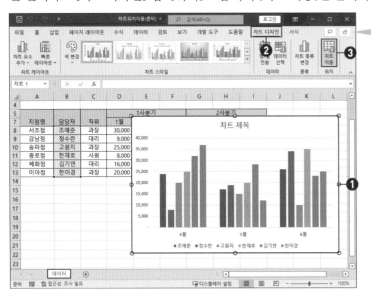

엑셀 2021 이전 버전에서는 [차트 도구]의 [디자인] 탭을 선택하세요.

Tip
시트에 삽입된 차트를 선택해야 리본 메뉴에 [차트 디자인] 탭과 [서식] 탭이 표시됩니다. 이 탭은 상황별 도구 모음이어서 차트를 선택할 때만 자동으로 표시됩니다.

2 [차트 이동] 대화상자가 열리면 [새 시트]를 선택하고 입력 상자에 새로 추가할 차트 시트의 이름으로 『2분기실적차트』를 입력한 후 [확인]을 선택합니다.

Tip
원래의 워크시트로 다시 차트를 옮기려면 [차트 이동] 대화상자에서 [워크시트에 삽입]을 선택하고 이동할 시트를 지정합니다.

3 새롭게 [2분기실적차트] 시트가 만들어지고 차트가 이동되었습니다. 차트에 다양한 요소를 설정하기 위해 차트의 오른쪽 위에 표시된 [차트 요소] 단추(⊞)를 클릭한 후 각 막대에 실제 값이 얼마인지를 표시하기 위해 [데이터 레이블]-[데이터 설명선]을 선택하세요.

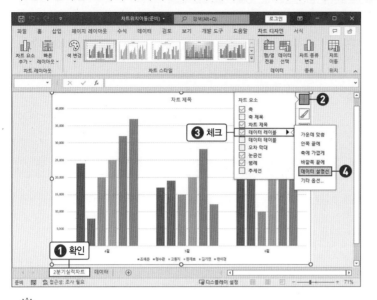

> 💡 **Tip**
>
> [데이터 레이블]의 하위 메뉴가 나타난 상태에서 항목에 마우스 포인터를 올려놓으면 실제 적용할 상태를 미리 확인할 수 있습니다. 엑셀 2013 이전 버전에서는 차트를 선택하고 [차트 도구]의 [레이아웃] 탭-[레이블] 그룹에서 [데이터 레이블]을 클릭한 후 데이터 레이블의 위치를 지정해야 합니다.

4 차트에 표시된 막대에 실제 값이 얼마인지 데이터 설명선으로 표시되면 [차트 요소] 단추(⊞)를 클릭하고 [범례]-[위쪽]을 선택합니다.

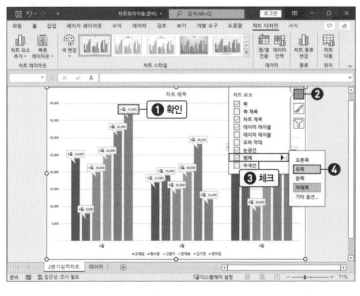

> 💡 **Tip**
>
> 엑셀 2013 이전 버전에서는 차트를 선택하고 [차트 도구]의 [레이아웃] 탭-[레이블] 그룹에서 [범례]를 클릭하여 범례를 표시할 위치를 지정합니다.

5 각 막대의 색상이 어떤 사원의 매출을 표시하는지 알려주는 범례의 위치가 위쪽으로 변경되었습니다.

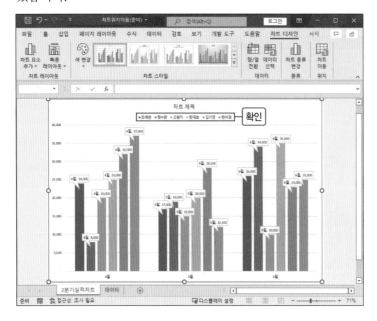

6 차트의 스타일을 변경하기 위해 차트의 오른쪽 위에 표시된 [차트 스타일] 단추(✐)를 클릭합니다. 표시된 스타일 목록의 위에 마우스 포인터를 올려놓고 디자인을 확인한 후 원하는 스타일을 선택하는데, 여기서는 [스타일 2]를 선택하세요.

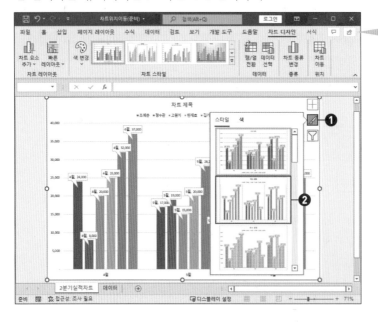

> 엑셀 2013 이전 버전에서는 [차트 도구]의 [디자인] 탭-[차트 레이아웃] 그룹을 선택하세요.

7 차트에 표시할 막대와 숨길 막대를 선택하기 위해 차트의 오른쪽 위에 표시된 [차트 필터] 단추(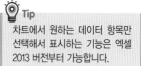)를 클릭합니다. '계열'에서 [(모두 선택)]의 체크를 해제하고 [조예준], [고원지], [한재호]에만 체크한 후 [적용]을 클릭하세요.

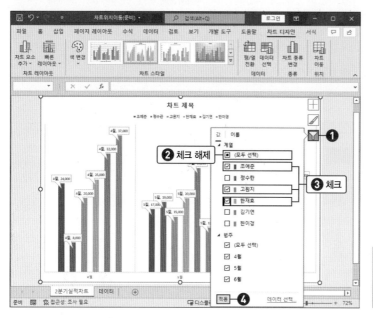

Tip
차트에서 원하는 데이터 항목만 선택해서 표시하는 기능은 엑셀 2013 버전부터 가능합니다.

8 전체 사원 중에서 '조예준', '고원지', '한재호' 사원의 막대만 표시되고 다른 사원들의 막대는 숨겨졌는지 확인합니다.

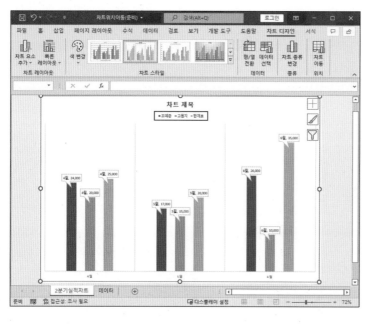

차트를 선택했을 때 차트의 오른쪽 위에 표시되는 [차트 요소] 단추(⊞), [차트 스타일] 단추(🖊), [차트 필터] 단추(▽)는 엑셀 2013 버전부터 표시되는 단추입니다. 이 단추들은 이전 버전에서 메뉴로 제공하던 기능이 차트의 오른쪽 위에 자동으로 표시되지만, 사용하는 메뉴의 위치만 다른 뿐 대부분의 기능은 엑셀 2013 이전 버전에서도 똑같이 사용할 수 있습니다.

1. 하위 버전에서 [차트 요소] 단추(⊞)와 동일한 기능 지정하기

차트를 선택했을 때 차트의 오른쪽 위에 표시되는 [차트 요소] 단추(⊞)는 차트를 구성하는 다양한 요소의 세부 옵션을 지정할 때 사용합니다.

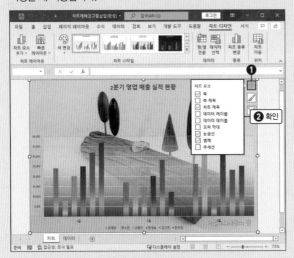

엑셀 2013 이전 버전에서는 차트를 선택하면 나타나는 [차트 도구]의 [레이아웃] 탭-[레이블] 그룹과 [축] 그룹에서 같은 기능을 제공합니다.

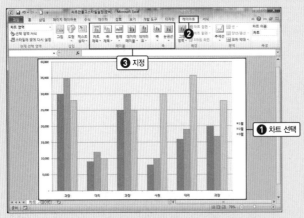

2. 하위 버전에서 [차트 스타일] 단추(🖊)와 동일한 기능 지정하기

[차트 스타일] 단추(🖊)는 차트에 디자인을 쉽게 적용할 수 있는 다양한 스타일을 제공합니다. 미리 만들어 놓은 서식 스타일 중에서 원하는 디자인만 선택하면 한 번에 차트를 꾸밀 수 있습니다.

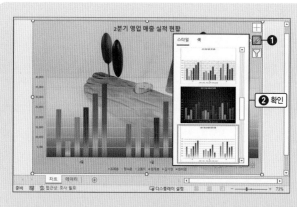

엑셀 2013 이전 버전에서는 차트를 선택하면 나타나는 [차트 도구]의 [디자인] 탭-[차트 스타일] 그룹에서 [자세히] 단추(⊡)를 클릭하여 차트 스타일을 선택할 수 있습니다.

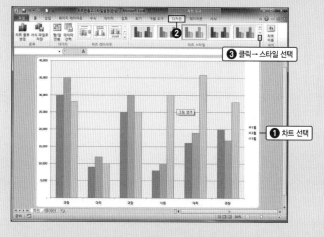

3. 하위 버전에서 [차트 필터] 단추(▽)와 동일한 기능 지정하기

[차트 필터] 단추(▽)를 이용하면 차트에 표시된 계열이나 요소 중에서 특정 항목만 쉽게 선택하거나 제거할 수 있습니다. [차트 필터] 단추(▽)는 엑셀 2013 버전에 추가된 기능이므로 하위 버전에서 제공하지 않습니다. 이와 같은 효과를 얻으려면 [차트 도구]의 [디자인] 탭-[데이터] 그룹에서 [데이터 선택]을 클릭하여 차트에 사용할 원본 데이터를 변경해야 합니다.

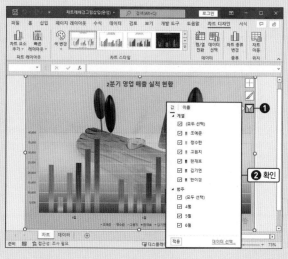

◉ 예제파일 : 차트배경에그림삽입(준비).xlsx   ◉ 완성파일 : 차트배경에그림삽입(완성).xlsx

현장실무

03 | 차트 배경에 그림 표시하고 그라데이션 채우기

1 [차트] 시트에서 차트의 특정 부분에 마우스 포인터를 올려놓으면 해당 부분의 명칭을 알려주는 말풍선이 나타납니다. 차트의 각 부분에 마우스 포인터를 올려놓고 명칭을 확인하세요.

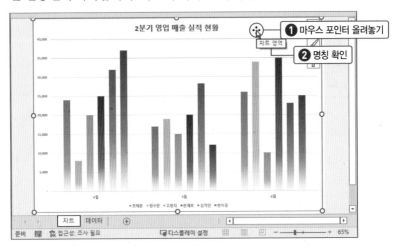

2 차트 막대의 바깥쪽 영역에 마우스 포인터를 올려놓고 '차트 영역'이라는 말풍선이 나타날 때 마우스 오른쪽 단추를 눌러 [차트 영역 서식]을 선택합니다.

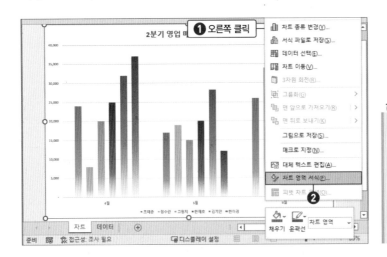

> **Tip**
> 반드시 차트 영역에서 마우스 오른쪽 단추를 눌러야 [차트 영역 서식]을 선택할 수 있습니다. 다른 영역에서 마우스 오른쪽 단추를 누르면 해당 영역 서식(그림 영역 서식, 범례 서식, 축 서식 등)에 대한 바로 가기 메뉴가 나타납니다.

3 화면의 오른쪽에 [차트 영역 서식] 창이 열리면 [채우기 및 선]( )을 클릭하고 '채우기'를 확장한 후 [그림 또는 질감 채우기]를 선택합니다. 차트 배경으로 이전에 가장 마지막에 설정했던 그림이나 질감이 자동으로 채워지면 다른 파일로 배경 그림을 설정하기 위해 [삽입]을 클릭하세요.

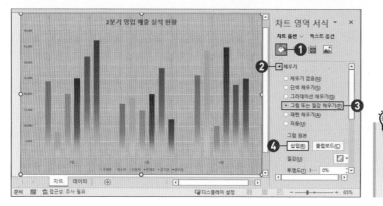

> **Tip**
> 엑셀 2013 이전 버전에서는 이 단계에서 [차트 영역 서식] 대화상자가 열리는데, 여기서 같은 항목을 찾아 작업하세요.

4 그림 배경에 사용할 그림 파일이 준비되어 있으므로 [그림 삽입] 창에서 [파일에서]를 클릭합니다. [그림 삽입] 대화상자가 열리면 부록 파일의 'Chapter04\Section10' 폴더에서 '촛대.png' 파일을 선택한 후 [삽입]을 클릭합니다.

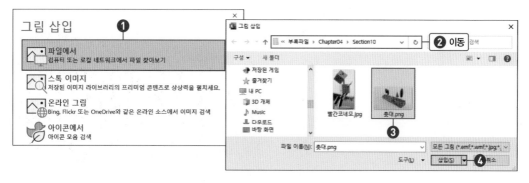

5 선택한 그림이 차트 배경으로 삽입되었으면 차트의 막대가 표시된 영역에 마우스 포인터를 올려놓고 [그림 영역]이라는 말풍선이 나타나면 클릭합니다. 오른쪽에 표시된 창이 [그림 영역 서식] 창으로 바뀌면 [그라데이션 채우기]를 선택하세요.

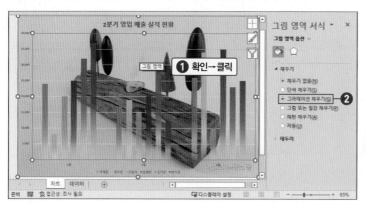

> **Tip**
> 엑셀 2013 이전 버전에서는 차트의 막대가 표시된 영역에서 마우스 오른쪽 단추를 눌러 [그림 영역 서식]을 선택합니다. [그림 영역 서식] 대화상자가 열리면 '채우기'에서 [그라데이션 채우기]를 선택하세요.

6 이전에 가장 마지막에 설정했던 그라데이션 효과가 그대로 적용되면 '종류'에서는 [선형]을, '방향'에서는 [선형 아래쪽]을 클릭합니다.

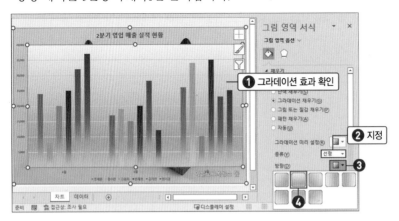

7 '그라데이션 중지점'에 중지점의 개수는 이전에 가장 마지막에 설정한 상태로 나타납니다. 여기서는 [그라데이션 중지점 추가] 단추(🗒)나 [그라데이션 중지점 제거] 단추(🗒)를 클릭하여 중지점의 개수를 네 개로 지정하세요.

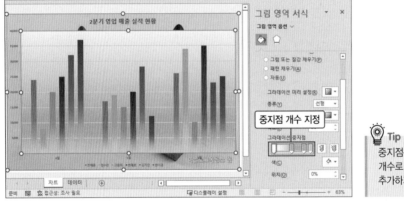

> 💡 **Tip**
> 중지점은 가장 최근에 사용했던 개수로 표시되므로 상황에 맞게 추가하거나 제거하면 됩니다.

8 첫 번째 중지점을 선택하고 '색'은 '테마 색'의 [흰색, 배경 1]로, '위치'는 [0%]로, '투명도'는 [90%]로 지정합니다.

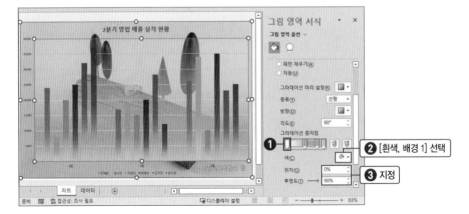

9 두 번째 중지점을 선택하고 '색'은 '테마 색'의 [파랑, 강조 1, 80% 더 밝게]로, '위치'는 [40%]로, '투명도'는 [30%]로 지정합니다.

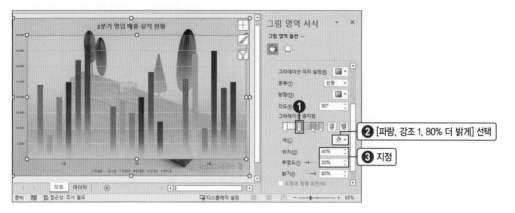

10 이와 같은 방법으로 세 번째 중지점과 네 번째 중지점 값을 지정합니다.

- **세 번째 중지점**: 색 – 파랑, 강조 1, 40% 더 밝게 / 위치 – 70% / 투명도 – 20%
- **네 번째 중지점**: 색 – 파랑, 강조 1, 25% 더 어둡게 / 위치 – 100% / 투명도 – 0%

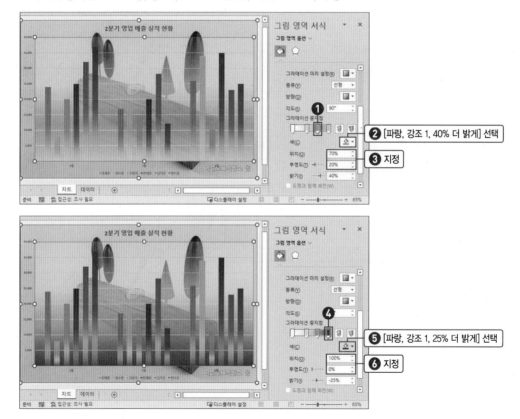

11 차트에 네 가지 색으로 위쪽에서 아래쪽으로 그라데이션 효과가 적용되었습니다. 그림 영역에 표시된 위쪽 중간에 위치한 하얀색 조절점에 마우스 포인터를 올려놓고 아래쪽으로 드래그하여 차트의 크기를 줄인 후 [그림 영역 서식] 창의 [닫기] 단추(✕)를 클릭하여 창을 닫으세요.

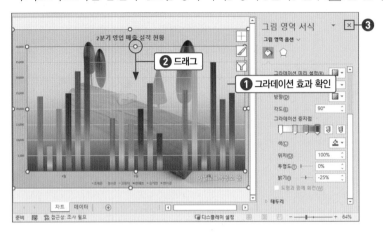

12 매출 실적 자료에 더 효과를 주기 위해 차트의 뒤쪽 배경으로 판매와 관련된 그림을 설정했습니다. 실제 매출 금액은 막대 차트로 표현하는데, 차트의 배경 이미지를 조화롭게 표시하기 위해 투명도를 지정하여 투명하게 설정했습니다.

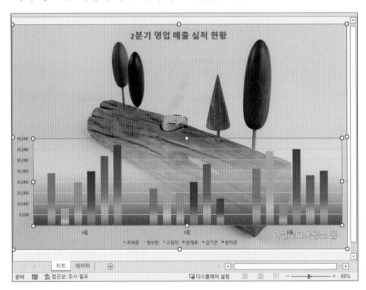

● 예제파일 : 차트에원본데이터표시(준비).xlsx ● 완성파일 : 차트에원본데이터표시(완성).xlsx

현장실무

04 | 차트의 종류 변경하고 원본 데이터 함께 표시하기

1 현재 완성된 차트에 지정한 서식은 그대로 유지하면서 다른 종류의 차트로 변경해 볼게요. [매출분석차트] 시트에서 이미 만들어진 차트를 선택하고 [차트 디자인] 탭-[종류] 그룹에서 [차트 종류 변경]을 클릭하세요.

> 엑셀 2021 이전 버전에서는 [차트 도구]의 [디자인] 탭을 선택하세요.

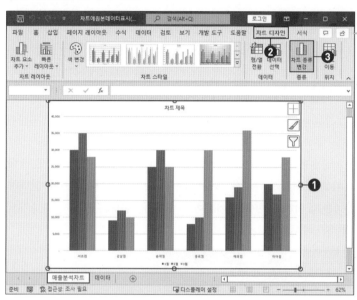

2 [차트 종류 변경] 대화상자가 열리면 [모든 차트] 탭의 [세로 막대형] 범주에서 [누적 세로 막대형]을 클릭합니다. 아래에 표시된 두 가지 레이아웃 중에서 왼쪽 레이아웃을 선택하고 [확인]을 클릭하세요.

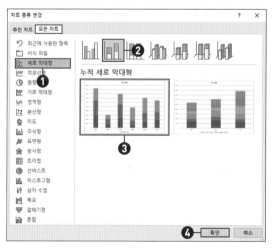

> **Tip**
>
> [누적 세로 막대형]은 여러 개의 막대로 표시된 값을 하나의 막대로 쌓아서 누적시키는 차트의 형태이고, [100% 기준 누적 세로 막대형]은 누적시키는 값이 전체 100%를 기준으로 해당 매출의 어느 정도를 차지하는지 비율로 표시하는 차트의 형태입니다. 이러한 유형을 3차원 막대로 표시하기 위해 [3차원 묶은 세로 막대형], [3차원 누적 세로 막대형], [3차원 100% 기준 누적 세로 막대형]으로 변경할 수 있습니다.

3 각 담당 사원의 월 매출이 하나의 누적된 막대형 차트로 변경되었으면 차트의 전체적인 레이아웃을 변경해 볼게요. [차트 디자인] 탭-[차트 레이아웃] 그룹에서 [빠른 레이아웃]을 클릭하고 [레이아웃 8]을 클릭하세요.

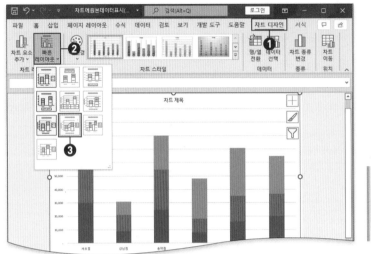

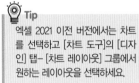

Tip

엑셀 2021 이전 버전에서는 차트를 선택하고 [차트 도구]의 [디자인] 탭- [차트 레이아웃] 그룹에서 원하는 레이아웃을 선택하세요.

4 차트의 레이아웃이 변경되었으면 [차트 디자인] 탭-[차트 스타일] 그룹에서 [색 변경]을 클릭하고 '단색형'에서 [단색 색상표 4]를 선택해서 막대에 표시할 색상을 변경합니다. 차트를 선택하면 나타나는 [차트 요소] 단추(田)를 클릭하고 현재의 차트에는 필요 없는 [축], [축 제목], [차트 제목], [범례]의 체크를 해제하여 차트에서 이들 요소를 없애세요.

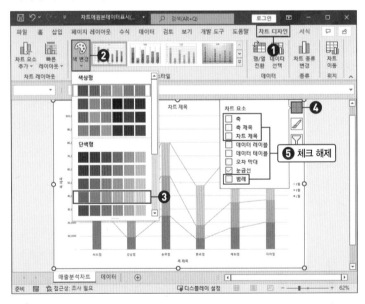

Tip

[색 변경]은 엑셀 2013 버전부터 지원하는 기능으로, 하위 버전에서는 [차트 스타일] 그룹을 이용하세요. 엑셀 2013 이전 버전에서 [차트 요소]를 사용하려면 차트를 선택하고 [차트 도구]의 [레이아웃] 탭-[레이블] 그룹에서 [차트 제목], [축 제목], [범례], [축]을 각각 클릭한 후 [없음]을 선택하세요.

5 막대마다 실제 값이 얼마인지 표시하기 위해 [데이터 레이블]-[가운데 맞춤]을 선택합니다.

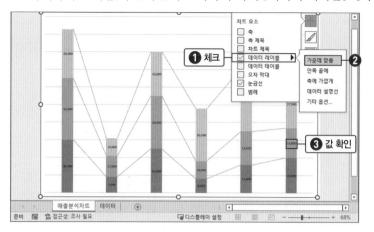

6 차트에 원본 데이터를 함께 표시해 볼게요. [데이터 테이블]-[범례 표지 포함]을 선택하면 차트의 아래쪽에 실제 데이터가 표로 표시되고 데이터 표의 왼쪽에 범례가 나타납니다.

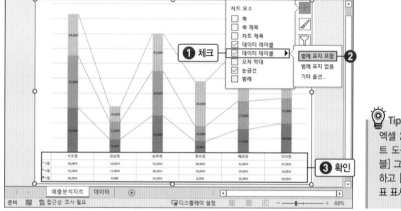

Tip
엑셀 2013 이전 버전에서는 [차트 도구]의 [레이아웃] 탭-[레이블] 그룹에서 [데이터 표]를 클릭하고 [범례 표지와 함께 데이터 표 표시]를 선택하세요.

7 1월, 2월, 3월 데이터가 하나의 막대에 누적되어 있지만 3월 부분만 강조해 보겠습니다. '3월' 막대를 클릭하여 '3월' 막대 계열만 선택한 상태에서 마우스 오른쪽 단추를 눌러 [데이터 계열 서식]을 선택하세요.

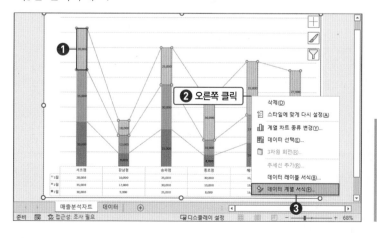

Tip
하나의 '3월' 막대만 선택해도 전체 사원의 '3월' 막대 계열이 모두 선택됩니다. 이때 특정 사원의 '3월' 막대만 선택하려면 해당하는 사원의 '3월' 막대만 한 번 더 클릭하세요.

473

8 화면의 오른쪽에 [데이터 계열 서식] 창이 열리면 [효과](◻)를 클릭하고 '네온'에서 '미리 설정'의 ◻ 단추를 클릭한 후 '네온 변형'에서 [네온: 11pt, 파랑, 강조색 5]를 클릭합니다.

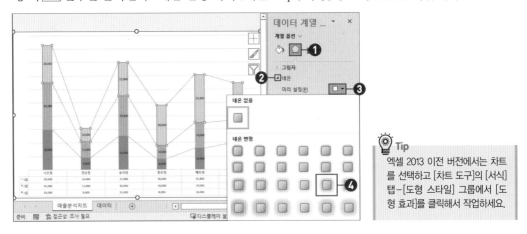

Tip
엑셀 2013 이전 버전에서는 차트를 선택하고 [차트 도구]의 [서식] 탭-[도형 스타일] 그룹에서 [도형 효과]를 클릭해서 작업하세요.

9 '3차원 서식'에서 '위쪽 입체'의 ◻ 단추를 클릭하고 '입체 효과'에서 [둥글게]를 클릭한 후 [데이터 계열 서식] 창에서 [닫기] 단추(×)를 클릭하세요.

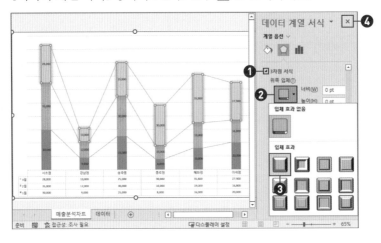

10 선택한 3월 부분에만 입체적인 네온 효과와 3차원 입체 효과가 강조되었는지 확인합니다.

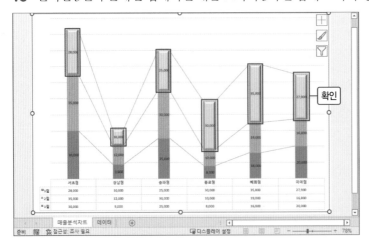

현장실무
05 차트 제목을 셀과 연동하는 도형으로
표시하기

1 [Sheet1] 시트에서 A1셀을 더블클릭하고 『=A5&" 매출실적"』으로 제목을 수정한 후 [Enter]를 누릅니다. 이제 A5셀 값을 변경하면 A1셀의 제목도 함께 바뀝니다.

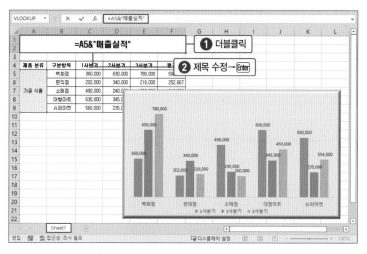

2 차트를 선택하고 [서식] 탭-[도형 삽입] 그룹에서 '사각형'의 [모서리가 둥근 직사각형](▢)을 클릭합니다.

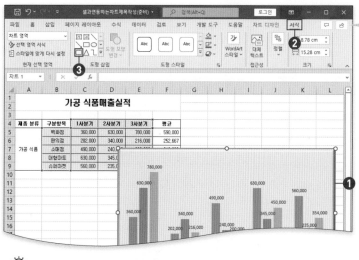

> 엑셀 2013 이전 버전에서는 [차트 도구]의 [레이아웃] 탭-[삽입] 그룹에서 [도형]을 클릭해서 원하는 도형을 선택하고 엑셀 2021 이전 버전에서는 [차트 도구]의 [서식] 탭을 선택하세요.

Tip

[삽입] 탭-[일러스트레이션] 그룹에 있는 [도형]을 클릭해서 도형을 삽입하면 차트와 상관 없는 도형이 만들어져서 차트와 도형이 별도로 움직입니다. 하지만 [서식] 탭에서 도형을 삽입하면 차트의 위치를 이동했을 때 차트에 삽입된 도형도 함께 움직입니다.

3 차트의 위쪽에 적당한 크기로 드래그하여 모서리가 둥근 직사각형을 삽입합니다. 노란색 조절점 위에 마우스 포인터를 올려놓고 도형의 중심쪽으로 드래그하여 모서리를 좀 더 둥글게 변형하세요.

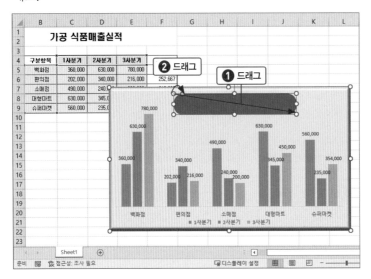

4 도형을 선택한 상태에서 수식 입력줄에 『=』를 입력하고 A1셀을 클릭하여 '=Sheet1!$A$1'을 표시한 후 Enter를 누릅니다.

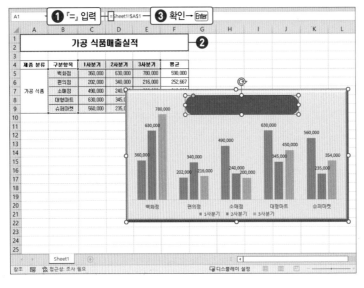

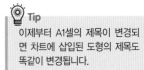

Tip

이제부터 A1셀의 제목이 변경되면 차트에 삽입된 도형의 제목도 똑같이 변경됩니다.

5 차트의 도형에 A1셀 값이 제목으로 입력되었으면 도형을 꾸미기 위해 [도형 서식] 탭-[WordArt 스타일] 그룹에서 [빠른 스타일]을 클릭하고 [채우기: 파랑, 강조색 5, 윤곽선: 흰색, 배경색 1, 진한 그림자: 파랑, 강조색 5, 강조 5]를 클릭합니다.

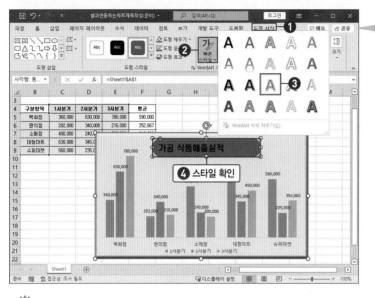

엑셀 2021 이전 버전에서는 [그리기 도구]의 [서식] 탭을 선택하세요.

💡 **Tip**
워드아트(WordArt)는 텍스트에 다양한 효과를 설정하는 기능으로, [빠른 스타일]을 이용하면 미리 준비된 서식을 쉽게 적용할 수 있습니다. [도형 서식] 탭-[WordArt 스타일] 그룹에서 [빠른 스타일]에 원하는 모양이 없으면 [WordArt 스타일] 그룹에서 [텍스트 채우기], [텍스트 윤곽선], [텍스트 효과]를 이용해 워드아트 스타일을 직접 만들어서 사용할 수 있습니다.

6 [도형 서식] 탭-[도형 스타일] 그룹에서 [도형 효과]를 클릭하고 [미리 설정]-'미리 설정'에서 [기본 설정 1]을 클릭합니다.

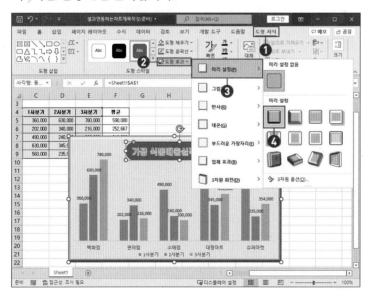

💡 **Tip**
도형 효과를 이용하면 도형에 그림자, 반사, 네온 등의 다양한 효과를 지정할 수 있습니다. 하지만 효과를 지정하는 게 번거로울 경우 [미리 설정]에 미리 준비된 서식을 이용하면 간단하게 도형에 입체감을 설정할 수 있습니다.

7 도형에 색을 지정하기 위해 [도형 서식] 탭-[도형 스타일] 그룹에서 [도형 채우기]를 클릭하고 '테마 색'에서 [황금색, 강조 4, 40% 더 밝게]를 클릭합니다.

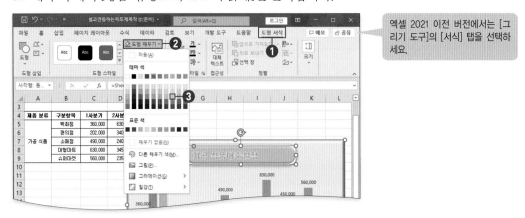

엑셀 2021 이전 버전에서는 [그리기 도구]의 [서식] 탭을 선택하세요.

8 [홈] 탭-[맞춤] 그룹에서 높이의 [가운데 맞춤]과 너비의 [가운데 맞춤]을 차례대로 클릭하여 도형의 가운데에 텍스트를 배치합니다.

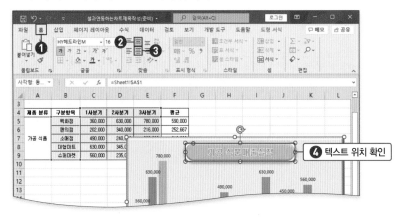

4 텍스트 위치 확인

9 A5셀 값을 『유제품』으로 수정하고 Enter를 누르면 A1 셀 값이 '유제품매출실적'으로 바뀌고 그 값에 의해서 차트에 삽입된 도형의 텍스트도 변경됩니다.

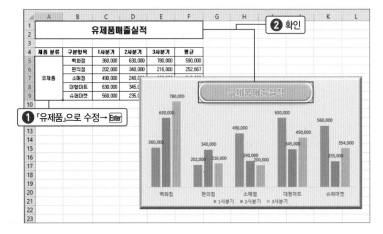

1 『유제품』으로 수정→Enter

2 확인

● 예제파일 : 막대에그림표시(준비).xlsx ● 완성파일 : 막대에그림표시(완성).xlsx

1 막대형 차트에서 막대마다 색상을 다르게 표현하지만, 막대에 관련된 이미지를 삽입하면 더욱 효과적으로 표현할 수 있습니다. [차트] 시트에서 각 사원의 막대 중 '소품'에 관련된 한 개의 막대를 선택하고 [서식] 탭-[도형 스타일] 그룹에서 [도형 채우기]의 내림 단추(▼)를 눌러 [그림]을 선택하세요.

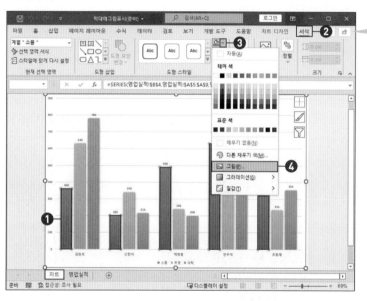

> 엑셀 2021 이전 버전에서는 [차트 도구]의 [서식] 탭을 선택하세요.

2 막대에 사용할 그림 파일이 준비되어 있으므로 [그림 삽입] 창에서 [파일에서]를 클릭합니다. [그림 삽입] 대화상자가 열리면 부록 파일의 'Chapter04\Section10' 폴더에서 '빨간코네모.jpg'를 선택하고 [삽입]을 클릭합니다.

> 💡 **Tip**
>
> 별도로 준비된 이미지 파일이 없으면 [그림 삽입] 창에서 [온라인 그림]을 클릭하여 온라인에 접속한 후 이미지를 찾아 캡처해서 가져올 수 있습니다. 엑셀 2013 이전 버전에서는 이 단계가 생략됩니다.

479

3 **1** 과정에서 선택했던 막대에 **3** 과정에서 선택한 이미지가 표시되면 여러 개 쌓은 모양으로 표시하기 위해 선택한 막대에서 마우스 오른쪽 단추를 눌러 [데이터 계열 서식]을 선택하세요.

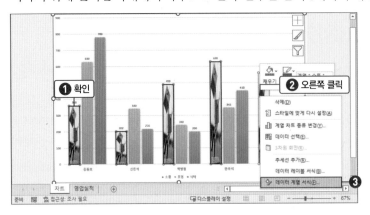

4 화면의 오른쪽에 [데이터 계열 서식] 창이 열리면 '계열 옵션'에서 [채우기 및 선]( )을 클릭하고 '채우기'에서 [다음 배율에 맞게 쌓기]를 선택합니다. '단위/사진' 입력 상자에 사용할 단위로『150』을 입력하고 차트를 선택하면 가로 눈금선의 150 단위마다 이미지가 하나씩 쌓입니다.

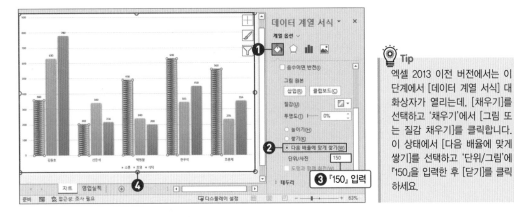

> **Tip**
> 엑셀 2013 이전 버전에서는 이
> 단계에서 [데이터 계열 서식] 대
> 화상자가 열리는데, [채우기]를
> 선택하고 '채우기'에서 [그림 또
> 는 질감 채우기]를 클릭합니다.
> 이 상태에서 [다음 배율에 맞게
> 쌓기]를 선택하고 '단위/그림'에
> 『150』을 입력한 후 [닫기]를 클릭
> 하세요.

5 두 번째 막대 중 한 개를 클릭하고 [데이터 계열 서식] 창에서 [그림 또는 질감 채우기]를 선택합니다. 마지막에 사용했던 이미지가 자동으로 막대에 표시되면 '그림 원본'에서 [삽입]을 클릭합니다.

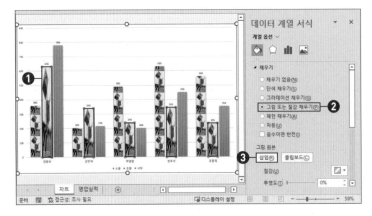

480

6 [그림 삽입] 창이 열리면 인터넷에 접속해서 원하는 이미지를 찾기 위해 [온라인 그림]을 클릭합니다.

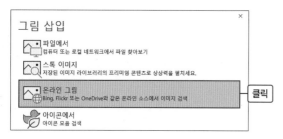

7 [온라인 그림]의 검색 상자에 『트리』를 입력하고 Enter 를 누릅니다. 관련 이미지가 검색되면 원하는 이미지를 선택하고 [삽입]을 클릭하세요.

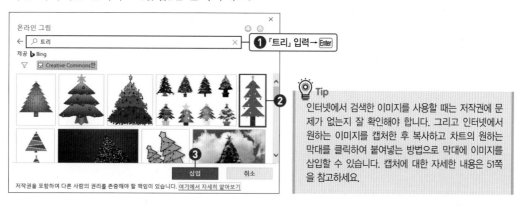

💡 **Tip**

인터넷에서 검색한 이미지를 사용할 때는 저작권에 문제가 없는지 잘 확인해야 합니다. 그리고 인터넷에서 원하는 이미지를 캡처한 후 복사하고 차트의 원하는 막대를 클릭하여 붙여넣는 방법으로 막대에 이미지를 삽입할 수 있습니다. 캡처에 대한 자세한 내용은 51쪽을 참고하세요.

8 선택한 이미지가 **5** 과정에서 선택했던 두 번째 막대에 삽입되었습니다. 이미지를 표시할 방법으로 [늘이기], [쌓기], [다음 배율에 맞게 쌓기] 중에서 적당한 방법을 선택하여 적용합니다.

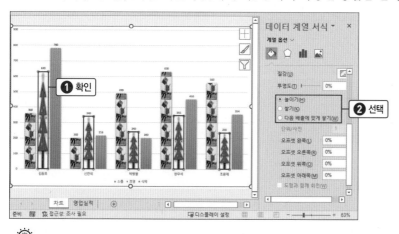

💡 **Tip**

[늘이기]는 막대 크기에 맞게 이미지를 늘려서 표시하고, [쌓기]는 원본 이미지의 크기에 비례하게 자동으로 여러 개 쌓인 모양으로 표시하며, [다음 배율에 맞게 쌓기]는 사용할 이미지 높이를 직접 단위를 지정해서 쌓을 수 있습니다. 이때 차트에 표시된 눈금 크기에 맞는 단위를 사용하는데, 여기서는 100 단위마다 눈금선이 그려져 있어서 150 단위에 이미지가 하나씩 쌓도록 설정했습니다.

◉ 예제파일 : 꺾은선형차트로표시(준비).xlsx ◉ 완성파일 : 꺾은선형차트로표시(완성).xlsx

현장실무

07 일일 접수 현황을 꺾은선형 차트로 표시하기

1 9월 한 달 동안의 접수 현황이 작성된 데이터를 이용해서 꺾은선형 차트를 작성하기 위해 [데이터] 시트에서 A1셀을 클릭하고 Ctrl+Shift+↓를 누른 후 Shift+→를 눌러 A1:B31 범위를 선택합니다. [삽입] 탭-[차트] 그룹에서 [꺾은선형 또는 영역형 차트 삽입]을 클릭하고 '2차원 꺾은선형'에서 [표식이 있는 꺾은선형]을 클릭하세요.

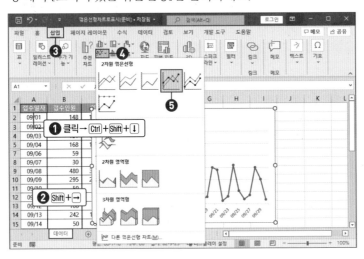

2 2차원 꺾은선형 차트가 표시되면 차트의 너비를 넓게 조절하고 차트에 표시된 데이터를 확인합니다. 이때 차트의 너비가 좁아서 가로 방향으로 표시할 수 없기 때문에 X축의 레이블이 세로 방향으로 표시되는데, 이것을 해결하기 위해 X축의 레이블에서 마우스 오른쪽 단추를 눌러 [축 서식]을 선택하세요.

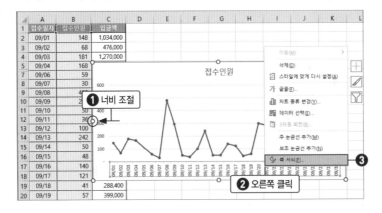

3 화면의 오른쪽에 [축 서식] 창이 열리면 아래쪽에 있는 [표시 형식]을 클릭해서 세부 항목을 펼치고 '서식 코드'에『dd』를 입력한 후 [추가]를 클릭합니다.

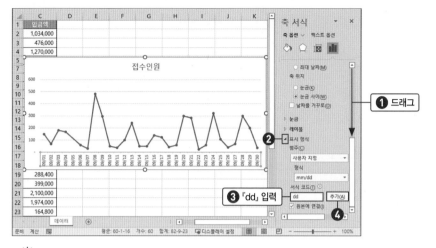

① 드래그

③ 『dd』 입력

Tip

기존의 '서식 코드'에 입력된 'mm/dd'는 날짜 데이터를 '09/01'과 같이 연도를 제외하고 월과 일을 두 자리씩 표시하는 서식입니다. 이 서식을 'dd'로 변경하면 날짜에서 연도와 월을 제외하고 일자만 두 자리로 표시합니다. 날짜 서식에 대해서는 82쪽의 '잠깐만요'를 참고하세요. 엑셀 2013 이전 버전에서는 이 단계에서 [축 서식] 대화상자가 열리는데, [표시 형식] 범주에서 '서식 코드'에『dd』를 입력하고 [추가]를 클릭하세요.

4 X축의 날짜 데이터가 가로 방향으로 보기 편하게 표시되었습니다. 매일의 날짜를 차트에 모두 표시할 필요 없이 중간중간에 날짜를 생략하여 전체적인 날짜의 흐름만 표시하기 위해 위쪽에 표시된 '단위'에서 '기본'에『2』를 입력하세요.

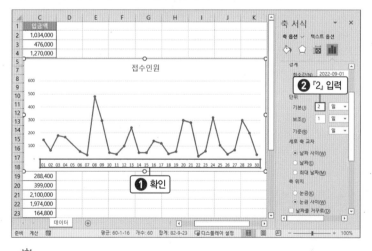

② 『2』 입력

① 확인

Tip

9월 1일부터 9월 30일까지 같은 월 데이터를 표시하는 차트여서 연도와 월은 생략해도 되므로 일자만 표시하기 위해 'dd' 서식을 지정했습니다. 엑셀 2013 이전 버전에서는 이 단계에서 [축 서식] 대화상자의 [축 옵션] 범주에서 '주 단위'의 '고정'에『2』를 입력하세요.

5 X축의 레이블이 2일마다 한 번씩 표시되었습니다. 차트에 표시된 꺾은선을 꾸미기 위해 꺾은선을 클릭하고 [축 서식] 창이 [데이터 계열 서식] 창으로 바뀌면 [채우기 및 선]( )을 클릭하세요.

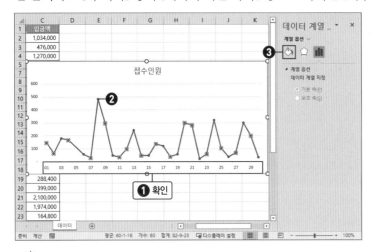

🔅 Tip
엑셀 2013 이전 버전에서는 차트에 표시된 꺾은선에서 마우스 오른쪽 단추를 눌러 [데이터 요소 서식]을 선택하세요.

6 [색]은 '테마 색'에서 [주황, 강조 2]를, [너비]는 '3.25pt'를 지정하고 [완만한 선]에 체크합니다.

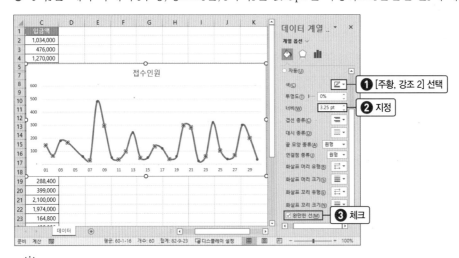

🔅 Tip
엑셀 2013 이전 버전에서는 [데이터 계열 서식] 대화상자가 열리면 [선 색] 범주에서 꺾은선의 색상을 지정하고 [선 스타일] 범주에서 '너비'에 두께 값을 지정한 후 [완만한 선]에 체크해서 곡선으로 변경할 수 있습니다.

7 꺾은선이 완만한 곡선으로 변경되고 색상과 선의 굵기가 바뀌었으면 [데이터 계열 서식] 창의 위쪽에 있는 [표식]을 클릭하고 [표식 옵션]을 펼친 후 [기본 제공]을 선택합니다. '크기'에 『10』을 입력하면 꺾은선에 표시된 표식의 크기가 커집니다.

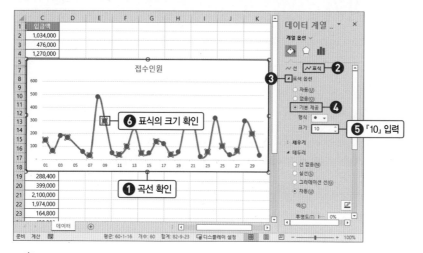

> **Tip**
> 엑셀 2013 이전 버전에서는 [데이터 계열 서식] 대화상자의 [표식 옵션] 탭에서 '표식 종류'의 [기본 제공]에 체크하고 '크기'에 『10』을 입력하세요.

● **예제파일** : 도형으로꺾은선형의표식설정(준비).xlsx   ● **완성파일** : 도형으로꺾은선형의표식설정(완성).xlsx

현장실무

08 | 도형으로 꺾은선형 차트의 표식 꾸미기

1 [매출분석차트] 시트에서 차트를 선택하고 [삽입] 탭-[일러스트레이션] 그룹에서 [도형]을 클릭한 후 '별 및 현수막'에서 [포인트가 12개인 별](🌟)을 클릭합니다. 차트의 위쪽에서 적당한 크기로 드래그하여 별 도형을 삽입하고 [도형 서식] 탭-[도형 스타일] 그룹에서 [도형 효과]를 클릭한 후 [미리 설정]을 선택하고 '미리 설정'에서 [기본 설정 1]을 선택하세요.

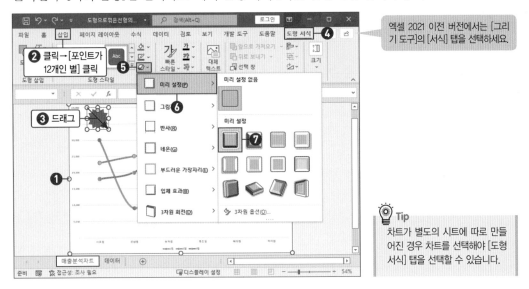

> 엑셀 2021 이전 버전에서는 [그리기 도구]의 [서식] 탭을 선택하세요.

> 💡 **Tip**
> 차트가 별도의 시트에 따로 만들어진 경우 차트를 선택해야 [도형 서식] 탭을 선택할 수 있습니다.

2 입체 효과가 지정된 별 도형을 선택한 상태에서 [도형 서식] 탭-[도형 스타일] 그룹에서 [도형 효과]를 클릭하고 [네온]을 선택한 후 '네온 변형'에서 [네온: 11pt, 황금색, 강조색 4]를 클릭합니다.

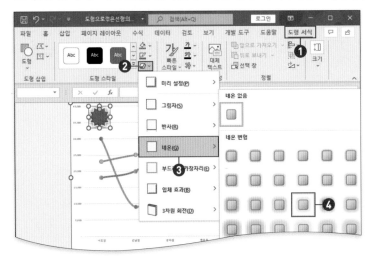

3 [도형 서식] 탭-[도형 스타일] 그룹에서 [도형 채우기]를 클릭하고 '테마 색'에서 [주황, 강조 2]를 선택합니다. 도형의 크기를 표식으로 사용할 정도로 작게 조절하고 Ctrl + C 를 눌러 복사하세요.

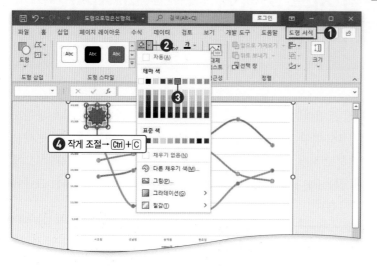

4 차트의 꺾은선 중에서 1월에 해당하는 녹색 선의 표식을 클릭하고 Ctrl + V 를 눌러 별 도형으로 표식을 변경합니다. 이와 같은 방법으로 별 도형의 색과 네온 색상만 변경해서 나머지 꺾은선에도 표식을 지정합니다.

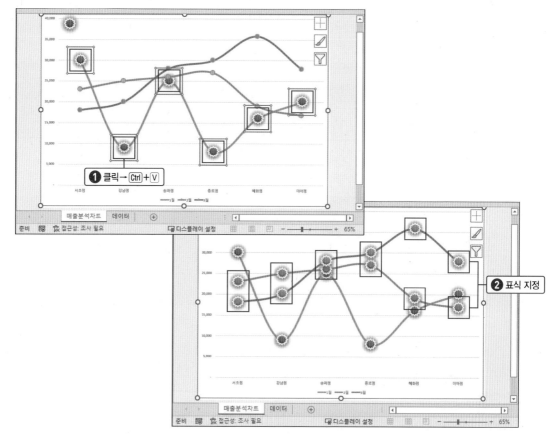

● **예제파일** : 원형차트에백분율지정(준비).xlsx　● **완성파일** : 원형차트에백분율지정(완성).xlsx

현장실무
09 | 원형 차트 조각에 백분율과 지시선 표시하기

1 원형 차트를 만들면 범위 지정한 영역의 데이터 순서대로 원형의 12시 방향에서 시계 방향으로 배치됩니다. 원형의 12시에서 3시 방향에 가장 강조하고 싶은 항목을 배치하는 것이 좋기 때문에 표시할 데이터 순서대로 정렬하고 사용해야 효율적으로 작업할 수 있습니다. [Sheet1] 시트에서 정렬할 항목인 '소품' 필드에 있는 하나의 셀을 선택하고 [데이터] 탭-[정렬 및 필터] 그룹에서 [숫자 내림차순 정렬]을 클릭하세요.

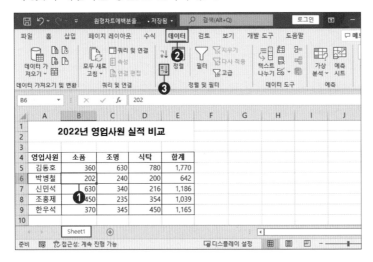

2 원형 차트는 한 항목에 해당하는 범위만 표현할 수 있기 때문에 A4:B9 범위를 선택하고 [삽입] 탭-[차트] 그룹에서 [원형 또는 도넛형 차트 삽입]을 클릭한 후 [3차원 원형]을 선택합니다.

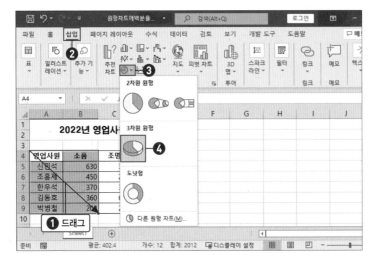

3 3차원 원형 차트가 삽입되었으면 차트의 위치와 크기를 적당하게 조절하고 [차트 요소] 단추(⊞)를 클릭한 후 [데이터 레이블]-[기타 옵션]을 선택합니다.

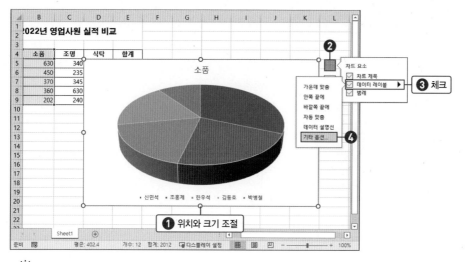

4 화면의 오른쪽에 [데이터 레이블 서식] 창이 열리면 [레이블 옵션](📊)을 클릭하고 '레이블 내용'에서 [항목 이름], [값], [백분율], [지시선 표시]에 체크합니다. '레이블 위치'에서 [바깥쪽 끝에]를 선택하고 [닫기] 단추(×)를 클릭하세요.

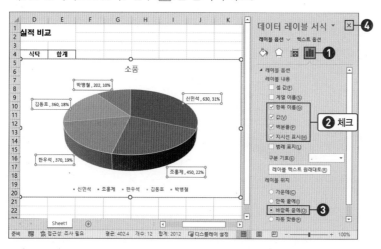

5 차트의 조각에 레이블이 표시되었으면 '신민석' 레이블을 천천히 두 번 클릭하여 '신민석' 레이블만 선택합니다. 레이블의 테두리에 마우스 포인터를 올려놓은 후 ✛ 모양으로 변경되었을 때 차트의 바깥쪽으로 드래그하여 이동하세요.

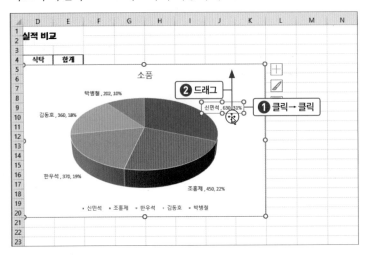

💡 **Tip**

'신민석' 레이블만 선택하려면 레이블 중 하나를 클릭하여 모든 레이블을 선택한 상태에서 '신민석' 레이블만 한 번 더 클릭하세요.

6 4 과정에서 [지시선 표시]에 체크했기 때문에 레이블과 원형 조각 사이에 지시선이 나타납니다. 이 상태에서 나머지 레이블도 하나씩 드래그하여 적당한 위치로 배치하세요.

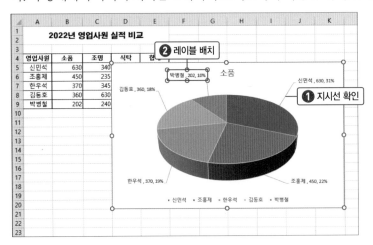

● 예제파일 : 원형차트의조각분리(준비).xlsx   ● 완성파일 : 원형차트의조각분리(완성).xlsx

현장실무

10

원형 차트에서 특정 조각 분리해 강조하기

1 원형 차트의 각 조각을 서로 분리해 볼게요. [Sheet1] 시트에서 차트의 그림 영역에 표시된 원형의 중심에서 바깥쪽으로 드래그합니다.

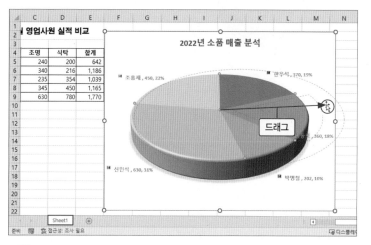

> **Tip**
> 원형 조각 중에서 특정 조각이 선택되어 있으면 차트 영역이나 그림 영역을 클릭하여 아무 조각도 선택하지 않은 상태에서 드래그해야 합니다.

2 원형의 모든 조각이 하나씩 분리되었으면 다시 하나로 합쳐보겠습니다. 차트 영역이나 그림 영역을 클릭하여 원형에서 아무 조각도 선택하지 않은 상태에서 원형의 바깥쪽에서 중심으로 드래그하세요.

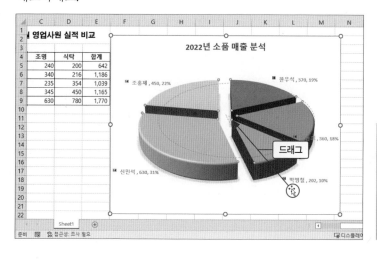

> **Tip**
> 원형에서 하나의 조각만 분리되거나 움직인다면 특정 조각 하나만 선택한 상태에서 드래그했기 때문입니다. 이 경우 다시 그림 영역이나 차트 영역을 클릭하여 아무 조각도 선택되지 않은 상태에서 다시 드래그해 보세요.

491

3 원형의 조각이 모두 합쳐졌으면 특별히 강조하고 싶은 하나의 조각만 분리해 보겠습니다. 원형 전체를 선택한 상태에서 분리하고 싶은 조각 하나만 다시 한 번 클릭합니다. 여기서는 '조홍제' 조각만 선택한 상태에서 원형의 중심 부분에서 바깥쪽으로 드래그하세요.

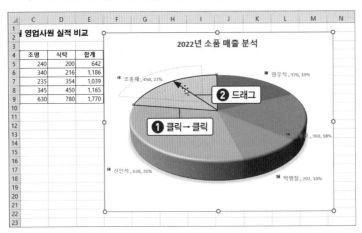

4 원형 차트에서 '조홍제' 조각만 따로 분리되었습니다. 다른 조각도 분리하려면 해당 조각만 클릭하여 선택한 상태에서 원형의 바깥쪽으로 드래그하세요.

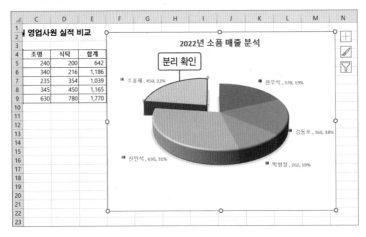

잠깐만요 :: 원형 차트 회전하기

원형 차트를 원하는 각도로 회전하기 위해 차트에서 마우스 오른쪽 단추를 눌러 [3차원 회전]을 선택합니다. 화면의 오른쪽에 [차트 영역 서식] 창이 열리면 'X 회전', 'Y 회전', '원근감'에 회전 각도를 조정하면서 적당한 방향으로 설정합니다.

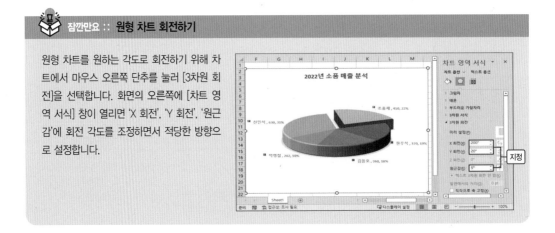

⊙ 예제파일 : 막대와꺾은선함께표시(준비).xlsx   ⊙ 완성파일 : 막대와꺾은선함께표시(완성).xlsx

현장실무

11 | 막대형 차트와 꺾은선형 차트 함께 표시하기

핵심

1 [데이터] 시트에 있는 차트에서 왼쪽의 세 개의 막대는 1월부터 3월까지의 월별 매출을, 마지막 네 번째 막대는 '합계'를 표시하는데, '합계'에 해당하는 막대만 차트의 종류를 다르게 표현해 보겠습니다. '합계' 막대를 클릭하고 [차트 디자인] 탭-[종류] 그룹에서 [차트 종류 변경]을 클릭하세요.

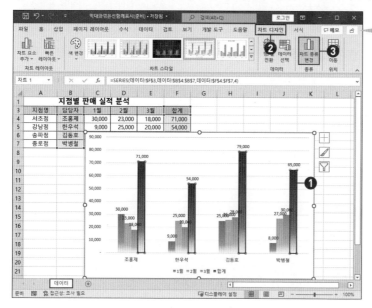

엑셀 2021 이전 버전에서는 [차트 도구]의 [디자인] 탭을 선택하세요.

2 [차트 종류 변경] 대화상자의 [모든 차트] 탭이 열리면 [혼합] 범주가 선택되어 있는지 확인하고 '데이터 계열에 대한 차트 종류와 축을 선택합니다.'에서 [합계]의 '차트 종류'를 '꺾은선형'의 [표식이 있는 꺾은선형]으로 변경합니다.

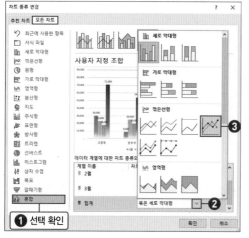

① 선택 확인

💡 Tip

엑셀 2013 이전 버전에서는 [차트 종류 변경] 대화상자가 열리면 [꺾은선형]에서 [표식이 있는 꺾은선형]을 클릭하고 [확인]을 클릭하세요.

493

3 '합계' 계열에 해당하는 막대만 표식이 있는 꺾은선형 차트로 변경되었지만 '합계' 값의 크기가 다른 계열과 크게 차이가 나서 다른 계열의 막대가 작게 표시되었습니다. 차트의 오른쪽에 눈금을 따로 표시하기 위해 '합계' 계열의 '보조 축'에 체크하고 [확인]을 클릭하세요.

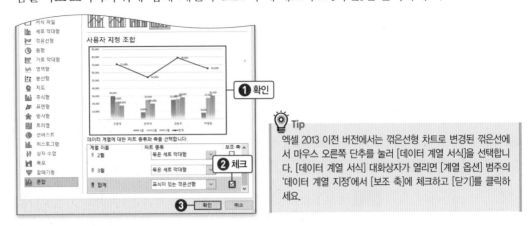

Tip

엑셀 2013 이전 버전에서는 꺾은선형 차트로 변경된 꺾은선에서 마우스 오른쪽 단추를 눌러 [데이터 계열 서식]을 선택합니다. [데이터 계열 서식] 대화상자가 열리면 [계열 옵션] 범주의 '데이터 계열 지정'에서 [보조 축]에 체크하고 [닫기]를 클릭하세요.

4 차트의 오른쪽에 있는 보조 축에 눈금이 추가되면서 막대형 차트는 왼쪽 눈금을, 꺾은선은 오른쪽 눈금을 사용하고 있습니다. 표식이 있는 꺾은선형 차트를 선택한 상태에서 [차트 필터] 단추(▼)를 클릭하고 [값] 탭의 '계열'에서 [3월]의 체크를 해제한 후 [적용]을 클릭하세요.

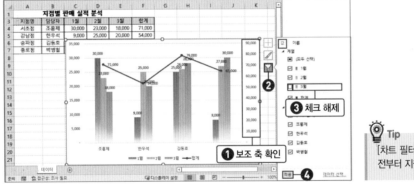

Tip

[차트 필터] 기능은 엑셀 2013 버전부터 지원합니다.

5 차트에서 '3월' 계열의 막대가 사라졌는지 확인합니다.

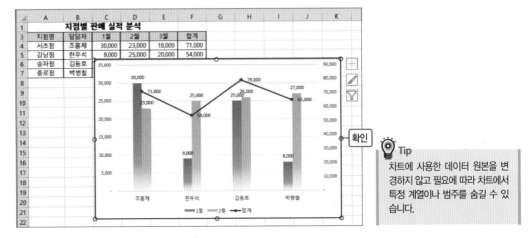

Tip

차트에 사용한 데이터 원본을 변경하지 않고 필요에 따라 차트에서 특정 계열이나 범주를 숨길 수 있습니다.

현장실무

12

계층 구조로 이루어진 차트 만들기

1 [구입현황] 시트에서 차트를 작성할 B3:E15 범위를 선택합니다. [삽입] 탭-[차트] 그룹에서 [계층 구조 차트 삽입]을 클릭한 후 '선버스트'에서 [선버스트]를 클릭합니다.

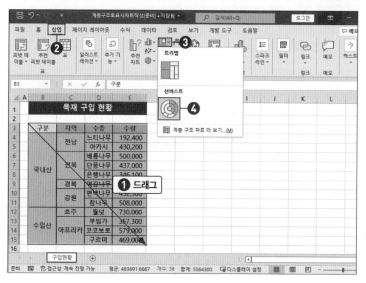

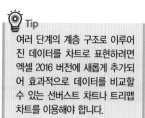

Tip

여러 단계의 계층 구조로 이루어
진 데이터를 차트로 표현하려면
엑셀 2016 버전에 새롭게 추가되
어 효과적으로 데이터를 비교할
수 있는 선버스트 차트나 트리맵
차트를 이용해야 합니다.

2 중첩된 도넛 형태의 선버스트 차트가 삽입되었으면 [차트 요소] 단추(田)를 클릭한 후 [데이터 레이블]-[기타 데이터 레이블 옵션]을 선택합니다.

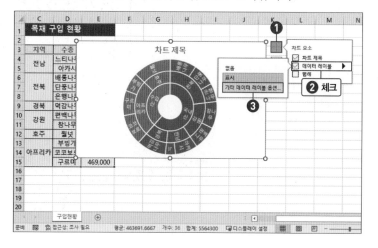

3 화면의 오른쪽에 [데이터 레이블 서식] 창이 열리면 각 조각마다 실제 값을 표시하기 위해 [레이블 옵션](圖)을 클릭하고 '레이블 옵션'의 '레이블 내용'에서 [값]에 체크한 후 [닫기] 단추(✕)를 클릭합니다.

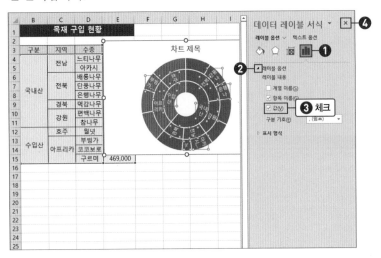

4 차트에 표시된 조각마다 숫자 값이 함께 표시되었으면 [홈] 탭-[글꼴] 그룹에서 글꼴 크기를 지정합니다. 차트의 크기와 위치를 적절하게 조절해서 보기 좋게 꾸미고 [차트 디자인] 탭-[종류] 그룹에서 [차트 종류 변경]을 클릭하세요.

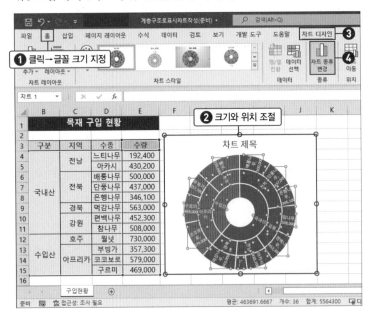

5 [차트 종류 변경] 대화상자가 열리면 [모든 차트] 탭에서 [트리맵]을 선택하고 [확인]을 클릭하세요.

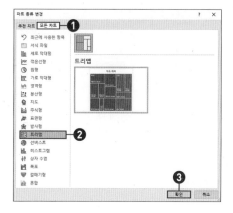

6 트리맵 모양으로 차트가 변경되었는지 확인합니다.

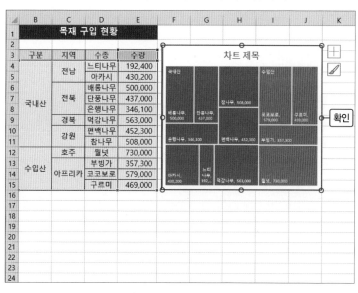

필수 작업

데이터 편집 방법

서식 지정

수식 원리

함수

데이터 분석

피벗 테이블

양식 컨트롤

차트

● 예제파일 : 폭포차트로수익내역확인(준비).xlsx ● 완성파일 : 폭포차트로수익내역확인(완성).xlsx

현장실무
13 폭포 차트로 순수익 표시하기

1 특정 작업에 대한 수입 금액이 지출 내역에 따라 얼마의 순수익을 얻게 되는지 폭포 차트로 표현해 볼게요. [작업일지] 시트에서 A3:B9 범위를 선택하고 [삽입] 탭-[차트] 그룹에서 [폭포, 깔때기형, 주식형, 표면형 또는 방사형 차트 삽입]을 클릭한 후 [폭포]를 클릭하세요.

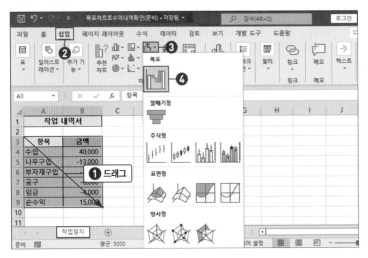

2 수입 금액을 기준으로 데이터 값의 음수와 양수에 따라 증가 또는 감소로 표시된 폭포 차트가 나타나면 차트의 크기와 위치를 적절하게 조절하고 '순수익' 막대를 클릭합니다. '순수익' 막대를 다시 한 번 클릭해서 '순수익' 막대만 선택하고 마우스 오른쪽 단추를 눌러 [합계로 설정]을 선택하세요.

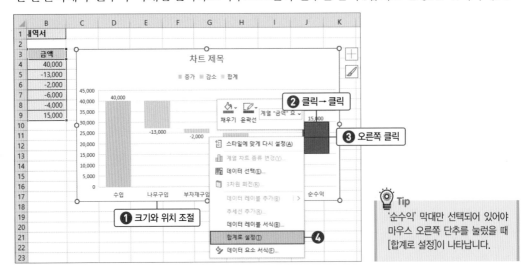

> **Tip**
> '순수익' 막대만 선택되어 있어야 마우스 오른쪽 단추를 눌렀을 때 [합계로 설정]이 나타납니다.

3 '순수익' 막대가 양수이므로 무조건 증가 방향으로 표시되었지만, 전체 데이터의 총계로 표현이 바뀌었습니다. 차트에 표시된 눈금선에서 마우스 오른쪽 단추를 눌러 [눈금선 서식]을 선택합니다.

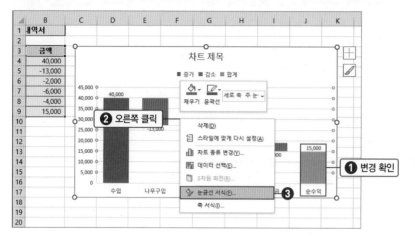

4 화면의 오른쪽에 [주 눈금선 서식] 창이 열리면 '선'에서 [선 없음]을 선택하고 [닫기] 단추 (⊠)를 클릭합니다.

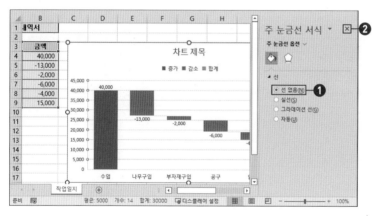

5 차트에 표시된 눈금선이 사라지면서 깔끔하게 막대만 표시되었습니다.

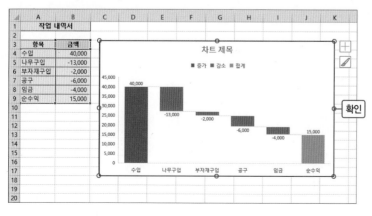

● 예제파일 : 스파크라인으로미니차트작성(준비).xlsx ● 완성파일 : 스파크라인으로미니차트작성(완성).xlsx

현장실무

14 스파크라인 이용해 미니 차트 만들기

1 하나의 셀에 간단하게 데이터의 흐름을 알 수 있는 차트를 표시해 볼게요. [데이터] 시트에서 N7 셀을 클릭하고 [삽입] 탭-[스파크라인] 그룹에서 [꺾은선형]을 클릭하세요. [스파크라인] 대화상 자가 열리면 '원하는 데이터 선택'의 '데이터 범위'에 B7:M7 범위를 지정하고 [확인]을 클릭합니다.

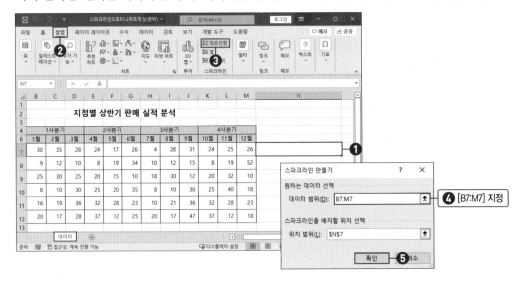

2 N7셀에 B7:M7 범위에 입력된 값의 크기가 꺾은선으로 표시되었으면 [스파크라인] 탭-[표시] 그룹에서 [표식]에 체크합니다. N7셀의 꺾은선에 표식이 나타났으면 N7셀의 자동 채우기 핸들을 N12셀까지 드래그해서 스파크라인을 복사하세요.

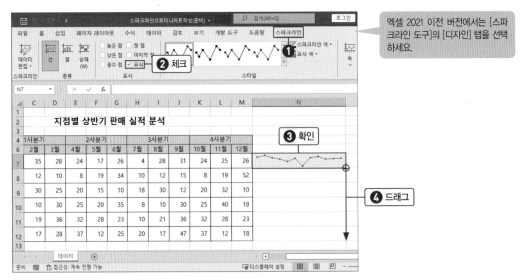

엑셀 2021 이전 버전에서는 [스파크라인 도구]의 [디자인] 탭을 선택하세요.

3 [스파크라인] 탭-[종류] 그룹에서 [열]을 클릭합니다. 꺾은선 모양의 스파크라인이 막대 모양으로 변경되었으면 [스파크라인] 탭-[스타일] 그룹에서 [자세히] 단추(▼)를 클릭하고 [녹색, 스파크라인 스타일 강조 6, (어둡게 또는 밝게 없음)]을 클릭하세요.

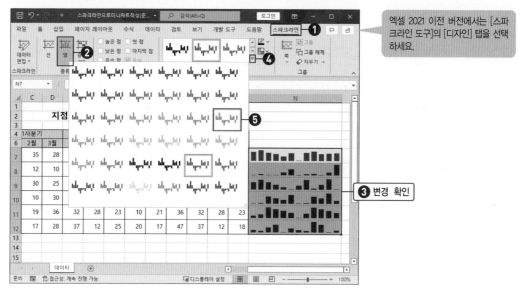

엑셀 2021 이전 버전에서는 [스파크라인 도구]의 [디자인] 탭을 선택하세요.

4 스파크라인 스타일이 변경되었는지 확인합니다.

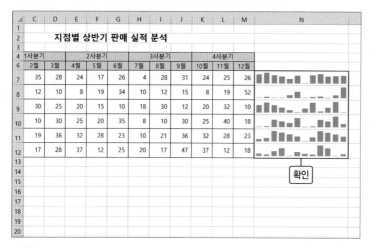

Tip

셀에 설정된 스파크라인을 지우려면 [스파크라인] 탭-[그룹] 그룹에서 [지우기]를 클릭합니다.

Step 01 차트에 원하는 값이 기준점인 상한선 표시하기

차트에 기준으로 사용할 상한선 또는 하한선 등을 표시할 때 도형으로 선을 그려넣으면 위치도 정확하지 않고 기준 값을 변경하기도 번거롭습니다. 이 경우 하나의 계열을 추가한 후 활용해서 상한선이나 하한선을 만들 수 있습니다.

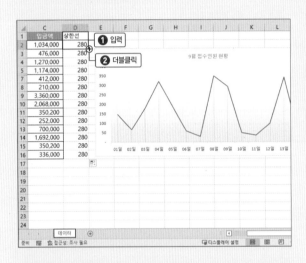

1 [데이터] 시트에는 접수일자와 접수인원을 이용한 차트가 표시되어 있는데, 차트에 상한선을 표시해 볼게요. D1셀에는 『상한선』을, D2셀에는 『280』을 입력하고 Enter를 누릅니다. D2셀을 다시 선택하고 D2셀의 자동 채우기 핸들을 더블클릭해서 데이터가 입력된 마지막 행까지 자동으로 값을 복사하세요.

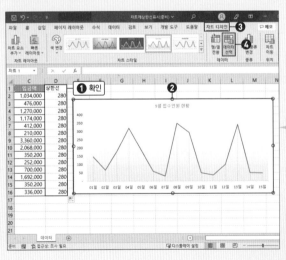

2 D열의 '상한선' 항목에 상한선으로 사용할 값 '280'을 모두 입력했으면 이 값을 차트에 적용해 볼게요. 차트를 선택하고 [차트 디자인] 탭-[데이터] 그룹에서 [데이터 선택]을 클릭합니다.

> 엑셀 2021 이전 버전에서는 [차트 도구]의 [디자인] 탭을 선택하세요.

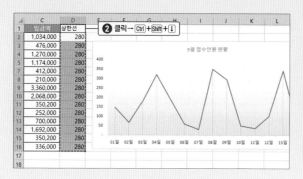

3 [데이터 원본 선택] 대화상자가 열리면 '차트 데이터 범위'에 기존에 사용된 범위가 지정되어 있는데, 범위의 뒤에 『,』를 입력하고 워크시트에서 D1셀을 클릭한 후 Ctrl+Shift+↓를 눌러 데이터가 입력된 마지막 셀까지 범위를 설정합니다. '=데이터!$A$1:$B$16,데이터!$D$1:$D$16'과 같이 기존에 표시된 범위에 D열이 추가되었으면 [확인]을 클릭하세요.

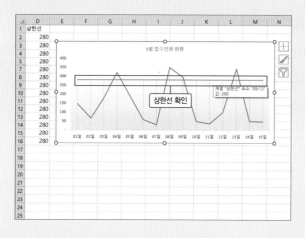

4 D열의 '상한선' 항목에 입력한 '280'에 해당하는 선이 차트의 상한선으로 표시되었습니다. D열에 입력된 값을 수정하면 차트의 상한선에 자동으로 반영됩니다.

Step 02 꺾은선에 값 표시하고 선 스타일 꾸미기

차트에 작성한 꺾은선의 값을 정확하게 표시하고 꺾은선의 스타일을 보기 좋게 꾸며보겠습니다.

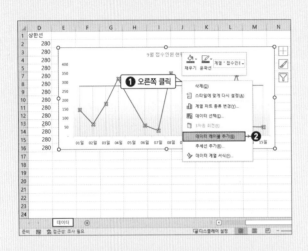

1 [데이터] 시트의 접수인원에 해당하는 꺾은선에서 마우스 오른쪽 단추를 눌러 [데이터 레이블 추가]를 선택합니다.

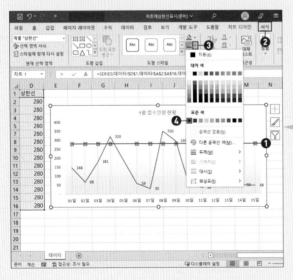

2 꺾은선에 실제 값이 표시되었으면 상한선에 해당하는 직선을 클릭하여 선택합니다. [서식] 탭-[도형 스타일] 그룹에서 [도형 윤곽선]을 클릭하고 '표준 색'에서 [진한 빨강]을 클릭합니다.

> 엑셀 2021 이전 버전에서는 [차트 도구]의 [서식] 탭을 선택하세요.

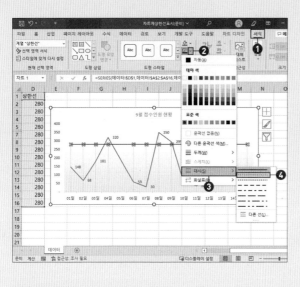

3 다시 한 번 [서식] 탭-[도형 스타일] 그룹에서 [도형 윤곽선]을 클릭하고 [대시]-[둥근 점선]을 선택합니다.

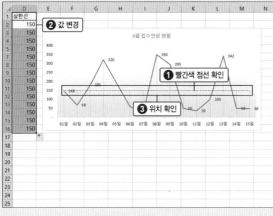

4 기준점인 상한선이 빨간색 점선으로 변경되었습니다. 필요에 따라 D열의 '상한선' 항목에 입력된 상한선 값만 바꾸면 차트에 있는 상한선의 위치도 자동으로 바뀝니다.

필수 작업 탭

데이터 편집 방법

서식 지정

수식 원리

함수

데이터 분석

피벗 테이블

양식 컨트롤

차트

찾아보기

찾아보기

여러분도 길벗의 베타테스터에 참여해 보세요!

길벗출판사는 독자의 소리와 평가를 바탕으로 더 나은 책을 만들려고 합니다. 원고를 미리 따라해 보면서 잘못된 부분은 없는지, 더 쉬운 방법은 없는지 길벗과 함께 책을 만들어 보면서 여러분의 소중한 의견을 전달해 주세요.

참여 방법

길벗 홈페이지(www.gilbut.co.kr) 회원 가입 후 로그인하기 고객센터-이벤트, 설문, 모집 베타테스터 모집 공고 확인